Marcus Petersen · Die Halligen

Marcus Petersen

# Die Halligen

## Küstenschutz - Sanierung - Naturschutz

Herausgegeben im Auftrage

des Landesamtes für Wasserhaushalt und Küsten Schleswig-Holstein

unter Mitarbeit von Hans Heinz Fink

Karl Wachholtz Verlag, Neumünster

ISBN 3 5290 6174 3
Karl Wachholtz Verlag Neumünster
1981

# Inhalt

# Vorwort

Die Welt der Halligen hat in den letzten Jahrzehnten einen so außergewöhnlichen Wandlungsprozeß durchgemacht wie in Jahrhunderten zuvor nicht. Die Zeit war hier praktisch stehengeblieben. Deshalb erschien es sinnvoll und zweckmäßig, diese Vorgänge in einem größeren Zusammenhang darzustellen.

Als Professor Friedrich Müller das zweibändige Werk über die Halligen abgeschlossen und bis 1910 ergänzt hatte, stand die Westküste Schleswig-Holsteins „im Beginn einer neuen Zeit, einer Zeit der Rückbildung der . . . Wattflächen", wie es im Vorwort heißt. Damals hatte man erkannt, daß auch die letzten Halligen den Naturkräften des Meeres preisgegeben würden, hätte man nicht von außen Hilfe geleistet. Die Halligbevölkerung allein war nicht in der Lage, ihren Lebensraum zu sichern. Um die natürlichen Verhältnisse und die künstlichen Maßnahmen überzeugend erklären zu können, wurden umfassende, noch nicht veröffentlichte Nachrichten aus den Archiven geholt, denn die für eine Mitbenutzung verfügbare Literatur war noch verhältnismäßig dürftig.

Das heutige Schrifttum über die Halligen hat dagegen einen erheblichen Umfang erreicht, wobei es nicht an Sekundärliteratur mangelt. Den Anstoß hat zweifellos Friedrich Müller gegeben. Darüber hinaus entwickelte er die Grundgedanken für das heute vorliegende sechzehnbändige Quellenwerk über das Wasserwesen an der schleswig-holsteinischen Nordseeküste (II. Teil: Die Inseln 1936—1938, III. Teil: Das Festland 1955—1958).

Die Frage, wie man den ständigen Substanzverlust der Halligen aufhalten könne, hat viele Generationen bewegt. Erst 1894 war ein Plan herangereift, der mit tatkräftiger Unterstützung der preußischen Staatsverwaltung verwirklicht werden konnte. Mit dem Eingriff in die Strömungsverhältnisse durch den Bau von Verbindungsdämmen, d. h. durch feste Wattwasserscheiden, und mit der Herstellung von Uferdeckwerken, Buhnen, Lahnungen, Prieldurchdämmungen und Sommerdeichen hat man einen Weg beschritten, der bis in die Gegenwart seine Bedeutung für den Halligschutz uneingeschränkt behalten hat.

Die Sicherung der Halliguter kann als abgeschlossen angesehen werden; Landverluste sind kaum mehr möglich, wenn man von den Erosionen der Wattrinnen und den Abrasionen der Wattflächen absieht. Mehrere Halligen, die in unmittelbarer Nähe des festen Landes lagen, sind inzwischen angedeicht worden; sie haben den Halligcharakter verloren.

Diese Küstenschutzmaßnahmen allein veränderten die Nutzung der Halligen nur unwesentlich. Daß sie nicht ausreichten, zeigten die sehr schweren Sturmfluten seit 1953 (Hollandflut) deutlich: Auch für den Hochwasserschutz der Halligleute und für bessere Lebensbedingungen mußte gesorgt werden. Für die Durchführung eines solchen arbeits- und kostenaufwendigen Projekts lag es nahe, dieses in das soeben begonnene Programm Nord einzubeziehen, den Landentwicklungsplan für benachteiligte Gebiete in peripherer Lage.

Die Allmende oder Gemeinschaftsweide wurde fast überall aufgehoben. Das Halligland kam in das Eigentum der Bewohner, was eine Änderung der landwirtschaftlichen Wirtschaftsweise hervorrief. Die Warfen wurden erhöht, ihre Böschungen abgeflacht und Hochwasserschutzräume gebaut. Die größeren Halligen erhielten elektrischen

Strom über Kabel und einwandfreies Trinkwasser durch Leitungen vom Festland. Man verringerte die auf den Halligen liegende Verkehrshypothek: Wege wurden befestigt, Wohn- und Wirtschaftsgebäude sowie Schulen mit der Warfsanierung erneuert, Schiffs- und Luftverkehr sichergestellt, die Postverbindungen und die ärztliche Versorgung wurden verbessert. Die Verwaltungen paßte man den jeweiligen politischen Gegebenheiten an.

Etwa gleichlaufend mit diesem tiefgreifenden Strukturwandel der Halligen entwickelte sich der Fremdenverkehr als zweiter Erwerbszweig neben der Landwirtschaft. Dauergäste wissen die Ruhe und Einsamkeit, aber auch das Heilklima zu schätzen. Nur wenige Stunden verweilen Tagesgäste, die oft in großen Scharen über die Halligen wandern.

Das Einkommen der Halligleute hat sich in kurzer Zeit auch deshalb erhöht, weil die Anzahl der Bauernbetriebe kleiner und die Betriebsflächen statt dessen größer geworden sind. Mit Sorge beobachten die verantwortlichen Politiker und Verwaltungen die Abwanderungen der jüngeren Menschen. Wenn auch die Halligflucht etwa der Landflucht auf den größeren Inseln und weithin auf dem Festland entspricht, so kann im Hinblick auf die Landerhaltung nicht auf eine Bewirtschaftung verzichtet werden; d. h. die Halligen müssen bewohnt bleiben.

In letzter Zeit ist das Interesse des Naturschutzes und der Landschaftspflege für die Halligwelt geweckt worden, eine weitere Schutzfunktion neben dem Ufer- und Hochwasserschutz. Obgleich das gesamte nordfriesische Wattengebiet und mehrere kleine Halligen als Natur- und Vogelschutzreservate gelten, konnten die Spannungen zwischen den einzelnen Nutzungsarten und Schutzaufgaben noch nicht zur allseitigen Zufriedenheit beseitigt werden.

Das vorliegende Buch soll dazu beitragen, die einmalige Halligwelt in der amphibischen Wattenlandschaft mit den hier wirkenden natürlichen, zerstörenden und aufbauenden Kräften zu erläutern und die künstlichen Eingriffe in diese Naturlandschaft zu veranschaulichen, zu begründen und – wo erforderlich – kritisch zu beleuchten. In einem für alle Halligen gültigen Teil werden generelle Fragen erörtert; es folgen Besonderheiten für die einzelnen Halligen. Wenn auch schnelle Autofähren und das Fernsehen dazu beigetragen haben, die Isolation der Halligen etwas aufzuheben, so ist das Meer doch der ständige Partner und der große Gegner zugleich geblieben.

Baumeister Ing. (grad.) Hans Heinz Fink sammelte im Auftrage des Landesamtes für Wasserhaushalt und Küsten Schleswig-Holstein verstreut liegende, meist technische Unterlagen; sie sind zum großen Teil verarbeitet worden. Herrn Fink gebührt dafür Dank und Anerkennung. Eine Auswahl des umfangreichen Bestandes an Fotografien ermöglichte eine Illustration des Textes für eine vielseitige Benutzung: Für Fachleute der Landwirtschaft, des Fremdenverkehrs, des Küstenschutzes und des Naturschutzes sowie für die vielen übrigen Freunde der Halligen.

Dankbar hervorzuheben seien eine großzügige Spende von Frau Elfriede Schnoor in Bad Nenndorf und ein Druckkostenzuschuß der Landesregierung Schleswig-Holstein, die einen günstigen Buchpreis ermöglichen. Dank gilt schließlich dem Karl Wachholtz Verlag in Neumünster, der die Herstellung in bemerkenswerter Weise gefördert hat.

Mönkeberg bei Kiel, im Januar 1981                    *Marcus Petersen*

*„Hier schleicht und kriecht das Wattenmergerinsel*
*Durch Schlick und Schlamm, ein schmutzig gelbes Band.*
*Poltert der Sturm nicht, nörgelt Windgerinsel.*
*Ich seh' die Sonne morgens Wasser trinken*
*Und abends wieder in die Wogen sinken."*

*Detlev von Liliencron*

Fig. 1 Übersichtsplan

# Einleitung

In seinen Naturstudien schreibt H. Masius 1868 über die Halligen: „Man fragt bewundernd, woher dem Menschen der Mut kam, auf dieser Spanne Land ein Dasein zu gründen? Wie er vermochte, sein Geschlecht Jahrhunderte hindurch fortzuerhalten auf einem Boden, wo ihm alles fehlt, was sonst die Erde gewährt? Wie es möglich ist, eine Heimat zu lieben und mit allen Fasern des Herzens an ihr zu haften, die den Menschen überall nur mit Gefahr und Not umgibt? Denn hier lohnt kein Acker die Mühe des Sämannes ... Freilich, wider die Übermacht der Elemente vermag die Menschenkraft den ungleichen Kampf immer nur bis zu einem gewissen Punkte fortzusetzen, um ihr dann zu erliegen; und wie einzelne der Halligen schon von früheren Sturmfluten spurlos hinabgerissen wurden, so drohet dasselbe Schicksal auch allen noch übrigen ... und unter ihrem Eindrucke wendet man sich mit Grausen von diesen halbverschollenen Schauplätzen eines ohnmächtigen Ringens ...“

Als jene Zeilen verfaßt wurden, hatten sich Kommissionen, die für das Halliggebiet verantwortlichen Küstenfachleute des Herzogs von Schleswig und des Königs von Dänemark sowie Kommunalverwaltungen mit den Fragen des Halligschutzes befaßt. Seit der katastrophalen Sturmflut vom 3./4. Februar 1825, der Halligflut, war das Thema nicht zur Ruhe gekommen. Die andauernden Landverluste bereiteten den Halligleuten Angst und Sorge. Mit eigenen Kräften ihren Lebensraum zu sichern, war technisch und finanziell unmöglich.

Die Untersuchungen und Überlegungen der „Dänischen Kommission für Landgewinnung" und ab 1866 der „Kommission für schleswig-holsteinische Wasserbauangelegenheiten" führten zu gleichen Ergebnissen:

1. Die Preisgabe der Halligen würde für die Halligbewohner bedeuten, daß sie nach und nach ihre Heimat verlassen und auf das Festland oder auf die benachbarten Inseln umsiedeln müßten.

2. Man hatte schon damals eindeutig erkannt, daß insbesondere die größeren Halligen zum Schutz der Festlanddeiche und zur Landbildung beitragen und deshalb vom Staat als schutzwürdig zu behandeln seien.

3. Auch aus staatsökonomischen Gründen könne auf die Halligen Langeneß und Hooge nicht verzichtet werden; für die Erhaltung der kleineren Halligen sprächen die Interessen der Schiffahrt, das Strandungs- und Rettungswesen.

Da sich alle verantwortlichen Experten in der Sache und im Urteil einig waren, ließ das Ministerium für Landwirtschaft in Berlin von der Wasserbauinspektion Husum die für die Finanzierung erforderlichen Schutzprojekte bearbeiten und diese mit Kostenanschlägen vorlegen.

Als erstes Halligschutzwerk können die beiden Lahnungen betrachtet werden, die 1859 einerseits von der Hamburger Hallig in Richtung auf das Festland und andererseits vom Festland aus ins Watt vorgetrieben worden waren. An diesen Anlagen lagerte sich schon bald so viel Schlick ab, daß man weitere Lahnungen als Schlickfänger baute und schließlich 1874/75 einen durchgehenden Faschinendamm herstellte. Seitdem ist die Hamburger Hallig „landfest". Nun bildete sich beiderseits des Dammes grünes Vorland, dessen Grenze Jahr für Jahr weiter seewärts vorrückte, wenn es gut entwässert wurde.

Wegen des starken Uferabbruchs an der Westseite der Hamburger Hallig mit 3,5 bis 5 m jährlich begann man hier 1880/83 mit dem Bau des ersten Hallig-Steindeckwerks. Über das bedauernswerte Schicksal der Halligen und über das karge, einsame Leben der Halligbewohner ist bis zur schweren Sturmflut 1825 verhältnismäßig wenig geschrieben worden, so daß die Öffentlichkeit kaum daran teilnehmen konnte. Zunächst formen Dichter und Schriftsteller ihre Erlebnisse und Gedanken: Der letzte Pastor auf Nordstrandischmoor, Verfasser der in der deutschen Literatur bekannt gewordenen Novelle „Die Hallig oder die Schiffbrüchigen auf dem Eiland" (1835), Johann Christoph Biernatzki, gilt als Entdecker der Halligromantik. Er wurde 1795 als Sohn eines Militärarztes in Elmshorn geboren und ist 1840 in Friedrichstadt gestorben. Biernatzki schildert die Erlebnisse seiner kleinen Halliggemeinde in der Schreckensnacht der großen Sturmflut. Er spricht von der Möglichkeit, daß das Meer auch einmal wieder allmähliche Rückschritte machen und das weggenommene Land wiedergeben könnte. Dabei würden sich in besseren Zeiten selbst kostenaufwendige Uferbauten lohnen. Der Staat als eine „unsterbliche Person" sollte nicht, gleich einem „verzweifelten Hausvater", seine Domänen vor der Zeit aufgeben. Die ein Wahrzeichen für die Schiffahrt bietenden Halligen würden jene nach ihrem Untergange durch Untiefen gefährlicher machen. Auf jeder Hallig sollte eine in deren Mitte stehende, besonders hohe und breite Warf als allgemeiner Zufluchtsort für den Fall höchster Not errichtet werden.

Die weit vorausschauenden Gedanken ließen sich jedoch noch nicht in praktische Maßnahmen umsetzen, weil die damaligen politischen Zustände in den Herzogtümern jeder Inangriffnahme eines wirksamen Schutzes für die Halligen im Wege standen. Und auch während der preußischen Zeit blieb es noch Jahrzehnte lang beim alten.

Ganz anders beschreibt Theodor Storm 1870 seine Eindrücke von einem Sonntagsausflug nach Süderoog „Eine Halligfahrt": Sie führte vorbei an dem sagenumwobenen Rungholt, und dann kam Süderoog ins Blickfeld: „Vor uns in den Horizont trat jetzt ein grauer Punkt, der sich allmählich in die Breite streckte, und endlich stieg ein grünes Eiland vor uns auf. Eine geflügelte Wache schien es zu umgeben; so weit man an dem Strande entlang sehen konnte, wimmelte es in der Luft von großen weißen Vögeln, welche unschlüssig, wie in stiller Geschäftigkeit durcheinander auf- und abstiegen (Abb. 2 und 3). Stets in demselben Luftraum beharrend, glichen sie einem ungeheuren schwebenden Gürtel, der das ganze Eiland zu umschließen schien; ihre ausgebreiteten mächtigen Flügel erschienen wie durchsichtiger Marmor gegen den sonnigen Mittagshimmel. Das war fast wie in einem Märchen . . . Die weißen Vögel waren Silbermöwen, welche dem Strande entlang über ihren Brutplätzen schwebten; larus argentatus, von den Naturforschern längst registriert und in ihren Systemen untergebracht." Das Schiff war erwartet worden. Die Gäste wurden bei Niedrigwasser von der Hever mit einem Pferdegespann abgeholt: „Als wir bald darauf zu Wagen unter ihrem Ringe durchfuhren, sah ich deutlich über unseren Köpfen die funkelnden Augen und die starken vorn gebogenen Schnäbel."

In den Jahren 1882—1883 wirkte Detlev von Liliencron als Hardesvogt auf der Insel Pellworm. Hier erhielt er die Anregungen für seine Novelle „Die Könige von Norderoog und Süderoog", für die Rungholtballade „Trutz, Blanke Hans". Der Dichter wird bekannt, schon bald volkstümlich und später als großer Lyriker hoch geschätzt. Damit

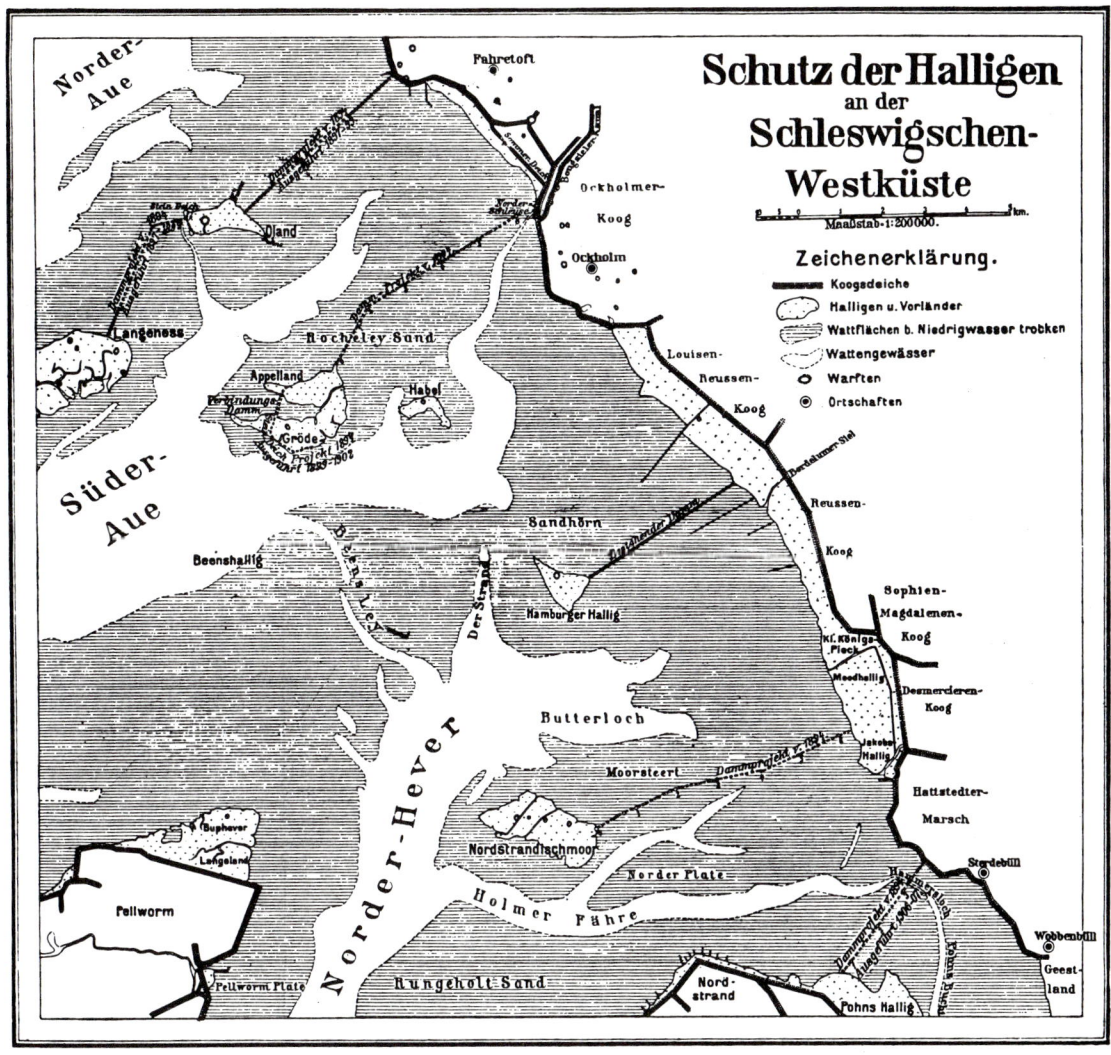

Fig. 2 Halligschutzprojekt von 1894

Fig. 3 Ausschnitt aus „Die schleswigsche Westküste und das Wattenmeer. Mit skizzierten Damm-bauten. Gezeichnet von Christian Jensen". Die seit 1640 am Festland gewonnenen bzw. bedeichten Marschen sind in der Karte schraffiert dargestellt. Die in Fuß angegebenen ungefähren Tiefenzahlen beziehen sich auf niedrigste Ebbe (1 m = 3½ Fuß)

14

rückt auch die Halligwelt, ihre Abgeschiedenheit und die von den Naturgewalten bestimmten einzigartigen Lebensbedingungen der Bewohner allmählich in das Bewußtsein der Bevölkerung.

Aber auch Maler entdeckten die besonderen Reize der Halliglandschaft. Hier wäre als einer der ersten Christian Peter Hansen (1803—1879) von Sylt zu nennen, dessen Zeichnungen aus dem Jahre 1833 von Oland, Gröde und Langeneß überliefert sind. Jacob Alberts (1860—1941) malte im Sommer gern und oft auf den Halligen: „Blühende Hallig", „Beichte in der Kirche von Oland", „Knudtswarf" auf Gröde mit Bockmühle, „Süderoog". Man hat ihn als Halligmaler bezeichnet.

Um 1885 kehrt Hans Peter Feddersen d. J. (1848—1941) in seine Heimat zurück. Er erforschte die Welt der Halligen und entwickelte ein ausgeprägtes Gefühl für das Einzigartige, für die Bedeutung von Wind und Wolken; für ihn gab es auf den Halligen kaum einen Moment ohne Bewegung. Es wundert also nicht, wenn H. P. Feddersen den Himmel über den Halligen als Schauplatz gewaltiger Luftkämpfe sah und ins Bild brachte; er wurde zum Wolkenmaler. Er sah auch die Tragik der Halligleute; Bilder der Warf auf Nordstrandischmoor, Brunnenringe an der Abbruchkante von Oland und Habel zeigen dies; letztere sind zugleich zeitgenössische Dokumente der Vor- und Frühgeschichte.

In den siebziger Jahren bereiste Gustav Schönleber (1851—1917) die schleswig-holsteinische Westküste, als er Zeichnungen anfertigte für Höfers „Küstenfahrten an der Nord- und Ostsee", das 1887 in Stuttgart erschien. Carl Ludwig Jessen (1833—1917) malte u. a. die Warf von Hallig Oland.


Alle vorgenannten Tätigkeiten der Fachleute, Verwaltungsbeamten, Politiker, Dichter, Schriftsteller und Künstler waren mehr oder weniger direkt oder indirekt beteiligt, die Halligverhältnisse bekannt zu machen und den Boden für den aufwendigen Halligschutz vorzubereiten. Die entscheidende Wende trat erst ein, als der zähe Vorkämpfer für die Erhaltung der Halligen, Dr. Eugen Träger aus Dresden, sich eingeschaltet hatte, und als der Halligschutzplan von 1894 als baureif anerkannt und zur Grundlage für die weiteren Arbeiten gemacht worden war.

Eugen Träger (1855—1901) hatte 1887 an der Kieler Universität promoviert und war danach als Kustos an der Bibliothek des Germanischen Museums in Nürnberg tätig. 1895 trat er in den Dienst der Zentralstelle für Vorbereitung von Handelsverträgen in Berlin; zuletzt war er Sekretär der Handelskammer in Offenbach a. M. In den achtziger Jahren sah man Träger zu allen Jahreszeiten und z. T. monatelang auf den Halligen als gerngesehenen Gast. Mit den Lehrern Christiansen auf Nordstrandischmoor und Jakobsen auf Hooge unterhielt er einen lebhaften Briefverkehr. Daß die täglichen Fluten, Eis und Sturmfluten als Ursachen für den immer weiter fortschreitenden Landverlust zu gelten haben, erkannte Träger schon bei seinem ersten Halligbesuch. Die Rettung der Halligen setzte er sich als Lebensziel – dafür hat er unentwegt gearbeitet und geworben, gestritten und gelitten. Nach altbewährtem Rezept haben Neid und Mißgunst bisweilen versucht, seinen Namen totzuschweigen. Als der Erfolg aller seiner Bemühungen ausblieb, beantragte er schließlich im Jahre 1889 bei verschiedenen Ministerien die Sicherung der beiden größten Halligen Langeneß und Hooge. Das zuständige Ministerium der öffentlichen Arbeiten ließ ihn nach einer Wartezeit von mehr als zwei Jahren wissen, daß man zunächst die Ergebnisse der Vermessungen bei der Hamburger Hallig abwarten wolle.

Träger versuchte nun, sein Gewissen in dem Buch „Die Halligen der Nordsee" zu entlasten; es kann als die erste richtige und erschöpfende Beschreibung der Halligen bezeichnet werden. Er scheute sich nicht, die Öffentlichkeit und die Fürsorge hoher Staatsbehörden anzurufen, um die Halligen vor ihrem Untergang zu bewahren. Als Träger schließlich auch in einer Eingabe an die Kaiserin die Gefahrenlage vorgebracht hatte und erfuhr, daß der Preußische Landtag dann einen höheren Betrag für den Halligschutz im Haushalt bewilligt hatte, sah er seine Pläne in Erfüllung gehen. Die staatliche Bauverwaltung begann alsbald nach dem Halligschutzplan des Baurats Weinreich in Husum von 1894 (Fig. 2) mit den Uferschutzarbeiten auf Oland. Trägers Kampf und Einsatz war nicht umsonst gewesen.

Seine Vorstellung von Halligschutz ist zur gültigen Richtlinie geworden: „Wie eine Erbschaft wird das stolze Verlangen von Jahrzehnt zu Jahrzehnt sich fortpflanzen, dem Meere immer größere Teile des Raubes wieder abzuringen, den es in Zeiten menschlicher Schwäche ungehemmt vollführen durfte." Der Durchbruch war vollzogen. Der preußische Staat erweiterte seinen Aufgabenbereich, indem er nun bestimmte Projekte auf dem Gebiet des Küstenschutzes ganz oder teilweise übernahm. So auch den Halligschutz und die planmäßige Ausführung von Dammbauten und Landgewinnungsanlagen gegen den Wellenangriff, um den Bestand der Deiche wesentlich abzusichern.

Die höheren öffentlichen Ausgaben, die auch in der weiteren Zukunft über den Staatshaushalt angeworben werden mußten, erforderten eine überzeugende Begründung. Das Ministerium der öffentlichen Arbeiten hatte sich dafür u. a. im Jahre 1893 den in Wesel am Niederrhein tätigen Wasserbauingenieur Friedrich Müller nach Berlin geholt, der eine bemerkenswerte Arbeit über das Wasserwesen der Niederländischen Provinz Zeeland abgeschlossen hatte. Er war am 20. Oktober 1855 in Emmerich a. Rh. geboren. Von März 1898 bis 1902 arbeitete Müller auf der Insel Pellworm und bei dem damaligen Wasserbauamt Husum, weitere acht Jahre bei der Regierung in Schleswig. In dieser Zeit sammelte er die in zahlreichen Bibliotheken und Archiven abgelegten Unterlagen über die Halligen, bewertete sie und bereitete eine Veröffentlichung vor. In Anerkennung seiner wissenschaftlichen Leistung wurde Müller später zum Königlichen Baurat und Professor ernannt. Schon kurz nach Ausbruch des Ersten Weltkrieges verstarb Friedrich Müller am 2. September 1914; sein Werk „Die Halligen" konnte erst 1917 erscheinen.

Darüber hinaus hatte Professor Fr. Müller bereits ein umfangreiches Manuskript für den Teil II des groß angelegten Werkes „Das Wasserwesen an der schleswig-holsteinischen Nordseeküste" für die Nordfriesischen Inseln erarbeitet. Es befand sich in zahlreichen Mappen geordnet in seinem Nachlaß. Diesen übernahm in den zwanziger Jahren Gustav Jacob. 1934 erhielt Otto Fischer vom Preußischen Landwirtschaftsminister den Auftrag, den Teil II zu vervollständigen und druckfertig zu machen. O. Fischer ist am 8. September 1900 in Kleeberg, Kreis Arnswalde, geboren und am 7. Juni 1959 in Berlin-Steglitz gestorben. Die sieben Inselbände erschienen 1936/38. Nach dem Zweiten Weltkrieg griff der Minister für Ernährung, Landwirtschaft und Forsten des Landes Schleswig-Holstein im Jahre 1951 den Plan wieder auf, das Werk mit Teil

16

Tafel 1  Hallig Hooge

III für das Festland zu vervollständigen. O. Fischer übernahm auch diese Aufgabe. In den Jahren 1955/58 legte er sieben Festlandbände vor. Das gesamte Werk umfaßt sechzehn Bände und zwei Kartenmappen.

Da sowohl Fr. Müller als auch O. Fischer zahlreiche Fundstellen für Archivalien und Veröffentlichungen auch über die Halligen angegeben haben, wird von einer Wiederholung dieser Halligliteratur im allgemeinen abgesehen. In dem vorliegenden Buch wird von Fall zu Fall auf das Werk zurückgegriffen, wenn es darum geht, die von Müller und Fischer nicht erwähnten Schriften nachzutragen, den Anschluß an neuere naturwissenschaftlich-technische Erkenntnisse herzustellen und bemerkenswerte Entwicklungen in Verwaltung und Politik zu erklären.

Als Beispiel einer nachzutragenden Publikation wäre das Buch „Vom Dünenstrand der Nordsee und vom Wattenmeer" (etwa 1900) zu nennen, in welchem Chr. Jensen den Landverlust und Landgewinn im schleswigschen Wattenmeer und Fahrten in die Halligwelt sachkundig beschreibt: Wo die Vorrichtungen zur Herstellung der nötigen Ruhe im Wattenmeer erforderlich sind, zeige die Natur am besten selbst. Eine vollständige Unterbrechung der Strömung würde durch den Bau von Verbindungsdämmen zwischen Insel und Insel oder Insel und Festland herbeigeführt. Derartige Dämme seien für die Landbildung von unberechenbarem Vorteil, so wie es die Anschlickung am Damm Hamburger Hallig-Festland beweise. Sein Plan mit den skizzierten Dammbauten für den Bereich der nordfriesischen Halligen geht aus Figur 3 hervor. Als Anwohner des Wattenmeeres habe er an zahlreichen Stellen des festländischen Verbandes beobachtet, daß die Landbildung sichtbar gefördert wurde, wo durch Lahnungen oder Dämme sogenannte tote Buchten eingerichtet worden seien.

Im Jahre nach dem Erscheinen von Müllers „Halligen" wird das Werk bereits besprochen und gewürdigt, obgleich man sich in der schwersten Zeit des Ersten Weltkrieges, kurz vor der Revolution befand. Für „Die Heimat" tritt Theodor Möller (1873—1953) mit einer Würdigung hervor; er berichtet 1922 über Habel, eine dem Untergang geweihte Hallig, und übergibt sein reich bebildertes Buch „Die Welt der Halligen" der Öffentlichkeit.

Mit dem Leiter der Preußischen Versuchsanstalt in Berlin, Professor Hans Detlef Krey, äußerte sich einer der besten Fachleute der damaligen Zeit zu dem grundlegenden Sammelwerk von Fr. Müller. Er war 1866 in Osterbunge bei St. Margarethen in den Elbmarschen geboren, vier Jahre im Wasserbauamt Husum bei Aufgaben für Insel- und Halligschutz und danach von 1900 bis 1906 im Ministerium für öffentliche Arbeiten tätig gewesen. Krey regte an, die Gebiete der Abrasion und Sedimentation im Wattengebiet genauer zu vermessen und systematisch zu untersuchen. Erforderlich sei eine bessere Kenntnis der hydrodynamischen Vorgänge, denn die Bildung neuer Priele und Wattströme „sind keine außergewöhnlichen Ereignisse der letzten Zeit, sondern im Grunde nur gesetzmäßige Weiterentwicklungen."

Von Reimer Hansen wird das Werk als bedeutende Leistung auf dem Gebiet der Landeskunde bezeichnet, und Ludwig Andresen weist hin auf „eine überraschend große Menge von geschichtlich wertvollem, zu einem großen Teil noch ungedrucktem Material, eine Fülle von alten, völlig unbekannten Karten und Plänen".

Das Interesse für das Schicksal der Halligleute und das Erlebnis der Halliglandschaft wächst von nun an erheblich. Der Halligdichter Wilhelm Lobsien (1872—1947), der besonders durch seine Romane „Der Halligpastor" und „Landunter" bekannt geworden ist, macht bereits auf die Gefahr der Überfremdung aufmerksam; er sah offenbar die Zeit kommen, daß zu viele Besucher die alte Ordnung auflösen könnten. Wilhelm Lobsien hat seine letzte Ruhestatt auf Hallig Oland erhalten. Gustav Frenssens (1863–1945) Halligroman „Hilligenlei" von 1905 ist viel gelesen worden, was aus der hohen Auflagenzahl von mehreren Hunderttausend hervorgeht. Professor Friedrich Paulsen (1846–1908) teilt Jugenderinnerungen von Langeneß mit. In „Unsere meerumschlungene Heimat" beschreibt Professor Hipolyt Haas die Friesischen Inseln und die Halligen; die darin abgebildeten Halligmotive stammen von Fritz Stoltenberg, H. P. Feddersen d. J., J. Alberts und C. Beyer. Alfred Kerr (1867–1948) charakterisiert die Halligen als „flache Eiländchen in der Nordsee; auf höheren Punkten liegen die Häuschen zusammengedrängt mit Strohpelz gedeckt. Ein Wiesenstück mit Schafen und Möwen, von Meeresbächen durchströmt, in denen die Flut steigt; manchmal kommt die See bis in das Gartenstückchen am Haus, droht alles zu verschlingen . . . verschlingt es aber nicht. Die Halligkante ist nicht selten in schattendüstere, lichtverschollene Öde gebaut. Da liegen begraben, verschüttet, sandüberpreßt, flutüberspült die menschlichen Siedlungen mit Gerät und Getier aus Jahrtausenden. Es blüht auf der Hallig zeitweise etwas Leuchtbuntes, Nelkenhaftes, das sie ganz überdeckt. So ein Kraut weithin zwischen rosa und halbviolett. Die Luft hat etwas Großmütiges, Löwenhaftes; man leckt Salz von den Lippen. Ich sah in den Himmel, dann über die grünen Seeauen, dann nach Meervögeln, die sich mit dem Dasein und Raubsuchen beschäftigen. Diese Fahrt gehört zu den herrlichsten, die ich in einem segelreichen Dasein gemacht habe. Sicher ist, daß wir eine Menge Wind hatten, doch immer von der falschen Seite". Soweit der Sportschiffer Kerr von einer Sommerfahrt.

Kein Wunder, daß mehr und mehr Maler in diese Landschaft voller Reize kamen: Alex Eckner (1870–1944), Wilhelm Hauschteck (1877–1956), Ingwer Paulsen (1883–1943), Hans Philipp (1888–1961), Albert Johannsen (1890–1975), Willi Graba (1894–1973), Fritz Stoltenberg (1855–1921), Clarita Beyer, Amalie Ruhts, Hanna Sönnichsen und zahlreiche jüngere Künstler.

Aber auch die Photographie beginnt, einen festen Platz in der Dokumentation über die Halligen einzunehmen (Farbtaf. 1, Abb. 4 und 5). Von Th. Möller war bereits die Rede. An dieser Stelle sollen auch die Fotos von E. Payns und O. Gerstand erwähnt werden. Im Jahre 1927 bringt der Albertus-Verlag einen Bildband über die Halligen von A. Renger-Patzsch heraus, der mit einem Geleitwort von Johann Johannsen versehen ist: Die Photographie ist der Ausgangspunkt eines optischen Erlebnisses, ganz gleich, ob wir das Dargestellte gesehen haben oder nicht. Das Gesehene bleibt uns erhalten, das Nichtgesehene wird zum lockenden Ziel. Immer aber hat die künstlerische Photographie einen bleibenden Wert. Es ergab sich die Aufgabe, die Halligen, diese herbe und tief aufrüttelnde Landschaft so zu photographieren, daß ihr Abbild unvergeßlich bleibe wie sie selbst. Diese Landschaft ganz besonderer Art verdiene es wohl, nicht nur im Bilde festgehalten, sondern erlebt zu werden. Unermüdlich hat das Meer seine tückisch nagenden oder brüllend und tobend zerstörenden Fluten gegen das Land entsandt und ihm Stück für Stück entrissen. So haben Naturgewalten immer wieder ungeheure Veränderungen mit sich gebracht, auch bei den Halligen. Was das Meer geraubt hat, gibt es in anderer Gestalt den Menschen wieder. Unter diesem Gesetz leben die

Bewohner der Halligen ihr eigenes Dasein, ein Leben, das man betrachtet wie ein Schauspiel. Im Kampfe mit der Natur behält der Mensch seine Ursprünglichkeit. Zwei Gegner stehen sich gegenüber, die sich in die Augen sehen. Und jeder weiß, daß der andere ernst zu nehmen ist. Die Halligen schützen das Festland, mutige Vorposten, Wahrzeichen des Leidens. Wer weiß, ob der Mensch mit seinen Küstenschutzbauten gegen die Kräfte der Natur Recht behalten wird, trotzdem er mit allen Mitteln der modernen Technik gerüstet ist.

Man hatte zunächst mit dem Bau des Dammes Festland–Hamburger Hallig begonnen und in den Jahren 1880–1883 die nach der Norderhever hin gelegene Abbruchkante auf einer Länge von 1750 m mit einem Uferdeckwerk gesichert. Die Halligen Langeneß und Butwehl waren 1868 bis 1869 durch einen Damm miteinander verbunden worden. Dieser Prielverbau hat die erwartete Wirkung gehabt: beide Halligen wuchsen zusammen – es entstand die heutige Form der Hallig Langeneß.

Der Halligschutzplan von 1894 (Fig. 2) bildete von nun an die Grundlage für alle Bauarbeiten: die Ufersicherung auf Oland ab 1896; Verbindungsdämme vom Festland nach Oland und weiter nach Langeneß 1897–1899; Gröde und Appelland wurden 1899–1902 im Westen durch einen Steindamm miteinander verbunden, der nach beiden Seiten in eine Steindecke überging (2400 m lang); am Westkopf von Langeneß, wo Rixwarf, Hallgewarf und Alte Peterswarf gefährdet waren, entstand ein Steindeckwerk über eine Uferlänge von fast 3,5 km. – Hallig Hooge erhielt 1911–1914 einen 13 km langen Sommerdeich, dessen unterer Böschungsabschnitt als Steindeckwerk hergestellt wurde. Der Krieg 1914–1918 unterbrach diese Arbeiten fast vollständig. Danach erlebte man schwere Zeiten, auch auf den Halligen. Das Geld verlor seinen Wert, die Inflation kam. Die aus Edelmetallen geprägten Münzen waren aus dem Verkehr: „Gold gab ich für Eisen!" Als das Kleingeld schließlich knapp wurde, griffen Städte und Gemeinden, ja auch einzelne Firmen und Geschäftsleute zur Selbsthilfe, indem sie Notgeldscheine ausgaben. So auch die damals noch getrennten Gemeinden Langeneß und Nordmarsch. Sechs Scheine wurden am 1. September 1921 mit den Unterschriften der Gemeindevorsteher E. Lorenzen und H. Andresen in Umlauf gebracht, aber mit dem Vermerk: Dieser Gutschein verliert seine Gültigkeit 4 Wochen nach Bekanntmachung in den Husumer Nachrichten. Man hatte sich diese Aktion einiges kosten lassen, denn die Scheine sind von J. Nägele entworfen und dann in Mehrfarbendruck hergestellt worden. Was haben die Gemeinden auf den Notgeldscheinen darstellen lassen?

20 Pfennige (Abb. 6): Zerstörende Wirkung einer Mine in der Nähe des Leuchtturmes. Das noch verhältnismäßig neue Deckwerk ist schwer getroffen worden, die Instandsetzung bereitet den Verantwortlichen große Sorgen.

30 Pfennige: „Hev wie Faske ün Porne, sü lehe wie nien Noud!" (Haben wir Fische und Krabben, so leiden wir keine Not!) Auf der Rückseite steht ein Krabbenfischer mit „Puk" (Netz) und Korb in einem Priel, im Hintergrund ist die Hallig angedeutet.

50 Pfennige (Abb. 7): Diddenfabrikation. Rückseite: „Kupp jamm dü jürre Köhl, wie hual dad mé dé Deeje!" (Kauft Ihr die teuren Kohlen, wir halten es mit den Didden [getrockneter Kuhdünger]!)

75 Pfennige: „Bi Moders Bripott lat uns bliven, dat Vaterland steit baven an. Keen Düvel sall uns drut verdriven, Wi setten Blod un Leven dran" (Bei Mutters Breitopf laßt uns bleiben, das Vaterland steht obenan, kein Teufel soll uns draus vertreiben, wir setzen Blut und Leben dran), das friesische Wappen. Auf der Rückseite hält ein Mann die alte Nationalflagge, darunter „Liwer duad as Slaw" (Lieber tot als Sklave). Im Hintergrund eine Halligwarf.

1 Mark (Abb. 8): Halligstube mit Bilegger-Ofen, Wandschrank, Lehnstuhl, Fliesenwand. Uhr und Schiffsbild angedeutet. „Dü liewe God, bewohre üs Hüs in Störm un Noud!" (Du lieber Gott, bewahre unsere Häuser in Sturm und Not!) Rückseite: Mädchen in Friesentracht von einem Kranz aus Eichenblättern eingerahmt; links Bockmühle, rechts Frachtschiff, Zweimaster unter Segeln.

2 Mark: Halligkarte, Lage und Namen der Warfen. Auf der Rückseite befindet sich eine Ansicht von Norden auf die Warf Hilligenlei mit Bockmühle, Holzpfahlbuhne, Abbruchkante, Segelschiff und „Jesus segne Du das Eiland, gib dem Volke Deinen Geist, Halt es fest bei Dir, o Heiland, Führe Du es in Dein Reich, Halte Wacht in aller Not, Gib ihm auch das täglich Brot."

Weitere Notgeldscheine etwa von den anderen Halligen sind nicht bekannt. Lediglich Volquardsen hat für die Hamburger Hallig (!) zwei Wertscheine (50 Pf. und 1 Mark) herstellen lassen und beim Warenkauf benutzt. Der 1-Mark-Gutschein stellt die Hallig bei Landunter dar, Sturmflut brandet an die Warf. Die Scheine waren numeriert.

Nach der Inflation konnten die Halligschutzarbeiten erst ganz allmählich wieder in Gang gesetzt werden. Zunächst galt es, die Schäden an den Bauwerken zu beseitigen, erst danach kamen neue Vorhaben an die Reihe.

Zum Beispiel wurde der neue Anwachs im Osten der kleinen Düneninsel Trischen vor der Elbmündung 1922—1925 bedeicht. An der Westseite stellten Dünen den natürlichen Sturmflutschutz dar. Aber schon nach 15 Jahren mußte der Trischenkoog wieder den Fluten preisgegeben werden, weil die Düne nicht dem Wellenangriff standhalten konnte. Das Schicksal des Trischenkooges gilt als klassisches Beispiel für die Schwierigkeiten bei der Beurteilung der landschaftsgestaltenden Naturkräfte im Küstenraum, insbesondere am äußeren Wattenrand.

In den Niederlanden entstand damals der Zuiderzeedamm: 370 000 Hektar wurden von der Nordsee abgetrennt. Was lag näher, als nun auch das nordfriesische Wattengebiet zwischen dem 1927 fertiggestellten Hindenburgdamm und Eiderstedt mit einem Deich von der Nordsee abzuriegeln? Hauptsprecher für dieses gigantische Neulandprojekt (Fig. 4) war Professor Dr. W. Dix. Hätte man diesen „Friesendamm" wirklich gebaut, so wären alle nordfriesischen Halligen in den Schutz des sturmflutfreien Dammes gekommen, mit Ausnahme der beiden Halligen Süderoog und Norderoog. Damit wäre zwar die kostspielige und arbeitsaufwendige Halligschutzfrage beantwortet gewesen. Aber in Fachkreisen kamen Zweifel auf: Die Folgen eines solchen sehr harten und deshalb entsprechend problematischen Eingriffs in das Naturgeschehen dieser Schwemmsandlandschaft könne man nicht abschätzen.

Anstelle des Dix-Planes legte die Freie Arbeitsgemeinschaft der Deichverbände an der schleswig-holsteinischen Westküste zwei Denkschriften vor; darin wurde vorgeschlagen, den Halligschutzplan von 1894 folgerichtig durchzuführen und um einige Maßnahmen zu ergänzen (Fig. 5). Außerdem war der Dix-Plan der Anlaß für die Inangriffnahme umfangreicher Forschungen an der Westküste, um Klarheit über den erreichbaren Nutzen und über die zu erwartenden nachteiligen Folgen zu schaffen. Dies

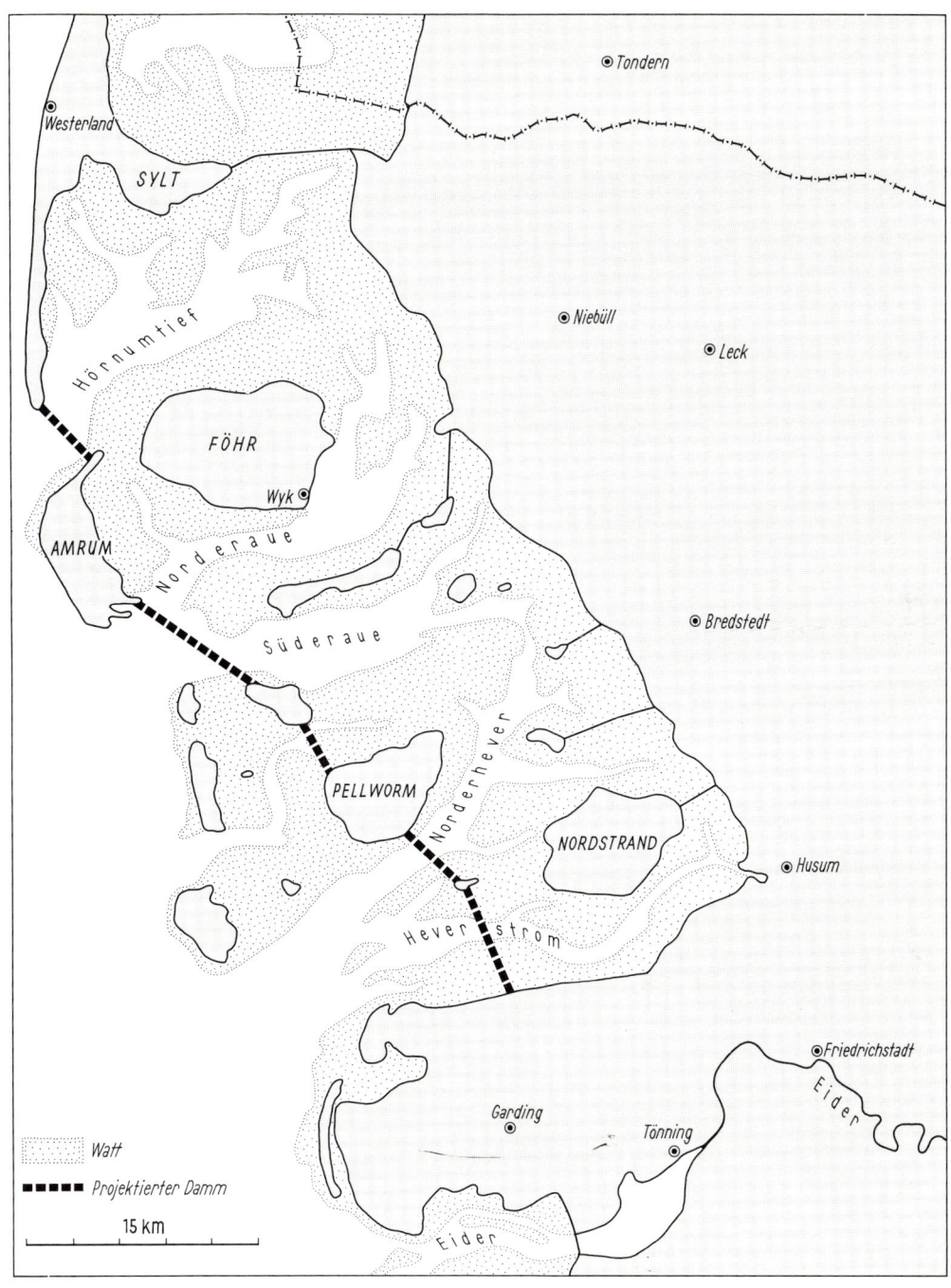

Fig. 4 Einen 32 km langen Deich von Sylt nach Amrum, über Hooge nach Pellworm und von dort über Südfall nach Eiderstedt schlug Prof. Dix vor, um die verlorengegangenen Wattengebiete wiederzugewinnen

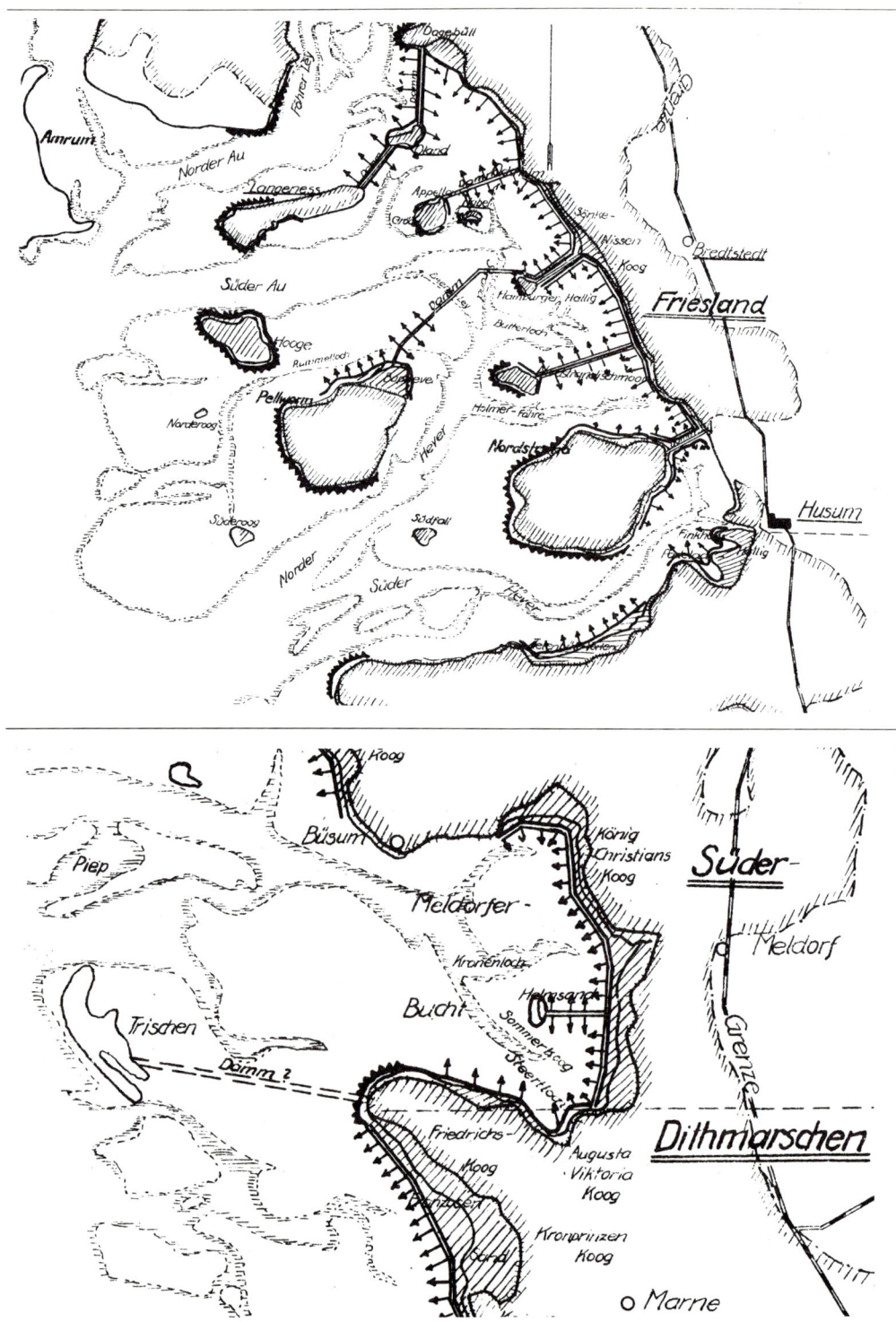

Fig. 5 Auszüge aus der Planskizze zur Denkschrift der Freien Arbeitsgemeinschaft der Deichverbände an der schleswig-holsteinischen Westküste (1931). a) Nordfriesisches Halliggebiet, b) Wattengebiet Süderdithmarschen

erschien notwendig, bevor eine derart weitgehende Entscheidung über Großbauten im Watt ausgeführt werden könne. Inzwischen war die Weimarer Republik von der nationalsozialistischen Diktatur abgelöst worden. Die bisherigen Damm- und Deckwerksarbeiten für die Landerhaltung waren offensichtlich erfolgreich. Man sah deshalb keinen Grund, die Planung zu ändern. Im Zuge der neuen Arbeitsbeschaffungsmaßnahmen nach einer mehrjährigen Wirtschaftskrise standen nun mehr Haushaltsmittel zur Verfügung, so daß auf mehreren Halligen gleichzeitig Deckwerke gebaut werden konnten. Störungen durch Sturmfluten 1936 und 1938 verzögerten zeitweilig den Fortschritt der Arbeiten. Diese wurden dann aber durch den Zweiten Weltkrieg und durch die bittere Folgezeit abermals fast völlig unterbrochen. Man mußte sich auf die notwendigsten Reparaturen der Anlagen beschränken.

In den fünfziger Jahren, als die neue Bundesrepublik Deutschland sich nach und nach den eigentlichen Staatsaufgaben zuwenden konnte, griff man auch die Halligschutzarbeiten wieder auf. Wie so oft in der Halliggeschichte beeinflußten sehr schwere Sturmfluten das Schutzkonzept erheblich. Nach der Hollandflut 1953, die 150 000 Hektar Kulturland überflutete und in der 1800 Menschen ihr Leben einbüßten, fand eine Überprüfung der möglichen Sturmflutwasserstände an den einzelnen Abschnitten der Westküste statt, die Bemessungswasserstände wurden als maßgebende Sturmflutwasserstände neu ermittelt und amtlich festgesetzt. Das Deichbestick (Sollabmessungen des Deiches) mußte danach fast überall verbessert werden. Als diese Arbeiten im großen und ganzen beendet waren, fehlte noch eine entsprechende Untersuchung für die Halligen. Auf Anregung der Halligbewohner und in Übereinstimmung mit der schleswig-holsteinischen Landesregierung übernahm die Arbeitsgruppe Küstenschutz im Küstenausschuß Nord- und Ostsee diese Aufgabe, die am 1. April 1956 mit der gutachterlichen Stellungnahme zur Anpassung der Warfen auf den nordfriesischen Halligen an die heute möglichen Sturmfluthöhen abgeschlossen wurde. Es ergaben sich Lösungen, die man wie folgt beurteilt hat:

1. Die Erhöhung aller bewohnten Warfen,
2. Bau eines geschlossenen Ringdeiches,
3. Bau eines Teilringdeiches auf jeder Warf als Wellenbrecher und Bau von Fluchtstätten,
4. nur Verbreiterung der Warfoberfläche und Bau von Fluchtstätten.

In allen Fällen sollten flache Warfböschungen hergestellt werden. Grundsätzlich hat die Arbeitsgruppe von einer generellen Entscheidung für die eine oder andere Lösung abgeraten; vielmehr müsse für jede Warf und für jede Haushaltung besonders geprüft werden, welche Schutzmaßnahme im Einzelfall am zweckmäßigsten sei. Am Schluß des Gutachtens heißt es: Die Erhaltung der Halligen ist eine staatliche Aufgabe. Sie ist nur möglich, wenn die Halligen bewohnt sind. Infolgedessen ist es erforderlich, auch die notwendigen Vorkehrungen für die Sicherheit der Halligbewohner bei Sturmfluten als staatliche Aufgabe zu behandeln und im Hinblick auf die bestehende Gefahr baldigst durchzuführen.

Der Küstenausschuß hatte damit die bereits von der Wasserwirtschaftsverwaltung des Landes Schleswig-Holstein angesteuerte Planung als richtig bestätigt. Die ersten Schutzräume wurden auf den Halligen Süderoog und Südfall in bestehende Häuser eingebaut. Schon 1962 sollten die beiden Schutzräume ihre Bewährungsprobe bestehen. Die sehr schwere Sturmflut vom 16./17. Februar schwoll noch höher an als die bis dahin höchte Flut im Jahre 1825. In den grausigen Nachtstunden überschwemmte die salzige Flut auch die Warfen; sie drang in die Häuser, zerstörte, was nicht niet- und nagelfest war, machte das vorhandene Trink- und Tränkwasser ungenießbar und trieb die Leute auf die Hausböden und Heudiemen. – Alle Halligbewohner überlebten dieses ungeheuerliche Naturereignis! Von Halligromantik kann in solchen Stunden und beim Anblick der schrecklichen Bilder, die in den anschließenden Tagen und Wochen von den Überlebenden verkraftet werden mußten, gewiß nicht die Rede sein.

Vor dem Einbau der Schutzräume hatte das Landwirtschaftsministerium eine Bestandsaufnahme über den Zustand der Gebäude auf den Halligen Hooge, Langeneß und Oland durchführen lassen. Das Ergebnis der Befragung aller Haushalte im April – Mai 1958 lautete: Rund 70 v. H. der Halliggebäude waren abbruchreif und genügten neuzeitlichen Ansprüchen in keiner Weise. Aber wie sollten die Halligleute in diesen als völlig unterentwickelt bezeichneten Gebieten die Gelder aufbringen für die nunmehr erforderliche Gebäudesanierung? Auch hierfür mußte die öffentliche Hand notgedrungen die Hauptlasten übernehmen. In das Programm Nord, das zur Sanierung der von Natur benachteiligten Gebiete Schleswig-Holsteins die maßgebliche Planungs- und Arbeitsunterlage war, hat man deshalb im Jahre 1961 folgerichtig eine Sonderaktion zum Schutz der Halligbewohner und zur Verbesserung ihrer Lebensverhältnisse aufgenommen.

Gleich nach der großen Sturmflut 1962 packte man kräftig zu. Spenden trafen von nah und fern reichlich ein; nach und nach entstanden neue Gebäude, wo alte baufällig waren. Diese wurden mit ihren Wohnebenen den maßgebenden Sturmflutwasserständen angepaßt; zur weiteren Sicherheit baute man Schutzräume ein. Warfen wurden erhöht, deren Böschungen erhielten einen flacheren Verlauf. Man verbesserte die Infrastruktur: durch den Bau von festen Wegen und Brücken, durch Umbau von Entwässerungsanlagen. Gutes Trinkwasser kam in Leitungen vom Festland durchs Watt auf die größeren Halligen. Der elektrische Storm war 1954 und 1959 durch Kabel über Oland nach Langeneß und über Pellworm nach Hooge herangeführt worden. Schnellere Fährverbindungen beeinflußten u. a. die Postverhältnisse und die Zahlen der Besucher. Man erlebte die Wandlung vom Gemeinbesitz, der sog. Allmende, zum Privateigentum. Das brachte neue Möglichkeiten für die Halligleute, ihre Einkünfte aufzubessern; denn bis 1961 war die Zeit auf den Halligen praktisch stehengeblieben! In wenigen Jahren hatten sich einschneidende Veränderungen vollzogen. Aber dabei mußten etliche Störungen in Kauf genommen werden: Eine Sturmflut rollte nach der anderen über die Hallig hinweg, im Jahre 1967 zwei, 1973 stürmte es von Anfang November bis Mitte Dezember, am 3. Januar 1976 übertraf die Flut noch diejenige von 1962, und am 21. Januar folgte schon die nächste mit fast ebenso hohen Wasserständen. Bei diesen Ereignissen sollte sich zeigen, inwieweit sich die Maßnahmen bewährt hatten, oder wo Verbesserungen erforderlich waren. Es wurde ebenfalls deutlich, wo noch ein Nachholbedarf bestand. Und wieder waren erhebliche Sturmflutschäden zu verzeichnen.

Seit zwei Jahrzehnten befinden sich die Halligen nun in einem außergewöhnlich schnellen Umbruch. Die Bevölkerungszahlen nehmen weiter ab, die landwirtschaftlichen Betriebe nutzen die durch die Infrastruktur zur Verfügung gestellten Einrichtungen, sie können rationeller wirtschaften. Das Einkommen der Halligfamilien wird in den meisten Fällen durch Vermieten von Zimmern und Ferienwohnungen an Gäste angehoben, nachdem der elektrische Strom und das einwandfreie Trinkwasser den erwarteten Komfort gestatten. Die regelmäßige Postversorgung, Fernsprecher und Telegraf, Rundfunk und Fernsehen bringen die Halligleute erheblich näher an das Festland heran.

Die Halligschutzfrage kann heute als gelöst angesehen werden. Verlust an Halligsubstanz ist nur noch an wenigen Stellen zu beobachten. Befestigte Ufer bürgen dafür. Die gesamte Uferlänge aller Halligen zusammen kann heute mit etwa 72 km angegeben werden. Die früher so auffälligen Abbruchkanten mit den für das Auflanden typischen Sturmflutschichten (Farbtaf. 1 und Abb. 15) findet man nur noch verhältnismäßig selten. Durch die sehr schweren Sturmfluten ist statt dessen der Hochwasserschutz in den Vordergrund gerückt.

In dem letzten Jahrzehnt, d. h. in den siebziger Jahren, kam eine weitere Schutzfunktion für die Halliglandschaft hinzu, die die Kreise der Halligbewohner mehr oder weniger stark berührt hat. Der Seevogelschutz nahm zwar schon im Jahre 1906 seinen Anfang. Er wurde später auf andere Halligen ausgedehnt. Schließlich stellte man 1968 die nordfriesischen Außensände (14 996 ha) unter Naturschutz. Es entstand eine lebhafte Diskussion um die Möglichkeit, das gesamte nordfriesische Wattengebiet zu einem Nationalpark nach internationalen Kriterien zu erklären. Als Einzelheiten dieser Planung bekannt wurden, war die Bevölkerung Nordfrieslands nicht bereit, einer solchen Entwicklung zuzustimmen. Dafür erhielt das nordfriesische Wattenmeer am 23. Januar 1974 den Status eines Naturschutzgebietes.

Bereisungen der Uthlande (Außenlande) durch Politiker, Verwaltungsbeamte und Journalisten, durch Fachleute des Fremdenverkehrs und des Naturschutzes sowie die immer noch weiter anschwellende Zahl von Berichten in Zeitschriften, Reiseführern und mehr oder weniger gut ausgestatteten Bildbänden machten eine breitere Öffentlichkeit aufmerksam auf das Einmalige und Außergewöhnliche dieser Vorposten im Küstenschutzsystem des Landes. Hier leben die Leute im „Sechs-Stunden-Takt" – belastet mit einer schweren Wasserhypothek – trotz aller technischen und wirtschaftlichen Errungenschaften. Der Landrat des Kreises Nordfriesland nennt deshalb seinen Verwaltungsbereich auch gelegentlich einen „Seekreis". Wer sich ernsthaft mit dieser Landschaft befaßt, erkennt sehr bald, daß die Naturkräfte für die Halligen und die sie umgebenden Watten stets die stärkeren Faktoren geblieben sind. Alle menschlichen Tätigkeiten haben sich nach ihnen zu richten, sich den Naturgegebenheiten anzupassen. Wer gegen dieses Selbstverständnis verstößt, wird in der entscheidenden Auseinandersetzung unterliegen. „Wir Halligbewohner sprechen über das, was uns betrübt; doch auch über das, was uns Hoffnung macht." Mit diesen Worten brachte der Halligbauer, Deichgraf und Bürgermeister von Hooge, Max Kühn, als Sprecher der Halligleute zum Ausdruck, daß sie auf weitere Hilfen der öffentlichen Hände und der den Halligen nahestehenden Menschen vertrauen und daß sie für alle bisherigen Hilfen danken.

# Naturkräfte

Wie kaum eine andere Gegend sind die Halligen – trotz aller technischen Hilfen – von Naturkräften abhängig. An erster Stelle ist das Klima zu nennen, das mit künstlichen Methoden nicht beeinflußt werden kann. Ähnlich bedeutsam ist das Wasser im Wattenmeer, das hier zwar täglich zweimal im Rhythmus der Gezeiten hin und her bewegt wird und dabei den Wasserspiegel an- und abschwellen läßt; man hat inzwischen gelernt, daß sich durch richtig angeordnete Bauwerke bestimmte Wirkungen erzielen lassen. Als drittes Landschaftselement im Küstenraum kommt der Boden in Betracht mit seiner Widerstandskraft gegen Erosion und Abrasion; Sedimentation und Vegetation unterstützen diese Kraft; Mensch und Tier sind in der Lage, die Bodenbildung zu fördern oder die Widerstandskraft zu schwächen.

Klima, Wasser und Boden prägen die Halliglandschaft und verleihen ihr das Besondere, Einmalige. Sie setzen Grenzen für das Leben auf der Hallig und für deren Nutzung durch die Bewohner.

## Klima

Der gewöhnliche Wetterablauf und der normale Zustand der Atmosphäre beeinflussen die Halligen mehr als die hochwasserfreien Inseln und das küstennahe Festland. Die größere Wasserhypothek besteht in dem vom Wind in das Wattengebiet gestauten Salzwasser.

Systematische Wetterbeobachtungen sind seit 1856 in Wyk auf der Insel Föhr durchgeführt worden, um die Kurgäste des Nordseebades mit dem Wettergeschehen vertraut zu machen. Die Meßwerte können zugleich als repräsentativ für die nordfriesischen Halligen gelten. Für die im Dithmarscher Watt liegenden Halligen Helmsand und Trischen sind die Abweichungen der einzelnen Klimafaktoren unerheblich. Das Königlich Preußische Meteorologische Institut richtete in Wyk am 1. Juli 1888 eine amtliche Wetterstation ein, die die täglichen Messungen zu den bestimmten Zeiten fortzusetzen hatte. Bis heute blieben die Termine nahezu unverändert: Morgens um 7.26 Uhr, mittags um 14.26 Uhr und abends um 21.26 Uhr. Festgehalten wurden (und werden vom Deutschen Wetterdienst) Lufttemperatur einschließlich deren Extremwerte, Bewölkung, Richtung und Stärke des Windes, Angaben über den Niederschlag, über Gewitter, Wetterleuchten und andere bemerkenswerte Ereignisse auf dem Gebiet der Wetterkunde. Auf diese Weise sammelte man umfangreiches statistisches Material an, das für einen Wetterkalender ausgewertet werden konnte (Fig. 6).

Die Ganglinien des Niederschlages, der Bewölkung und der Windgeschwindigkeit über das Jahr sind gut belegt: Jede Kurve besteht aus 365 Tageswerten, jeder Wert stellt ein 50jähriges Mittel dar. Man erkennt den immerwährenden Wechsel im langjährigen Wettergeschehen. Die Beobachtungslisten weisen den Wechsel auch von Tag zu Tag und an den einzelnen Tagen aus. Den Wetterkalender sollte man als Vorwarner betrachten; feste Vorhersagen kann er nicht liefern; er sagt vielmehr aus, was mit einer gewissen Wahrscheinlichkeit erwartet werden kann.

Im Sommer treten verhältnismäßig hohe Windgeschwindigkeiten mit häufigen

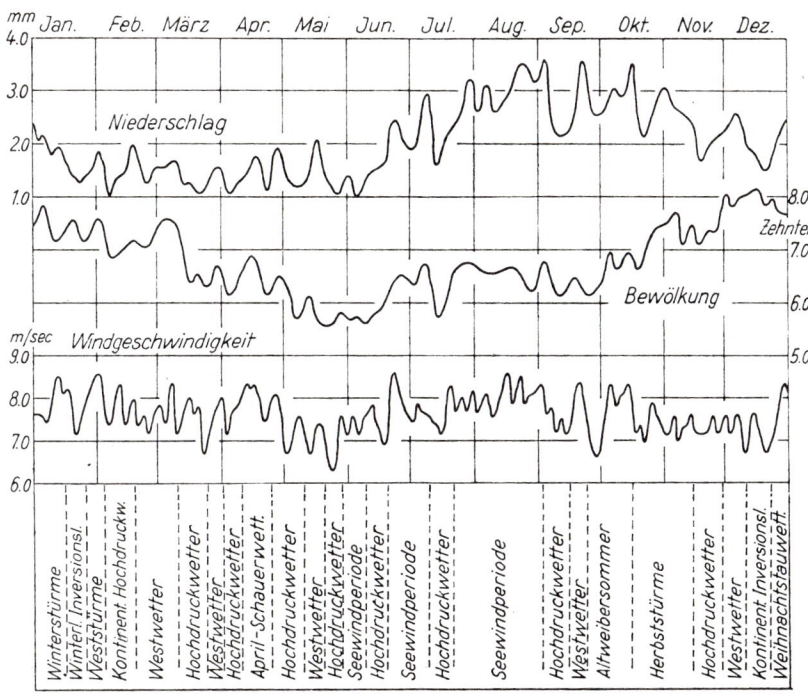

Fig. 6 Der jährliche Gang des Niederschlages, der Bewölkung und der Windgeschwindigkeit in Wyk auf Föhr nach 50jährigen Beobachtungen von 1888—1937

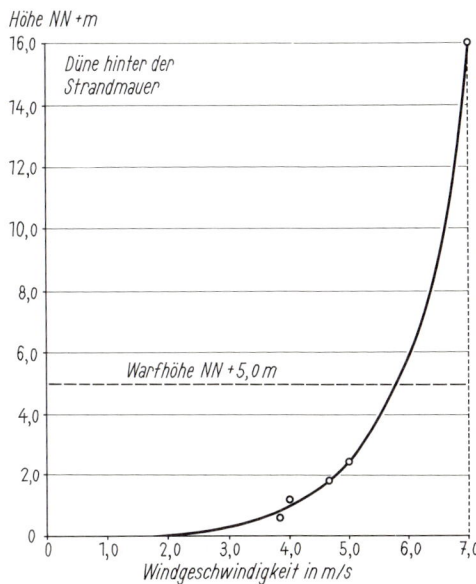

Fig. 7 Zunahme der Windgeschwindigkeit mit der Höhe über Flutsaum (MThw) am Südstrand der Insel Föhr. Nach täglichen Windmessungen in der Zeit von Mai bis Oktober 1961

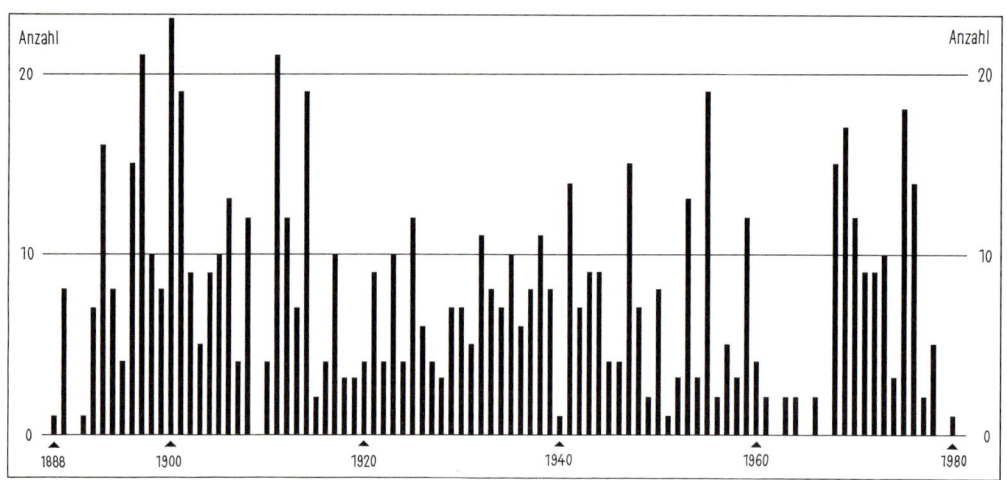

Fig. 8 Anzahl der Sommertage für die Jahre 1888 bis 1968

Fig. 9 Die Kältesummen der Winter 1887/88 bis 1978/79

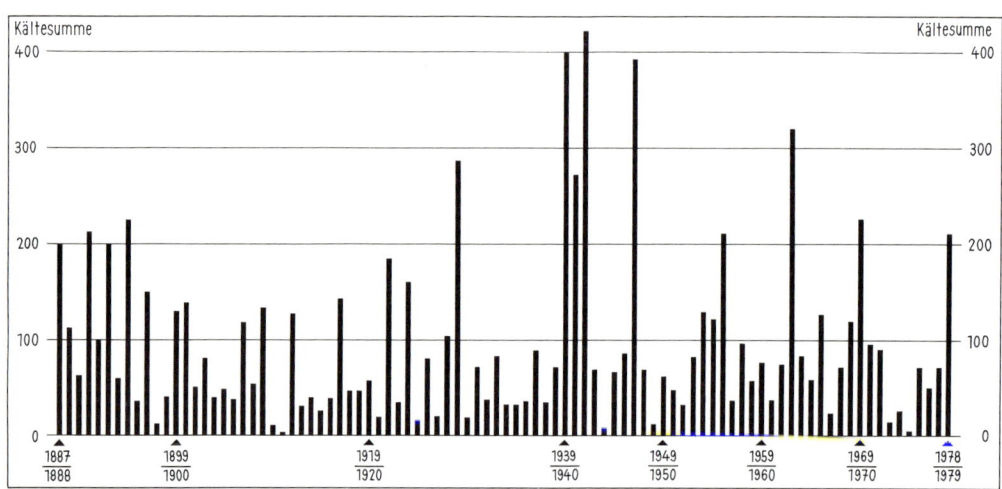

Schwankungen auf. Überhaupt ist der Wind, insbesondere der Seewind, das dominierende Wetterelement im Halligklima. Der sommerliche Seewind entsteht ähnlich wie
der Sommermonsun über dem indischen Subkontinent, hier ist er jedoch schwächer
und nicht so regelmäßig ausgebildet. Man spricht deshalb auch von monsunartigen
Winden. Das Wetter ist dann meist wechselhaft mit kurzen Regenschauern; die
Wolkendecke reißt bald wieder auf. Seewindperioden mit Westwetter entstehen durch
maritime Luftmassen. Bekanntlich bedeutet die Windrichtung eine sehr wesentliche
Prägekraft für das Klima. Die über die Halligen hinwegströmenden Luftmassen
kommen immer über Wasser oder bei Tideniedrigwasser über feuchte Watten. Die
Vorherrschaft und die Stärke der Westwinde kann man aus der Form der Bäume
(Windbäume) und Sträucher erkennen (Abb. 9).
Die Windgeschwindigkeit wird beim Übergang von der verhältnismäßig glatten
Wasserfläche der freien Nordsee auf das Watt mehr oder weniger gebremst. An den

28

Außensänden, den Inseln und Halligen und bei Ebbe an der von Wattrinnen und Prielen zergliederten Wattoberfläche finden in mannigfacher Weise Änderungen der Windströmung statt. Aufgrund von Messungen in der bodennahen Luftschicht zwischen 0,6 m und 2,4 m über dem Flutsaum oder etwa dem MThw konnte der Anstieg der Windgeschwindigkeit mit der Höhe in einer graphischen Darstellung (Fig. 7) anschaulich gemacht werden. Man sieht, daß der Winddruck auf den Halligwarfen etwa drei- bis viermal so stark als auf der Wasserfläche und auf dem Watt ist.

Während die mittleren Windgeschwindigkeiten auf den Halligen etwa 7 m/sec. oder etwa 20 bis 30 Stundenkilometer betragen, nehmen sie auf dem Festland mit der Entfernung von der Küste wegen des Reibungseffektes am Boden ab. In Stürmen, vor allem in Orkanböen, erreichen die Windgeschwindigkeiten 120 Stundenkilometer und mehr, d. h. mehr als 35 m/sec.

Die vorherrschende Seebrise als der bedeutendste Faktor des Klimas auf den Halligen wird hauptsächlich durch die Wärmeverhältnisse des Meeres verursacht. Die Lufttemperaturen sind im Sommer kühl und im Winter milde, weil die Wassertemperaturen der Nordsee im Sommer bei 14−16°C und im Winter bei 5−10°C liegen. Während der Tiefpunkt der kontinentalen Temperaturen des Binnenlandes meistens in der ersten Januarhälfte eintritt, beobachtet man ihn auf den Halligen erst Anfang Februar. Die ausgleichende Wirkung des Meeres ist sowohl für den Gang der Jahrestemperatur als auch für die Tagestemperaturen typisch. Die mittlere tägliche Schwankung der Lufttemperatur im Bereich der Halligen kann man etwa in folgender Größenordnung angeben: Im Frühjahr und Herbst 5°C, im Sommer 6°C und im Winter 4°C; im Jahresdurchschnitt ergibt sich ein Schwankungswert von 5°C.

Der Wetterdienst ermittelt aus seinen umfangreichen Beobachtungswerten auch die extremen Sommertage und strengen Wintertage. Erreicht oder überschreitet die Quecksilbersäule an einem Tage 25 Grad Celsius, dann haben wir es mit einem Sommertag zu tun. Figur 8 zeigt die unregelmäßige Verteilung der Sommertage. Im Jahre 1900 ist die Anzahl mit 23 Tagen am größten. Auffällig niedrig bleibt die Anzahl zwischen 1915 und 1940. Ausgeprägte schwüle Tage kommen außerordentlich selten vor. Während des Sommers sind etwa acht Schwületage (Farbtaf. 2).

Die Winterkälte wird ermittelt, indem man alle Tageswerte unter Null Grad Celsius für die Zeit vom 1. November bis 31. März jeden Winters zusammenzählt. Die auf diese Weise gewonnenen „Kältesummen" seit dem Winter 1887/88 sind in Figur 9 veranschaulicht. Die Winter werden nach Kältesummen in „mild" bis 75, „normal" von 76−175, „streng" von 176−275 und „sehr streng" über 275 Gradtagen eingeordnet. Die beiden Kriegswinter 1939/40 und 1941/42 waren die kältesten in den letzten 92 Jahren. Es folgte schon 1946/47 ein „sehr strenger" Winter. Mit einer Kältesumme von nur 4,5 gilt der Winter 1974/75 für die Beobachtungszeit als der mildeste. Am 27. Februar 1929 wurde in Wyk die überhaupt niedrigste Temperatur mit −18,5° gemessen.

Wenn wir uns die Verteilung des in Wyk auf Föhr beobachteten Niederschlages in Tabelle 1 ansehen, so fällt zunächst auf, daß die Niederschläge vom Februar bis Mai nur zwischen 41 und 46 Millimeter schwanken. Dies ist nahe an der unteren Grenze der Regenmenge, die der Pflanzenwuchs im Frühjahr für eine gute Entwicklung gebraucht. Von den sommerlichen Seewinden war bereits die Rede, sie führen reine und feuchte Meeresluft in das Halliggebiet. Die größte Regenmenge ist im August zu erwarten (93 mm), gefolgt vom Oktober (82 mm) und September (81 mm). Die mittlere Niederschlagsmenge eines Jahres beträgt 727 Millimeter.

|  | I | II | III | IV | V | VI | VII | VIII | IX | X | XI | XII | Mittel/Jahr |
|---|---|---|---|---|---|---|---|---|---|---|---|---|---|
| Niederschlag mm | 52 | 41 | 41 | 41 | 42 | 46 | 72 | 93 | 81 | 82 | 70 | 66 | 727 |
| Tage mit <0,1 mm | 18 | 15 | 15 | 14 | 12 | 12 | 15 | 17 | 15 | 18 | 18 | 19 | 188 |
| Tage mit >1,0 mm | 12 | 9 | 9 | 9 | 8 | 8 | 10 | 12 | 12 | 13 | 12 | 13 | 127 |

Tabelle 1. Der mittlere Verlauf des Niederschlages und die Zahl der Tage mit <0,1 mm und >1,0 mm Niederschlag in Wyk auf Föhr (1888—1967).

Im Hinblick auf den Fremdenverkehr, der für die Halligen interessant geworden ist, kommt dem natürlichen Heilklima eine bestimmte Bedeutung zu. Das Zusammenwirken von Wind, Temperatur, Sonnenstrahlung, Reinheit der Seeluft, Gehalt an Spurenelementen und Eigenschaften des Meerwassers ergibt ein Reizklima. Der Besucher der Halliglandschaft, der aus einem anderen Klima kommt, erlebt unmittelbare Reaktionen; er wird hier von den Naturgegebenheiten gefordert, er erholt sich und spürt, wie seine Gesundheit sich bessert.

Bei den bioklimatischen und medizinisch-meteorologischen Arbeiten in Wyk auf Föhr hat man von Anfang an auf die Ultraviolettstrahlung geachtet. Fachkundige Ärzte fanden, daß die Gesamtstrahlung des Himmels, auch Globalstrahlung genannt, selbst bei 60 bis 70 Prozent Wolkendecke noch fast vollständig wirksam bleibt, um dann allmählich abzuklingen. Man braucht auf den Halligen also nicht unbedingt klare Sonnentage, wenn man sich erholen will. Diese können, bei Nichtbeachtung der zuträglichen Besonnungsdauer in Tabelle 2, zu Hautverbrennungen oder Sonnenbrand führen.

|  | Mai | | Juni | | Juli | | August | | |
|---|---|---|---|---|---|---|---|---|---|
|  | 1. | 15. | 1. | 15. | 1. | 15. | 1. | 15. | 31. |
| 9 Uhr | 70 | 60 | 55 | 52 | 52 | 55 | 62 | 70 | 85 |
| 12 Uhr | 43 | 38 | 35 | 34 | 34 | 35 | 38 | 43 | 50 |
| 15 Uhr | 80 | 65 | 58 | 53 | 53 | 57 | 65 | 75 | 120 |

Tabelle 2. Die zuträgliche Besonnungsdauer in Abhängigkeit von Tages- und Jahreszeit in Minuten.

Ein wichtiger heilklimatischer Faktor der Seeluft besteht in den verhältnismäßig hohen Nachttemperaturen. Wenn man bei offenem Fenster schläft, kann auch nachts die Seeluft zur Wirkung kommen.

In den letzten Jahrzehnten hat man festgestellt, daß nicht nur das sommerliche Seeklima heilkräftig ist; auch im Winter wirken die reine, salzhaltige Seeluft, die hohe Feuchtigkeit, das milde Wetter und abwechslungsreiche Wetterlagen als Reizfaktoren heilklimatisch günstig auf den Organismus. Durch eine erhöhte Wärmeabgabe infolge des immer wehenden Seewindes, wird ein besserer Stoffwechsel eingeleitet. Seeluft macht hungrig. Die Atmung wird tiefer, die Lungen nehmen mehr Sauerstoff auf. Das Herz bekommt bei täglichen Spaziergängen wieder die Arbeit, die es braucht; eine sinnvolle Belastung hat sich als Vorbeugemaßnahme der Herzkrankheiten erwiesen. Der Blutkreislauf wird von dem kräftig pumpenden Herzen angeregt. Es findet ein

Ausgleich der Spannung im vegetativen Nervensystem statt. Chronische Entzündungen der Nasenschleimhäute und der Bronchien können bei längerem Aufenthalt an der See abheilen. Die unregelmäßige Seebrise drückt auf den Körper – mal fester, mal weicher. So werden die Muskeln bereits beim Stehen und sogar beim Sitzen in Anspruch genommen.

## Wasser, Meerwasser

Für die Halligen spielen einerseits das Süßwasser aus den Niederschlägen und andererseits das salzige Meerwasser lebenswichtige Rollen.

Der Regen ermöglicht den Graswuchs auf den Viehweiden und auf dem Meedeland (Mähland); er wird von den Halligleuten besonders im trockenen Frühjahr herbeigewünscht, damit die Vegetation sich kräftig entwickeln kann. Aber auch das jeweilige Landunter beeinflußt das Wachstum des Halligrasens nachteilig; die salzigen Rückstände werden beim nächsten Regen von den Pflanzen abgewaschen (Farbtaf. 3).

Ferner dient das Regenwasser als Trink- und Tränkwasser, das nach alter Methode in den planmäßig hergestellten Zisternen (Söden) und Fethingen aufgefangen wird (Abb. 10). Diese Art der Wasserversorgung von Mensch und Vieh hatte ihre Probleme, auf die wir später noch zurückkommen werden. Das Grundwasser unter den Halligen scheidet für eine Nutzung aus; es steht unter dem Einfluß des Meerwassers und ist darum nicht genießbar.

Das Meerwasser bedeutet für die Halligen Freund und Feind zugleich. Bei den Ausführungen über die Klimatologie wurde bereits auf die enge Beziehung des Nordseewassers mit dem Wettergeschehen hingewiesen. Die Landverluste an den Halligkanten, Überschwemmungen bis hinein in die Wohnstätten und Wirtschaftsräume auf den Warfen (Abb. 11) rufen Ängste und Sorgen besonders während der Sturmfluten hervor. Starke Strömungen in den großen Rinnen und in den Prielen (Abb. 12) nagen an dem Bestand der näheren Umgebung, und selbst die Watten werden auf weiten Flächen abgetragen. Die alljährlich über die Halligen ziehenden leichten Sturmfluten (Abb. 13) lassen Feststoffe zurück, die zur Aufhöhung der Halligoberfläche in dem Maße erforderlich sind, wie der Meeresspiegel ansteigt. Das Meerwasser wird also auch als Transportmittel für die mitgeführten Schwimm- und Schwebstoffe tätig. Die Wattströme und Priele dienen ferner als Wasserstraßen (Abb. 14). In strengen Wintern erstarrt selbst das salzige Wasser im Wattenmeer zu Eis; der Schiffsverkehr wird dann oft wochenlang blockiert. Das Trink- und Tränkwasser geht zur Neige, auch die vorsorglich zurückgelegten Nahrungs- und Futtermittel sowie die Brennmaterialien. Alle Tätigkeiten und alles Denken auf der Hallig orientieren sich am Wasser.

## Klimafaktor Wasser

Der Klimafaktor Wasser beruht auf zwei Eigenschaften: auf einer bemerkenswerten Gewebsfreundlichkeit und auf einer großen biologischen Reinigungskraft. Beide Eigenschaften sind schon sehr lange bekannt. Der hohe Salzgehalt im nordfriesischen Wattenmeer von 3,0 bis 3,2% läßt nicht ohne weiteres auf Gewebsfreundlichkeit schließen, denn nach der balneologischen Einteilung der Mineralwässer wäre das Wasser im Wattenmeer als „Sole" zu bezeichnen. Beim Baden müßten die Augen und offene Wunden brennen, das ist aber nicht der Fall. Die dreieinhalbfache Konzentration der physiologischen Kochsalzlösung wirkt geweblich reizlos und heilkräftig. Daß das Meerwasser außerdem als reinigende Kraft zu werten ist, hat sich bei schuppender und schilfender Haut, an Schleimhautbelägen und – wider Erwarten – an geschwür-zerfallenen Wunden erwiesen. Schon die altrömischen Ärzte wußten, daß die Haut besser durchblutet und wärmer wird.

Die chemische Zusammensetzung des Meerwassers ist recht kompliziert, wie aus der von Professor Wattenberg aufgestellten Tabelle hervorgeht:

a) Hauptsalzbestandteile

| Kationen | mg/kg | mmol/kg | Anionen | mg/kg | mmol/kg |
|---|---|---|---|---|---|
| Natrium | 10,47 | 455,0 | Chlor | 18,97 | 535,1 |
| Kalium | 0,38 | 9,7 | Brom | 0,065 | 0,81 |
| Magnesium | 1,28 | 52,2 | Sulfat | 2,65 | 27,6 |
| Calcium | 0,41 | 10,2 | Bicarbonat | 0,14 | 2,35 |
| Strontium | 0,013 | 0,15 | Borsäure | 0,027 | 0,44 |

b) Konzentration der spurenweise im Meere vorkommenden Elemente in gamma je Liter

| | | | |
|---|---|---|---|
| Lithium | 110 | Gold | 0,004 |
| Rubidium | 200 | Uran | 2 |
| Caesium | 2 | Thorium | 1 |
| Barium | 50 | Radium | 1,10–7 |
| Aluminium | 600 | Jod | 50 |
| Eisen | 2 | Fluor | 1400 |
| Mangan | 5 | Selen | 4 |
| Nickel | 0,1 | Silicium | 10–1500 |
| Kupfer | 5 | Phosphor | 1–60 |
| Zink | 5 | Arsen | 15 |
| Quecksilber | 0,03 | | |
| Vanadium | 0,3 | Nitrat | 1–600 |
| Molybdän | 0,5 | Nitrit | 0,1–50 |
| Silber | 0,3 | Ammoniak | 5–50 |

Tabelle 3. Zusammensetzung des Meerwassers (19 %o CL, 34,33 %o Salz), nach Wattenberg.
1 gamma = 1/1000 mg.

## Wassertemperaturen

Die Wassertemperaturen weichen im Wattenmeer um einige Grade von denen der freien Nordsee ab, denn die Watten werden von warmer Luft mehr erwärmt und bei kaltem Wetter eher abgekühlt. Am Südstrand von Wyk auf Föhr hat man zur Zeit des Hochwassers gemessen und danach die mittlere monatliche Temperatur des Wassers in Grad Celsius bestimmt:

| I | II | III | IV | V | VI | VII | VIII | IX | X | XI | XII |
|---|---|---|---|---|---|---|---|---|---|---|---|
| 1,8 | 2,6 | 4,6 | 9,2 | 14,3 | 17,7 | 19,2 | 18,9 | 16,6 | 11,2 | 6,6 | 3,1 |

Tabelle 4. Mittlere monatliche Wassertemperatur im Wattengebiet in °C.

Tafel 2  An wolkenlosen Sommertagen scheinen die Warfen in der Luft zu schweben, wie hier die Westerwarf auf Hooge

In der Zeit vom 20. Juni bis 30. August erreicht oder überschreitet die Wassertemperatur in den meisten Jahren 18 Grad Celsius, vom 28. Mai bis 18. September 16 Grad, vom 12. Mai bis 30. September 14 Grad und vom 1. Mai bis 10. Oktober 12 Grad.

## Wasserstände

Die Wasserstände im Wattenmeer sollen hier ausführlich behandelt werden. Die dauernd wechselnde Höhe des Wasserspiegels und die diese verursachenden Naturkräfte zu erklären und überzeugend zu beurteilen, wurde erst möglich, nachdem man eine gewisse Anzahl von Pegeln an besonders ausgewählten Stellen errichtet und die gemessenen Wasserstände über eine längere Zeit systematisch beobachtet hatte (Fig. 10).

Die amtlich festgelegte Ausgangs- und Bezugsfläche für Höhenmessungen, Normal-Null (NN), entspricht ungefähr dem mittleren Meeresspiegel an der Nordseeküste. Auf diese einheitliche Ebene werden die Pegelfestpunkte bezogen, die zur Festlegung eines Pegelnullpunktes und zur Überwachung seiner Höhenlage herangezogen werden. Unter solchen Voraussetzungen registriert man im Küstenbereich den genauen Verlauf der Schwankungen des Wasserspiegels. Selbst kurzfristige Hebungen und Senkungen, die zum Beispiel bei Sturmböen entstehen, zeichnet das Gerät mit der Zeitangabe auf den Pegelbogen. Die Schreibstreifen werden sorgfältig geprüft und Fehler berichtigt. In der

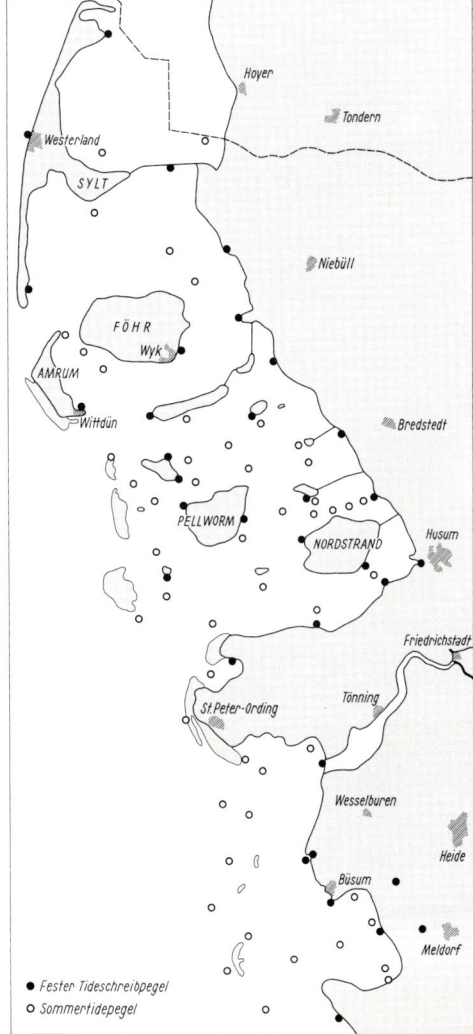

Wasserstandsliste erscheinen dann die oberen und unteren Grenzwerte (Thw und Tnw) als Grundzahlen für statistische Auswertungen. Man bildet Mittelwerte, verfolgt steigende oder fallende Tendenzen langer Beobachtungsreihen am jeweiligen Pegelort und von Ort zu Ort.

Aus einer hinreichend großen Zahl solcher Grundwerte lassen sich die Schwankungsbereiche von Tide zu Tide für die einzelnen Monate und Jahre ermitteln. Die Anzahl der Tidehochwasser (Thw) und Tideniedrigwasser (Tnw) beträgt je 705 im Jahr. Das mittlere Tidehochwasser (MThw) wird für einen Zeitabschnitt von zehn Jahren aus 7050 Scheitelwerten in der Tidekurve gebildet und alle fünf Jahre für die letzten zehn Jahre neu berechnet.

Fig. 10 Schreibpegel im Wattenmeer Schleswig-Holsteins

## Säkularer Anstieg des Meeresspiegels

Im Laufe der Jahrzehnte ergaben sich MThw-Werte, die nicht übereinstimmen; sie zeigten eine ansteigende Tendenz. Was bedeutet dieses für die Halligen? An den Abbruchkanten hatte man schon lange die klar gezeichnete Schichtung gesehen (Abb. 15). Als man den auf Abrasionsflächen freigelegten Kulturspuren in einigen Wattgebieten (Abb. 16) nachging, vermuteten Wissenschaftler verschiedener Fachrichtungen, daß die Erdoberfläche in Bewegung sei und eine Landsenkung stattfinde. Die Senkungsfrage hat bereits Fr. Müller kritisch abgehandelt. Er kam zu dem Ergebnis, „daß der Meeresspiegel keine Bürgschaft für einen festen Pegel(Wasser-)stand biete, dessen wir uns für die Höhenmessungen bedienen." Seine Anregung zielte auf ein dichteres Netz von Feinnivellementszügen mit einwandfreien Festpunkten und auf Wasserstandsbeobachtungen hin „Die Erde wird sich nicht rühren dürfen, ohne ihre Bewegungen in dem Feinnivellementnetz Rechenschaft abzulegen."

| Punkt-Nr. | Top.-Karte | Name und Ortsbeschreibung |
|---|---|---|
| 129 | 1218 | Dagebüllhafen, außendeichs, nördlich des Bahngleises |
| 130 | 1218 | Dagebüllhafen, außendeichs, südlich des Bahngleises |
| 131 | 1218 | Dagebüllhafen, binnendeichs, nördlich des Baubüros |
| 119 | 1319 | Sönke-Nissen-Koog, nördlich vom Nissenhörner Weg |
| 120 | 1318 | Sönke-Nissen-Koog in der fiskalischen Fenne |
| 122 | 1318 | Sönke-Nissen-Koog nördlich des Hoolstill-Wegs |
| 10 | 1520 | Husum, Rohrfestpunkt Nord |
| 11 | 1520 | Husum, Rohrfestpunkt Süd |
| 12 | 1520 | Husum, Rohrfestpunkt Ost |
| 105 | 1617 | Westerhever, Südwestecke der staatlichen Fenne |
| 101 | 1317 | Wyk, beim Quermarkenfeuer Oldenhörn |
| 124 | 1217 | Oevenum |
| 120 | 1216 | Ütersum, am Fuß der Rampe zum Deich |
| 113 | 1316 | Wittdün, südlich vom Kleinen Leuchtfeuer |
| 113 | 1317 | Langeneß, nördlich der Rixwarf |
| 121 | 1318 | Hamburger Hallig, westlich der Wohnwarf |
| 101 | 1418 | Pellworm, Schulwarf (heute Amts- und Gemeindebüro) |
| 130 | 1417 | Hallig Hooge, nordöstlich der Backenswarf |
| 112 | 1518 | Nordstrand, Trendermarschkoog |

Tabelle 5. Rohrfestpunkte im Bereich der nordfriesischen Halligen.

Die sogenannte „neuzeitliche Küstensenkung" ist bis in die Gegenwart von verschiedenen Disziplinen untersucht worden, ohne das man sich über ihre Ursache einigen konnte. Erst, als man das Nordseeküsten-Nivellement (NKN I) von 1928—1932 mit Ergänzungsmessungen in den Jahren 1933 bis 1937 wiederholt (NKN II 1949—1955), geprüft und ausgewertet hatte, konnte festgestellt werden, „daß die Ergebnisse der

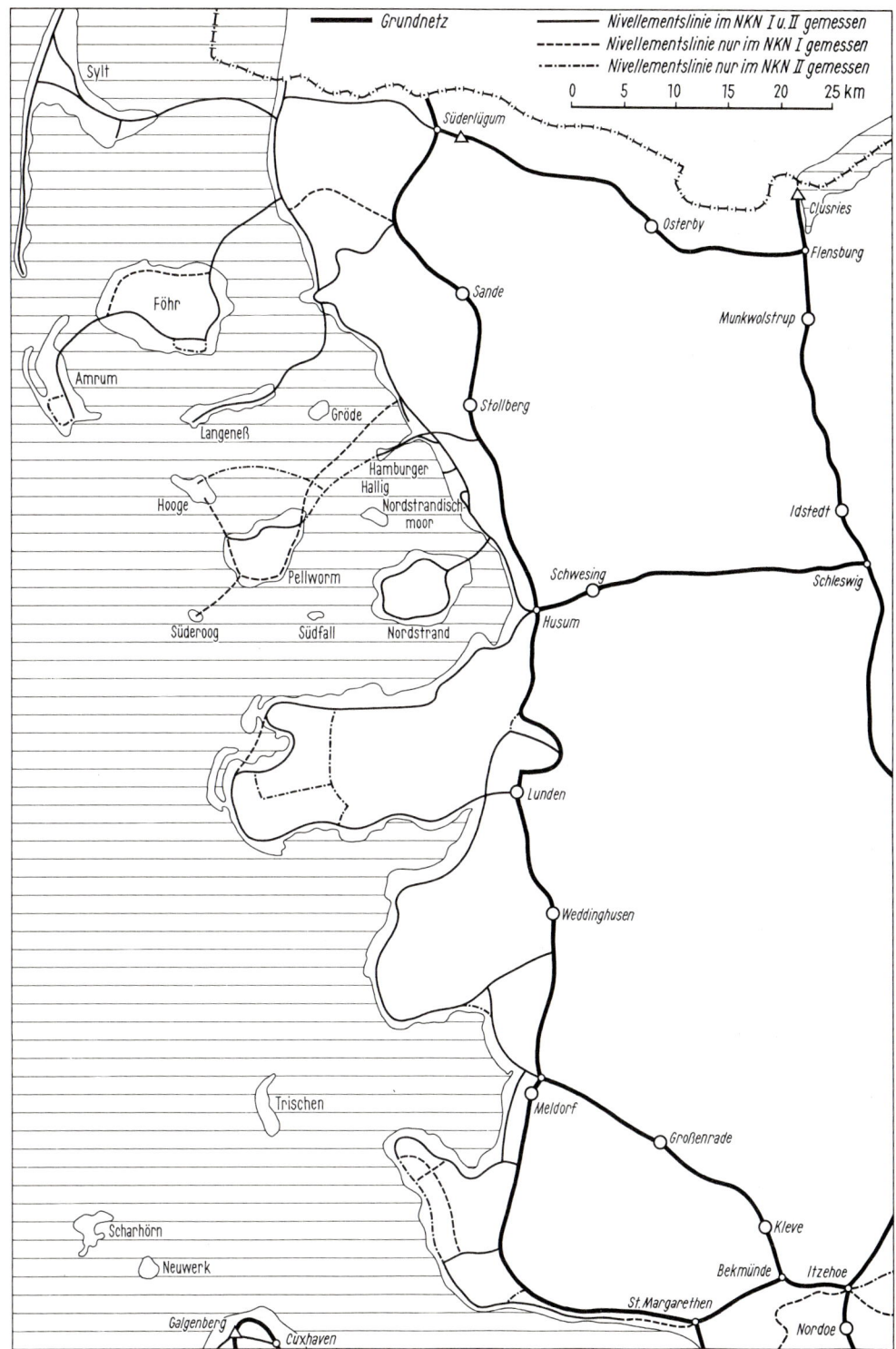

Fig. 11 Nordseeküsten-Nivellements

Within the figure:

Grundnetz
Nivellementslinie im NKN I u. II gemessen
Nivellementslinie nur im NKN I gemessen
Nivellementslinie nur im NKN II gemessen

0  5  10  15  20  25 km

Sylt
Süderlügum
Osterby
Clüsries
Flensburg
Föhr
Sande
Munkwolstrup
Amrum
Gröde
Stollberg
Langeneß
Hamburger Hallig
Hooge
Nordstrandisch moor
Idstedt
Pellworm
Schwesing
Schleswig
Süderoog
Südfall
Nordstrand
Husum
Lunden
Weddinghusen
Trischen
Meldorf
Großenrade
Scharhörn
Kleve
Neuwerk
Bekmünde
Itzehoe
Galgenberg
St. Margarethen
Cuxhaven
Nordoe

wiederholten Nivellements insofern beruhigend sind, als, selbst wenn man Anhänger der Küstensenkungstheorie ist, diese Senkung zur Zeit für den winzig kleinen Abschnitt der Erdgeschichte von 20 bis 25 Jahren feinmeßtechnisch nicht nachweisbar ist." Da ein Senkungsbetrag von 25 bis 30 cm für 100 Jahre zu klären war, hätte der Vorgang in Höhenunterschieden von mehreren Zentimetern sichtbar werden müssen. Wir sprechen deshalb heute von einem säkularen Anstieg des Wasserspiegels. Im Zuge des ersten Nordseeküsten-Nivellements wurden die nordfriesischen Inseln Föhr, Amrum und Pellworm sowie die Halligen Hooge und Süderoog und im Dithmarscher Watt Trischen durch Wattnivellements mit dem Festland verbunden. Diese Linien hat man im zweiten Nordseeküsten-Nivellement nachgemessen und um Messungen nach der Hamburger Hallig (1950), Nordstrand (1958) und Oland-Langeneß (1959) erweitert (Fig. 11). Auf den Inseln und Halligen wurden zahlreiche Höhenfestpunkte benutzt. Um den Anforderungen der Küstenschutzarbeit gerecht zu werden, hat man auch eine Anzahl Rohrfestpunkte auf den Inseln und Halligen hergestellt, die alle bis in pleistozäne Ablagerungen gebohrt worden sind. Die Rohrfestpunkte liegen im Bereich der Halligen so verteilt, daß Höhenkontrollen ohne allzu großen Aufwand vorgenommen werden können (Tab. 5):

Die Eidermündung und der Dithmarscher Küstenraum sind wie auch die niedersächsische Küste ebenso genau vermessen, so daß irgendwelche Niveauverschiebungen zwischen Land- und Wasserfläche auch in Zukunft sowohl für örtlich begrenzte Gebiete als auch für größere regionale Küstenabschnitte mit hoher Genauigkeit festgestellt werden können.

## Vorgänge in der Tidewelle

Die beschriebenen Meßeinrichtungen bringen die Voraussetzung dafür, daß man die Vorgänge in der Tidewelle verstehen kann. Es ist die astronomisch angeregte lange Welle, die in den deutschen Küstengewässern bei Flut von Westen kommend gegen die schleswig-holsteinische Küste schwingt, nach Norden abbiegt und hier in den Wattströmen und Prielen bis in die Halligwelt dringt. Das Füllen des Flutraumes zwischen Tidehochwasser und Tideniedrigwasser erfordert seine Zeit. Die Tidehochwasserzeit und Tideniedrigwasserzeit ändert sich dauernd und mit der Entfernung von der freien Nordsee.

Die wichtigsten Wasserstände, Tidenhübe und Stauwerte am äußeren Wattensaum von Langeoog (Ostfriesland) über die Mündung der Elbe bis List auf Sylt enthält Tabelle 6. Zum Vergleich wird Helgoland aufgeführt, obgleich der Pegel noch nicht exakt auf Normal-Null bezogen werden konnte.

Das MThw der Jahresreihe 1966/75 (Spalte 2) steigt von Langeoog bis Trischen um 13 cm und fällt von hier bis List auf Sylt um 68 cm ab. Das mittlere Tideniedrigwasser (Spalte 3) dagegen fällt von Langeoog bis Trischen – Eidermündung um etwa 25 cm und steigt bis List wieder um etwa 60 cm an.

Solche Höhenunterschiede wirken sich natürlich auf den Tidenhub aus: Anstieg bis Trischen um 35 cm zum Höchstwert von rund drei Metern. Bis List verringert sich der Tidenhub auf fast die Hälfte. In Helgoland erreicht er noch 231 cm.

| Pegel | MThw 1966/75 +m NN | MTnw 1966/75 −m NN | MThb cm | Sturmflut 16./17. 2. 1962 Eintrittszeit vorausb. | gemess. | WStand +m NN | Sturmflut 3. 1. 1976 Eintrittszeit vorausb. | gemess. | WStand +m NN | Bemer- kungen |
|---|---|---|---|---|---|---|---|---|---|---|
| 1 | 2 | 3 | 4 | 5 | 6 | 7 | 8 | 9 | 10 | 11 |
| Langeoog | 1,28 | −1,32 | 260 | | 21,15 | 4,24 | 13,03 | 12,50 | 3,81 | |
| Wangeroog-Ost | 1,33 | −1,40 | 273 | 20,36 | | (4,20) | 13,05 | (13,30) | (4,06) | ( ) durch |
| Mittelgrund | 1,35 | | | | | | 13,30 | 13,43 | 4,57 | Bezug z. |
| Trischen | 1,41 | −1,57 | 298 | | (22,37) | 4,51 | 13,52 | | (4,79) | Nachbar- |
| Eidermündung | 1,30 | (−1,60) | (290) | | | (4,38) | 14,02 | | (4,53) | pegeln |
| Hevermündung | (1,20) | (−1,50) | (270) | 23,00 | | (4,25) | 14,07 | | (4,27) | ermittelt |
| Wittdün | 1,13 | −1,38 | 251 | 23,26 | 00,08 | 4,14 | 14,40 | 13,57 | 4,05 | |
| Hörnum | 0,86 | −1,08 | 194 | 23,30 | 00,02 | 3,92 | 15,15 | 14,04 | 3,76 | |
| | | | | | | | | 04,34 | 3,83 | 21. 1. 1976 |
| List | 0,73 | −0,98 | 171 | 01,02 | 00,17 | 3,65 | 15,46 | 13,59 | 3,94 | |
| Helgoland | 0,78 | −1,53 | 231 | 24,17 | 23,00 | 3,60 | 13,02 | 13,06 | 3,40 | |
| | | | | | | | | 03,06 | 3,44 | 21. 1. 1976 |

Tabelle 6. Wasserstände, Tidenhübe und Staue am äußeren Wattensaum der Deutschen Bucht. Quellen: Dt. Gewässerkdl. Jb., Archive: ALW Heide, ALW Husum, WSD-N u. WSD-NW.


## Sturmfluten

Von den in Tabelle 7 aufgeführten 43 schweren und sehr schweren Sturmfluten waren die vom 5./6. November 1911, vom 18. und 27. Oktober 1936, vom 23./24. November 1938, vom 16./17. Februar 1962 und die vom 3. und 21. Januar 1976 die bedeutendsten. Diese Naturereignisse blieben auf den Halligen in schrecklicher und bitterer Erinnerung; denn der nasse Tod lag jeweils auf der Lauer. Notstände und Gefahrenaugenblicke wurden mit großem Glück, mit viel Besonnenheit und Mut der Halligbewohner gemeistert. Nur dadurch, daß sie ruhig und umsichtig blieben, ist es wohl zu verstehen, daß sie bei allen diesen Sturmfluten kein Menschenleben zu beklagen hatten.

Verfolgen wir den Scheitel der Sturmflut vom 16./17. Februar 1962, so stieg er ebenfalls von Langeoog bis Trischen (Tab. 6, Sp. 5), und zwar um 1,85 m; bis List fiel der Scheitelwert um 86 cm. Die Tidewelle (Sp. 7) kam am 16. Februar um 21.15 Uhr an Langeoog vorbei, erreichte gegen 22.37 Uhr Trischen und gegen Mitternacht die Inseln Amrum und Sylt, d. h. sie legte den ganzen Weg in 2¾ Stunden zurück mit einer Geschwindigkeit von etwa vier Kilometern in der Stunde.

Die Sturmflut am 3. Januar 1976 (Sp. 8) lief schneller an der Küste entlang; sie benötigte für dieselbe Strecke nur reichlich eine Stunde.

Beide Sturmfluten unterscheiden sich auch in den Stauwerten, dem Unterschied des Scheitelwasserstandes zum zugehörigen mittleren Tidehochwasser. Für die Sturmflut 1962 wird das MThw des Jahrzehnts 1951/60 zugrundegelegt. Wir entnehmen der Tabelle 6 den Anstieg des Staues bei Langeoog um 138 cm bis Trischen um 178 cm; von hier bis List den Abfall um kaum 20 cm. Auffällig hoch erscheint der Stau in Helgoland mit 373 cm. – Die Tabelle 6 zeigt in Spalte 10 die Stauwerte der bisher absolut höchsten Sturmflut am 3. Januar 1976. Der Stau bei Trischen betrug 338 cm; vor der schleswig-holsteinischen Westküste blieb er bis auf wenige Dezimeter nahezu gleich. Bei Helgoland erreichte der Stau – trotz Superflut – nur 262 cm.

| Datum der Sturmflut | am Pegel Husum[1] cm | Sturmflutwasserstand Höhe über NN m | Bemerkungen |
|---|---|---|---|
| 26. 1. 1902 | 871 | +3,71 | [1] Pegel-Null = NN −5,00 m |
| 15. 1. 1904 | 885 | +3,85 | |
| 13. 3. 1906 | 927 | +4,27 | |
| 3./4. 12. 1909 | 875 | +3,75 | |
| 5./6. 11. 1911 | 965 | +4,65 | sehr schwere Flut |
| 16./17. 2. 1916 | 930 | +4,30 | geschätzt! |
| 24. 12. 1916 | 940 | +4,40 | |
| 2. 12. 1918 | 937 | +4,37 | |
| 24. 12. 1919 | 935 | +4,35 | |
| 30. 8. 1923 | 922 | +4,22 | |
| 18./19. 12. 1923 | 902 | +4,02 | |
| 10. 10. 1926 | 935 | +4,35 | |
| 2. 10. 1928 | 907 | +4,07 | |
| 18. 10. 1936 | 975 | +4,75 | sehr schwere Flut |
| 27. 10. 1936 | 975 | +4,75 | sehr schwere Flut |
| 23./24. 11. 1938 | 970 | +4,70 | sehr schwere Flut |
| 23./24. 10. 1949 | 922 | +4,22 | |
| 1. 2. 1953 | 802 | +3,02 | (Hollandflut) |
| 16. 1. 1954 | 911 | +4,11 | |
| 23. 12. 1954 | 893 | +3,93 | |
| 16./17. 2. 1962 | 1021 | +5,21 | sehr schwere Flut |
| 1963 | — | — | keine schweren |
| 1964 | — | — | Sturmfluten |
| 2. 11 1965 | 932 | +4,32 | |
| 26. 11. 1965 | 875 | +3,75 | |
| 11. 12. 1965 | 874 | +3,74 | |
| 1. 12. 1966 | 918 | +4,18 | |
| 23. 2. 1967 | 939 | +4,39 | |
| 24. 2. 1967 | 925 | +4,25 | |
| 1. 3. 1967 | 924 | +4,24 | |
| 15. 1. 1968 | 942 | +4,42 | |
| 3. 10. 1970 | 864 | +3,64 | |
| 17. 11. 1971 | 856 | +3,56 | |
| 13. 11. 1973 | 922 | +4,22 | |
| 16. 11. 1973 | 916 | +4,16 | |
| 19. 11. 1973 | 902 | +4,02 | |
| 6. 12. 1973 | 934 | +4,34 | |
| 14. 12. 1973 | 963 | +4,63 | sehr schwere Flut |
| 17. 12. 1973 | 873 | +3,73 | |
| 16. 1. 1974 | 916 | +4,16 | |
| 5. 12. 1974 | 894 | +3,94 | |
| 18. 12. 1974 | 866 | +3,66 | |
| 26. 1. 1975 | 923 | +4,23 | |
| 3. 1. 1976 | 1066 | +5,66 | sehr schwere Flut |
| 21. 1. 1976 | 988 | +4,88 | sehr schwere Flut |

Tabelle 7. Sturmfluten im 20. Jahrhundert am Pegel Husum.

Am äußeren Wattensaum der Deutschen Bucht spielen sich also natürliche hydrodynamische Vorgänge ab, die das Wasserwesen in den Halliggebieten beeinflussen müssen. Beim Abbiegen in die Wattströme hinein, finden Verformungen der draußen auf See noch gleichmäßigen Tidewellen statt. Die Tidewelle stößt hier auf den auslaufenden Ebbestrom und bringt diesen zum Kentern, d. h. die Strömung wechselt ihre Fließrichtung landwärts. Der Strom kentert im Querschnitt des Fließgewässers keineswegs überall gleichzeitig; denn die Tidewelle kommt später am rechten Ufer der bis zu mehrere Kilometer breiten Mündung eines Wattstromes an, und sie schiebt sich über oder unter das auslaufende Wasser stromaufwärts. Der Vorgang des Kenterns findet über die ganze Länge des Wattstromes und Prieles statt, bis der Flutstrom sich überall durchgesetzt hat; entsprechend wechselt der Flutstrom in die auslaufende Fließrichtung.

Die Halligleute erleben das Kentern – Stauwasser – täglich in den Halligprielen und an den Halligufern. Auf den hohen Wattrücken hat es mit dem Kentern seine besondere Bewandtnis, auf die wir später noch zurückkommen.

Aus der Beschreibung des Kenterns wird deutlich, daß die in das Wattengebiet einlaufende Flut zunächst stark gebremst wird. Aus der Tidekurve geht dies am verhältnismäßig steilen Flutstromast hervor, der flacher wird, wenn die Watten beflutet werden; der Ebbestrom dauert insgesamt länger als der Flutstrom. Die Tidedauer von 12 Stunden und 25 Minuten umfaßt die Flutdauer und die Ebbedauer – eine natürliche Gegebenheit. Die Flutstromgeschwindigkeiten sind in den Wattrinnen größer als die Ebbestromgeschwindigkeiten.

Die bereits am äußeren Wattensaum von Ort zu Ort verschiedenen Wasserstände, Tidenhübe und Staue werden durch das ungleiche Relief des Wattengebietes und durch den Verlauf der Uferlinien des Festlandes, der Inseln und der Halligen weiter beeinflußt, am meisten an der oberen Grenze des Flutraumes, am Festland.

Wenn man die MThw in Spalte 2 der Tabellen 6 und 8 betrachtet, dann erreichte das MThw in Meldorf über NN 1,63 m oder einen um 22 cm höheren Wasserstand als am rund 20 km entfernten Pegel Trischen. In Büsum beträgt der Unterschied zu Trischen 11 cm bei etwa 12 km Entfernung.

## Wasserspiegelgefälle

Im Bereich der Hever liegt das MThw an der Mündung etwa bei 1,20 m über NN, 16 km stromauf am Everschopsiel bei 1,44 m über NN, bis Finkhaushallig steigt es auf 1,51 m und bei Husum – nochmals etwa 16 km oberhalb von Everschopsiel – auf 1,55 m über NN. Das MThw Husum erreicht also einen um 35 cm höheren Wert als draußen an der Hevermündung: der Wasserspiegel, die ausgeglichene Grenzfläche gegen die Atmosphäre, hat bei gewöhnlichen Wetterverhältnissen etwa ein Gefälle von einem Zentimeter auf einem Kilometer.

Die im Vergleich zum MThw astronomisch bedingten höheren Springtiden sind durch einen maximalen Tidehub gekennzeichnet. Bei Vollmond und bei Neumond addieren sich die Anziehungskräfte von Sonne und Mond, sie verursachen die Springtide mit verhältnismäßig hohem Tidehochwasser (SpThw) und verhältnismäßig niedrigem Tideniedrigwasser (SpTnw). Wenn sich die genannten Anziehungskräfte bei Halbmond

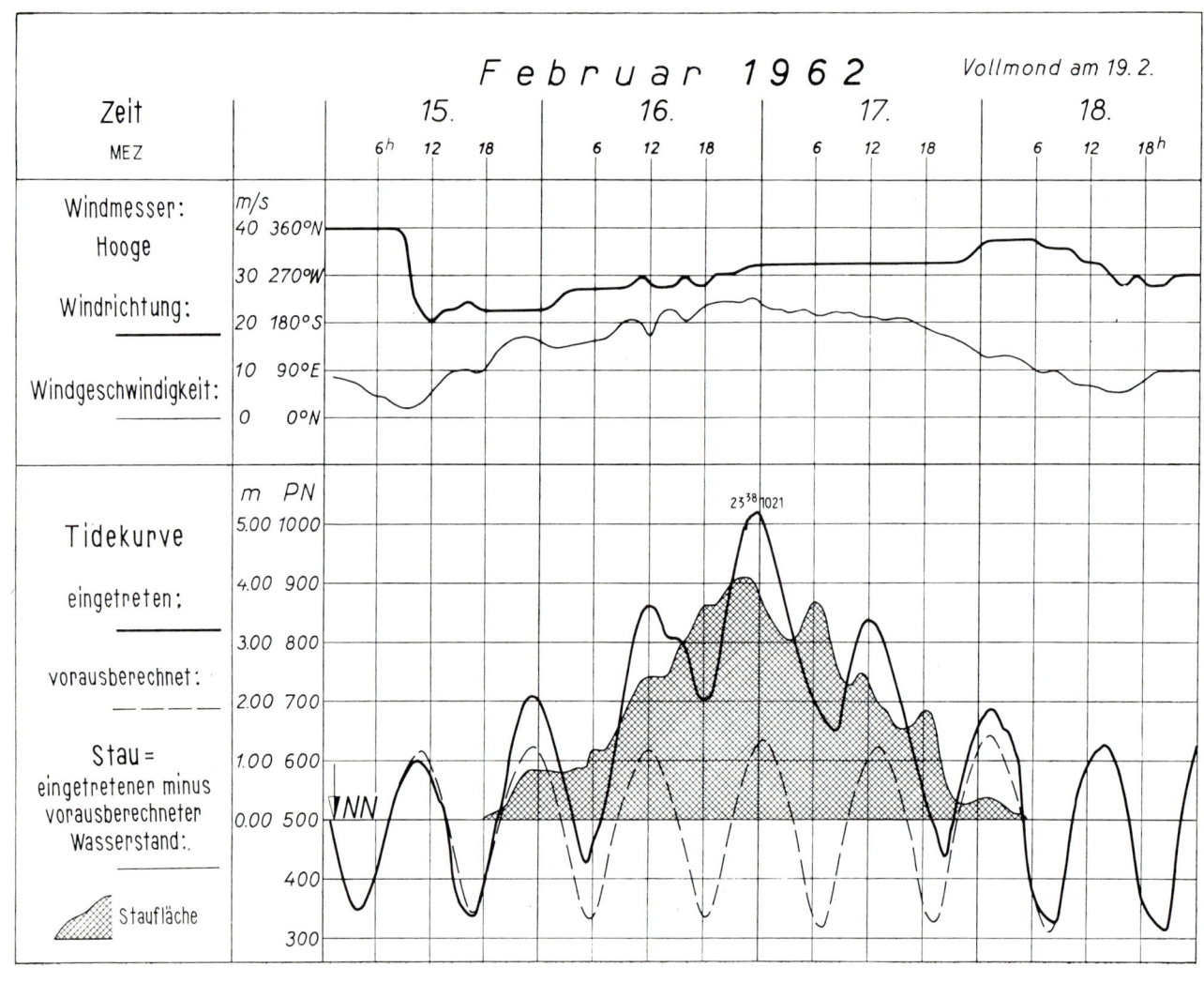

Fig. 12 Tidekurven und Staufläche vom 15. bis 18. Februar 1962 am Pegel Husum

| Pegel | MThw 1966/75 +m NN | MTnw 1966/75 −m NN | MThb cm | Sturmflut 16./17. 2. 1962 Eintrittszeit vorausb. | gemess. | WStd. +m NN | Sturmflut 3. 1. 1976 Eintrittszeit vorausb. | gemess. | WStd. +m NN | Stau ü. MThw 1966/75 |
|---|---|---|---|---|---|---|---|---|---|---|
| 1 | 2 | 3 | 4 | 5 | 6 | 7 | 8 | 9 | 10 | 11 |
| Sommerkoog — | | | | | | | | | | |
| Steertloch, Siel | | | 330 | 23,26 | | | 14,11 | 13,44 | 5,50 | |
| Meldorf-Hafen | 1,63 | −1,49 | 312 | 23,36 | 23,22 | 5,29 | 14,17 | 14,22 | 5,60 | 397 |
| Wöhrden-Hafen | 1,62 | −0,99 | 261 | (23,31) | | | (14,15) | 13,58 | 5,50 | 388 |
| Büsum | 1,52 | −1,72 | 324 | 23,26 | (23,00) | 4,94 | 14,11 | 13,49 | 5,15 | 363 |
| Eidersperr-werk* | 1,49 | −1,62 | 311 | 23,34 | (23,11) | (5,03) | 14,12 | 13,24 | 5,02 | 353 |
| Everschopsiel | (1,52) | (−1,77) | 329 | (23,45) | 23,25 | 4,85 | | 13,25 | 5,14 | 362 |
| Finkhaushallig | (1,48) | (−1,83) | 331 | | | | | 13,37 | 5,54 | 406 |
| Husum | 1,55 | −1,85 | 340 | 00,33 | 23,38 | 5,21 | 15,08 | 13,40 | 5,66 | 411 |
| Arlauschleuse | (1,47) | | | 00,44 | 23,43 | 5,00 | 15,23 | | (5,40) | 393 |
| Schlüttsiel | 1,42 | −1,64 | 308 | 00,15 | 23,55 | 4,55 | 15,10 | 13,35 | 4,54 | 312 |
| Dagebüll | 1,24 | −1,58 | 282 | 01,42 | 00,12 | (4,56) | 15,34 | 13,34 | 4,46 | 322 |
| Hooge | 1,23 | −1,52 | 275 | 00,48 | | | 14,44 | 13,35 | 4,35 | 312 |
| Pellworm | 1,37 | −1,59 | 296 | (23,40) | 23,42 | 4,55 | 14,53 | 13,40 | 4,74 | 337 |
| Strucklahnungs-hörn | 1,40 | −1,82 | 322 | (23,45) | 23,36 | 4,74 | 14,55 | (13,20) | 5,06 | 366 |

Tabelle 8. Wasserstände, Tidenhübe und Staue am schleswig-holsteinischen Festland.
Quellen: Dt. Gewässerkdl. Jb., Archive: ALW Heide, ALW Husum, WSD-N.

* Außenpegel MThw 1973/78
( ) durch Bezug zu Nachbarpegeln ermittelt

teilweise aufheben, entsteht die Nipptide, verhältnismäßig niedriges Tidehochwasser (NpThw). In der Nipptide bleibt der Schwankungsbereich zwischen Thw und Tnw besonders klein.

Auf den Halligen achtet man sehr genau auf die Springtiden, die hier fast drei Tage später eintreten als Voll- oder Neumond, weil die Halligpriele dann bordvoll laufen oder bei westlichen Winden auch ausufern können. Es gehört in diesen Tagen also nur wenig Windkraft dazu, um ein Landunter zu bekommen.

Starke, längere Zeit anhaltende Stürme aus dem Westen erhöhen in der Deutschen Bucht den Wasserstand. Der sogenannte Windstau erreicht dann an den Festlands-deichen und noch mehr in tieferen Buchten die höchsten Werte.

In den Tabellen 6 und 8 sind die für das Halligmeer wichtigsten mittleren Werte zusammengestellt und als Beispiele die beiden sehr schweren Sturmfluten am 16./17. Februar 1962 und am 3. Januar 1976, deren vorausberechnete und gemessene Eintrittszeiten und eingetretenen Wasserstände ausgewiesen. Beide Sturmfluten haben mit dem MThw gemeinsam, daß die Sturmflutwasserstände bei Trischen – in der inneren Deutschen Bucht – am höchsten aufgestaut worden sind, und zwar bis fast fünf Meter über Normal-Null. Nach Norden bis Sylt fällt der Sturmflutscheitel 1976 um etwa einen Meter ab.

An der schleswig-holsteinischen Festlandküste drückte der Sturm das Wasser 1962 bei Meldorf-Hafen auf 5,29 m über NN und in Husum auf 5,21 m (Fig. 12 und Tab. 7). Am Hafen Pellworm erreichte der Wasserspiegel eine Höhe von 4,50 m über NN und

| Lfd. Nr. | Hallig | Warf | maßgeb. Sturmflutstand +m NN |
|---|---|---|---|
| 1 | 2 | 3 | 4 |
| 1 | Nordmarsch-Langeneß | Neue Peterswarf | 4,70 |
| 2 | | Kirchwarf Nordmarsch | 4,70 |
| 3 | | Mayenswarf | 4,70 |
| 4 | | Hilligenley | 4,70 |
| 5 | | Süderhörn | 4,80 |
| 6 | | Treubergwarf | 4,80 |
| 7 | | Norderhörn | 4,80 |
| 8 | | Ketelswarf | 4,90 |
| 9 | | Tamenswarf | 4,90 |
| 10 | | Christianswarf | 4,90 |
| 11 | | Kirchwarf Langeneß | 5,00 |
| 12 | | Tadenswarf | 5,00 |
| 13 | | Honkenswarf | 5,00 |
| 14 | | Peterswarf | 5,00 |
| 15 | | Neuwarf | 5,10 |
| 16 | | Hunnenswarf | 5,10 |
| 17 | | Peterheitswarf | 5,10 |
| 18 | | Bandixwarf | 5,10 |
| 19 | | Rixwarf | 4,70 |
| 20 | Hooge | Ockenswarf | 4,90 |
| 21 | | Hanswarf | 4,90 |
| 22 | | Backenswarf | 4,90 |
| 23 | | Kirchwarf | 4,90 |
| 24 | | Ockelützwarf | 4,80 |
| 25 | | Mitteltritt | 4,80 |
| 26 | | Lorenzwarf | 4,80 |
| 27 | | Volkerswarf | 4,80 |
| 28 | | Ipkenswarf | 4,70 |
| 29 | | Westerwarf | 4,70 |
| 30 | Gröde | Knudswarf | 5,35 |
| 31 | | Kirchwarf | 5,35 |
| 32 | Nordstrandischmoor | Norderwarf | 5,45 |
| 33 | | Halberweg | 5,45 |
| 34 | | Amalienwarf (Schulwarf) | 5,45 |
| 35 | | Neuwarf | 5,45 |
| 36 | Oland | | 5,25 |
| 37 | Habel | | 5,40 |
| 38 | Hamburger Hallig | | 5,40 |
| 39 | Südfall | | 5,25 |
| 40 | Süderoog | | 4,80 |

Tabelle 9. Verzeichnis der maßgebenden Sturmflutwasserstände an den Warfen.

in Wittdün auf Amrum 4,14 m über NN. In der damals noch offenen Tideeider wurde der für die Westküste überhaupt höchste Flutscheitel mit 5,50 m über NN auf dem Pegelbogen registriert. Die noch höhere Sturmflut 1976 wirkte sich entsprechend an den Festlandsdeichen aus: In der Meldorfer Bucht stieg das Wasser auf 5,60 m über NN, in Husum sogar auf 5,66 m über NN (Tab. 7 und 8). Da das neue Eidersperrwerk bei Sturmfluten geschlossen wird und die Vordeichung Meldorfer Bucht fertiggestellt ist, wird man in Zukunft die höchsten Sturmflutscheitel der Westküste am Pegel der Hafenschleuse Husum infolge seiner Lage an einer rund 15 Kilometer langen Bucht zu erwarten haben (Fig. 12 und 13).

## Maßgebender Sturmflutwasserstand

Der praktische Hochwasserschutz auf den Halligen richtete sich seit seinem Bestehen nach der jeweils höchsten Sturmflut. Das wird auch so bleiben. Um die Schutzmaßnahmen einigermaßen sicher planen zu können, wurden die maßgebenden Sturmflutwasserstände für alle Halligwarfen – wie für die Landesschutzdeiche – ermittelt und vom Küstenausschuß Nord- und Ostsee veröffentlicht (vgl. Tab. 9). Diese Bemessungswasserstände unterscheiden sich in der Höhe je nach der Lage der einzelnen Halligwarfen in der geneigten Staufläche bei extremen Sturmfluten.

Das Wasserspiegelgefälle zwischen ausgewählten Pegelstationen für das mittlere Tidehochwasser und für die bisher höchste Sturmflut am 3. Januar 1976 (Tab. 10) beträgt bei MThw etwa einen Zentimeter je Kilometer Entfernung von der freien Nordsee; bei extrem hohen Sturmfluten kann das Gefälle auf vier bis maximal fünf Zentimeter ansteigen. Offensichtlich ist eine stärkere Neigung der Wasserfläche nicht möglich, wenn man von kurzfristigen Stauwerten durch Sturmböen absieht.

| Wattstrom | Pegel – Pegel | rd. km | Unterschied bei MThw cm | Gefälle cm/km | Unterschied bei Sturmflut cm | Gefälle cm/km |
|---|---|---|---|---|---|---|
| 1 | 2 | 3 | 4 | 5 | 6 | 7 |
| Piep | Meldorf – Trischen | 26 | 22 | 0,8 | 81 | 3,2 |
| | Büsum – Trischen | 15 | 11 | 0,8 | 37 | 2,5 |
| | Sommerkoog – Steertloch – Trischen | 22 | — | — | 71 | 3,3 |
| | Wöhrden – Büsum | 9 | — | — | 35 | 3,9 |
| | Meldorf – Büsum | 13 | 9 | 0,7 | 44 | 3,4 |
| Hever | Husum – Hevermündung | 32 | 35 | 1,1 | 139 | 4,3 |
| | Husum – Everschopsiel | 16 | 11 | 0,7 | 52 | 3,2 |
| | Everschopsiel – Hevermündung | 18 | 24 | 1,3 | 87 | 4,9 |
| | Pellworm – Hevermündung | 18 | 17 | 0,9 | 47 | 2,6 |
| | Arlauschleuse – Pellworm | 17 | 11 | 0,7 | 66 | 3,9 |
| Süderaue | Schlüttsiel – Hooge | 18 | 19 | 1,0 | 21 | 1,2 |
| Norderaue | Dagebüll – Wittdün | 23 | 11 | 0,5 | 41 | 1,8 |
| | Dagebüll – Wyk a. F. | 9 | 5 | 0,6 | 8 | 0,9 |

Tabelle 10. Wasserspiegelgefälle (cm/km) im Wattengebiet bei MThw und bei der Sturmflut am 3. 1. 1976.

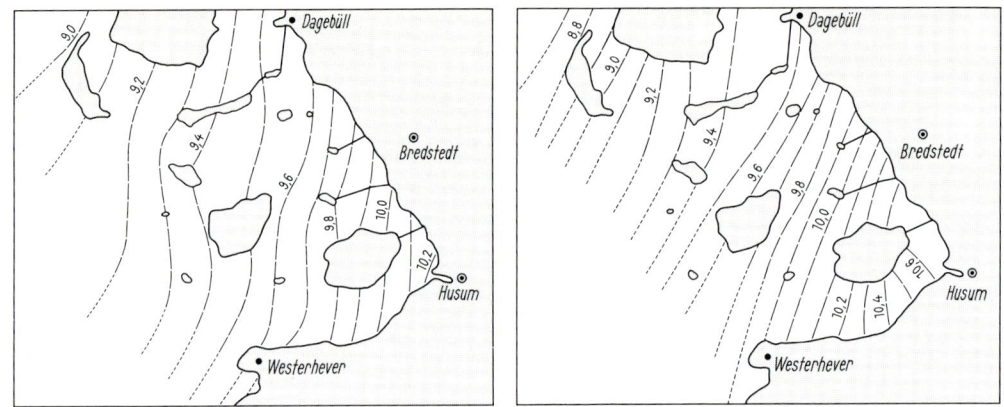

Fig. 13 Linien gleichen Höchstwasserstandes der Sturmflut am 16./17. Februar 1962

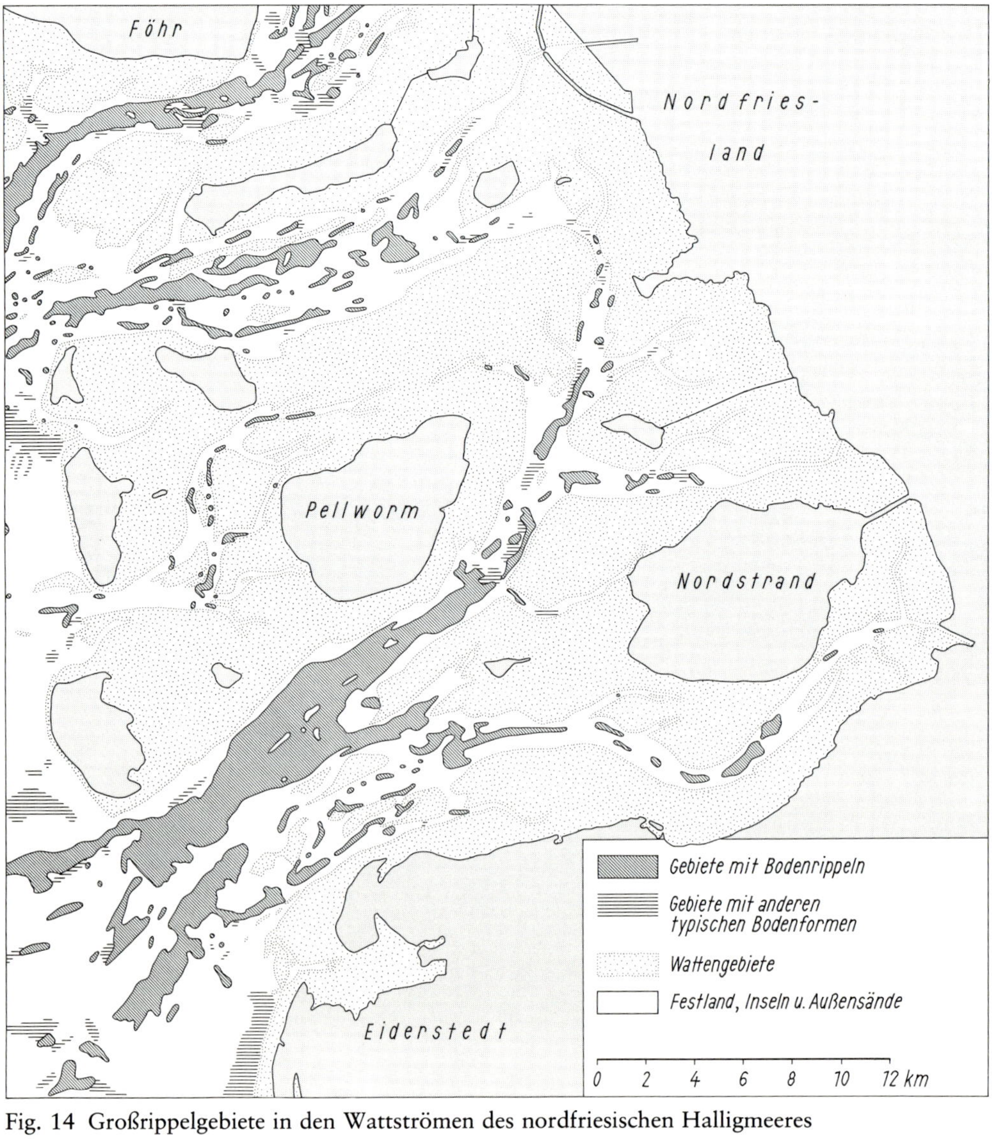

Fig. 14 Großrippelgebiete in den Wattströmen des nordfriesischen Halligmeeres

Die umfangreichen Meßwerte belegen eindeutig, daß der Wasserstau über einer Wattfläche am Ende einer Bucht höhere Werte erreicht als vor einer abgedeichten Bucht, nicht umgekehrt.

Die über das mittlere Springtidehochwasser steigenden Fluten überschwemmen bereits den niedrig gelegenen Halliganwachs. Das astronomisch bedingte Ereignis tritt in regelmäßigen Abständen ein und wird mehr oder weniger durch Windeinfluß verstärkt. Je höher die Fluten steigen, desto seltener sind sie, je niedriger desto häufiger. Von der Häufigkeitsverteilung erhöhter Wasserstände und der Hallighöhe oder Maifeldhöhe hängt deshalb auch die Häufigkeit von Überschwemmungen ab. Da die untere Grenze einer leichten Sturmflut im Halligmeer bei einem Scheitelwasserstand von rund einem Meter über dem mittleren Tidehochwasserstand liegt und diese Grenze im Durchschnitt etwa zehn mal im Jahr erreicht oder überschritten wird, wie man aus langjährigen Beobachtungsreihen weiß, ergibt sich daraus grob die Häufigkeit des Landunter: 8 bis 12 mal jährlich. Das schließt nicht aus, daß in einzelnen Jahren die Hallig wesentlich häufiger „untertaucht". Halligdeiche werden gebaut, um die Häufigkeit herabzudrücken.

## Ausweitung des Flutraumes

Der Flutraum im schleswig-holsteinischen Wattengebiet faßt normalerweise etwa fünf Milliarden Kubikmeter Meerwasser. Diese Wassermenge dringt in rund sechs Stunden über die Wattströme ein. In nahezu der gleichen Zeitdauer wird der ganze Raum wieder entleert. Der Vorgang des Füllens und Entleerens findet unter hydrodynamischen Bedingungen mit landschaftsgestaltender Wirkung statt. Der Durchflußquerschnitt steht in einem bestimmten Verhältnis zur Wassermenge, die ihn durchfließen muß. Dabei treten Stromgeschwindigkeiten von 1 bis 1,5 m/sec auf. Diese sind stark genug, um den Watt- und Halligboden zu lösen und zu transportieren.

Die dauernd im Halligmeer wirkenden Naturkräfte könnten einen Gleichgewichtszustand herbeiführen, wenn sie immer gleich stark bleiben würden. Das ist aber keineswegs der Fall.

Die astronomisch bedingten Springtiden mit den um einige Dezimeter erhöhten Tidehochwasserständen und niedriger abfallenden Tideniedrigwasserständen verstärken den Fließvorgang in einem vorhandenen Durchflußquerschnitt. Hinzu kommt der vorwiegend aus westlichen Richtungen wehende Wind, der zusätzlich weitere Wassermengen in den Wattenraum hineindrückt. Ein Gleichgewichtszustand kommt auch deshalb nicht zustande, weil der säkulare Wasserspiegelanstieg den Flutraum zwar langsam, aber seit langer Zeit stetig vergrößert. Infolgedessen tritt auch eine größere Wassermenge ein. Die Strömung wird zeitweilig verschärft, und die Fließrinnen werden breiter und tiefer ausgeräumt.

Am deutlichsten wird die aufgezeigte Dynamik im Rinnensystem der Hever, die im Mittellauf bereits Wassertiefen bis etwa dreißig Meter und Strombreiten von mehr als 2000 Meter erreicht. Hier haben sich ausgedehnte Riesen- und Großrippelgebiete auf der Gewässersohle gebildet, die zu den größten der Deutschen Bucht mit extrem hohen Formen gehören. Ein zusammenhängendes Areal erstreckt sich im Bereich der Grobsanddecke über eine Länge von 25 km bei einer Breite von etwa drei Kilometern südöstlich von Süderoog (Fig. 14). Die bis zu drei Meter hohen Rippel haben mehr oder weniger steile Böschungen. Sie erhielten solche Formen durch den besonders starken Gezeitenstrom.

Bodenrippeln gelten als qualitative Indikatoren für die Sandbewegung; sie sind deshalb „ein einfach zu gewinnender, aber unschätzbar wichtiger Hinweis zur Sandbewegung". Der ständige Materialtransport innerhalb eines Rippelfeldes kann von langfristigen Umlagerungen ganzer Rippelkörper bis zu den weitverbreiteten Pendelbewegungen der Rippelkämme im Rhythmus der Gezeiten reichen.

So ungewöhnlich die Abmessungen der Wattströme auch sind, die beschriebenen Ursachen gelten vergleichbar für die Halligpriele. Nicht die Größe des Einzugsgebietes eines Prieles auf der Hallig ist Voraussetzung für die Abmessungen des Prielbettes, sondern die Tideströmung in Verbindung mit der Wirkung der durch Wind erzeugten Wellen. An ihren Mündungen erweitern die Priele sich buchtenartig; im Halligboden erreichen sie bis zu zwanzig Meter Breite, so daß sie zu Zeiten des Tidehochwassers als Verkehrswege für Halligboote dienen können.

## Wasser als Transportmittel

Bevor Dämme zu den Halligen und Wege auf den Halligen gebaut wurden und Flugzeuge zur Hilfe kommen konnten, spielte die Halligschiffahrt für den Transport von Menschen und Gütern die Hauptrolle. Bei allen Verbesserungen der Verkehrsverhältnisse ist die Halligschiffahrt von der Tide abhängig geblieben.

Wo Wellen und Strömung Halligkanten zerstören, Priele und Wattströme verlagern und weite Wattflächen abtragen, befördert das Wasser die gelösten Stoffe teils schwimmend, teils schwebend, rollend oder hüpfend. Die graue Färbung des Wassers im Wattenmeer ist ein Zeichen dieser Transportfunktion. Unter normalen Tidebedingungen kann man mit einem Feststoffgehalt von 200 bis 300 mg/Liter rechnen. Der zehnfache Betrag bei Sturmfluten ergibt sich, weil die Wellen dann die Oberfläche der Watten aufwirbeln.

Die Flut transportiert die Stoffe landwärts und lagert dort einen Teil ab; sie fördert damit sowohl das Hochwachsen der Halligoberfläche und des Vorlandrasens als auch die Auflandung des Watts an geschützten Stellen (Abb. 17 und 18). Bei Ebbe ist der Transport seewärts gerichtet. Selbst in langen, ruhigen Schönwetterperioden werden noch Schwebstoffwolken in den großen Wattströmen beobachtet. Demnach sedimentiert nur ein Teil der Feststoffe, ein Teil wird in die Nordsee verfrachtet, ein weiterer Teil folgt über längere Zeit der Ebbe- und Flutbewegung in den Wattströmen.

Beim Befluten und Entleeren der Halligpriele findet einerseits eine Verdünnung der von den Warfen abfließenden flüssigen Abfälle, einschließlich der Jauche aus den Viehställen statt, andererseits gelangen diese bei Ebbe in das Wattenmeer. Den Stallmist karrt der Halligbauer auf die Warfböschung; von hier spülen die Sturmfluten ihn fort (Abb. 19), soweit er nicht zur Herstellung von Ditten benutzt werden soll! Für die Düngung des Halligbodens wird der Mist nicht verwendet.

Durch die Flut werden auch Massen von Samen der meist windblütigen Pflanzen verfrachtet. Während längerer Frostperioden treiben riesige Eisfelder im Wattenmeer (Abb. 20), die unter bestimmten Bedingungen zu hohen Wällen zusammengeschoben werden (Abb. 21). Auf dem Watt liegende Eisschollen verbinden sich mit der oberen Bodenschicht. Sobald das Wattenmeer nach Beendigung einer Eisbildung wieder voll beflutet wird, heben sich die Schollen an und transportieren den angefrorenen Boden mit fort.

## Die Halligen im Eiswinter

Im Vergleich zum Festland gibt es in einem Eiswinter auf den Halligen sehr viel mehr Probleme. Schiffahrt und Postverbindung, die ärztliche Versorgung von Mensch und Tier werden unterbunden. Lebensmittel und Viehfutter, Trink- und Tränkwasser, Brennstoffe und Petroleum können trotz der für jeden Winter getroffenen Vorsorge zur Neige gehen. Wo keine Hebamme auf der Hallig zur Verfügung steht, muß bei der Geburt eines Kindes mit besonderen Schwierigkeiten gerechnet werden, ebenso in Krankheitsfällen: „ . . . mit Schlitten, Tragbahre, Boot und wieder Tragbahre schiebt, stolpert, gleitet eine Karawane übers Eis, den stöhnenden Kranken in ärztliche Obhut zu geben." Solche Eisblockaden können, wie im Winter 1939/40, hundert Tage lang andauern. Mit den Erfahrungen der älteren Halligleute, die schon mehrere Eiswinter in der Isolierung miterlebt haben, werden diese Zeiten so gut wie nur irgend möglich überstanden (Abb. 22).
Als im Januar-Februar 1979 eine ungewöhnlich große Menge Schnee über Norddeutschland fiel und unter bestimmten Bedingungen drei bis fünf Meter hoch zusammengeweht wurde, blieben auch die Halligen nicht verschont. Selbst auf den Warfen reichten die Verwehungen bis zu den Dächern der Gebäude hinauf (Abb. 23).

## Bodenaufbau

Die Halliglandschaft verdankt ihre Entstehung der Transportkraft des Wassers. Der Aufbau des Untergrundes konnte durch zahlreiche Bohrungen geklärt werden.
Mit dem Schmelz- und Niederschlagswasser kamen die Talsande vom Osten her in das Gebiet. Sie bedecken das Diluvium bis zu Höhenlagen von etwa NN-2 m bis -6 m. Darüber lagerten sich marine Sedimente ab, die vom Salzwasser der Nordsee angeschwemmt worden sind. Diese obere Schicht ist im allgemeinen etwa drei bis sieben Meter mächtig; sie besteht aus Klei und sandigem Klei. Er entsteht aus dem Schlick durch Wasserverlust. Klei ist die ortsübliche Bezeichnung für ein schluffiges bis toniges Lockergestein, dessen plastische Eigenschaften von den Mineralarten und vom Sandgehalt abhängen und das sich nach dem Wassergehalt meist in einem weichplastischen bis breiigen Zustand befindet.
Der Meereseinfluß wird bis in die Gegenwart sicher nicht gleichmäßig fortgeschritten sein; denn in den Bodenprofilen zeichnen sich deutlich niveaubeständige Moor- und Torfschichten ab. Klimaschwankungen werden den Vorgang zeitweilig unterbrochen haben, so daß in der flachen Landschaft ausgedehnte Sümpfe entstehen konnten. An Stellen, wo man diese Schichten nicht antrifft, werden sie durch die Flut flächenhaft abgetragen oder bei der Erosion von Prielen tief zerstört worden sein.
Daß der Aufbau des Bodens im Halligmeer nicht gleichmäßig fortgeschritten sein kann, geht auch aus den Beobachtungen der Kulturspuren hervor, die von den Fluten

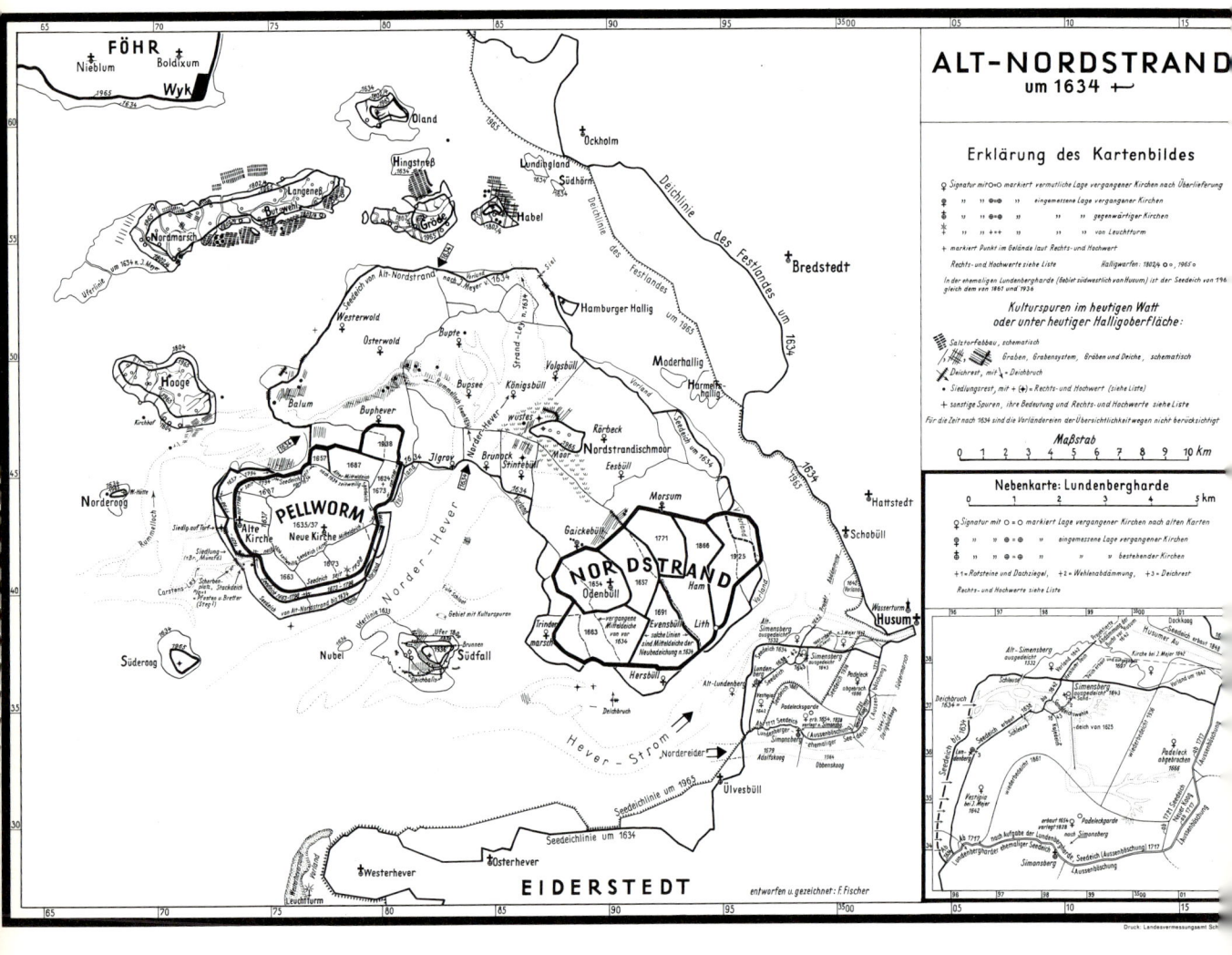

Fig. 15  Alt-Nordstrand um 1635

48

Tafel 3  Mit Schlick bedeckter Halligrasen von Gröde nach mehreren Überflutungen im Winter

freigelegt werden. Man findet Pflugfurchen, Reste von Brunnen, Gräben und Warfen auf Wattflächen, die noch vor wenigen Jahrzehnten mit Halligboden überdeckt gewesen sind – aus den Zeiten vor den großen Manndränken 1362 und 1634. Die Halligen sind also als jüngere Bodenformen anzusehen und in Nordfriesland nicht als Reste der zum größten Teil untergegangenen Insel Alt-Nordstrand (Fig. 15).

Die zwischen den Halligen ausgewaschenen Wattströme reichen bis in die Talsandschicht hinab, wo die einzelnen Sandkörner nicht oder nur schwach miteinander verkittet sind, so daß das salzhaltige Meerwasser bis unter die Halligen vordringen kann. Das Grundwasser ist hier deshalb weder als Trinkwasser, noch als Tränkwasser geeignet.

## Halligpflanzen

Der Salzgehalt des Meerwassers schafft extreme Umweltbedingungen für die Vegetation auf den Halligen. Die Pflanzen haben Überflutungen mit Salzwasser, häufiges Spritzwasser, den ständig auf sie einwirkenden Seewind und das Kochsalz im Boden zu vertragen (Abb. 24). Vom Watt über die Halligoberfläche bis zur Warfkrone hin nimmt der Salzgehalt ab, denn die Häufigkeit der Überflutungen wird mit steigender Höhe geringer und die Niederschläge schwächen den Salzeinfluß mehr und mehr ab. Man teilt deshalb die Pflanzengesellschaften in bestimmte Zonen ein, die sich aus den unterschiedlichen Höhenlagen ergeben (Fig. 37).

Im Übergangsbereich vom Watt zum Hallig- und Vorlandrasen befindet sich die Quellerzone. Die Wattfläche ist hier von Diatomeen, Grün- und Blaualgen bedeckt. Der olivbraune Überzug auf der schlickigen Wattoberfläche deutet auf eine dichte Ansammlung von winzig kleinen Kieselalgen hin. Queller (Salicornia herbacea) siedelt sich zunächst einzeln und dann in Horsten und dichten Beständen an, dazwischen auch Salz-Spärkling (Spergularia media) und Strandsode (Sueda maritima). Diese saftig grünen Salzpflanzen haben stark verdickte Blätter, so daß sie verhältnismäßig wenig Wasser verdunsten. Der Queller färbt sich im Herbst orangegelb bis rot und stirbt im Winter ab. Seine Samen keimen im Frühjahr stets wieder in großer Zahl vorwiegend in der Höhenlage eben unter dem Mittleren Tidehochwasser und wenig über dieser markanten Wasserlinie. Für die Quellerzone ist Artenarmut bezeichnend.

Als Gast hat sich das vor fünfzig bis sechzig Jahren aus England eingeführte Schlickgras (Spartina townsendii) ausgebreitet, das bis zu einem halben Meter über MThw ins Vorland vordringt und auch noch weiter landwärts angetroffen wird (Abb. 26). Queller und Schlickgras konkurrieren miteinander, das Schlickgras herrscht bereits an manchen Stellen vor. Ein weiteres Merkmal dieser „Schlickpest" ist, daß die Pflanze nicht als winterfest gilt, bei längeren Frostperioden in die Eisdecke einfriert und beim Wetterwechsel mit dem Eise aus dem Wattboden gehoben und verfrachtet wird.

An die Quellerzone schließt in der Höhe des MThw die Pflanzengesellschaft der Salzschwaden oder die Andelzone an, die mit den kurzen harten Gräsern den sehr dichten Halligrasen bildet. Der Andel oder Meerstrandschwingel (Festuca maritima, Puccinellia maritima) ist unempfindlich gegen Vertritt durch Vieh. Der Rasen hat eine bemerkenswerte Festigkeit, denn selbst die höchsten Wellen bei sehr schweren Sturmfluten lösen die Grasnarbe nicht aus ihrem Verband. Wegen eines hohen

Futterwertes dient der Andelrasen als Schaf- und Rinderweide, sowie als Mähland. Als Rivalen dieser Nutzungsart kommen zu bestimmten Zeiten Wildgänse in Betracht.

In der Andelzone befinden sich die Halligpriele, in die das Salzwasser bei Flut einströmt und bei Ebbe zurückfließt. An den Prielrändern mischen sich die Pflanzen der Quellerzone mit denen der Salzschwaden. Die blühende Hallig (Farbtaf. 5), von Malern und Fotografen oft in Bildern festgehalten, kann man zweimal im Jahr bewundern: Um Pfingsten blühen die rosa-roten Gras- oder Strandnelken (Armeria maritima), die Halligleute nennen sie auch Kranzrusen oder Hungerkrolle, im Hochsommer leuchtet die blauviolette Bondestave (Statice limonium) großflächig als Charakterpflanze der Halligen – auch als Strandflieder, Halligheide, Widerstoß bekannt. Bereits im Mai blüht das weiße Löffelkraut (Cochlearia anglica) hier und dort in größeren Beständen. Das Blumenbild wird ergänzt vom silbergrauen Strandbeifuß (Artemisia maritima), von der Salz- oder Strandaster (Aster tripolium), ferner von Obione portulacoides, Obione pedunculata und Strandzack (Triglochin maritima); Meerstrandswegerich (Plantago maritima) verwertet die Halligfrau als Sudengericht, einem schmackhaften Frühgemüse. Reet (Fragmites communis) kommt sogar am Rande von Norderoog vor.

Die dann folgende Rotschwingel-Zone liegt nur wenig über dem Andelrasen. Rotschwingel (Juncus gerardi, Festuca rubra) und Bottenbinse oder Salzbinse (Juncus bottnicus) stellen die Leitarten in dieser Höhenlage; sie stehen vermischt in der Grasnarbe mit dem flach am Boden kriechenden rotblühenden Meerstrandmilchkraut (Glaux maritima), dem Salz-Spärkling (Spergularia marina), Wiesenrispengras (Poa pratensis), Kreuzkraut (Senecio vulgaris), Vogelknöterich (Polygonum aviculare), Meersenf (Cakile maritima), Herbstlöwenzahn (Leontodon autumnalis), Lungen-Enzian (Gentiane pneumonanthe), der Strandkamille, Strandquecke (Elytrigia pungens).

Nach oben schließt sich die Zone Weißes Straußgras (Agrostis solonifera) an mit Gänsefingerkraut (Potentilla anserina), Tausendgüldenkraut (Centaurium vulgare, C. pulchellum), Hornklee (Lotus corniculatus), Strandmelde (Artiplex littoralis), kurzähriger Queller (Salicornia patula, S. europaea), Weißklee, Zahntrost, Knickfuchsschwanz, Deutsches Weidelgras und andere. Manche Arten ziehen die höheren Lagen auf den sandigen Uferrändern vor, andere diejenigen an den Warfen.

Wo die extremen Standortbedingungen nicht mehr vorhanden sind, wie z. B. nach der Sommerbedeichung der Hallig Hooge, stellt sich die Vegetation zu einem bestimmten Teil auf Süßwasser-Pflanzen um. Auf den Warfböschungen geht die Salzvegetation etwa ab einen Meter über dem Mittleren Tidehochwasser in eine Pflanzengesellschaft über, die Süßwasser bevorzugt, aber den Überflutungen zu widerstehen vermag.

Auf den Warfen hat man an der Südfront der Häuser kleine Gärten angelegt, in denen Weiß- und Grünkohl, Suppenkraut und einige Blumen wachsen und gepflegt werden. Der schwere Kleiboden ergibt meist nur eine sehr geringe Kartoffelernte. Aber Beerensträucher stehen fast in allen Gärten. An den Fethingen bieten Holunder und Weißdornsträucher den erwünschten Windschutz. Hier und im Windschatten der Häuser gedeihen auch Obstbäume, deren Kronen vom Winde geschoren nicht über den Dachfirst hinauswachsen (Abb. 27 u. 28). Am 1. Dezember 1913 hatte Gröde 5, Oland 36, Hooge 68 und Langeneß 95 Obstbäume.

Die Artenzahl der Blütenpflanzen auf den nordfriesischen Halligen ist mit 154 verhältnismäßig klein. Für die Inseln werden folgende Zahlen genannt: Nordstrand 243, Pellworm 270, Amrum 477, Föhr 605 und Sylt 616.

## Fauna der Halligen

Das weite amphibische Wattenmeer erzeugt Jahr für Jahr ungewöhnlich hohe Biomassen, die als Nahrungsgrundlage für riesige Vogelscharen dienen. Allein in den nordfriesischen Watten halten sich bis zu 700 000 Wasservögel (Brut- und Zugvögel) auf, die bei Flut auf den Halligen, auf den Vorländereien und auf den Außensänden rasten. Hinzu kommen die auf den Warfen heimischen Landvögel.

### Möwen

Es gibt 44 Möwenarten auf der Erde; alle sind Koloniebrüter. Die Silbermöwe (Larus argentatus) kommt in unserem Gebiet am häufigsten vor. Mehrere Tausend brüten auf Süderoog, Südfall, Trischen und auf den übrigen Halligen. Die Silbermöwe erreicht ein Gewicht von 1000 bis 1300 Gramm. Sie ernährt sich von Krebsen und Muscheln; sie frißt auch tote Fische (Abb. 29), Säugetiere, sowie Abfälle in Häfen und auf Müllplätzen; sie gilt als Aas- und Allesfresser. – Die Lachmöwe (Larus ridibundus) wird erst seit etwa dreißig bis fünfzig Jahren als Brutvogel auf den Halligen beobachtet, zum Beispiel auf Norderoog. Sie war ursprünglich eine Möwe des Binnenlandes. Ihr Gewicht beträgt etwa 250 Gramm. – Die Heringsmöwe (Larus fuscus), eine Verwandte der Silbermöwe, gehört als einzige Möwe zu den Zugvögeln. – Der Silbermöwe sehr ähnlich ist auch die ca. 350 Gramm schwere Sturmmöwe (Larus canus) mit dem schneeweißen Gefieder und den silbergrauen Flügeldecken. – Auf Norderoog wurde gelegentlich die Dreizehenmöwe (Rissa tridactyla) gesehen, die als ausgesprochene Seemöwe nur für die Dauer der Brut an Land kommt und Felsen für ihr Nest bevorzugt. Ebenfalls auf Norderoog wurde die Schmarotzerraubmöwe (Stercorarius parasiticus) an einzelnen Tagen beobachtet.

### Seeschwalben

Für die Halligen spielt die Seeschwalbe eine wichtige Rolle, und zwar sind es nur fünf Arten von den in allen Weltteilen vorkommenden 42 Seeschwalbenarten.
Der beständigste und zeitweilig einzige feste Brutplatz der Brandseeschwalbe (Sterna sandvicensis) befindet sich auf Norderoog mit durchschnittlich 800 bis 1000 Brutpaaren. Auf Trischen hat man vor einigen Jahren 3500 Paare gezählt. Die Brandseeschwalbe gilt, was die Wahl ihres Brutplatzes betrifft, als sehr unsteter und störungsempfindlicher Vogel. Im Jahre 1974 gab es unerwartet eine Brutkolonie mit 400 Paaren auf Süderoog; so kann sie sich in einem Jahr irgendwo niederlassen; im nächsten Jahr bleibt sie wieder weg. Die Nester der Brandseeschwalbe liegen in der Brutkolonie im allgemeinen nur 35 cm voneinander entfernt. Dichter geht es nicht, ohne ihre Nachbarn zu behindern! Auch findet ein Brandseeschwalbenpaar in diesem Gedränge und unter den gleichartigen Gelegen ohne Schwierigkeiten beim Nestanflug die richtigen Eier. Die Flußseeschwalbe (Sterna hirundo) und die ihr sehr ähnliche Küstenseeschwalbe (Sterna paradisea, Sterna macrura) sind die häufigsten Seeschwalbenarten an der

Nordseeküste (Abb. 30). Ein Hauptbrutplatz befindet sich auf Trischen; aber auch auf Norderoog hat man Brutkolonien registriert. Die Küstenseeschwalben legen zwischen ihrer Brutheimat und den Winterquartieren bis zu 50 000 Kilometer zurück. Auf Trischen brüten etwa 450 und auf Norderoog reichlich 1000 Paare.

Die Zwergseeschwalbe (Sterna albifrons), die kleinste Seeschwalbe, hat eine weiße Stirn in der schwarzen Kopfplatte. Sie bevorzugt als Brutplatz flache, mit Muschelschalen bedeckte Sandstrände oder Sandbänke, darunter die sandigen Ufer einiger Halligen. Hier handelt es sich dann meist um kleine Kolonien mit einigen wenigen Paaren. Trischen wird mit 70 Brutpaaren als der bedeutendste Platz bezeichnet. Lachseeschwalben (Gelochelidon nilotica) sind sehr unregelmäßig als Brutvögel auf den Halligen vertreten.

*Wildgänse*

An erster Stelle soll die dunkelbäuchige Ringelgans (Branta bernicla bernicla) aufgeführt werden, da sie seit einigen Jahren mehr und mehr ins Gespräch gekommen ist (Abb. 32). Mit 1700 Gramm Körpergewicht ist sie die kleinste aller Gänsearten. In den arktischen Tundra-Zonen hat sie ihre Brutgebiete. Zwischen Ende September und Anfang Dezember sowie im Frühjahr von März bis Mitte Juni suchen alljährlich Zehntausende von Ringelgänsen im schleswig-holsteinischen Wattengebiet ihr Überwinterungsareal auf, wo sie die lebensnotwendigen Energiereserven für die langen Flugreisen sammeln. Sie ernähren sich hauptsächlich von Seegras (Zostera) und Grünalgen (Enteromorpha und Ulva), neuerdings fressen sie mehr und mehr den Salzrasen auf den Halligen und Vorländern (Puccinellia maritima, Festuca rubra, Plantago maritima), wenn sie auf den Watten nicht genügend Nahrung finden. Als die Seegrasbestände um 1930 durch Krankheit stark eingeschränkt wurden, verkleinerte sich der Gesamtbestand an Ringelgänsen auf der Erde. In den siebziger Jahren zählte man anfangs den bis dahin fast gleich gebliebenen Minimalbestand von 20 000 Exemplaren, der aus noch ungeklärten Gründen nahezu gleichmäßig auf nunmehr 140 000 Gänse angeschwollen ist. Diese explosionsartige Entwicklung wirkte sich spürbar für die Halligen aus, wo im Frühjahr 1980 rd. 70 000 (1979: 33 000) Ringelgänse gezählt wurden, das sind 66% der an der schleswig-holsteinischen Westküste rastenden Exemplare (Tab. 11).

Die Weißwangen-(Nonnen-)gans (Branta leucopsis) kommt als Wintergans und Durchzügler in die Halligwelt. Ihr Gefieder ist schwarzweiß. Sie verläßt ihr Brutgebiet zwischen Grönland und Novaje Semlja im Oktober-November, um ein nahrhaftes Winterquartier aufzusuchen. Alljährlich fallen große Schwärme auf der Hamburger Hallig ein. Im März und April 1980 wurden hier bis zu 40 000 Weißwangengänse gezählt. Der Bestand hat sich in den letzten zwanzig Jahren mehr als verdoppelt. Anfang Mai, wenn die Gänse in ihr Brutgebiet abgeflogen sind, bleibt ein völlig kahl gefressener und verkoteter Halligrasen zurück. – Andere Rastplätze und Winterquartiere befinden sich u. a. auf dem Vorland nördlich des Sylter Dammes, in der Tümlauer Bucht und an der Eidermündung.

Im Vergleich zu den „schwarzen" Gänsen sieht man die sogenannten „braunen" Gänse in weniger großen Zahlen: Graugans (Anser anser), Saatgans (Anser fabalis), Kurzschnabelgans (Anser brachyrhynchus), Bleßgans.

|                      | 14. 1. | 22. 4. | 6. 5.  | 14. 10. |
|----------------------|--------|--------|--------|---------|
| Hooge                |        | 4 350  | 5 800  | 4 800   |
| Langeneß             |        | 8 700  | 6 520  |         |
| Oland                |        | 1 865  | 2 000  | 65      |
| Norderoog            |        | 225    | 285    | 2 350   |
| Gröde                |        | 7 500  | 9 500  | 850     |
| Habel                |        |        |        |         |
| Hamburger Hallig     |        |        | 50     |         |
| Nordstrandischmoor   | 12     | 1 430  | 2 700  | 230     |
| Südfall              |        |        | 1 800  | 1 670   |
| Süderoog             |        | 2 612  | 3 178  | 1 860   |
| Westerheversand      |        | 180    | 230    | 1 000   |
| Helmsand             |        | 5      |        | 30      |
| Trischen             |        | 2 218  | 1 150  |         |
| Insgesamt            |        | 29 085 | 33 213 | 12 855  |

Tabelle 11. Ringelganszählungen 1979.

### Wildenten

Die farbenprächtige Brandente (Tadorna tadorna) ist Höhlenbrüter, sie wird 60 cm lang und wiegt etwa 1 kg; man nennt sie auch Brandgans. Die Halligleute kommen ihr bei der Herrichtung ihres Nestes am Prielrand zur Hilfe; die Eier der Brandente werden bis zu einer bestimmten Zeit gesammelt und in der Küche verwertet. Auch die Eiderente (Somateria mollissima) brütet auf den Halligen (Länge ca. 28 cm, Gewicht 2 kg). Pfeifenten (Anas penelope), Spießenten (Anas acuta), Krickenten (Anas crecca) und Stockenten (Anas platyrhynchos) gehören zum Bild der Hallig. Die Trauerente (Melanitta nigra) kommt aus dem Norden Sibiriens und Europas, sie trägt ein einfarbig schwarzes Gefieder und kommt nur selten an Land. Auch die Eisente (Clangula hyemalis) und die Schellente (Bucephala clangula) bekommt man selten zu sehen.

### Limicolen (Watvögel)

Diese Zugvögel treten oft zu Tausenden auf, wenn sie ihre eindrucksvollen Flugspiele veranstalten (Abb. 31). Eine der häufigsten Arten ist in der Halliglandschaft der Austernfischer (Haematopus astrolegus). Er wird bis zu 43 cm lang und wiegt dann etwa 500 Gramm. Das Gefieder ist schwarz und weiß gezeichnet, Schnabel und Beine sind rot. Bei Flut kann man die Austernfischer dicht nebeneinander lärmend am Ufer beobachten, während sie ihre Nahrungsplätze auf dem Watt verlassen müssen.

Die Regenpfeifer sind mit mehreren Arten vertreten: Sandregenpfeifer (Charadrius hiaticula), Seeregenpfeifer (Charadrius alexandrinus), Kiebitzregenpfeifer (Squatarola squatarola), Goldregenpfeifer (Pluvialis apricarius). Zur Familie der Regenpfeifer gehört auch der Steinwälzer (Arenaria interpres).

Ferner sind die Schnepfenvögel zu nennen: Uferschnepfe (Limose limosa), die 40 cm lang werden bei einem Gewicht von 250 Gramm; auf Norderoog hat man 900 bis 1000 Pfuhlschnepfen (Limosa lapponica) gezählt; Rotschenkel (Tringa totanus), Länge 23 cm und Gewicht 110 Gramm; Grünschenkel (Tringa nebularia); Alpenstrandläufer

(Calidris alpina) Länge 18 cm, Gewicht 40 Gramm; Zwergstrandläufer (Calidris minuta) Länge 13 cm, Gewicht 31 Gramm; isländische Strandläufer (Calidris canutus); bogenschnäblige Strandläufer (Calidris fersuginea); Meerstrandläufer (Calidris maritima); Kampfläufer (Philomachus pagnax), Männchen Länge 29 cm, Gewicht 200 Gramm, Weibchen 23 cm, Gewicht 130 Gramm. Klein von Wuchs sind auch die Sanderlinge (Calidris alba) und Temminckstrandläufer; der große Brachvogel (Numanius arquata) war im Jahre 1964 auf Hooge mit 220 Exemplaren und auf Norderoog mit 900 Exemplaren anwesend; der Regenbrachvogel (Numenius phaeopus) fehlt nicht im Halligbild; besonders zahlreich sind die Knutts (Calidris canutus) – auf Norderoog allein 1000. In den Vogelwolken sind Knutts und Alpenstrandläufer am häufigsten.

Ein bedeutender Brutplatz des Säbelschnäblers (Recurvirostra avosetta) ist die Hamburger Hallig; Länge 43 cm, Gewicht 350 Gramm; man erkennt den schwarzweiß gefiederten Säbelschnäbler leicht an dem langen, aufwärts gebogenen, dunklen Schnabel und an den langen, bleigrauen Beinen.

*Landvögel*

Busch- und Baumbestände auf den Warfen (Abb. 33 u. 34) sowie die Halligflächen bei Flut bieten verschiedenen Vogelarten, die den Landvögeln zuzuordnen sind, Brut- oder Rastplätze: Star (Sturnus), Haussperling (Passer domesticus), Rauchschwalbe (Hirundo rustica), Feldlerche (Alauda arvensis), Heidelerche (Lulla arborea), Wiesenpieper (Anthus pratensis), Wanderfalke (Falco peregrinus), Schafstelze (Metacilla flava), Kiebitz (Vanellus), Gartenammer (Emberiza hortulana), Fink (Fringilla coelebs), Buntspecht (Dendrozopos), Singdrossel (Turdus philomelos), Braun- und Blaukehlchen, Zwergschnäpper, Neuntöter, Rotkopfwürger, Fischadler (Pandion haliaetus), Braunkopfammer, Kormoran (Phalacrocorax carbo), Laufsänger, Teichhuhn, Tannenmeise, Zaunkönig, Fitislaubsänger, Uferschwalbe.

*Ameisen, Grasmücken u. a.*

Auf sandigen, salzig-feuchten Plätzen der Halligen siedelt die gelbe Wiesenameise (Lasius Flavus). Die grünen Hügel, die durch ein dichtes Geflecht von Pflanzenwurzeln zusammengehalten werden, wölben sich etwa fünfzehn Zentimeter über der Rasenebene auf. Überflutungen schaden den Tieren nicht; sie leben das ganze Jahr in ihren Erdbauten.

Dorngrasmücken (Sylvia communis), die Laubheuschrecken (Xiphidion dorsale), Kurzflügelkäfer (Bledius spectabilis) und Tangfliegen kommen ebenfalls auf den Halligen vor.

# Bevölkerung

Die beschriebenen natürlichen morphodynamischen Gegebenheiten kennzeichnen die ungewöhnlichen Lebensbedingungen der Halligbevölkerung. Solange die Nordsee ihren Lebensraum mehr und mehr verkleinerte (Abb. 35 u. Tab. 12), nahm die Bevölkerungszahl zwangsläufig ab. Lediglich während der wirtschaftlichen Blütezeit

|  | 1876/77 ha | 1977 ha | −Verlust +Gewinn ha | % |
|---|---|---|---|---|
| Langeneß | 1 179 | 985 | − 194 | − 16 |
| Hooge | 640 | 569 | − 71 | − 11 |
| Gröde | 235 | 243 | + 8 | + 3 |
| Nordstrandischmoor | 239 | 179 | − 60 | − 25 |
| Oland | 84 | 123 | + 39 | + 5 |
| Hamburger Hallig | 79 | 86 | + 7 | + 9 |
| Süderoog | 100 | 63 | − 37 | − 37 |
| Südfall | 117 | 54 | − 53 | − 45 |
| Norderoog | 22 | 7 | − 15 | − 68 |
| Habel | 35 | 6 | − 29 | − 83 |
| Insgesamt | 2 730 | 2 315 | − 459 + 54 |  |

Tabelle 12. Flächengröße der nordfriesischen Halligen.

im 17. und 18. Jahrhundert, als man durch Seefahrt und Walfang einen gewissen Wohlstand erreicht hatte (Abb. 36) und nicht allein auf die Erträge aus der Landwirtschaft angewiesen war, boten die Halligen Platz für mehr Personen.
Um 1770 lebten noch rund zweitausend Menschen auf den Halligen. Der sehr schweren Sturmflut am 3./4. Februar 1825, der sogenannten Halligflut, fielen über tausend Menschen zum Opfer. Danach registrierte man nur noch 630, im Jahre 1910 nur noch

| Datum der Volkszählungen | Gemeinde Gröde einschließl. Habel | Gemeinde Hooge | Gemeinde Langeneß einschließl. Nordmarsch | Gemeinde Oland | Bemer- kungen |
|---|---|---|---|---|---|
| 19. 2. 1825 | 66 | 313 | 143 | 96 |  |
| 1. 12. 1867 | 55 | 194 | 234 | 50 |  |
| 1. 12. 1871 | 52 | 195 | 234 | 53 |  |
| 1. 12. 1875 | 36 | 171 | 230 | 41 |  |
| 1. 12. 1880 | 42 | 178 | 235 | 45 |  |
| 1. 12. 1890 | 32 | 147 | 240 | 34 |  |
| 2. 12. 1895 | 37 | 140 | 240 | 37 |  |
| 1. 12. 1900 | 62 | 136 | 222 | 54 |  |
| 1. 12. 1905 | 32 | 146 | 222 | 71 |  |
| 1. 12. 1910 | 28 | 139 | 207 | 52 |  |
| 8. 10. 1919 | 31 | 156 | 236 | 52 |  |
| 16. 6. 1925 | 26 | 200 | 238 | 53 |  |
| 16. 6. 1933 | 25 | 183 | 254 | 58 |  |
| 17. 5. 1939 | 23 | 171* | 226 | 52 | *75 RAD |
| 29. 10. 1946 | 30 | 204 | 397** |  |  |
| 13. 9. 1950 | 22 | 188 | 295 |  |  |
| 25. 9. 1956 | 18 | 171 | 252 |  |  |
| 6. 6. 1961 | 14 | 163 | 236 |  |  |
| 25. 7. 1970 | 16 | 174 | 200 |  |  |
| 31. 12. 1979 | 9 | 134 | 162 |  |  |

** Gemeinde Langeneß (einschl. Nordmarsch und Oland) ab 1941

Tabelle 13. Bevölkerung der größeren Halligen Nordfrieslands von 1825 bis 1978.

570 Halligleute. Nicht ganz echt ist die Zahl von 600 Einwohnern im Jahre 1939; denn sie enthält die 75 auf Hooge eingesetzten Arbeitsdienstmänner. Die Tendenz ist weiter rückläufig geblieben, obgleich die inzwischen hergestellten Uferschutzanlagen Gewähr dafür bieten, daß kaum noch Verluste an Halligflächen vorkommen. Kleinere Gewinne (Tab. 12) gibt es auf Gröde, nachdem der trennende Priel zwischen Appelland und Gröde überdämmt worden ist. Die einbezogenen Watten wurden Grünland. Der Zuwachs an der Ostseite der Hamburger Hallig und von Oland wird auf die auflandende Wirkung zu beiden Seiten der Verbindungsdämme zurückgeführt. Mit einem Zuwachs an Halligrasen kann man auch am Anschluß des Dammes auf Nordstrandischmoor rechnen. Bei einem Vergleich der Volkszählungen 1939 und 1946 in Tabelle 13.

# Landnutzung früher

Die Halligleute wohnen und wirtschaften auf Warfen, deren Anzahl seit der Jahrhundertwende fast gleichgeblieben ist. Nicht alle Warfen sind bewohnt. Die Plattform der Warf wurde von jeher so klein wie eben nötig gehalten; denn die Warfgemeinschaft oder die Besitzer einzelner Warfen hatten selbst für die erforderliche Größe und für die notwendige Höhe zu sorgen. Finanzielle Hilfen gab es nicht.

Man lebte ausschließlich von den Erträgen aus der Landwirtschaft (Viehhaltung), die im Laufe der Zeit immer kleiner wurden, solange die Halligufer ungeschützt dem Meeresangriff ausgesetzt und dem natürlichen Abbruch preisgegeben waren. Die Halligbewohner mußten sich zwangsläufig mehr und mehr einschränken und bescheiden. Ihre Einkünfte reichten schließlich nur noch für ein karges Leben, nicht für dringende größere Reparaturen und erst recht nicht für Neubauten und für Erweiterungen ihrer Wohnhügel. Ackerwirtschaft ist praktisch nicht möglich, weil die Ackerkrume des gepflügten Landes im Herbst und Winter, ja selbst im Frühjahr während der Hauptwachstumszeit fortgespült werden könnte; in jedem Falle würde sie mit Salzwasser durchtränkt werden. Versuche in den dreißiger Jahren auf Hooge, Kornanbau im Schutze des Sommerdeiches zu betreiben, sind ohne Ergebnis abgebrochen worden. Auf den Halligen ist deshalb nirgendwo Land unterm Pflug.

Der fruchtbare Marschboden, der bei jedem Landunter mit Sinkstoffen gedüngt wird, liefert trotz der kurzen Gräser das nahrhafte Gras und Heu für das Vieh. Auf den Halligen wird jedoch nur etwa ein Drittel des Wertes erzeugt, der in der Festlandsmarsch auf der gleichgroßen Fläche möglich ist.

Rinder und Schafe grasen auf den Fennen, dem Weideland. In die von tiefen Gräben abgegrenzte „Nachtfenne" trieb man allabendlich das Vieh für den Nachtaufenthalt, damit die Tiere zusammenblieben und nicht weglaufen konnten.

Heu wird auf dem Meedeland gewonnen (Abb. 37 u. 38). Nach der altgermanischen Allmende war der Halligboden Gemeingut. In einer Art Warfgemeinschaft bewirtschaftete und verwaltete man das zu einer Warf gehörige Land. Das Vieh aller Mitglieder einer Warfgenossenschaft wurde vom 12. Mai (Altmai) bis zum 24. August gemeinsam auf der Weide gehütet. Mancher Hütejunge kam vom Festland für diese Aufgabe in den Genuß einer mehrmonatigen Hallig-Sommerfrische. Nach der Heuernte durfte das Vieh auch auf dem Meedeland weiden, und man brauchte es nicht mehr zu hüten.

Die Heuzeit war die „hildeste", arbeitsintensivste Zeit des Jahres. Dann kam es darauf an, das einzige Winterfutter für das Vieh so zu bergen, daß es einwandfrei gestapelt werden konnte und daß nichts von dem kostbaren Futter verlorenging.

Das Meedeland wurde alljährlich in der Warfgenossenschaft nach einem komplizierten Verteilungsschlüssel neu vergeben. Dafür war erforderlich, daß man Jahr für Jahr die Größe des Gesamtanteils eines jeden Warfbewohners und den Plan für die Aufteilung der Mähflächen in Schiften, d. h. in kleine, nicht zusammenhängende Grundstücke, in das Meedebuch eintrug. Auf diese Weise wurden die guten und die weniger ertragreichen Mähflächen reihum gerecht verteilt. Da die Areale des Meedelandes, die wegen der Uferabbrüche nicht mehr genutzt werden konnten, im Maß blieben, mußten die beteiligten Interessenten wechselnd auch solche Flächen übernehmen.

Der Johannistag (24. Juni) galt als Stichtag für den Beginn des Mähens. Die gefürchteten „Heufluten", die auch im Sommer die Hallig überschwemmen, nahmen das frisch geschnittene Gras und das in Schwaden liegende Heu mit fort. Um die Verluste nicht zu groß werden zu lassen, wurden die einzelnen Schiften in bestimmten zeitlichen Abständen nacheinander gemäht.

In den frühen Morgenstunden, wenn das Gras noch taufrisch ist, läßt sich das Gras verhältnismäßig leicht mit der Sense schneiden (Abb. 37); diese muß von Zeit zu Zeit gedengelt oder geschärft werden (Abb. 38).

Die Bearbeitung des gemähten Halliggrases dauerte oft wochenlang (Abb. 39), bis es als fertiges, trockenes Heu auf die Warf gebracht werden konnte. Man bündelte das sehr kurze Heu zweckmäßigerweise in Laken, trug diese „Bünne" auf dem Kopf nach Hause (Abb. 40) oder schleppte sie in Booten zur Hochwasserzeit prielaufwärts an die Warf (Abb. 41). Auf dem Heuboden wurden die ersten 500 bis 700 Bünne verstaut (Abb. 42). Den Rest stapelte man draußen auf der Warf in der Nähe der Stalltür zu einem mehrere Meter hohen Heudiemen, den man hier Klamp nennt (Abb. 43).

Pferdefuhrwerke zum Einbringen des Heus konnten nur dort eingesetzt werden, wo die dürftigen Wegeverhältnisse und die wenigen schmalen Brücken über die Halligpriele dies zuließen. In solchen Fällen mieteten sich mehrere Bauern zusammen ein Pferd vom Festland für die Zeit der Heuernte (Abb. 44). In den dreißiger Jahren kam die mit Pferden bespannte Mähmaschine zunächst nach Hooge, wo inzwischen Gräben ausgehoben waren und der Aushubboden zum Verfüllen der Siggen und kleinen Priele Verwendung gefunden hatte. Die Einebnung und Begrüppelung des Meedelandes ist Voraussetzung für eine schnellere und störungsfreie Mahd (Abb. 45). – Bis zum 24. August mußte das Heu eingebracht sein und das Meedeland freigegeben werden für die Viehweide.

Die Schafhaltung spielte auf den Halligen von jeher eine wesentliche Rolle. Das genügsame Tier fand hier im allgemeinen genug Nahrung. Vor der großen Halligflut

1825 wurden zusammen mehr als 2000 Schafe gezählt. Im Jahre 1920 gab es allein auf Hooge noch 780 Stück. Unter der Voraussetzung, daß der Ausfall durch Krankheit und bei Sturmfluten sich in tragbaren Grenzen hielt, konnte man einen gewissen Überschuß erwirtschaften: aus dem Verkauf der Lämmer und der Schafwolle. Um Pfingsten fand die Schafwäsche an einer geeigneten Stelle des Ufers oder in einem Priel statt. Nach zwei bis drei Tagen war die Wolle bei günstigem Wetter trocken, so daß die Schafe dann geschoren werden konnten (Abb. 46 und 47). Die Schafsmilch, die einige Wochen lang nach der Trennung der Lämmer von den Mutterschafen gemolken wurde, verwertete die Hausfrau in der Küche; sie verarbeitete einen Teil der Milch zu dem bekannten Schafskäse, der auf dem Festland und in Wyk auf Föhr seine Käufer fand. Für diejenigen Schafe, die wegen Krankheit oder unmittelbar nach dem Lammen im frühen Frühjahr nicht draußen bleiben können, befindet sich im Viehstall das „Hock", ein besonderer Verschlag. Bei Sturmflut stehen die Schafe auf der Warf an einer windgeschützten Stelle.

Das Melken war Sache der Halligbäuerin. Zur Weidezeit wurden die Kühe zum Melken auf die Warf geholt und auf der gepflasterten „Steenbrüch" vor der Stalltür angebunden. Der dreibeinige „Blockstohl" diente dabei als Sitzgelegenheit (Abb. 48). Die Bäuerin stellte die Kuhmilch in einer Schüssel beiseite und schöpfte nach einiger Zeit den an der Oberfläche schwimmenden Rahm ab. Wenn sich nach Tagen genügend Rahm angesammelt hatte, verarbeitete sie diesen zu der pikant schmeckenden Halligbutter.

Im Stall wurden die Kühe und das Jungvieh mit dem Kopf zur Außenwand angebunden, so daß man von hinten füttern mußte. Die Rinder standen und lagen auf hölzernen Dielen. In der „Grüpp" am Mittelgang lief die Jauche zur Außenwand und dann über die Warfböschung in den nächsten Priel. Der Dung wurde zweimal täglich in den „Pottstall" oder „Mistpott" gekarrt, um ihn im Frühjahr zu einem torfähnlichen Brennstoff zu verarbeiten.

Im frühen Frühjahr waren die Halligleute mit der „Dittenfabrikation" beschäftigt (vgl. Abb. 7 und 49). Der Kuhmist wurde auf der Warfböschung in 8 bis 10 Zentimeter dicker Schicht gleichmäßig ausgebreitet, sorgfältig mit Füßen festgetreten und schließlich gestampft, so daß eine glatte Oberfläche entstand. Nach zwei bis drei Wochen war der Mist durch Wind und Sonne so trocken und fest geworden, daß man darauf gehen konnte, ohne einzusinken. Mit einem besonders zu diesem Zweck hergestellten Holzspaten (Dittenpicker) oder mit einer scharfen Schaufel stach man dann quadratische Platten heraus, die sogenannten Ditten. Beim Stechen wurden die Ditten mit geschicktem Wurf gewendet und dachziegelartig übereinander gelegt. Jetzt konnte auch die Unterseite trocknen. Nach geraumer Zeit stellte man sie zunächst in langen Reihen und später in Wällen auf, wie die Abbildung 49 zeigt. Der Vorgang des Trocknens dauert etwa bis Pfingsten. Die inzwischen ganz hart und völlig geruchlos gewordenen Ditten wurden schließlich bei passender Gelegenheit auf den Boden des Hallighauses getragen.

Die Ditten dienten den Halligleuten als Feuerung für den Herd und den Ofen. Zusätzlich sammelte man im Sommer Schafdung und Kuhfladen in trockenem Zustand; denn diese enthalten dieselbe Heizkraft wie die Ditten. Gelegentlich bargen die Strandläufer auch mehr oder weniger große Mengen an Strandholz. Mit den genannten Brennstoffen kamen die Halligbewohner im allgemeinen gut durch den Winter, auch wenn er lang dauerte. Sie konnten auf diese Weise die hohen Kosten für Koks, Kohlen, Briketts sparen. Die Ditten sind hier und dort so reichlich produziert worden, daß sie besonders in schlechten Zeiten als Tauschmittel gegen fehlende Waren abgegeben wurden.

Die über weite Flächen ausgebreitete Blütenpracht konnte den Imker anregen, auf der Hallig Bienenvölker zu halten und ausschwärmen zu lassen. Der erste Versuch auf Nordmarsch um 1750 bestätigte diese Überlegung: Innerhalb kurzer Zeit ergab die Ernte aus einem Bienenkorb 36 Pfund reinen Honig. Die Abbildung 50 einer Warfpartie auf Langeneß aus der Zeit der Jahrhundertwende ist ein weiterer Beleg dafür, daß die Bienenhaltung auf der Hallig möglich ist.

Etwa seit 1950 stehen auf mehreren Halligen an einer Warfböschung kleine, auf Stützen befestigte Kästchen. Dies sind amtlich geschützte Zuchtstationen des Landesverbandes Schleswig-Holsteinischer Imker. Die isolierte Lage der Halligen und Inseln bietet sich für die Reinzucht ausgewählter Zuchtrichtungen an, denn es sind drohnenfreie Gebiete ohne Kontakt mit Bienen auf dem Festland. Anfang Juni kommen die in der Imkerschule in Bad Segeberg gezüchteten Königinnen mit gekörten Gattenvölkern (Arbeitsbienen und Drohnen) auf die insularen Belegstationen. In jedem EWK (Ein-Waben-Kästchen) befindet sich eine Königin. Sie fliegt bei schönem Wetter aus und wird in sechs bis acht Wochen von zwanzig bis fünfundzwanzig Drohnen begattet. Auf diese Weise sammelt die Königin genügend Sperma an, um vier Jahre lang Eier legen und die reinrassige Fortpflanzung sicherstellen zu können.

Belegstationen befinden sich auf Helgoland, auf Sylt in Puan Klent und List, auf Amrum sowie auf drei Halligen. Auf der Hamburger Hallig wird die Zuchtrichtung Carnika betrieben, auf der Ockenswarf/Hooge (Abb. 51) die Balkanabstammung Carnika 65; auf der Honkenswarf von Langeneß sammelt man Erfahrungen mit Probezuchten.


# Fischerei

Obgleich die Halligen im Wattenmeer liegen und das Wasser die Tätigkeit ihrer Bewohner Tag für Tag beeinflußt, hat die Fischerei als Erwerbsquelle für sie keine besondere Bedeutung erlangt. Es gab keinen Betrieb, der ausschließlich oder im Hauptberuf auf den Fischfang ausgerichtet war.

Meist gingen mehrere Frauen zusammen in den Spätsommer- und Herbstmonaten jeweils um die Tideniedrigwasserzeit auf Krabbenfang für den Hausgebrauch. Sie betrieben das „Porrenstrieken", um die Speisefolge der oft recht großen Tischrunde abwechslungsreicher zu gestalten. Es war ein mit gewissem Risiko verbundener Nebenberuf; denn die Fangstellen konnte man oft erst auf kilometerlangem Wattenweg erreichen.

Zum Porrenstreichen wurde die Glieb (auch Puk genannt) und ein Korb mit aufs Watt genommen (Abb. 52). An dem 1,5 m langen Stiel der Porrenglieb befindet sich an einem Ende ein fast gleichlanges Brett. Zwei zum etwa parabelförmigen Bogen gespannte Weidenzweige sind an den beiden Enden des Brettes und auf halber Länge des Stiels befestigt, so daß daran das Netz angebracht werden konnte.

Die Porrenglieb wurde unter Wasser getaucht bis das Brett an der Gewässersohle auflag. So ging man bis zur Hüfte im Wasser und schob das Fanggerät rund eine Stunde lang am Rande des Wattenstroms entlang oder im Priel vor sich her. Das war eine anstrengende Arbeit. Die Gewässersohle ist meistens uneben, und man mußte die Glieb mindestens während der halben Zeit gegen den Strom schieben. Je nach den Fangergebnissen wurde das Netz in kurzen Abständen aus dem Wasser herausgehoben, um die Porren (Garnelen, Krabben, Crangon crangon, Natantia) in den Korb zu schütten. Den Korb hatte man sich mit einem Strang an den Körper gebunden, damit die Hände frei waren zum Bedienen der Glieb und zum Aussortieren des Beifanges (Seegras, Tang, Muscheln, Krebse, Quallen, kleine Plattfische und zu kleine Porren). Bei besonders tief ablaufender Ebbe und im Herbst gibt es die besten Fänge; im Frühjahr rund 600 Stück je Kilogramm, im Herbst etwa 320. Das Porrenstrieken ging Anfang Oktober zu Ende, wenn das Wasser zu kalt wurde.

Auf dem Heimwege hatte man den oft voll gefüllten Korb mit rund zehn Kilogramm Gewicht zu tragen. Die Porren wurden zu Hause in Meerwasser gekocht und mit einer glühenden Eisenstange umgerührt. Dabei änderte sich die Farbe von der grauen in eine rötliche Tönung. Im Familienkreise fand das Entschälen statt. Porrengerichte sind weithin beliebte und delikate Speisen. Um Vorsorge für den langen Winter zu treffen, mußte man oft zum Porrenstrieken ins Watt hinaus gehen. Das Porrenfleisch wurde entweder in Essig gelegt oder gesalzen in große Steinguttöpfe getan.

Auch den Fischfang trieb man nur für die eigene Küche. Dazu wurden auf dem Watt Angelschnüre mit Ködern ausgelegt, die bei ablaufendem Wasser überprüft werden mußten. Eine andere Fangmethode bestand in der Anlage von Fischgärten unter Verwendung von Buschwerk. In beiden Fällen war es erforderlich, die Fische möglichst schon beim Trockenfallen dieser Wattflächen einzusammeln; denn sonst ernteten die Möwen und andere Seevögel die Beute.

Einige Halligleute verfügten über Erfahrungen im „Buttpedden": Wenn man barfuß auf einen Plattfisch (Pleuronectes platessa) tritt, faßt man ihn schnell mit geschicktem Griff. Andere benutzten eine mehrzinkige Harpune zum „Buttpricken" im Wattpriel. Die Abbildung 53 stellt einen Beleg für den Aalfang auf der Hallig dar. Die Aalreusen wurden im Halligpriel ausgelegt, in den der Aal (Anguilla anguilla) zum Überwintern kommt.

# Uferschutz

Nach den guten Erfahrungen mit Uferschutzwerken auf den Inseln Pellworm und Nordstrand, sowie an den Festlanddeichen wurde im Jahre 1872 zunächst versuchsweise das stark gefährdete Westufer von Langeneß mit einer Steindecke befestigt. Die Abbruchkante rückte bereits bei mehreren Warfen in die Böschungen vor. Groß waren auch die Landverluste im Westen der Hamburger Hallig, wo man 1881 mit dem Bau eines Deckwerkes aus Granitsteinen begann. Als die Frage, warum die Sicherung der Halligufer notwendig sei, in langwierigen Beratungen gründlich geprüft und schließlich die systematische Fortführung der als zweckmäßig erkannten Maßnahmen im Hallig-

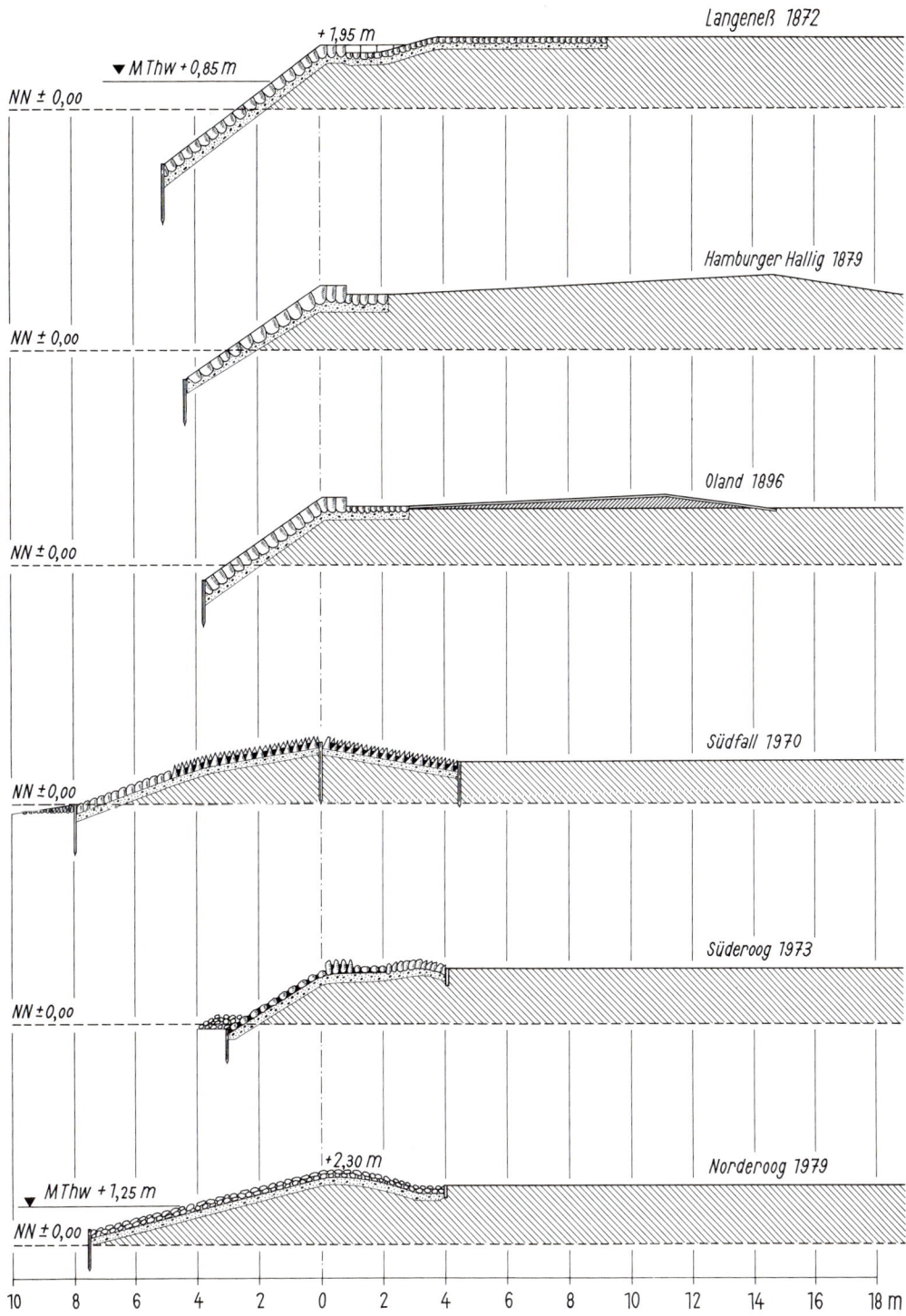

Fig. 16 Querschnitte von Uferdeckwerken

schutzplan von 1894 beschlossen worden war, hat man inzwischen alle Halligen mit Schutzwerken versehen.

Die erforderlichen Gelder für die Uferschutzarbeiten wurden nach und nach im Staatshaushalt bewilligt. Das Ziel des Halligschutzplanes war zwar klar abgesteckt, aber Flut und Ebbe geben immer wieder Anlaß, die einzelnen Schutzprojekte zu verbessern, sowohl hinsichtlich der Querschnittsformen als auch der Verwendung von Baustoffen, die den dauernden Beanspruchungen widerstehen müssen.

Figur 16 zeigt eine Auswahl von Querschnitten, die auf verschiedenen Halligen zur Ausführung gekommen sind. Zunächst hat man recht sparsam Deckwerke geplant und gebaut. Der Fuß des Bauwerkes wurde etwa zwei Meter unter „ordinärer Flut" oder unter dem damaligen Mitteltidehochwasser angeordnet, damit er unter dem tiefsten Punkt der benachbarten Wattfläche zu liegen kam. Den Kamm (Krete) baute man in einer Breite von achtzig Zentimetern und fünfundzwanzig Zentimeter höher als die 1,5 m breite Hinterpflasterung und als der daran anschließende Halligrasen. Man verband mit dem erhöhten Kamm die Vorstellung, daß sich über der Hinterpflasterung ein Wasserpolster bilden würde, welches die Wellenkräfte beim Überschlag auffangen und abschwächen sollte. Die gesamte Breite der ersten Halligdeckwerke vom Fuß bis zur Hinterpflasterung betrug etwa sieben Meter.

Bei der Bearbeitung des Deckwerkentwurfs konnte man keine Rücksicht auf die vor- und zurückspringende Abbruchkante nehmen (Abb. 54). Die neue Uferlinie paßte man so gut wie möglich den jeweiligen Verhältnissen an, ohne unnötige Preisgabe von Halligland (Abb. 55); denn die seewärts der Anlage verbliebenen Reste werden schon bald durch die ständige Meereseinwirkung aufgerieben und fortgeschwemmt. Dieser Vorgang, beschleunigt durch die Reflexion der Wellen an dem meistens 1:1,5 bis 1:2 geneigten festen Ufer, wirkte sich dann auch noch auf die Watthöhe vor dem Fuß des Deckwerkes aus. Nur wenige Jahre nach Fertigstellung der Werke begannen Spritzwasser und Sturmflutwellen den Halligrasen und Sodenbelag unmittelbar hinter der Steindecke zu beschädigen. Solche Schadstellen müssen möglichst umgehend beseitigt werden, um die Instandsetzungsarbeiten in vertretbaren Grenzen zu halten und um zu verhindern, daß die Anlage von der landwärtigen Seite her zerstört wird.

An der Bauweise der danach hergestellten Deckwerke wird deutlich, daß man eine längere Phase der konstruktiven und materialbezogenen Erprobung benötigte, in der die zweckmäßigste Bauart für den Schutz der Halligkanten entwickelt werden konnte. Daß Versuchsstrecken und Bauelemente aus Beton den Beanspruchungen nicht standhielten, zeigt die Abbildung 56 aus dem Jahre 1924.

An anderen Uferabschnitten verbreiterte man die Hinterpflasterung aus Granitsteinen auf Grandunterlage – sowohl bei Deckwerken mit Kamm als auch ohne (Abb. 57). Manche Uferstreifen sind mit einem Asphaltbelag, andere mit Rauhstreifen aus unregelmäßig gebrochenen Granitsteinen (Abb. 58) gegen Erosion geschützt worden. Neuerdings gibt es auch Steindeckwerke mit asphaltierter Hinterpflasterung und Rauhstreifen aus Setzpack, aus Betonsteinen (Abb. 59), oder der Rauhstreifen in Asphalteingußmasse schließt an das Deckwerk an, und dahinter befindet sich eine Asphalteingußdecke.

Mit der Anwendung des Asphaltes beim Halligschutz hat man völlig neue Wege beschritten. Auf der Hamburger Hallig wurde im Jahre 1937 zuerst auf einer Länge von 544 m eine fünf Meter breite Übersturzsicherung hergestellt mit Grand, Schotter, Splitt, Bitumen-Emulsion und Kaltasphaltmörtel. Bei dieser Baumaßnahme wie auch mit der doppelten Asphalteingußdecke als Übersturzsicherung auf Gröde und mit dem Pflasterverguß auf Habel, beide im Baujahr 1951, sind wertvolle Erkenntnisse gewonnen worden. Von Anfang an wurden diese neuartigen Bauweisen von umfangreichen Laborversuchen begleitet.

Der Baustoff Asphalt besteht aus einem Gemisch von Bitumen und Mineral. Bitumen kommt als natürlicher Bestandteil von Naturasphalt vor. Hauptsächlich wird Bitumen aus Erdöl destilliert. Es handelt es um einen thermoplastischen Stoff, der sich in hervorragender Weise als Bindemittel eignet. Auch gegen Einwirkungen von Meerwasser, Säuren und Laugen bleibt Bitumen beständig.

Besondere Aufwendungen waren für den Schutz der Halligkante auf Hooge erforderlich. Das sonst übliche Deckwerk reichte nicht aus, denn der etwa zur selben Zeit errichtete Sommerdeich wurde möglichst dicht an das Abbruchufer gelegt, um ein einigermaßen vertretbares Verhältnis von nutzbarer Halligfläche zur Deichlänge zu bekommen. Dies bedeutete, daß man nun auch die Außenböschung des Deiches bis zur Krone hinauf mit einem Steinpflaster abdecken mußte (Abb. 60 u. 61). Die Deichkrone wurde 2,70 m über MThw, d. h. auf 3,30 m über NN angeordnet.

Da die Hallig bei schweren und sehr schweren Sturmfluten überschwemmt wird, hat der Sommerdeich die Bedingungen für einen Überlaufdeich zu erfüllen. Vielfache Schäden an der Innenböschung als Folge von überschlagenden Wellen und von Überströmungen waren der Anlaß dafür, daß auf den am meisten beanspruchten Deichstrecken auch die Innenböschungen gepflastert werden mußten.

Vor allen Deckwerken fand ein Abtrag der Wattflächen statt. An manchen Stellen wurde sogar der Böschungsfuß freigelegt, so daß hier bei weiterer Abrasion des Watts mit der Einsturzgefahr des Steindeckwerkes gerechnet werden mußte. Den Fuß hat man deshalb mit Schüttsteinen in einer Breite von mehreren Metern abgepackt. Somit erhielt die Anlage im unteren Teil zugleich eine flachere Form (vgl. Fig. 16).

Im Vergleich zu den anfangs hergestellten Schutzbauten ist das Halligdeckwerk inzwischen überall auf etwa das doppelte Maß, bis zu fünfzehn Meter, verbreitert worden und hat damit wahrscheinlich sein optimales Profil erreicht.

Rund 51 km Uferlänge der insgesamt fast 63 km langen Halligkanten (Tab. 14) sind durch Steindeckwerke befestigt; Landverluste können bei sachgemäßer Unterhaltung kaum noch auftreten. Die Instandhaltung der Uferschutzanlagen bleibt als dauernde Verteidigungsaufgabe bestehen, weil die naturbedingten Meeresangriffe weiterhin gegen die Ufer der Halligen gerichtet sind.

Nicht vorhersehbare Ereignisse, die Schäden an Deckwerken hervorrufen können, stellen Beispiele aus den beiden Weltkriegen dar, als Treibminen auf den Halligen Langeneß (vgl. Abb. 6), auf Südfall und Süderoog (1943) an den Schutzwerken explodierten.

Um die Abrasion des Watts vor einem Deckwerk zu vermindern oder zu verhindern, werden quer zu dem Längswerk stromabweisende Buhnen gebaut, die die Ufer auch gegen Beanspruchungen bei starkem Eistrieb schützen. Die Buhnensysteme der einzelnen Halligen können je nach Lage unterschiedlich sein, zum Beispiel: Die Abstände der Querwerke zueinander, die Länge, Höhenlage, Gefälle, Bauweise.

| Hallig | Uferlänge m | Uferdeckwerke m | Buhnen Anzahl | m | Lahnungen m |
|---|---|---|---|---|---|
| Langeneß | 20 690 | 20 219 | 77 | 7 934 | 4 385 |
| Hooge | 11 064 | 11 064 | 30 | 2 286 | 2 205 |
| Gröde | 5 970 | 3 277 | 26 | 2 042 | 3 243 |
| Nordstrandischmoor | 6 120 | 4 990 | 7 | 1 149 | 429 |
| Oland | 4 944 | 3 168 | 61 | 3 175 | 5 714 |
| Hamburger Hallig | 4 420 | 2 845 | 17 | 1 825 | —— |
| Süderoog | 3 055 | 2 000 | 9 | 847 | —— |
| Südfall | 2 976 | 1 222 | 20 | 2 655 | —— |
| Norderoog | 1 830 | 300 | — | —— | 1 967 |
| Habel | 1 543 | 1 543 | 11 | 1 066 | —— |
| Insgesamt | 62 612 | 50 628 | 258 | 22 979 | 17 943 |

Tabelle 14. Uferschutzanlagen am 1. 1. 1975.

Bevorzugt wird die Schüttsteinbuhne (vgl. Abb. 59). In der Buhnenachse wird eine Holzpfahlreihe vorgetrieben, die auf beiden Seiten mit Bruchsteinen bis zur Pfahlhöhe bepackt wird. Auf setzungsempfindlichen Abschnitten deckt man das Watt vorher mit einer Buschlage ab. An den Steinen siedeln sich bald Tiere (Muscheln, Krebse) und Pflanzen an, so daß der Buhnenkörper schließlich kein Wasser mehr durchläßt.

In den zwanziger und dreißiger Jahren verwendete man vielfach Stahlspundbohlen für die Herstellung von einwandigen Buhnen. Sie verhinderten von Anfang an die Durchläufigkeit, erforderten eine kürzere Bauzeit und waren günstiger im Preis. Als Nachteil stellte sich die Anfälligkeit gegen Rostbildung heraus (Abb. 62), so daß die Stahlspundwandbuhne die ihr zugedachte Aufgabe nur für eine verhältnismäßig kurze Zeit erfüllen konnte.

Bis zum 1. Januar 1975 befinden sich vor den nordfriesischen Halligen 258 Buhnen in einer Gesamtlänge von rund 23 000 Metern (s. Tab. 14). Die nicht durch Deckwerke geschützten Halligufer liegen meistens an der Ostseite, wo rund achtzehn Kilometer Lahnungen zur Beruhigung der Strömung beitragen. In Abständen von 25 bis 40 cm werden zwei Reihen gegeneinander versetzter Pfähle in den Wattboden geschlagen. Der Zwischenraum wird mit Busch ausgefüllt; dieser wird mit verzinktem Eisendraht an den Pfählen befestigt. Wegen der geringeren Beanspruchung handelt es sich bei der Buschlahnung um eine leichtere Bauweise, die in erster Linie zur Gewinnung von Vorland an der Festlandküste verwendet wird.

# Hochwasserschutz

## Halligdeiche und Siele

Mancher Besucher der Halligen mag die steinernen Ufer, Halligdeiche, Siele und die veränderten Gebäude auf den Warfen nicht; er vermißt die Halligromantik: Die unregelmäßigen Abbruchkanten, die breiten Priele, von den Rinnen und Siggen

Tafel 4  Gröde im Sommer während der Sanierung der Knudtswarf. Links im Bild die Kirch- und Schulwarf

zergliederten Halligrasen, die urwüchsigen Salzpflanzen, die niedrigen reetgedeckten Häuser u. a. m.

Es war um die Jahrhundertwende, als man zuerst für Hooge eine Sommerbedeichung zusammen mit der geplanten Uferbefestigung in Erwägung zog. Wasserstandsbeobachtungen an einem Pegel vom 16. Juni bis 31. August 1902 ergaben die Höhenlage des Tideniedrigwassers und des Tidehochwassers sowie den mittleren Flutwechsel oder Tidenhub von 2,57 m für diese weit draußen im Watt liegende Hallig. Eine Versuchsstrecke mit Steindeckwerk und Sommerdeich wurde 1905 ausgeführt.

Den entscheidenden Impuls für den Bau des Sommerdeiches auf Hooge brachte die Sturmflut vom 12./13. März 1906 (4,27 m über NN am Pegel Husum). Wieder wurde Land von der Flut fortgeschwemmt und die Halligkante zurückverlegt. Sand und Muschelschalen bedeckten den Rasen stellenweise in einer Breite von mehr als hundert Metern. Wir werden uns ein ähnliches Bild vorzustellen haben, wie heute am Nordufer von Südfall (vgl. Abb. 63). Wem ein solcher Abschnitt als Mähland zugefallen war, mußte die Fläche pflichtgemäß reinigen und eine stark verringerte Heuernte in Kauf nehmen. Die Not war groß, und wieder einmal verließ ein Bauer mit seiner Familie die Hallig.

Verschiedene Vorschläge der Wasserbauinspektion Husum wurden geprüft. Schließlich fiel die Entscheidung im Jahre 1911 für die Sommerbedeichung. Man begann noch in dem selben Jahr mit den Bauarbeiten, die 1914 abgeschlossen werden konnten. Der 11 100 m lange Deich, für den es bis dahin kein Vorbild gab, erhielt im Südwesten, Westen und im Norden eine Steindecke bis zur Deichkrone, die auf 2,20 m über „Gewöhnliches Hochwasser" angeordnet worden war. An der weniger stark beanspruchten östlichen Seite wurde die Deichkrone auf rund 6800 m Länge 1,70 m über MThw gelegt; hier bedeckte man den Erdkörper mit Grassoden.

Dieser Deich verhindert Überschwemmungen, die bei den häufigeren leichten Sturmfluten im Bereich bis zu ungefähr 1,70 m über MThw auftreten. Im Durchschnitt müssen die Halligleute etwa zwei Überflutungen je Jahr hinnehmen.

Nach Hooge sind Langeneß, Gröde und Oland sommerbedeicht worden, jedoch mit der Deichkrone auf nur 1,20 bis 1,40 m über dem mittleren Tidehochwasser (Tab. 15). Nordstrandischmoor hat keinen Deich; die Priele wurden dort abgedämmt.

Die niedrigen Deichhöhen bedeuten, daß Landunter öfter zu beobachten ist als auf Hooge (Abb. 64 und 65). Dennoch wird das beabsichtigte Ziel erreicht: Im allgemeinen kann die Heuernte ungestört geborgen und der Weidebetrieb sicher durchgeführt werden.

| Hallig | Baujahr | Länge m | Deichkrone m über MThw | umdeichte Fläche ha |
|---|---|---|---|---|
| Hooge | 1911/14 | 11 100 | 1,7−2,2 | 570 |
| Langeneß | 1930/34 | 17 564 | 1,4 | 978,1 |
| Gröde | 1936/38 u. 1950/59 | 7 455 | 1,2 | 211 |
| Oland | 1961 | 4 944 | 1,3 | 100 |
| Insgesamt: | | 41 063 | | 1 859,1 |

Tabelle 15. Halligdeiche.

Rund 41 Kilometer Deiche auf den vier Halligen umschließen Flächen von zusammen 2000 Hektar. Auf hundert Hektar Überlaufpolder entfallen also rund 2000 m Sommerdeich. Die Definition des Begriffs „Hallig" beschränkt sich nicht mehr auf die „unbedeichte, nicht sturmflutgeschützte kleine Marschinsel im Wattengebiet" allein, sondern sie umfaßt auch diese sommerbedeichten Marschinseln.

Wenn bei gewöhnlicher Tide kein Meerwasser mehr in die Halligpriele eindringen soll, aber die Entwässerung des Niederschlagswassers und das Abfließen nach Überschwemmungen durch Sturmfluten gewährleistet werden muß, sind entsprechende Vorrichtungen zu schaffen. Nach den Erfahrungen mit Sielen in der Marsch baute man dort, wo der Deich einen Halligpriel kreuzt, ähnliche Durchlässe, die sich bei steigender Flut schließen und bei Ebbe öffnen.

Im Zuge des Deichbaus entstanden zwei Entwässerungssiele auf Hooge mit je einer einen Meter breiten und 1,5 m hohen Durchflußöffnung (Tab. 16). Die größte Wassermenge konnte über den Halligpriel durch die fünf Meter breite Schiffahrtsschleuse abgeleitet werden. Die Leistungsfähigkeit des Ostersieles ist im Jahre 1940 um zwei weitere Öffnungen mit je 1,25/1,60 m lichte Weite verbessert worden (Abb. 66).

Als man im Jahre 1937 mit dem Bau von Wegen beschäftigt war, Entwässerungs- und Parzellengräben aushub und den Boden zum Verfüllen von Siggen und Rinnen verwendete, wurde es erforderlich, die Aufgaben der Entwässerung und der Schiffahrt voneinander zu trennen. Die tägliche Flut sollte von den Halligprielen und Gräben abgeriegelt werden. Man überdämmte deshalb den Hauptpriel nördlich der Kirchwarf und baute ein Siel mit drei Kammern und Stemmtorverschlüssen, durch die das Niederschlagswasser zur Schleuse hinabfließen sollte (Farbtaf. 6). Hier wie auch schon am Ostersiel, wurde deutlich, daß die gewählten Abmessungen nicht voll ausreichten, um die nach Sturmfluten wassergefüllte Hallig schnell genug zu entleeren. Dafür lag der Drempel des Binnensieles zu hoch (0,85 m über NN). Das im Jahre 1975 um zwei Öffnungen erweiterte Binnensiel (Abb. 67) brachte dann eine befriedigende Lösung. Beide Sielöffnungen erhielten eine lichte Weite von 2,0/2,5 m, und die Drempelhöhe wurde auf 0,70 m unter NN angeordnet. In sehr trockenen Zeiten, wenn Wasser in den Prielen und Gräben gestaut oder Meerwasser dorthin eingelassen werden soll, kann man nun den Ab- und Zufluß durch Bedienung der Torschützen regeln.

Auf Langeneß hatte man 1904/05 einen etwas anderen Weg beschritten, indem kleine Holzsiele beim Abdämmen der Priele in die einzelnen Dämme gelegt wurden. Auf diese Weise gelang es, das Eindringen von Meerwasser in die Halligpriele und den damit verbundenen Abbruchvorgang an den Prielufern zu unterbinden sowie die tiefer gelegenen Flächen in der Mitte der Hallig zwischen Anfang Mai und Ende September länger wasserfrei zu halten. Einen gewissen Schutz gegen häufige Überflutungen boten auch die von den Brandungswellen höher aufgeworfenen Uferränder der Hallig.

Aber die Bauweise der mehr als fünfzig Holzsiele war wohl zu einfach und deren Lebensdauer zu kurz gewesen. Fäulnis, Bohrwurmbefall oder der Wellenschlag – insbesondere bei Sturmfluten – machten die Prieldämme im Bereich der Siele bald unter- und seitenläufig. Die Erneuerung von etwa dreißig Holzsielen wurde erwogen. Die preußische Wasserbauverwaltung, die damals bereits mit der Verwirklichung des Halligschutzplanes von 1894 befaßt war und auch den Bau von Steindeckwerken auf

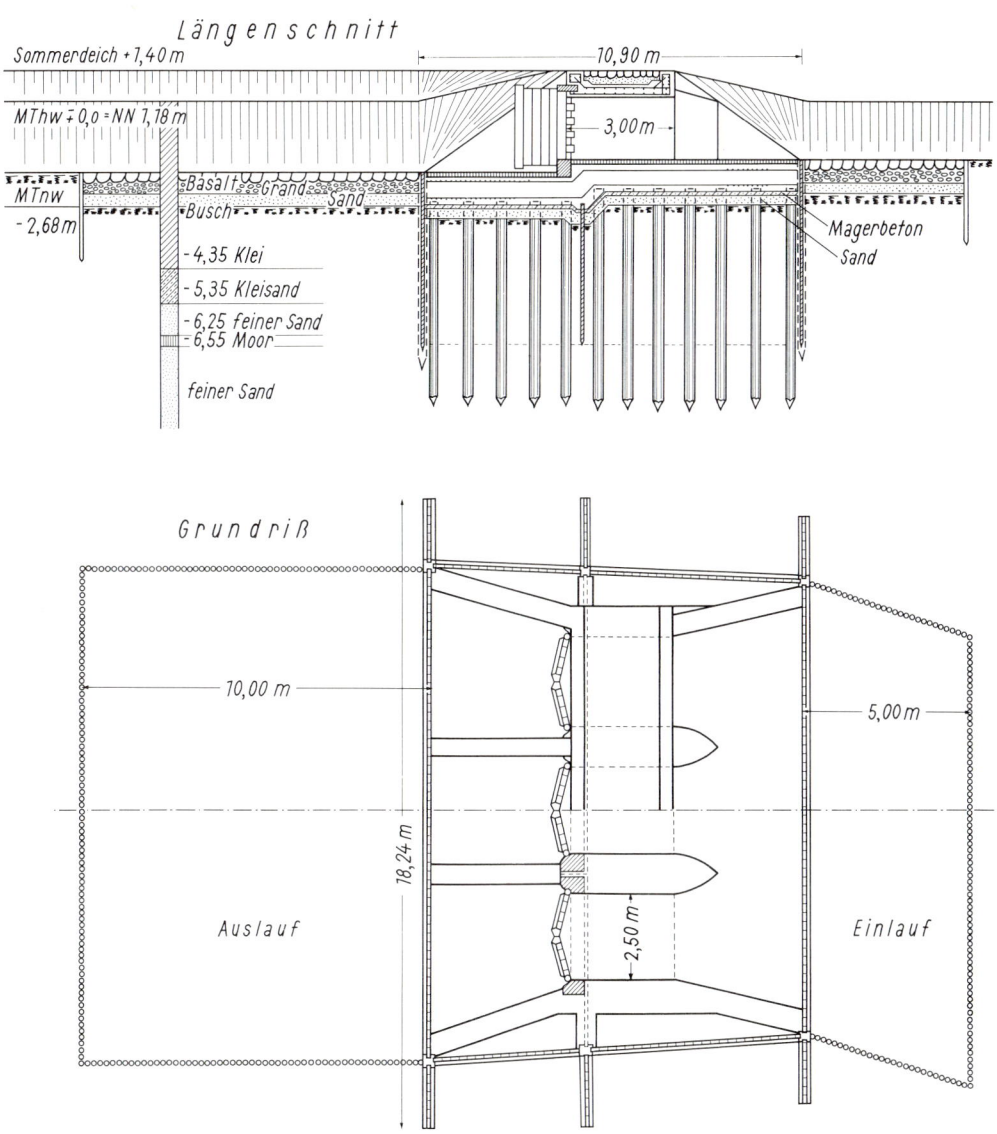

*Längenschnitt*

Sommerdeich +1,40 m

10,90 m

MThw ∓ 0,0 = NN 1,18 m

3,00 m

MTnw
- 2,68 m

Basalt Grand Sand
Busch

Magerbeton
Sand

- 4,35 Klei
- 5,35 Kleisand
- 6,25 feiner Sand
- 6,55 Moor

feiner Sand

*Grundriß*

10,00 m

5,00 m

18,24 m

2,50 m

Auslauf

Einlauf

Fig. 17  Siel Osterwehl auf Langeneß

den Halligen durch Beschaffung und Transport von Baustoffen, durch die Bereitstellung von Staatsgeldern und durch Einsatz von Fachkräften förderte, strebte ein großzügigeres Entwässerungssystem an. Dem neuen Plan lag die Absicht zugrunde, fünf Entwässerungsgebiete über die Hauptpriele zu schaffen und nur noch fünf Entwässerungssiele in massiver Bauweise zu errichten (Tab. 16 und 17 und Fig. 40).

| Hallig | Benennung | Baujahr | Öffnungen | lichte Weite m | | Baujahr | Öffnungen | lichte Weite m | | Bemerkungen |
|---|---|---|---|---|---|---|---|---|---|---|
| 1 | 2 | 3 | 4 | 5 | 6 | 7 | 8 | 9 | 10 | 11 |
| Hooge | Westersiel | 1912 | 1 | 1,0 | 1,5 | | | | | |
| | Ostersiel | 1913 | 1 | 1,0 | 1,5 | 1940 | 2* | 1,25 | 1,6 | * zusätzlich |
| | Schleuse (offen) | 1914 | 1 | 5,0 | | 1954 | | | | ** Ersatz- |
| | Binnensiel | 1937 | 3 | 2,5 | 1,2 | 1975 | 2* | 2,0 | 2,5 | bauten |
| Langeneß | Jelf-Siel | 1927 | 3 | 2,5 | 1,8 | 1956** | | | | mit gleichen |
| | Osterwehl-Siel | 1929 | 3 | 2,5 | 1,8 | 1950** | | | | Weiten |
| | Ridd-Siel/Langeneß | 1929 | 3 | 2,5 | 1,8 | 1958** | | | | |
| | Ridd-Siel/Nordmarsch | 1928 | 3 | 2,5 | 1,8 | 1959** | | | | |
| | Westerwehl-Siel | 1926/28 | 4 | 1,5 | 1,3 | 1959 | 3 | 2,5 | 1,8 | |
| Leye-Siel | | | | | | 1980 | 1 | 3,0 | 1,0 | |
| Gröde | Siel | 1930 | 1 | Durchm.60cm | | 1951 | 1 | 3,0 | 1,8 | und 4 Stöpen |
| Oland | Nord-, Süd- und Boot-Sloot-Siel | 1961 | 3 | | | | | | | und 3 Stöpen |

Tabelle 16. Hallig-Siele.

Alle massiven Siele auf Langeneß mußten durch neue Bauwerke ersetzt werden (Abb. 68). Mit dem Durchflußvermögen gab es keine Schwierigkeiten, aber es stellten sich Bauschäden ein. Da man keine Baugrunduntersuchungen veranlaßt hatte und der Baugrund als standfest beurteilt worden war, mußte man aus Gründungsfehlern lernen; ferner waren die verwendeten Baustoffe nicht seewasserbeständig.
Die neuen Sielbauwerke wurden auf Pfahlroste gegründet, so daß ungleichmäßige Setzungen des Baukörpers nicht mehr möglich waren. Die Sohlenplatte, die aufgehenden Wände und die Sieldecke baute man in Stahlbeton nach den zu jener Zeit geltenden Regeln der Technik – unter Beibehaltung der bewährten Abflußquerschnitte (Fig. 17 und Abb. 69).

| Nr. | Gebiete | Gebietsgröße in ha |
|---|---|---|
| 1 | Jelf-Gebiet | 180 |
| 2 | Ridd-Gebiet (Nordmarsch) | 280 |
| 3 | Westerwehl-Gebiet | 190 |
| 4 | Osterwehl-Gebiet | 200 |
| 5 | Ridd-Gebiet (Langeneß) | 90 |
| | Insgesamt | 940 |

Tabelle 17. Entwässerungsgebiete auf Langeneß

Auf Gröde wurde zunächst ein Rohrsiel mit Rückstauklappe (Durchmesser: 60 cm) in den Sommerdeich eingebaut, das im Jahre 1951 durch ein massives Siel (Abb. 70) ersetzt worden ist. Bei dieser Gelegenheit hat man das Siel um siebzig Meter zurückverlegt, so daß hier ein Sielhafen angelegt werden konnte (Abb. 72).

Zusätzlich zu dem Siel sind im Sommerdeich, der zwei Halligköge umschließt, noch vier Stöpen (verschließbare Durchlässe) vorhanden, durch die eine schnelle Entwässerung nach einem Landunter sichergestellt ist. Die Stöpensiele wurden in Spundwandbauweise mit gepflasterter Sohle hergestellt und mit Klapptoren ausgerüstet. Diese öffnen sich selbsttätig, sobald das Wasser außen tiefer abgeebbt ist als im überschwemmten Halligkoog (Abb. 73).

Ähnlich hat man den Hochwasserschutz und die Entwässerung auf Oland gelöst, und zwar mit je drei Sielen (Abb. 71) und Stöpen.

Eine bisher nicht veröffentlichte Untersuchung der Hallig-Siele von W. Kambeck ist im Anhang beigefügt.


## Warfen

In der Halliggeschichte sind die Warfen von früh an lebenswichtige Anlagen gewesen; denn die Halligbewohner konnten dort bei sehr schweren Sturmfluten nur bleiben, wenn sie ihre Wohnstätten und Wirtschaftsräume auf höheren Plätzen errichteten. Da sowohl die mittleren Tidewasserstände als auch die extrem hohen Sturmfluten während der letzten Jahrhunderte nachweislich angestiegen sind, mußten die Warfen diesem Vorgang angepaßt, das heißt, sie mußten immer wieder erhöht werden.

Eine für die Halligen grundsätzlich neue Orientierungshilfe wurde nach der katastrophalen Hollandflut 1953 erarbeitet. Die meisten Warfen waren nach den in Tabelle 9 aufgeführten maßgebenden Sturmflutwasserständen zu niedrig. Daß die Ergebnisse der Untersuchungen den richtigen Weg gezeigt hatten, bestätigten schon bald darauf die beiden außergewöhnlich hohen Sturmfluten von 1962 und 1976. Das Wasser floß vor allem im Februar 1962 durch die Häuser und Stallgebäude, zerstörte Möbel und Einrichtungsgegenstände; es hinterließ überall Schlamm und Dreck. In den Kirchen stieg die Flut über die Sitzbänke, und auf den Friedhöfen wurden die Gräber verwüstet (Abb. 74 und 75, Farbtaf. 10). Ein Teil des Groß- und Kleinviehs ertrank in den Fluten. Manche Rinder mußten in den Ställen, bis zum Bauch im kalten Wasser stehend, stundenlang ausharren. Trink- und Tränkwasservorräte in Zisternen, in Söden und Fethingen (Abb. 76) wurden durch eingedrungenes Salzwasser für Mensch und Tier unbrauchbar. Die Halligleute überlebten in den Dachgeschossen, ja, teilweise sogar auf den Dächern der Gebäude und auf Heudiemen – wie wir in früheren Sturmflutberichten beschrieben finden. Die Warfen erlitten zum Teil erhebliche Schäden an den Auffahrten, den Gartenmauern und Einfriedigungen. Abgestellte Fahrzeuge, Geräte, Maschinen, Holzstapel und dergleichen wurden von den Wellen auf den Warfböschungen hin- und hergespült, so daß es hier zu Zerstörungen der Grasnarbe und zu Auskolkungen kam; andere Gegenstände wurden gegen die Mauern der zum großen Teil altersschwachen Häuser gestoßen; sie hielten einer solchen Beanspruchung nicht stand, und der Einsturz war die Folge.

Alle Schäden, die während der Sturmflut 1962 und unmittelbar danach festgestellt worden waren, hatten so große Ausmaße, daß hier schnell und tatkräftig geholfen werden mußte. Die nun völlig verarmten Halligleute standen vor einer für sie unlösbaren Aufgabe, obgleich es von alters her immer Sache der Halligbewohner selbst gewesen war, ihre Warfen zu bauen, zu unterhalten und den säkular steigenden Wasserständen entsprechend zu erhöhen.

Seit der großen Halligflut im Jahre 1825 hatte man sich lange vergeblich um Unterstützung von außen bemüht. Die Sturmflutschäden von 1936 und 1938 wurden zwar mit öffentlichen Mitteln repariert: die Warfen auf Oland, auf der Hamburger Hallig (Abb. 77) und die Westerwarf auf Hooge; die Bandixwarf auf Langeneß hat man 1939 auch verstärkt. Es fehlte damals jedoch ein allgemeingültiger Plan. Weitere, von Halligleuten beantragte Warferhöhungen, Warfabflachungen und die Erneuerung von Gebäuden waren aus kriegsbedingten Gründen weder personell, materiell noch finanziell realisierbar.

## Gutachten des Küstenausschusses 1956

Die „Gutachtliche Stellungnahme zur Anpassung der Warfen auf den nordfriesischen Halligen an die heute möglichen Sturmfluthöhen" des Küstenausschusses Nord- und Ostsee vom 1. April 1956 hat eine hervorragende Bedeutung erlangt als eine Grundlage für die Sanierung der Halligen. Sie enthält neben einer Bestandsaufnahme der bewohnten Warfen, Einwohnerzahlen, Haushaltungen, der Warfhöhen und der Sturmflutwasserstände (vgl. Tab. 9) auch Angaben über mögliche Schutzmaßnahmen, die „als Mindestforderung den sicheren Schutz des Lebens der Bewohner zum Ziel" haben.

Vier Lösungen wurden vorgeschlagen und auf ihre Wirkung hin beurteilt:

1 Die Erhöhung aller bewohnten Warfen auf etwa 1,50 m über dem „maßgebenden Sturmflutwasserstand" und die Ausbildung von flachen Warfböschungen in der Form neuzeitlicher Seedeiche. Eine solche Erhöhung würde eine entsprechende Anhebung der Gebäude erfordern. Da dies der schlechte bauliche Zustand der meisten Gebäude jedoch nicht gestattet, müßte mit ihrem völligen Abbruch und Neuaufbau gerechnet werden. Gesamtkosten rund 13 Millionen DM.

2 Bau eines geschlossenen Ringdeiches oben um jede Warf mit einer Kronenhöhe von 2 m über dem „maßgebenden Sturmflutwasserstand". Ausbildung flacher Warfbö-schungen wie zu 1. In diesem Falle könnten die Gebäude unverändert erhalten bleiben. Für die Anfahrt zur Warf müßte ein Ringdeich verschließbare Durchlässe (Stöpen) erhalten. Gesamtkosten rund 10 Millionen DM.

3 Bau eines Teilringdeiches auf jeder Warf als Wellenbrecher gegen Nordwest, West und Südwest mit einer Kronenhöhe von 1,50 m über dem „maßgebenden Sturm-flutwasserstand". Ausbildung flacher Warfböschungen wie zu 1. Keine Gebäudean-hebung, dafür aber Neubau erhöhter und sicherer Fluchtstätten für die Bewohner. Die Fluchtstätten können entweder freistehende Gebäude sein, die an geeigneter, von allen Häusern gut erreichbarer Stelle so zu bauen sind, daß sie weder unterspült noch von Wellenangriff oder Sturm zerschlagen werden können, oder sie werden in oder an den bestehenden Häusern errichtet. Die Fluchtstätten müssen so hoch liegen, daß

die Bewohner der Warf, vor den höchsten Wasserständen geschützt, Orkanfluten auch bei Zerstörung der übrigen Gebäude überleben können. Gesamtkosten je nach Bauart der Fluchtstätten (An- oder Einbau oder freistehend) zwischen rund 4,6 und 5,8 Millionen DM.

4 Nur Verbreiterung der Warfoberfläche, Ausbildung flacher Warfböschungen wie zu 1. und Bau von Fluchtstätten wie zu 3. Gesamtkosten rund 1,75 bis 3,0 Millionen DM.

Die Gutachter fassen ihre Beurteilung der vier Lösungen wie folgt zusammen:

„Die bei allen Lösungen vorgesehene flache Ausbildung der Warfböschungen in Form neuzeitlicher Seedeiche ist unter allen Umständen notwendig.

Lösung 1: Die Erhöhung aller Halligwarfen als die wirksamste Lösung scheidet als planmäßige Sofortmaßnahme wegen der hohen Kosten und wegen Zerschlagung der Wohnkultur aus. Nur dort, wo auch ohne den Grund des Sturmflutschutzes auf einer Warf ganz oder überwiegend neue Gebäude errichtet werden, sollte deren Anhebung im Sinne einer Gesamt- oder Teilerhöhung der Warf zur Vorschrift gemacht werden (Beispiel: Westerwarf auf Hooge).

Lösung 2: Die Sicherung der Warfen durch geschlossene Ringdeiche stellt eine technisch unbefriedigende, die Bewirtschaftung der Hallig erschwerende und zudem sehr teure Lösung dar, von deren Ausführung abgeraten wird.

Lösung 3: Die Anordnung von Teilringdeichen in Verbindung mit der Errichtung von Fluchthäusern kommt bei ufernahen und daher besonders brandungsgefährdeten sowie bei sehr niedrigen Warfen als Schutzmaßnahme in Frage.

Lösung 4: In ihrer Oberfläche verbreiterte aber nicht erhöhte Warfen gewähren bei Orkanfluten ebenso wie die Teilringdeiche der Lösung 3 nur zusammen mit Fluchtstätten den Menschen sichere Zuflucht. Die Fluchtstätten müssen, gleichviel ob sie als selbständige Gebäude oder als An- oder Einbauten errichtet werden, unabhängig von den vorhandenen Häusern unbedingt standsicher sein. Die Gefahr des Verlustes der Wohn- und Wirtschaftsgebäude bleibt bestehen und wird nur durch den wellendämpfenden Einfluß flacher Böschungsneigungen gemildert. Die Lösung 4 schließt spätere Verbesserungen im Sinne der Lösung 1 und 3 nicht aus. Die Kosten bleiben im Vergleich zur erreichbaren Sicherheit der Halligbewohner in erträglichen Grenzen.

Grundsätzlich wird von einer generellen Entscheidung für eine Lösung 1, 2 oder 4 abgeraten. Vielmehr wird empfohlen, für jede Warf und für jede Haushaltung besonders zu prüfen, welche Schutzmaßnahmen in jedem einzelnen Fall am zweckmäßigsten ist. Dabei muß auch geprüft werden, ob es in Einzelfällen geraten sein kann, eine Warf aufzugeben und ihre Gebäude auf einer anderen Warf zu errichten.

Die Erhaltung der Halligen ist eine staatliche Aufgabe. Sie ist nur möglich, wenn die Halligen bewohnt sind. Infolgedessen ist es erforderlich, auch die notwendigen Vorkehrungen für die Sicherheit der Halligbewohner bei Sturmfluten als staatliche Aufgabe zu behandeln und im Hinblick auf die bestehende Gefahr baldigst durchzuführen."

Im Küstenausschuß waren sich die Mitglieder der Arbeitsgruppe klar darüber, daß die allgemeine Erhöhung der Warfen und der völlige Neubau der Hallighäuser hohe Kosten verursachen und erhebliche Zeit erfordern würden. Außerdem könnte „der planmäßige Abbruch der alten Wohnstätten den Halligbewohnern innere Werte zerschlagen und ihre Bindung an die Heimat erheblich lockern." Bei Neu- und Umbauten wäre darauf hinzuwirken, daß sie ihre Häuser um das erforderliche Maß anheben sollten.

Für die Halligleute stellten sich nun ernste Fragen: Ist ein so großzügiger Plan überhaupt zu schaffen? Wann kommen wir dann wohl an die Reihe? In welche Gefahr können wir geraten, wenn wir längere Zeit warten müssen?

Im Vertrauen auf seine eigene Kraft entschloß sich ein Hausbesitzer auf Langeneß, sein Gebäude um etwa einen Meter anzuheben. Er wohnte auf der Warf mit seinem Nachbarn unter einem Dach; dieser wollte und konnte sich wohl einem solchen Vorhaben nicht anschließen. Der Vorteil des Anhebens nach altem Halligbrauch und die Erhöhung der einen Warfhälfte sollte schon bald sichtbar werden, nämlich als die Sturmflut im Februar 1962 in den niedrigeren Teil des Gebäudes eindrang und die inzwischen angehobene Hälfte verschont blieb. Wegen des tatkräftigen Zupackens entstanden unter den Nachbarn Meinungsverschiedenheiten, die schließlich vor Gericht ausgetragen wurden. Diese Ereignisse stellten den Hintergrund für ein niederdeutsches Hörspiel dar, das unter dem Titel „Nawerslüd" 1969 vom Norddeutschen Rundfunk ausgestrahlt worden ist.

## Schutzräume

Etwa um dieselbe Zeit, als auf Langeneß eine Gebäudehälfte angehoben wurde, begann man auf Süderoog mit dem Bau eines Schutzraumes (Abb. 78). Als Beispiel für die konstruktive Anordnung der Schutzräume zeigt Figur 18 einen Querschnitt durch den Neubau des Wohnhauses von Melf Boysen auf der Ketelswarf von Langeneß. Hier hat

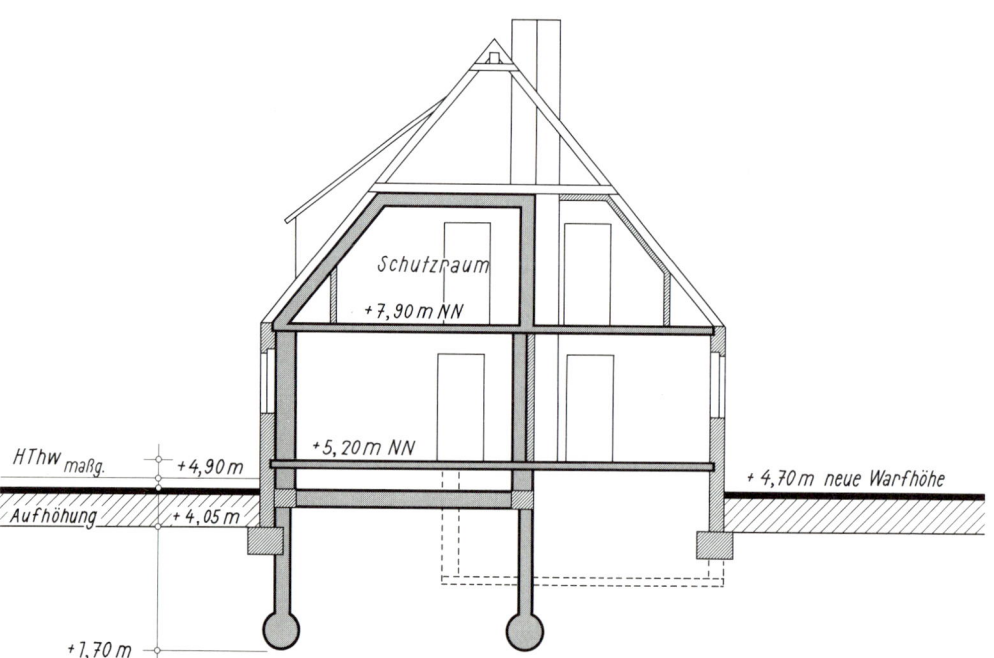

Fig. 18 Schutzbunker

72

man einige Dezimeter Boden aufgetragen, bis etwa die Höhe des maßgebenden Sturmflutwasserstandes (auf NN + 4,90 m festgesetzt) erreicht war. Der Fußboden des Erdgeschosses liegt mit 5,20 m über NN etwa einen halben Meter über der Aufhöhung. Der Schutzraum wurde auf vier Stahlbetonpfählen mit verbreiterten Füßen gegründet, die Pfähle reichen drei Meter in den alten Warfkörper hinab. Das über den Gründungspfählen hergestellte Rahmensystem aus Stahlbeton (Abb. 79) trägt den eigentlichen Schutzraum, dessen Fußbodenhöhe etwa drei Meter über dem maßgebenden Sturmflutwasserstand als sicherer Hochwasserschutz angesehen werden kann.

Die Februar-Sturmflut 1962 war das Signal für eine beschleunigte Sanierung der Halligwarfen und für eine entsprechend schnellere Verbesserung des Hochwasserschutzes, als es vorgesehen war. Es gelang auch, allein in den beiden Jahren 1963 und 1964 fünfundzwanzig Bauvorhaben zu finanzieren und durchzuführen. Nach wenigen Jahren hatten bereits 94 Gebäude einen sicheren Schutzraum im ersten Stockwerk (Abb. 80).

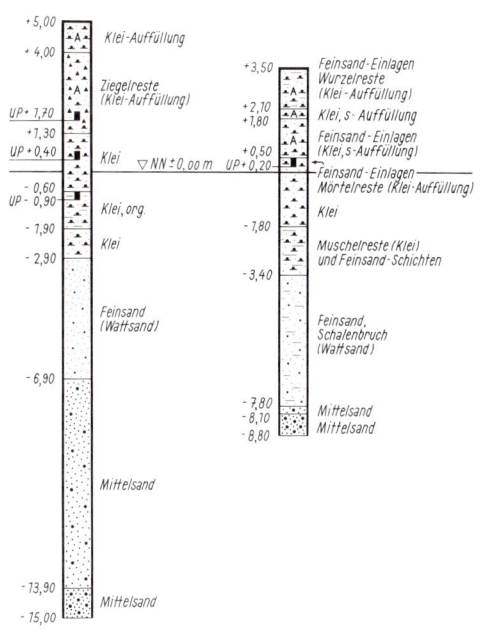

Fig. 19 Bohrprofile

## Richtlinien für Verstärkung und Erhöhung der Warfen

Als sofortige Reaktion auf die Februar-Sturmflut 1962 gab das damalige Marschenbauamt Husum den planenden Ingenieuren „Richtlinien für die Warfverstärkung und Warferhöhung auf den Halligen" vom 10. Juli 1962 an die Hand. Darin heißt es über die Verstärkung: „Die bisher geplante und zum Teil ausgeführte gebrochene Böschungsneigung von 1:10, 1:8 und 1:5 wird ersetzt durch eine durchgehende Böschungsneigung 1:6, weil dadurch den gefährlicheren höheren Wasserständen eine flachere Böschung entgegensteht, die im unteren Bereich nicht gebraucht wird. An besonders gefährdeten Stellen kann eine durchgehende Warfböschung von 1:8 ausgeführt werden.

Die Auffahrtsrampe soll eine Breite von 1,8 m haben und möglichst nicht senkrecht zur Warfkante, sondern quer zur Böschungsneigung verlaufen. Nur dort, wo die Rampenböschung zu steil für den Fuhrbetrieb ist, kann die Auffahrt diagonal zur Böschung angelegt werden.

Grundsätzlich wird zwischen Warf- und Hauskante ein Schutzstreifen von 4,0 m Breite angelegt. Dieser 4-m-Streifen dient ausschließlich dem Schutz der Warf. Er muß als solcher gepflegt und erhalten werden und darf weder bebaut noch bewirtschaftet werden. Für den Fall, daß der Raum zwischen Warf- und Hauskante Wirtschaftsfläche ist, wird zwischen dem 4 m breiten Schutzstreifen und dem Gebäude ein 3 m breiter Wirtschaftsstreifen angeordnet, so daß in besonderen Fällen eine Verbreiterung der Warf von 7,0 m entstehen kann.

Maßgebend für die Festlegung des Verbreiterungsmaßes ist der Endausbauzustand, d. h. die erhöhte und verstärkte Warf. Die Verbreiterung muß also so angelegt werden, daß im Endausbauzustand zwischen Haus- und Warfkante bei einer Böschungsneigung von 1:6 bzw. im Sonderfall 1:8 eine Warffläche von 4,0 m (Berme) oder 7,0 m Breite vorhanden ist, ja nach Maßgabe, ob nur Schutz- oder Schutz- und Wirtschaftsstreifen. Beispielsweise wird bei einer Warf, die im Augenblick nur verbreitert und nicht erhöht wird, das Verbreiterungsmaß größer als 4,0 m bzw. größer als 7,0 m sein. Von letzter entscheidender Bedeutung für die Festlegung des Verbreiterungsmaßes ist der Hausgrundriß. Größe und Lage werden durch wohn- und betriebswirtschaftliche Gesichtspunkte bestimmt. Der Entwurf für einen Neubau muß dem Kreisbauamt vorgelegt werden. Ist diesem Entwurf nach gehöriger Prüfung, vor allem was die Größe des Grundrisses sowie die Lage auf der Warf und zu anderen Gebäuden betrifft, vom Kreisbauamt zugestimmt, so ist er bindend für die Festlegung des Verbreiterungsmaßes."

Die alten Warfen und deren Untergrund bekamen also in kurzer Zeit zum Teil erhebliche zusätzliche Belastungen. Die Warfen wurden erhöht und erweitert. Größere und schwerere Gebäude, die teilweise mit Kellern in voller Hausbreite und in Geschoßtiefe, teilweise auch noch mit Wasserbehältern errichtet wurden, ragen hier und dort über die alte Warfkante hinaus. Der neue, mit wesentlich flacheren Böschungen ausgestattete Warfkörper belastet nun eine um hundert und mehr Quadratmeter größere Grundfläche.

Der allseits begrüßte schnelle Baufortschritt war allerdings mit nachteiligen Folgen verbunden. Es bildeten sich nämlich schon bald Risse an den Neubauten. Man hatte offenbar die Tragfähigkeit des Halligbodens als Baugrund überschätzt und das Setzungsverhalten des Halligbodens als Baustoff unterschätzt (Fig. 19). Der Einsatz von sehr leistungsfähigen Baumaschinen ermöglicht im Vergleich zur früheren Handkarrenarbeit einen erheblich größeren Massentransport in wesentlich kürzerer Zeit.

Neubauten, die bei früheren Warferhöhungen erforderlich waren, errichtete man erfahrungsgemäß und auch aus grundstücksrechtlichen Erwägungen auf den Grundrissen der alten Gebäude. Sie erhielten im allgemeinen dieselbe Größe und verursachten deshalb keine nennenswert höhere Belastung des Baugrundes; Risse oder sonstige Setzungsschäden konnten kaum entstehen.

Bei der heutigen Bauweise muß mit zusätzlichen Schadenseinflüssen gerechnet werden: mit Setzungsunterschieden, die das Haus durch die aufgebrachten Erdmassen erfährt. Im Vergleich dazu sind die Eigensetzungen eines Hauses oft klein.


## Bodenmechanisches Gutachten

Außergewöhnlich starke Risseschäden unmittelbar nach Fertigstellung neuer Häuser gaben Veranlassung, ein Erdbaulaboratorium mit der Klärung der für die Halligen bisher unbekannten bodenmechanischen Fragen zu beauftragen. Die Gutachter kamen 1964 zu dem Ergebnis, daß die Setzungsunterschiede und die daraus entstehenden Setzungsrisse bei den neuen Hallighäusern „gewöhnlich sehr viel größer als bei einem Bauwerk" sind, „das vollkommen auf einem noch nicht vorbelasteten Untergrund errichtet wird", wie man an Flachbauten in der Marsch hinter sturmflutsicheren Landesschutzdeichen beobachtet hat.

„Wird wie hier im Zuge der geplanten Verbesserung zur Sturmflutsicherung das gesamte Warftgelände aufgehöht, so entstehen aus dieser Aufhöhung unabhängig davon, ob die Bauwerke auf der Warf alten oder neuen Ursprungs sind, besonders unter den Außenmauern dieser Bauwerke wesentliche zusätzliche Setzungen, während sie zur Mitte der Bauwerke hin infolge der Druckausstrahlung unter der damit verringerten Einwirkung auf die anstehenden weichen Schichten in Gebäudemitte sehr viel geringer werden . . .

In diesem Zusammenhang sei darauf hingewiesen, daß eine 1 m hohe Auffüllung schon das Flächengewicht von 1 Geschoß überwiegt, während die hier im Extremfall von 3- bis 4geschossigen Häusern entspricht . . .

Generell muß somit festgestellt werden, daß die zwingend erforderlichen Warfaufhöhungen sich auf die Stand- und Rissesicherheit von alten wie auch neu errichteten Bauwerken stets negativ und zum Teil katastrophal auswirken müssen und bei Aufhöhungen von mehr als 1 m normalerweise zu stärkeren Rissebildungen führen, als sie von den Setzungen durch das Bauwerksgewicht selbst veranlaßt werden."

Die Gutachter folgern aus dem Setzungsverlauf, aus den Erfahrungen und aus der Auswertung aller Bohrungen, daß „für zukünftige Bauten im gesamten Warfabflachungsbereich . . . die Neubauten stets dann von vornherein auf Pfählen tief gegründet werden müssen, wenn die Warfaufhöhung nicht mindestens 5 Jahre vor Beginn des Neubaus abgeschlossen ist, bzw. daß eine Flachgründung von Neubauten frühestens 5 Jahre nach Abschluß der Sturmflutsicherung möglich ist und die Neubauten daher ggf. solange zurückgestellt werden müssen." Unter bestimmten Voraussetzungen wird ferner empfohlen, „auch die Altbauten zur Vermeidung von Risseschäden durch Pfähle" zu unterfangen.


## Landschaftsschutz durch Verbindungsdämme

Auf den Halligen hat man es schon sehr früh verstanden, gefährliche Ausweitungen der Halligpriele zu verhindern, vor allem, wenn Teile einer Hallig voneinander getrennt und die Verbindungsstege (Stöcke) zu lang wurden. Dann schütteten die Halligleute einen Erddamm über die engste Stelle im Oberlauf des Prieles, damit das Flutwasser nicht mehr hindurchströmen und es die Prielkante nicht mehr zum Einsturz bringen konnte. Nun mußte die Flut am Damm kentern. In der Stillwasserzeit setzen sich mitgeführte Sinkstoffe ab wie in einem Lahnungsfeld.

Die langgestreckte Hallig Langeneß hat ihre heutige Gestalt erst nach mehreren Prieldurchdämmungen erhalten. Im Jahre 1847 stellte man die Verbindung der über längere Zeit selbständigen Halligen Nordmarsch und Langeneß her. Der Priel hatte an der Durchdämmungsstelle bereits eine Breite von reichlich vierzig Metern und eine Tiefe bis zu mehr als zwei Metern erreicht. Der Oberlauf des Priels verlandete schnell. Dies ermunterte die Verantwortlichen, auch die Halligen Butwehl und Langeneß miteinander zu verbinden. Der Damm wurde im Jahre 1869 gebaut: Die Prielbreite betrug damals rund dreißig Meter, und die Dammkrone erhielt eine Breite von fünf Metern. Die Dammböschungen pflegte man zu der Zeit mit Rasensoden abzudecken. Aber nicht alle Halligleute waren mit den Prieldurchdämmungen einverstanden. Zum Beispiel fühlten sich die Bewohner der Honkenswarf auf Langeneß in ihrem Gewohnheitsrecht beeinträchtigt, weil sie mit ihren Booten nicht mehr so fahren konnten wie vorher. Darum zerstörten sie mit voller Überlegung den Damm nach Butwehl. Unter Zwangsandrohung forderte die Regierung in Schleswig sie jedoch auf, den Damm wiederherzustellen, was dann auch geschah.

Als eine der ersten Maßnahmen, die nach Inkrafttreten des Halligschutzplanes durchgeführt wurden, ist die überdämmte Prielmündung zwischen den beiden Halligen Gröde und Appelland (1899 bis 1902) zu nennen. Statt der Abdeckung mit Rasensoden hat man hier ein Steindeckwerk mit verschiedenen Querschnitten und mit Versuchsstrecken aus Beton sowie mit Klinkern als Hinterpflasterung gebaut. Die Kronenhöhe wurde festgesetzt auf NN + 2,40 m bzw. auf MThw + 1,20 m. Nach Sturmfluten waren immer wieder Reparaturen erforderlich, zuletzt mit Asphaltfugenverguß. Rückwärtige Schäden beseitigte man durch Verbreiterung des Deckwerks mit Steinpflaster und später mit Schüttstein-Rauhpflaster.

Einen wesentlich größeren Einfluß auf den Landschaftsschutz des Wattengebietes haben die Verbindungsdämme vom Festland zu den Halligen und Inseln sowie der Damm von Oland nach Langeneß mit Längen zwischen 1700 und 8750 Metern (Tab. 18). Sie tragen in hervorragendem Maße dazu bei, die natürlichen Zerstörungskräfte der Flut in ihren jeweiligen Bereichen zu zähmen.

Alle Dämme wirken als stabilisierende Anlagen mit landbildenden Entwicklungstendenzen. Landverluste werden durch Verbindungsdämme in Landgewinne umgekehrt. Die Watten wachsen bis zum mittleren Tidehochwasser auf; es entstehen Vorlandflächen, die mit zunehmendem Areal einer systematischen Pflege bedürfen. Diese besteht in der Schaffung und laufenden Instandhaltung von Lahnungen und Grüppen zum Zwecke des störungsfreien Beflutens und der gelenkten Entwässerung. Die Flut wird gezielt zum Kentern gebracht. Ohne solche Pflegemaßnahmen würde eine Verlandung – wenn überhaupt – wesentlich langsamer vonstatten gehen. Und zweifellos müßte dann das Vorland verwildern, von Prielen und Rinnen zergliedert werden mit zahlreichen abflußlosen Sicken dazwischen, so wie man es aus den Luftbildern von verschiedenen Halligen und östlich von Trischen ablesen kann.

Verbindungsdämme unterbinden das wilde Umströmen von Inseln und Halligen, das Ausstrudeln von Prielen und die Abrasion größerer Wattflächen; sie verhindern die fortschreitende Zerstörung der Hallig- und Insellandschaft und grenzen einzelne Watteinzugsgebiete klar gegeneinander ab.

In der Zeit zwischen 1874 und 1936 sind die in Tabelle 18 zusammengestellten Dämme gebaut worden. Als nächste Landschaftsschutzmaßnahme wird eine Verbindung vom Festland nach der Insel Pellworm als feste Wattwasserscheide vorbereitet. Die Dammlängen betragen heute zusammen nahezu sechsunddreißig Kilometer. Mehrere

Dammstrecken sind inzwischen Bestandteile bedeichter Köge geworden, z. B. im Sönke-Nissen-Koog, Pohnshalligkoog, im Speicherkoog Dithmarschen und am Friedrich-Wilhelm-Lübke-Koog. Die Dammtrasse vom Festland nach Oland wurde nach starken Beschädigungen in den Jahren 1925 bis 1927 verlegt und dabei um zwei Kilometer länger als in der ersten Linie.

| Baujahr | Damm | Länge/m | Bemerkungen |
|---|---|---|---|
| 1874/75 | Festland—Hamburger Hallig | 3 250 | Krone: MThw + 0,50 m |
| 1896/99 und | | | |
| 1925/27 | Festland—Oland | 6 890 | Krone: MThw + 0,50 m |
| 1897/99 | Oland—Langeneß | 3 510 | Krone: MThw + 0,50 m |
| 1906/07 | Festland—Pohnshallig | 2 840 | seit 1935 sturmflutfreier Straßendamm |
| 1923/27 | Festland—Sylt | 8 750 | sturmflutfreier Eisenbahndamm |
| 1933/34 | Festland—Nordstrandischmoor | 6 470 | Krone: MThw + 0,60 m |
| 1934/36 | Festland—(Trischen) | 2 210 | Krone: MThw + 1,30 bis + 1,55 m |
| 1936 | Festland—Helmsand | 1 700 | Krone: MThw + 1,20 m |
| | Insgesamt: | 35 620 | |

Tabelle 18. Verbindungsdämme.

Als der Altfelder Priel, ein Nebenarm des Wattstromes Piep im Dithmarscher Watt, zu Beginn des zwanzigsten Jahrhunderts sein Einzugsgebiet zunehmend ausweitete, die Vorlandkante bis dicht an den Seedeich der Friedrichskoogspitze zurückdrängte, und die Gefahr für den Deich trotz Bau eines schweren Steindeckwerks und mehrerer Stahlspundwandbuhnen mit Steinschüttung nicht abgewendet werden konnte, entschloß man sich, den Priel mittels eines Dammes zu verbauen (Abb. 81 und Fig. 20) und diesen über die Marner Plate bis zu dem wenige Jahre zuvor fertiggestellten Trischenkoog vorzustrecken. Sicherheitshalber wurde an zahlreichen Stellen über der Marner Plate die Stromgeschwindigkeit um die Zeit des Tidehochwassers gemessen und dabei keine übermäßig starke Strömung festgestellt. Gleichzeitig durchgeführte Untersuchungen über Trischen ließen bereits erkennen, daß der Trischenkoog auf die Dauer nicht gehalten werden konnte. Deshalb beendete man die Bauarbeiten bei einer Dammlänge von 2210 Metern. Wenn auch dieses Bauwerk nicht die Bezeichnung Verbindungsdamm verdient, so wurde der Schutz der Wattlandschaft an der Friedrichskoogspitze doch erreicht.

Die Bauweise der Dämme hat im Laufe der Zeit eine Entwicklung durchgemacht, die durch den Übergang vom Buschwerk (Abb. 82) zum widerstandsfähigeren Steindamm gekennzeichnet ist (Abb. 83 und 84, Fig. 21). Um die Durchlässigkeit bei unterschiedlichen Wasserständen zu verhindern, wurden hier und dort Holz- oder Stahlspundwände vorgesehen (Abb. 85).

Die Standfestigkeit der Dämme muß auch bei den außergewöhnlichen Beanspruchungen in Eiswintern gewährleistet sein, denn sonst zerstören die durch Eisfluten ausgelösten Schubkräfte die Anlagen, wie die Abbildung 86 veranschaulicht. Wegen

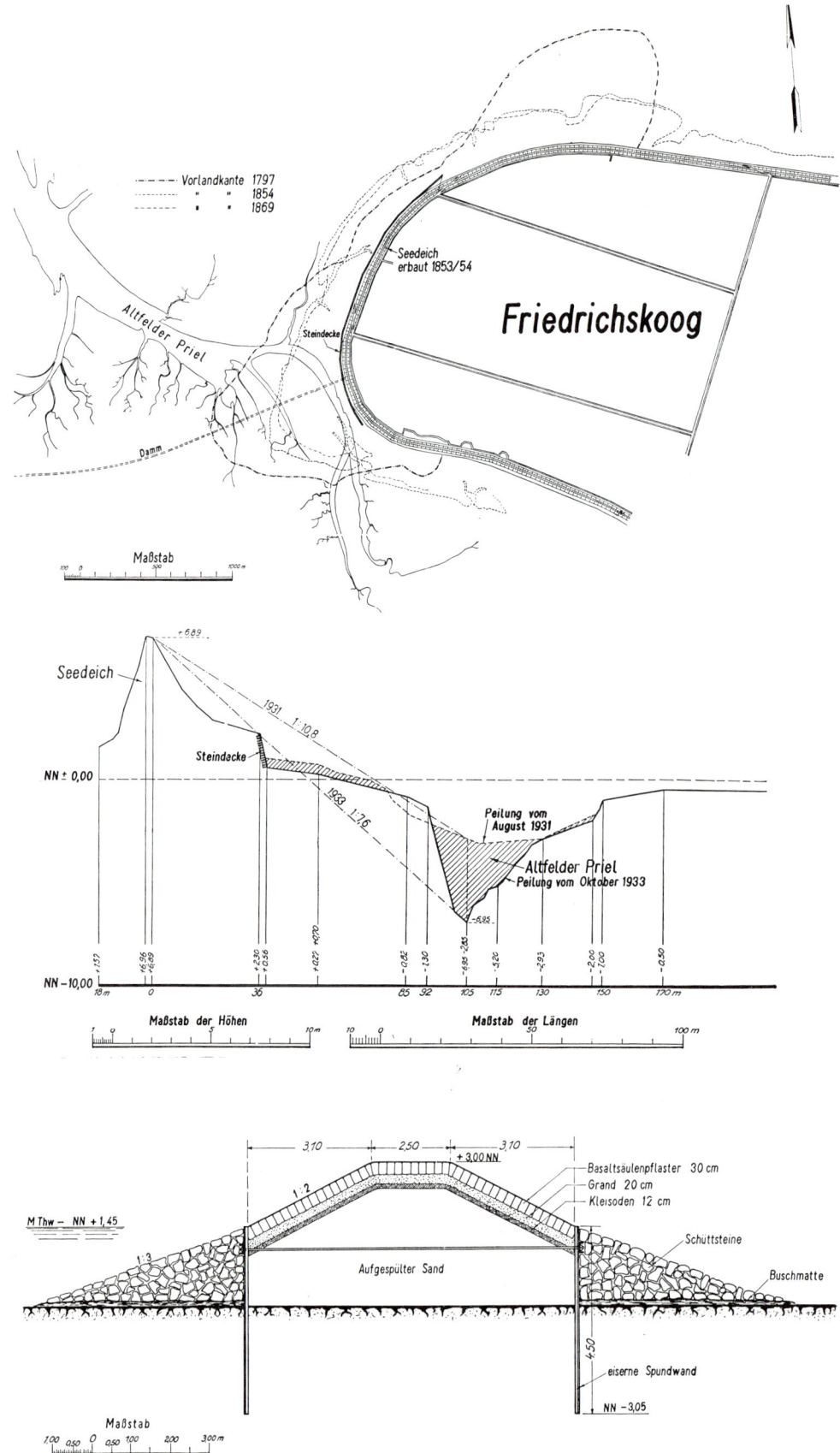

Fig. 20 Überdämmung des Altfelder Priels vor der Friedrichskoogspitze in Richtung Trischen

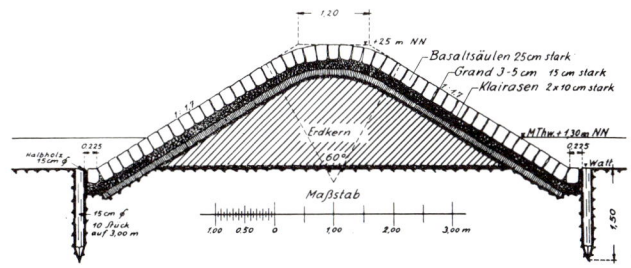

Fig. 21 Damm vom Festland nach Helmsand, Bauzeit 1933—1936

der Korrosion durch Salzwasser in der Wechselzone zwischen Niedrig- und Hochwasser bestehen für die Verwendung von Stahlspundwänden bestimmte Grenzen.

Um die Dämme instand halten zu können, hat man einige mit einer Gleisspur auf Pfahljochen ausgestattet, die mit Lorenzügen befahren werden können. Das Bild der Segellore, mit der auch gelegentlich Versorgungsfahrten durchgeführt wurden, hatte als Besonderheit der Halligwelt einen hohen Bekanntheitsgrad in der Öffentlichkeit (Abb. 87). Obgleich mehrfach Anträge eingebracht worden sind, wurden die nicht hochwasserfreien Verbindungsdämme nicht als öffentliche Verkehrswege gewidmet. Wer sollte wohl die Verantwortung für Unfälle insbesondere bei Nebel, Sturmfluten usw. (Abb. 88) tragen?

Aus den Abbildungen und der Tabelle 15 geht weiter hervor, daß die Höhenlage der Dammkrone unterschiedlich gewählt worden ist. Das Maß von MThw + 0,50 m erscheint im Hinblick auf den säkularen Wasserspiegelanstieg von fünfundzwanzig bis dreißig Zentimetern im Jahrhundert zu niedrig. Nach den Erfahrungen mit Dammkronenhöhen um MThw + 1,20 m bis + 1,30 m dürften solche Überlauf-Bauwerke langfristig günstigere Voraussetzungen schaffen für anzustrebende feste Wattwasserscheiden zwischen zwei Watteinzugsgebieten, da diese seltener überströmt und die Watten neben dem Damm weniger häufig durch den Überschlag bei Sturmfluten beansprucht werden; auch treffen überschlagende Wellen auf eine größere Wasserschicht; für den ungestörten Verlandungsvorgang und für die Festigung der Bodenstruktur steht mehr Zeit zur Verfügung. Die Häufigkeitsbetrachtung sollte hier einen ähnlichen Platz einnehmen, wie zum Beispiel bei der Wahl der zweckmäßigsten Höhe eines Sommerdeiches.

Die obere Grenze für die Kronenhöhe von Verbindungsdämmen zu sommerbedeichten Halligen wird eben unterhalb der dortigen Deichkrone zu suchen sein.

Im allgemeinen müssen Verbindungsdämme gegen Längsströmungen gesichert werden. Als geeignete Maßnahmen haben sich stromabweisende Querwerke in Form von Schüttsteinbuhnen oder Buschlahnungen – diese auf höheren Watten – bewährt (vgl. z. B. Abb. 1, 83 und 85).

# Küstenforschung

Während die mit dem Halligschutz verbundenen Fragen zunächst empirisch und technologisch gelöst werden konnten, sind etwa seit fünfzig Jahren auch den Wissenschaftlern verschiedener Fachgebiete Aufgaben zur Mitlösung gestellt worden, die vorher „wegen der technischen und organisatorischen Schwierigkeiten außerhalb des Arbeitszugriffes des Einzelwissenschaftlers lagen. Wohl haben Biologen, Geologen und Paläontologen ... vom Festland her auf das Watt vordringend versucht, die Frage der Neulandbildung, der Watt-Typen und ihrer Entwicklungsgeschichte zu klären, aber der Blickwinkel mußte mit Rücksicht auf das Alleingestelltsein bei solchen Untersuchungen immer sehr klein gewählt werden" (Kolumbe, 1938).

Der zunehmende Einfluß des Menschen auf die Naturkräfte im Wattenmeer erforderte ein Umdenken: Probleme tauchten auf, die man vorher nicht erkennen konnte.

Das gigantische Neuland-Projekt „Friesendamm" löste von 1927 an heftige Diskussionen aus, die schließlich den Anstoß für umfangreiche Forschungsarbeiten an der gesamten schleswig-holsteinischen Westküste gaben. Der Planer glaubte, die im Laufe von Jahrhunderten verlorengegangenen Gebiete nach dem Vorbild des Zuiderzee-Dammes in den Niederlanden mit einem 32 Kilometer langen Deich von Sylt über Amrum, Hooge, Pellworm und Südfall nach Eiderstedt (s. Fig. 4) wieder zurückgewinnen und erneut besiedeln zu können. In Fachkreisen bestand darüber jedoch kein Zweifel, daß dieser „Dix-Plan" auf der Westseite des nordfriesischen Wattsockels einen sehr harten und deshalb entsprechend problematischen Eingriff in das Naturgeschehen dieser Schwemmsandlandschaft bedeuten würde.

Die Neuartigkeit und die gebietsmäßig großräumige Gliederung des gesamten Wattenmeeres verlangt eine Gemeinschaftsarbeit aller beteiligten Wissenschaftler mit den Küsteningenieuren. Hier mußten die Arbeitsverfahren der verschiedenen Wasserwissenschaften: Hydrologie, Geologie, Biologie und Ingenieurwissenschaften, aufeinander abgestimmt werden, da nur so richtungweisende Untersuchungsergebnisse möglich sind. Die zwangsläufige Gemeinsamkeit und Überlappung verschiedener Wissenschaftsbereiche durch die Forschungsthemen sollten den Fachegoismus zugunsten einer Objektivierung zurücktreten lassen.

Vom Ansatz her kann man die Wattforschung als Zweckforschung bezeichnen. Nach der Arbeitsweise der Wissenschaftler können manche Ergebnisse – gleichsam als Nebenprodukte – der Grundlagenforschung zugeordnet werden. Eine besondere Aufgabe besteht schließlich in der Umsetzung von Forschungsergebnissen in die Praxis nach der zusammenfassenden Synthese. Die Wattforschung befaßte sich zunächst mit Bestandsaufnahmen auf den Gebieten der

Topographie: Vermessung, Peilung, Luftbild;
Hydrologie: Strömungs- und Sinkstoffmessung, Wasserstandsbeobachtung;
Meteorologie: Temperatur, Wind, Eis;
Geologie: Bodenaufbau;
Biologie: Anteil der Lebewesen an der Zerstörung, Erhaltung und Neubildung von Boden, Bedeutung von Plankton, Diatomeen, Queller, Spartina;
Landwirtschaft: Nutzbarmachung nicht oder schlecht genutzter Böden, landwirt   schaftliche Kulturmaßnahmen.

Tafel 5  Blühende Bondestave (Statice limonium L.) auf Gröde mit Kirch- und Knudtswarf

Eine Bestandsaufnahme wurde durch eine Vielzahl von Messungen vorgenommen, weil Veränderungen festgestellt werden sollten. Man achtete bei der Anordnung der Meßpunkte deshalb darauf, daß die Messungen genau an diesen Stellen wiederholt und miteinander verglichen werden konnten. Denn die Einflußgrößen des Gezeitenhaushaltes auf die Watteinzugsgebiete, auf die Flut- und Ebbeströmungen, auf die Räumungskräfte, auf den Sinkstoffhaushalt und auf die Sand- und Schlickbewegung waren zu untersuchen.

Die Forschungsarbeiten wurden begleitet vom „Ausschuß für Untersuchungen an der Schleswig-Holsteinischen Westküste", der eine enge Verbindung zwischen der Staatsverwaltung und der Selbstverwaltung herbeiführen, die erforderlichen Forschungen und Planungen richtunggebend beeinflussen und mit Rat und Tat fördern sollte.

Nach der staatspolitischen Neuordnung hatte man das Wasserwesen auf zehn verschiedene Bundes- und Länderbehörden verteilt, so daß wiederum die Gefahr der Zersplitterung, der unwirtschaftlichen Doppelarbeit und des Nebeneinanderarbeitens vorhanden war.

Die in Bund und Ländern für die Küstenaufgaben verantwortlichen Institutionen hatten inzwischen die Erfahrung gemacht, daß alle Arbeiten in und an der See in irgendeiner Weise von den großen überregionalen Naturkräften berührt werden und daß sich natürliche und künstliche Änderungen an einer bestimmten Stelle gegenseitig und auch auf nähere und entferntere Gebiete auswirken können. Man brauchte deshalb „Gewißheit darüber, woher die Sinkstoffe kommen, welcher Art sie sind und ob mit genügender Sicherheit die Belieferung auch in Zukunft anhalten wird." Die Bewegung der Feststoffe im Wattenmeer sei nur mit Hilfe der sie tragenden und transportierenden Gezeitenkräfte zu klären. Insofern stehen „das Wattenmeer und die die Wattoberfläche gestaltenden Gezeitenkräfte im großen Raum in engster Beziehung zueinander. Ursache und Wirkung aller Gestaltänderung lassen sich daher nur im größeren Raum erkennen und deuten." (J. M. Lorenzen, 1941).

Solche übergeordneten und weitgreifenden Untersuchungen erfordern jedoch erhebliche Geldmittel für die Deckung von Personal- und Sachkosten. Diese stellte nun der Staat in der Erkenntnis bereit, daß die Untersuchungen für jede weitschauende und sichere Planung im Wattenmeer unerläßliche Vorbedingungen sind und daß mit Hilfe der Forschungsergebnisse die Grenze des Vertretbaren besser und klarer als bisher erkannt und nutzbar gemacht werden könne.

Eine gegenseitige Abstimmung der Forschungen, Planungen und Seebauarbeiten im gesamten Küstengebiet erschien auch deshalb notwendig, weil die Durchführung der Bauten im Seegebiet mit hohem Kostenaufwand verbunden ist. Man wollte Fehlschläge durch rechtzeitige Erforschung der Zusammenhänge und durch Berücksichtigung auch der neuesten Erkenntnisse und Erfahrungen vermeiden.

Einige besonders erfahrene Küsteningenieure gründeten deshalb im Herbst des Jahres 1949 den „Küstenausschuß Nord- und Ostsee". Darin schlossen sich die Wasserwirtschafts- und Verkehrsverwaltungen des Bundes und der vier Küstenländer Bremen, Hamburg, Niedersachsen und Schleswig-Holstein mit den an der Küste tätigen wissenschaftlichen Institutionen zu gemeinsamer Arbeit auf freiwilliger Grundlage zusammen. In mehreren Arbeitsgruppen, in denen zumeist auf ehrenamtlicher Basis und zum Teil mit erheblichem persönlichen Einsatz verbundene Arbeit geleistet wurde, sind die Ergebnisse in Form von Berichten, Empfehlungen und Gutachten vorgelegt worden. Manches veröffentlichte der Küstenausschuß, wie zum Beispiel die „Gutachtliche Stellungnahme zur Anpassung der Warfen auf den nordfriesischen Halligen an die heute möglichen Sturmfluten". In erster Linie ist es diese Publikation gewesen, die den Halligen einen so außergewöhnlichen Strukturwandel beschert hat.

Um allgemein brauchbare Grundlagen für eine planmäßige Arbeit im Wasserwesen des Wattenmeeres zu schaffen, strebte man danach, alle überörtlichen Untersuchungen nach grundsätzlich gleichen Verfahren und gemeinsam erarbeiteten Richtlinien interdisziplinär durchzuführen und damit die Ergebnisse der Vorarbeiten vergleichbar zu machen.

Für größere Programme fachübergreifender, wissenschaftlicher Arbeiten genügte aber die auf freiwilliger Basis wirkende Organisationsform des Küstenausschusses Nord- und Ostsee nicht; das für die Durchführung erforderliche Geld fehlte und war nicht zu beschaffen.

Diese schwierige Lage erkannte die Deutsche Forschungsgemeinschaft. Sie übernahm es, die Erforschung eines der wichtigsten und kompliziertesten Naturvorgänge an der Küste in einem neuen Schwerpunktprogramm „Sandbewegung im Küstenraum" von 1965 bis 1977 zu fördern. In seinem Abschlußbericht gibt der Koordinator eine Übersicht über den Stand des Wissens, der sich auf zahlreiche Forschungsvorhaben und auf den neuesten Stand des Schrifttums stützt.

Ein weiteres Schwerpunktprogramm wurde auf Anregung der Arbeitsgemeinschaft Westküstenforschung an der Universität Kiel für das Gebiet der Hever in Angriff genommen. Die Deutsche Forschungsgemeinschaft und die Landesregierung Schleswig-Holstein stellten hierfür die erforderlichen Gelder bereit. An diesem Hever-Programm beteiligen sich Naturwissenschaftler der Geographie, Geologie, Geobotanik, Geophysik, der Marschen- und Wurtenforschung, der Hydrologie und Vertreter der Ingenieurwissenschaften. Sie untersuchen die Landschafts- und Besiedlungsgeschichte dieses Raumes und stellen die Entwicklung des mächtigen Wattenstromes Hever in einen größeren Zusammenhang.

Inzwischen befaßte sich auch die Deutsche Kommission für Ozeanographie im Gesamtprogramm für die Meeresforschung der Bundesregierung mit der „Beherrschung der Naturvorgänge an der Küste und im Küstenvorfeld". Die Kommission sieht die Küstenforschung als einen Teil der Meeresforschung an, die sich mit den hydrodynamischen und küstenmorphologischen Prozessen im Grenzbereich Meer-Festland beschäftigt. In dem Untersuchungsprogramm zur Küstenforschung (1971) heißt es:

„Die Küste gehört sei je her zum Lebensraum des Menschen, der von den hier herrschenden Naturvorgängen in vielfältiger Weise betroffen ist. Küstenerosionen oder Sedimentationen, Küstensenkungen, Meeresspiegelhebungen oder Sturmfluten erfordern zum Teil kostspielige Maßnahmen und Bauwerke zum Schutz der Küste und zur Erhaltung und Verbesserung der Schiffahrtswege und Hafenzufahrten. Bedeutungsvoll ist die besonders in der gegenwärtigen Zeit zunehmende Nutzung des Küstenraumes als Erholungsgebiet und (in negativem Sinn) als Raum für die Aufnahme von Industrieabfällen und Abwässern.

Die hervorragende Bedeutung des Küstenraumes für den Menschen erfordert möglichst

82

umfassende Kenntnisse über die maßgebenden Naturvorgänge, um gefährlichen oder nachteiligen Entwicklungen frühzeitig und mit geeigneten Mitteln zu begegnen, den Küstenraum für die verschiedenen Bedürfnisse optimal zu nutzen. Die Erforschung der Naturvorgänge im Küstenraum ist im Zeitalter der stürmischen gesellschaftlichen technologischen und industriellen Entwicklung eine Notwendigkeit und bedarf der umfassenden Förderung."

Man formulierte folgende allgemeine Aufgabenstellung:

„a) Weiterentwicklung der theoretischen Grundlage der hydrodynamischen Prozesse und des Sedimenttransportproblems.

b) Naturmessungen zur Vertiefung der Kenntnisse der Verteilung, Variabilität und regionale Struktur der hydrodynamischen Faktoren in Abhängigkeit vom Küstenrelief, über den geologisch/morphologischen Aufbau, die Gesetzmäßigkeiten und Zusammenhänge der morphologischen Umformungen, die großräumige Sedimentbewegung sowie den Materialhaushalt der gesamten Küstenregion.

c) Als Voraussetzung für die genannten Naturmessungen: Verbesserung vorhandener und Entwicklung neuer Meßgeräte und -methoden.

d) Entwicklung von Verfahren zur Reproduktion oder Vorausberechnung bestimmter hydrodynamischer Vorgänge, Entwicklung von Extremsituationen auf theoretischer wie empirischer Basis. Hierzu gehören z. B.: Sturmflut- und Seegangsvorhersage, Ermittlung hydrodynamischer Einflüsse von Baumaßnahmen, Voraussage großräumiger Wasserbewegungen (im Zusammenhang mit Einleitungen und Ölverschmutzungen)."

In dem Gesamtprogramm Meeresforschung/Meerestechnik des Bundesministers für Forschung und Technologie (BMFT) hat die Küstenforschung nun ihren festen Platz erhalten, weil eine verbindliche Art der Zusammenarbeit der teilnehmenden Fachgebiete notwendig geworden war; sie mußte rechtlich und finanziell abgesichert sein. Als Nachfolgeinstitution des Küstenausschusses Nord- und Ostsee wurde am 1. März 1973 – nach Ratifizierung eines Verwaltungsabkommens durch die Parlamente – das „Kuratorium für Forschung im Küsteningenieurwesen" (KFKI) geschaffen. In der Verwaltungsvereinbarung selbst kommt zum Ausdruck, daß die Vertragschließenden selbst durch ihre Dienststellen Meßprogramme zur Erforschung der Naturvorgänge, aber auch theoretische Untersuchungen gemeinschaftlich ausführen lassen wollten. Die zweckgebundene Forschung der mit Ingenieuraufgaben befaßten Ressorts des Bundes und der Küstenländer mit ingenieur- und naturwissenschaftlichen Methoden zu fördern, wird hier nochmals als erklärtes Ziel genannt und festgeschrieben.

Daß die Küstenforschung international sei, weil die Naturkräfte keine Landesgrenzen kennen, hob ein leitender Küsteningenieur der Niederlande in seinem Vortrag auf einer Arbeitstagung des Küstenausschusses Nord- und Ostsee im Jahre 1969 hervor. Er betonte auch, „daß die Küstenforschung kein Selbstzweck ist. Sie wird um der Küstentechnik willen betrieben, die auch wieder kein Selbstzweck ist" (Schijf).

Ganz neue Möglichkeiten eröffnen sich durch die grundlegende Wandlung der Meßtechnik in jüngster Zeit. Bei Naturmessungen fallen so viele Einzelheiten an, daß sie nur in Rechenautomaten verarbeitet werden können.

Um den Rahmen dieses Buches nicht zu sprengen, wird auf eine Besprechung der vielen Arbeiten auf dem Gebiete der Küstenforschung verzichtet. Im Schriftenverzeichnis sind die wichtigsten Forschungsergebnisse, soweit sie die Halligen und ihre nähere Umgebung unmittelbar oder mittelbar betreffen, aufgeführt. Deutlich zeichnet sich darin ab, daß man insbesondere die Morphologie des Wattengebietes und die Grenzschichtprobleme Wasser-Boden und Wasser-Luft untersucht hat. Auch die Ergebnisse der Sturmflutforschung, die Bemühungen um eine Verbesserung der Sturmflutvorhersage, neue Erkenntnisse über die Wellenwirkung auf Deich- und Warfböschungen haben für den praktischen Halligschutz und für die Sicherheit der Halligleute eine nicht zu unterschätzende Bedeutung.


## Programm Nord auch für die Halligen

Die ungünstigen natürlichen Verhältnisse, die außergewöhnlich hohe Wasserhypothek, die Überlebenschance für Mensch und Tier bei sehr schweren Sturmfluten, die periphere Lage am äußeren Rand der Bundesrepublik Deutschland mit überdurchschnittlichen Standortnachteilen belasten die Halligleute so sehr, daß ein Teil der Bevölkerung abwanderte. Diese Entwicklung konnte durch die Uferbefestigungen und Dammbauten, welche die Landverluste zum Stillstand gebracht haben, allein nicht verhindert werden.

Die Halligen benötigen dringend zusätzlich tatkräftige Hilfen von außen. Da die Aufgabenstellung für das Programm Nord genau die hier zu lösenden Probleme abdeckt, lag es nahe, die fällige Halligsanierung darin aufzunehmen.

Das Planungsinstrument Programm Nord, das aus dem Landwirtschaftlichen Sanierungsprogramm von 1952 hervorgegangen ist, sollte als vorrangige agrarpolitische Aufgabe den ländlichen Raum neu ordnen und optimale Produktions-, Arbeits- und Lebensbedingungen für die dort wohnende Bevölkerung schaffen. Es wurde im Jahre 1953 als ein Zentralproblem der Raumordnungs- und Gesellschaftspolitik für den nordwestlichen Teil des Landes Schleswig-Holstein eingeleitet.

„Das Hauptziel besteht darin, die Wirtschaftskraft des ganzen Landes strukturell und wettbewerbsmäßig so auszugestalten, daß sie in die Lage versetzt wird, dem durch die Integration ausgelösten wirtschaftlichen Wachstum in der EWG zu folgen. – Die Landesregierung ist sich dabei bewußt, daß das angestrebte optimale Wachstum nur dann erreicht werden kann, wenn die künftig verstärkt zur Anwendung kommenden wirtschaftsfördernden Maßnahmen der öffentlichen Hand allen Gebieten des Landes zugute kommen. Das heißt, daß sie bemüht sein wird, überall möglichst gleiche Startvoraussetzungen zu schaffen, keine gebietlichen Ungleichgewichte entstehen zu lassen, kurz, für ein ausgeglichenes Wachstum nicht nur zwischen Schleswig-Holstein und den übrigen Gebieten der Bundesrepublik und der EWG zu sorgen, sondern auch zwischen allen Teilräumen innerhalb unseres Landes" (H. Lemke, 1965).

Ebenfalls im Jahre 1953 hatte das katastrophale Ereignis der Holland-Sturmflut eine grundlegende Überprüfung des Sicherheitssystems für unsere Küsten ausgelöst. Die Ergebnisse waren besonders schwerwiegend für die Halligen, denn die Warfen mußten erhöht und erweitert werden, und die Nutzungsmöglichkeiten bedurften einer Neuregelung. Es war an der Zeit, sich von der überlieferten Allmende zu trennen und die

Halligländereien an die einzelnen Grundeigentümer aufzuteilen – wie auf Hooge. Hinzu kam, daß eine Verbesserung der Lebens- und Wirtschaftsbedingungen nur erreichbar war, wenn die Infrastruktur auf die allgemeingültige Ebene angehoben werden würde.

Damit kam die Versorgung mit elektrischem Strom, einwandfreiem Trinkwasser und die Vervollkommnung des Nachrichtenwesens ins Gespräch, sowie der Landverkehr auf den Halligen und die Schiffahrt im Wattenmeer. Schließlich könne eine Ausweitung des Fremdenverkehrs als ergänzende Erwerbsquelle dazu beitragen, den wirtschaftlichen Notstand der Halligen zu überwinden.

Nachdem das erwähnte Halliggutachten des Küstenausschusses Nord- und Ostsee vom 1. April 1956 die Problematik des bestehenden Hochwasserschutzes dargelegt hatte, stellte sich die große Frage für alle Beteiligten: Wie können wir die Halligen schnell und für die Zukunft wirksam sanieren?

## Halligsanierung

Die erste Phase bestand in intensiven Vorarbeiten.

Für eine Aufsichtsratssitzung des Programms Nord erarbeitete der für die nordfriesischen Halligen damals zuständige Kreis Husum einen „Bericht über dringende Maßnahmen zur Förderung der Wirtschaftskraft auf den Halligen" vom 1. Juni 1959. Darin bitten die Halligbewohner durch den Kreis Husum um Durchführung folgender Hilfsmaßnahmen, die ein Verbleiben auf den Halligen sichern und die Wirtschaftskraft stärken sollen:

1. „Hebung der Leistungskraft der bäuerlichen Betriebe durch Fortsetzung der Deichschutz- und Ufersicherungsarbeiten einschließlich der Warfabflachungen und Warferhöhungen. Wasserversorgung auf den Halligen Hooge, Langeneß, Oland und Nordstrandischmoor. Straßenbau (Muster: Straßenbau Langeneß). Elektrifizierung auf der Hallig Hooge. Landwirtschaftliche Maßnahmen, wie zum Beispiel Silobau, Begrüppelung, Einrichtung zentraler Milchverwertungsstationen. Bauliche Maßnahmen zur Verbesserung der Wohnhäuser, der Stallungen und der Maschinenräume. Hierzu gehört auch die Errichtung von Schutzräumen. Der Baubedarf ist nach den Bedürfnissen der Einzelbetriebe auszurichten. Es wird wesentlich von dem Ausmaß der erwarteten Ertragssteigerungen bestimmt, das sich jedoch nur schwer schätzen läßt."

2. Förderung des Fremdenverkehrs, dessen Umfang entscheidend von der Durchführung vorstehender Arbeiten und von besseren Schiffsverbindungen abhängen wird.

3. Finanzierung der Projekte „in Form von überdurchschnittlichen verlorenen Zuschüssen beziehungsweise besonders günstigen Darlehnshergabebedingungen", da „wesentliche Mehrbelastungen nicht getragen werden können".

4. Ein Zeitplan kann erst aufgestellt werden, „wenn sich die beteiligten Dienststellen über die Grundlagen der Finanzierung schlüssig geworden sind." Man solle anstreben, alle Maßnahmen innerhalb von höchstens zehn Jahren zu bewältigen.

5. Die Landwirtschaftskammer möge um ein Gutachten über die Belastungsfähigkeit der Halligen gebeten werden.

Generelle Pläne und Bauentwürfe unterschiedlicher Blickrichtungen wurden skizziert, erörtert und gegeneinander abgewogen, bis schließlich baureife Projekte finanziert werden konnten.

Wegen der ernsten Gefahr für Leben und Gut der Halligbewohner bestand die dringendste Aufgabe in der Errichtung von sturmflutsicheren Fluchträumen. Die Bestandsaufnahme hatte aber deutlich gemacht, daß solche Räume in den meisten Fällen und wirtschaftlich vertretbar in Verbindung mit den zu erneuernden Halliggebäuden zu verwirklichen seien. Auf Veranlassung des Ministeriums für Ernährung, Landwirtschaft und Forsten des Landes Schleswig-Holstein waren alle Haushalte im Frühjahr 1958 über Alter und Zustand der Gebäude befragt worden. Dabei stellte sich heraus, daß 79 von 100 Bauten mehr als 100 Jahre alt und daß rund 70% der Häuser als abbruchreif einzustufen waren; sie genügten in keiner Weise neuzeitlichen Ansprüchen. Die Gebäude hätten zum Beispiel die Erschütterungen durch die Baumaschinen beim Herstellen der Bohrpfähle, der Betonrahmen und -decken auf der Warf kaum schadlos überstanden.

| Hallig | älter als 200 Jahre | 100−200 Jahre alt | 50−100 Jahre alt | 35−50 Jahre alt | unter 15 Jahre alt |
|---|---|---|---|---|---|
| Hooge | 15 | 20 | 3 | 4 | 4 |
| Langeneß | 11 | 15 | 1 | 6 | 2 |
| Oland | 2 | 11 | – | – | – |

Tabelle 19. Alter und Anzahl der Gebäude auf drei Halligen (nach A. v. Reinersdorff, 1966).

Die Landesvereinigung für Milchwirtschaft stellte ein Gutachten über die Milchverwertung auf den Halligen, und der Leiter des Beratungsringes Nordstrand und Pellworm legte im Juni 1960 ein Gutachten über die Möglichkeiten zur Verbesserung der landwirtschaftlichen Verhältnisse auf den Halligen vor. Sie enthalten beide wichtige Hinweise darüber, wie man die Wirtschaftskraft der Halligbauern durch Änderung und Ergänzung der Betriebsweise anheben könne.

Im Jahre 1961 war das für 10 Jahre geplante Halligsanierungsprogramm „Schutzmaßnahmen für Halligbewohner" schließlich soweit abgeklärt, daß man im Rahmen des Programm Nord unter anderem mit drei neuen Bauvorhaben auf Nordstrandischmoor (Abb. 89 und 90) beginnen konnte. Dort waren die Warfen so niedrig und die Häuser in derart schlechtem Zustand, daß die Gefahr offensichtlich war.

Das Halligsanierungsprogramm umfaßt folgende Aufgabengebiete:
1. Sicherung der Bewohner gegen die Gefahren der Nordsee,
2. Entwicklung der Landwirtschaft,
3. Intensivierung des Fremdenverkehrs.

Die Arbeiten auf den Halligen wurden durch Ebbe und Flut von Erschwernissen begleitet, die den Beteiligten in ganzer Tragweite zumeist unbekannt waren. Die Baustoffe kamen um die Zeit des Tidehochwassers – also unregelmäßig – in Schiffen vom Festland. Auf Löschbrücken wurden sie in Loren umgeladen und diese auf Feldbahngleisen an die Baustelle gefahren. Für die Haussanierung mußte das Material schließlich auf die Warf gebracht werden. Teilweise war der Transport auch auf Lastkraftwagen möglich.

Die betroffenen Bewohner gingen für die Dauer der Bauzeit zu Verwandten oder Nachbarn. Um die beim Bau beschäftigten Leute unterzubringen und zu verpflegen, bedurfte es besonderer organisatorischer Maßnahmen. Bei starkem Regen und Landunter mußten die Arbeiten mehr oder weniger eingeschränkt beziehungsweise unterbrochen werden. Trotz aller Schwierigkeiten sollten die völlig abgerissenen Häuser bis zum Herbst zumindest notdürftig bewohnbar hergestellt werden. Solche Bedingungen waren für anbietende Unternehmer kaum überschaubar; deshalb konnten sie die zu fordernden Preise für die einzelnen Gewerke in den Kostenvoranschlägen nicht mit den Preisen gleicher oder ähnlicher Gewerke auf dem Festland vergleichen. Sie waren weder zu berechnen noch sicher zu schätzen. Hinzu kam, daß die benötigten guten Fachkräfte unter den dargebotenen Umständen keineswegs immer zu begeistern oder für den Einsatz auf den Halligen zu gewinnen und zu halten waren. So kann man verstehen, daß nur wenige Baubetriebe bereit waren, dort Aufträge zu übernehmen. Trotz aller Schwierigkeiten gelang es, die Halligsanierung in Gang zu bringen. Aber schon bald sollte das großzügig begonnene Werk mit den zerstörerischen Kräften der Nordsee zu tun bekommen. In der Nacht vom 16. auf den 17. Februar 1962 tobte eine sehr schwere Sturmflut über die Halligen und hinterließ Bilder des Grauens und Entsetzens. Sie zeigte wieder einmal sehr deutlich das von den Halligleuten zu tragende, außergewöhnliche Risiko und die Notwendigkeit der Sanierung; ferner wurde die Richtigkeit der aus der Holland-Sturmflut 1953 abgeleiteten Lehren bestätigt.

Wie durch ein Wunder überlebten sämtliche auf den Halligen anwesenden Männer, Frauen, Kinder und Greise das schreckliche Ereignis, während in Hamburg mehrere hundert Menschen als Flutopfer zu beklagen waren. Die Sturmflutschäden auf den Halligen kann man unschwer aus folgenden Angaben ablesen: 57 Wohnungen wurden fast völlig zerstört oder unbewohnbar; an rund 150 Gebäuden gab es mehr oder weniger schwere Schäden, so daß sie repariert und vorübergehend wieder bewohnbar gemacht werden konnten. Die ertrunkenen Rinder und Schafe sowie der beträchtliche Verlust an Sachwerten bedeuteten für die Halligleute eine erschütternde Bilanz.

Dieser Notstand, der sofort und weithin über die Massenmedien bekannt wurde, löste einerseits eine unerwartet große Spendenfreudigkeit aus. Die Gaben sind von den Halligbewohnern besonders dankbar empfunden und entgegengenommen worden. Andererseits entschloß man sich, das ursprünglich auf 10 Jahre geplante Halligsanierungsprogramm innerhalb eines Zeitraumes von vier bis fünf Jahren durchzuführen. Dabei mußte der Umfang der Arbeiten noch um etliche Neubauten erweitert werden, wo zunächst nur Um- und Anbauten vorgesehen waren. Entsprechend erhöhte sich der Kostenaufwand, der vom Schleswig-Holsteinischen Landtag kurzfristig gebilligt wurde.

Die Arbeiten an und auf den Warfen schritten gut voran: 34 Warfen wurden erhöht und mit flachen Böschungen versehen. 94 Häuser bekamen einen sicheren Schutzraum, der im ersten Stockwerk normalerweise als modernes Fremdenzimmer genutzt werden kann. Auf 40 Warfen sanierte man 74 Wohn- und Wirtschaftsgebäude von Grund auf. Alle neuen Wohnungen entsprechen in der Größe von etwa 30 bis 35 Quadratmetern je Halligbewohner und in der Ausstattung den modernen Ansprüchen auf dem Festland mit Bad und WC. Auch die Ställe und die übrigen Wirtschaftsgebäude wurden den Bedürfnissen unserer Zeit angepaßt (Abb. 91 bis 94).

Kaum war das Sanierungsprogramm zu einem gewissen Abschluß gekommen, da meldete sich abermals der große Lehrmeister an unseren Küsten. Die überhaupt höchste aller bisher registrierten Sturmfluten am 3. Januar 1976 blieb zwar mit ihrem Scheitel etwa 40 Zentimeter unter den maßgebenden Sturmflutwasserständen, die in der Tabelle 9 als Bemessungswasserstände aufgeführt worden sind; dennoch konnte man eine Anzahl von Mängeln feststellen. Das Salzwasser drang wiederum in Gebäude ein, vor allem wenn sich der Besitzer nicht an dem Sanierungsprogramm beteiligt hatte und seine Warf zu niedrig lag. Die Schäden glichen denen von 1962 (Abb. 95 und 96). Auf Oland blieb zum Beispiel das salzige Meerwasser bis 1,60 Meter hoch zu lange innerhalb des Ringdeiches stehen, es konnte nicht ablaufen. Die Oländer begaben sich zwar in die Schutzräume, wo sie sich sicher und geborgen fühlen konnten; aber die Flut drang in die Häuser, füllte die Keller bis oben hin, verdarb Möbel, Wäsche, elektrische Installationen, Geräte usw., so daß sie nicht mehr zu benutzen waren.

## Zweites Halligsanierungsprogramm

Da auf den einzelnen Halligen alle Schutzräume in Anspruch genommen worden waren, hatte man bis dahin eine wichtige Gefahrenquelle beseitigt. Aber die zahlreichen Sturmflutschäden an den Warfen, an alten und neuen Gebäuden waren so schwerwiegend, daß der Kreis Nordfriesland Anfang des Jahres 1977 ein zweites Halligsanierungsprogramm erarbeitete. Die Höhe der sanierten Warfen lag stellenweise niedriger als vom Küstenausschuß Nord- und Ostsee empfohlen worden war. Die Luftschächte für die Keller, die modernen großen Fensterscheiben und die Türen hatte man nicht hinreichend gegen die schweren Sturmflutböen gesichert, die mit dichtem Wasser-Luft-Gemisch gegen die Häuser schlugen. Die schwächsten Teile brachen, so daß das Salzwasser sogar in einigen Neubauten Schäden hervorrufen konnte.

Das zweite Halligsanierungsprogramm enthielt nachstehende Sofortmaßnahmen:

a) „Die Keller müssen gegen das Eindringen von Meerwasser sorgfältig abgedichtet werden.

b) Die Haustüren sind durch dichte und starke Schotten zu sichern.

c) Die Fenster, durch deren zerschlagene Scheiben die Fluten in die Wohn- und Schlafräume eindringen und diese verheeren konnten, müssen durch dichtschließende und starke Klappen oder entsprechende Schotten gegen künftige Zerstörungen gesichert werden.

d) Die Mauern der älteren Gebäude und deren Kellerwände sind durch besondere Imprägnierungs-Maßnahmen gegen das Eindringen von Seewasser sorgfältig abzudichten.

e) Elektrische Installationen, Hausanschlüsse und Geräte wie zum Beispiel Heizkörper und Speichergeräte sind aufgrund der gemachten Erfahrungen auf Oland und in den tiefer gelegenen älteren Häusern auf anderen Halligen (Schul- und Kirchwarf auf Gröde) einer besonderen Untersuchung und erforderlichen Veränderung zu unterziehen."

Dieses Programm sah außerdem Sicherungsmaßnahmen vor für Kläranlagen, weil hier und dort das Schmutzwasser dieser Anlagen durch den Wasserdruck von außen in die Wohnungen zurückgestaut worden war. Auch sollten Arbeiten, wie die Sanierung weiterer Häuser und die Verfüllung von Wegeseitengräben fortgesetzt werden. Nachdrücklich wird auf den Bedarf eines vier bis fünf Meter breiten Schutzstreifens auf den Warfen und eines Wirtschaftsstreifens zwischen den Gebäuden und dem Schutzstreifen hingewiesen. Die Warfen müßten danach bis zu etwa acht Meter verbreitert werden.

Auf eine größere Wirtschaftsfläche für die Möglichkeit zur Erweiterung der Gebäude, für den Bau von vollbiologischen Klärwerken, für Fremdenverkehrsanlagen und dgl. zielt ferner der Wunsch zum Verfüllen einiger Fethinge hin (Abb. 97 bis 99). Seitdem die Wasserversorgung durch Leitungen vom Festland her grundlegend verbessert worden ist, glaubt man, daß sie für die größeren Halligen ihren ursprünglichen Zweck als Tränkwasserspeicher verloren haben (Abb. 100 und 101). Da zum Löschen von Bränden aber weiterhin Fethingwasser bereitgehalten werden muß, sollte auf jeder Warf ein Fething bestehen bleiben und instandgehalten werden. Aus technischen und wirtschaftlichen Gründen konnte man den sehr selten benötigten Löschwasserbedarf (große Wassermengen in wenigen Minuten oder Stunden) bei der Wahl der Durchfluß-querschnitte nicht berücksichtigen. Die Trinkwasserleitungen liegen nämlich auf langen Strecken im Wattboden.

# Infrastrukturmaßnahmen

Das Wort Infrastruktur ist in der deutschen Sprache verhältnismäßig neu. Auf englisch bedeutet es „Unterbau" als Sammelbezeichnung für militärische Anlagen. Inzwischen wurde der Begriff auf Gemeinschaftsanlagen der Wirtschaft ausgedehnt. Für die Halligen sind Infrastrukturmaßnahmen solche Vorkehrungen, die den organisatorischen und technischen Unterbau für Verbesserungen der Lebensbedingungen schaffen: Versorgung mit elektrischer Energie und mit Wasser, Wege- und Brückenbau, Anpassung der Schiffahrts- und Postverhältnisse an die zeitgemäßen Bedürfnisse, Schmutzwasserbehandlung, Müllbeseitigung, Flurbereinigung, zentrale Milchverwertungsanlagen. Die Aufzählung wäre zu ergänzen um die bereits beschriebenen Arbeiten wie Uferbefestigungen, Dammbauten, Warf- und Gebäudesanierungen.

## Versorgung mit elektrischer Energie

Es ist noch gar nicht lange her, da gab es in den Hallighäusern keine andere Heizmöglichkeit als mit dem offenen Feuer auf dem Herd in der Küche. Die Eigenart der Beschaffung und Bevorratung von Brennmaterial, insbesondere die sogenannte Dittenproduktion, wurde bereits beschrieben. Um Wohnstube, Küche und Stall beleuchten zu können, war man auf Petroleumlampen angewiesen. Der Jahresbedarf an Petroleum betrug für einen Haushalt im Durchschnitt etwa achtzig Liter, der im Sommer oder Herbst auf dem Festland zusammen mit dem übrigen Wintervorrat eingekauft und per Schiff auf die Hallig geholt wurde.

Nicht immer konnte die benötigte Petroleummenge an die Bevölkerung abgegeben werden. Im Ersten Weltkrieg erschien zum Beispiel eine amtliche Bekanntmachung im Kreisblatt, daß für den Winter 1915/16 nur etwa 20 Prozent der in normalen Jahren

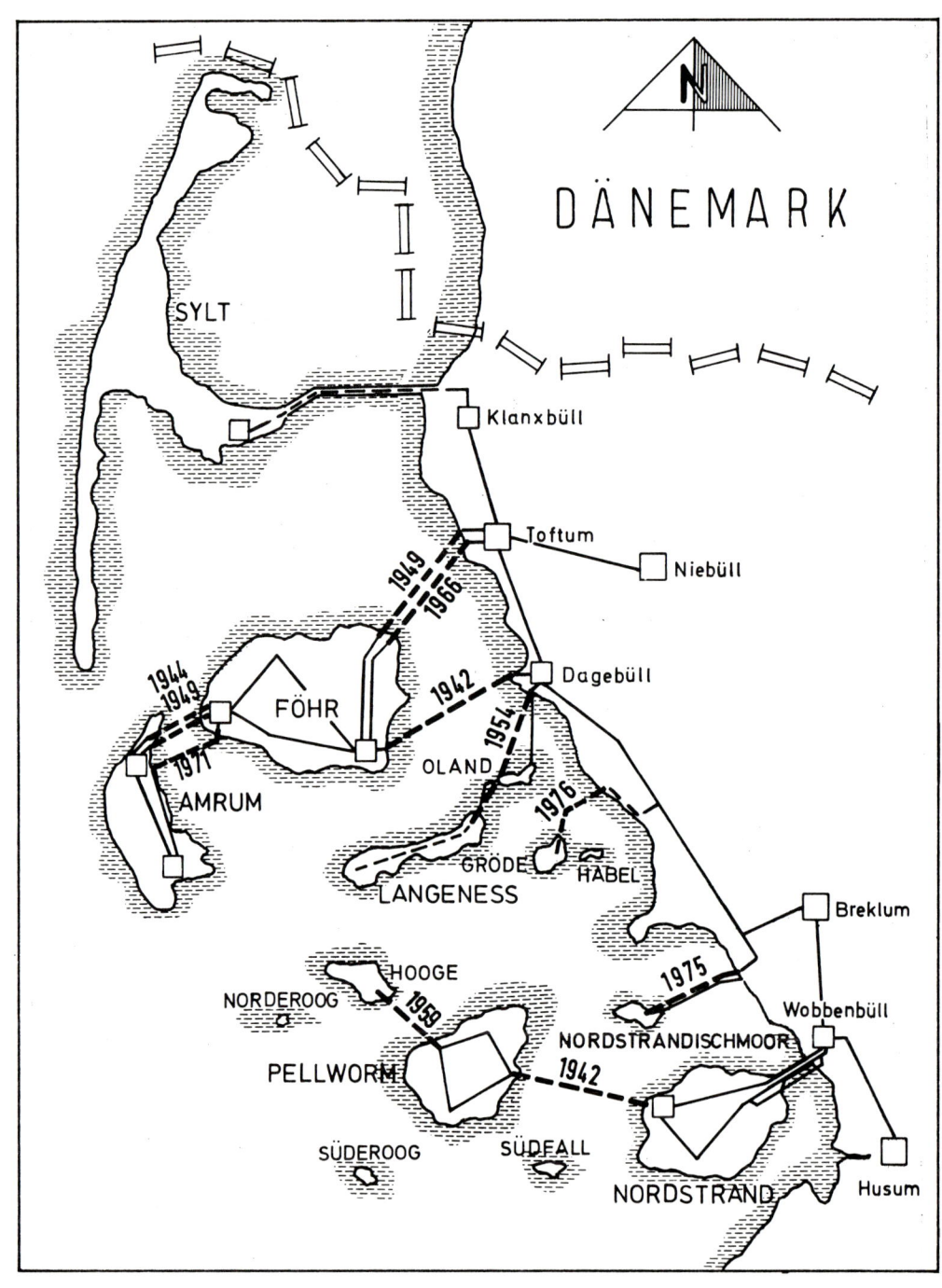

Fig. 22  Das 20 000-Volt-Netz der SCHLESWAG im Nordfriesischen Halligmeer

verfügbaren Petroleummenge ausgeliefert werden könne. Die Bevölkerung möge „sich sobald als möglich der Beschaffung von Ersatzbeleuchtungsmitteln" zuwenden. Aber auch Karbid würde nur in beschränkter Menge im Handel zu bekommen sein. Als Ersatz für Petroleum sollte daher soviel wie irgend möglich das Spiritus-Glühlicht verwendet werden.

Die Halligbewohner empfanden das Windrad, das ein findiger Bastler um 1930 aufstellte, als fortschrittliches Ereignis. Mit Hilfe eines Motors wandelte er die Windenergie in elektrische um und speiste damit 55 Akkumulatoren zu je zwei Volt. Dies reichte zum Beleuchten seines Elternhauses und zum Aufladen von Radio-Akkumulatoren der Nachbarn. Später schafften sich auch andere Halligleute ein Windrad an. Im Eigenbetrieb erzeugte man die elektrische Energie nur in bescheidenem Umfang. In knappen Zeiten ist es vorgekommen, daß lediglich einmal am Tage die Nachrichten abgehört werden durften.

Für die Bewirtschaftung des Trischenkooges ließ der Pächter die in Abbildung 102 zu sehende leistungsfähigere Windturbine einer Maschinenbaufirma aus Heide/Holstein errichten, die den gesamten Bedarf an elektrischer Energie deckte.

Die heutige Stromversorgung der Nordfriesischen Inseln und der bewohnten größeren Halligen durch die SCHLESWAG Aktiengesellschaft in Rendsburg begann im Jahre 1938 mit dem Anschluß der Insel Nordstrand an das Versorgungsnetz des Festlandes. Eine 20-kV-Freileitung wurde südlich des Straßendammes über das Watt gebaut. Die Betonmasten mußte man wegen der möglichen extrem dynamischen Beanspruchungen bei Sturmfluten und Eisgang besonders schützen. Wegen des gestiegenen Leistungsbedarfs ist diese Leitung inzwischen durch eine Betonmast-Doppelleitung ersetzt worden.

In den Jahren 1942 bis 1976 hat die SCHLESWAG dann im nordfriesischen Halligmeer das in Figur 22 dargestellte 20 000-Volt-Netz hergestellt. Während des Zweiten Weltkrieges wurden zunächst Seekabel von Nordstrand nach Pellworm, von Dagebüll nach Föhr und von Föhr nach Amrum verlegt. Mit Finanzierungshilfen des Landes Schleswig-Holstein und der Bundesregierung, zuletzt auch mit Mitteln des Programm Nord und des Kreises Nordfriesland gelang es schließlich, die fünf größten Halligen ebenfalls über Seekabel vom Festland direkt oder über Nordstrand und Pellworm mit elektrischer Energie zu beliefern.

Bei der Halligversorgung hat man die Verkabelung den Freileitungen vorgezogen. Insgesamt waren für die erwähnten Halligen 24,2 Kilometer Seekabel und 28,7 Kilometer Landkabel des 20-kV-Netzes, ferner 24,9 Kilometer Kabel und lediglich auf Langeneß 1,5 Kilometer Freileitungen des 0,4-kV-Netzes erforderlich. In dem unmittelbaren Versorgungsbereich der Halligen entfällt auf einen Tarifkunden eine Leitungslänge von 69,2 Metern des Niederspannungsnetzes, was im Vergleich zum Durchschnitt des Bundesgebietes die 3,7fache Netzlänge bedeutet.

Kostenaufwendig wurde auch die elektrische Energie aus Dieselaggregaten, die zum Beispiel auf Gröde und Nordstrandischmoor seit der Sturmflut 1962 betrieben wurde. Im letzten Betriebsjahr (1975) mußten die Halligleute weit mehr als 2,– DM je kWh aufwenden, während die Kosten für die entsprechende Energie auf dem Festlande etwa 0,10 DM betrugen.

Als man im Jahre 1954 das Kabel im Watt neben den Damm nach Oland und Langeneß verlegte, konnte man sich bereits auf Erfahrungen mit der tideabhängigen Arbeit stützen, wenn sie auch nicht zu den alltäglichen Vorhaben der SCHLESWAG zählte. Die Halligbewohner beobachteten interessiert die Verlegung des Kabels und die Arbeiten zur Herstellung der Hausanschlüsse. So wollten die Oländer das Einschalten ihrer Lampen auf der Warf am 8. Dezember gemeinsam vom Halligkrug aus erleben. Das Lichtfest war jedoch schnell beendet, denn die lange herbeigewünschte Helligkeit erlosch bereits nach einer Minute, weil das Kabel beschädigt worden war. Nach drei Tagen hatte man dann die Stromunterbrechung behoben – und die Freude auf der Hallig war groß.

Zu der Projektbearbeitung gehört, daß man zunächst die Beschaffenheit des Bodens in der Kabeltrasse erkundet und das Tiefenprofil zur Höhenlage des mittleren Tidehochwassers und Tideniedrigwassers bestimmt. Der mittlere Tidenhub beträgt etwa 2,80 Meter, die Wassertiefe bei Tidehochwasser nur in Wattströmen und Prielen mehr als 1,50 Meter. Deshalb ist hier eine Seeverlegung im herkömmlichen Sinne (bei großen Wassertiefen) nicht möglich.

Zwischen dem Deichvorland des Cecilienkooges und Nordstrandischmoor liegt das Seekabel neben dem Verbindungsdamm und ausschließlich im nicht schiffbaren Bereich – wie das nach Oland und Langeneß. Die SCHLESWAG begnügte sich aus diesem Grunde mit einer einfachen Flachdrahtarmierung des Kabels anstelle der sonst üblichen doppelten Stahlrunddrahtarmierung. Nach guten Betriebserfahrungen in der Schlei und im Fehmarnsund verwendete man hier zum ersten Mal im nordfriesischen Watt ein Kunststoffkabel mit einer Isolierung auf Polyäthylen-Basis, das sogenannte PE-Kabel, welches ein um dreißig Prozent geringeres Gewicht hat als das klassische Papier-Blei-Kabel. Die Vorteile dieses Kabeltyps liegen beim Transport, beim Einbau, in der höheren mechanischen Festigkeit, bei Kabelschäden im geringeren Schadensumfang wegen der Längswasserdichtigkeit und in der kürzeren Reparaturzeit.

In drei Teillängen wurde das Kabel auf Kabeltrommeln angeliefert und im Husumer Hafen auf einen Ponton umgeladen. Ein Schlepper zog diesen um die Hochwasserzeit auf die durch Peilbaken markierte Position in der Kabeltrasse. Bei ablaufendem Wasser und „trockenfallendem" Watt setzte das Fahrzeug auf. Über eine vorgefertigte Kabelbahn aus Laufrollen konnte man das Kabel nun mit einer Winde abziehen. Beim nächsten Hochwasser bewegte sich der Ponton mittels seiner Seilwinde vorwärts, wobei die Seitenführung von einem Schlepper übernommen wurde oder mit Hilfe von ausgelegten Ankern stattfand.

Auf der 4,8 Kilometer langen Strecke konnten auf diese Weise während einer Flut bis zu achthundert Meter Seekabel ausgebracht werden. Die einzelnen Teillängen wurden bei Niedrigwasser mit Verbindungsmuffen zusammengefügt. Nach diesen Montagearbeiten grub man das gesamte Kabel spatentief in den Wattboden ein.

Völlig neue Wege beschritt die SCHLESWAG bei der Kabellegung vom Festland nach Gröde im Jahre 1976. Die Kabeltrasse führt vom Hauke-Haien-Koog durch eine vierhundert Meter breite Schlickzone unmittelbar vor dem Landesschutzdeich und auf der Wattwasserscheide des Rocheley-Sandes entlang nach der Hallig. Hier gibt es keinen Verbindungsdamm. Aber der Sandwattrücken ist so fest und tragfähig, daß bei Niedrigwasser schwere Maschinen darauf fahren können. Die Abbildung 103 veranschaulicht das Einpflügen des 20-kV-Seekabels.

Die grabenlose Kabellegung wird auf dem Festland seit Jahren bei der Herstellung von Dränanlagen zur Be- und Entwässerung angewandt. Auf der 4,4 Kilometer langen Strecke schützt ein 3,4 Millimeter starker Kunststoffmantel die drei Einzeladern des Kabels beim Verlegen und vor den im Boden lagernden Muschelschalen und Steinen. Auch dieses Kabel wurde in vier Teillängen nach Husum geliefert, dort auf einen Ponton umgeladen und in die Kabeltrasse geschleppt. Hier zogen zwei Raupenfahrzeuge mit zusammen 200 PS (270 KW) Leistung bei Niedrigwasser den Pflug mit dem Kabelhänger über das Watt. Dabei verdrängte der als Hohlschwert ausgebildete Pflug den Boden zu einem zehn Zentimeter breiten Grabenschlitz, in den man das Kabel über eine halbkreisförmige Rollenbahn in die vorgegebene Tiefe von siebzig Zentimeter unter Wattoberfläche abgleiten ließ.

Der Pflug schaffte die gesamte Strecke in vier Tagen. Vor der auflaufenden Flut kehrten die Legemaschinen jeweils zum Ponton zurück, wo sie geschützt die nächste Ebbe abwarteten. Die Montage der Verbindungsmuffen fand unabhängig von der Tide auf einem 2,5 Meter hohen Stahlgerüst statt (Abb. 104).

Weil der Wattboden ständigen natürlichen Veränderungen ausgesetzt ist und weil die Gefahr einer Beschädigung durch die dort verkehrenden Wasserfahrzeuge (einschließlich der Sportboote) bei Grundberührung oder beim Ankern besteht und um solchen Gefahren vorzubeugen, werden die Kabeltrassen mehrmals im Jahr auf Schadstellen hin überprüft. – Im Sommer 1969 und 1974 mußte man je ein Teilstück des Seekabels zwischen Nordstrand und Pellworm auf Längen von 200 m und einem Kilometer auswechseln, Schiffe hatten es beschädigt. Die Reparatur war eine Voraussetzung für die Elektrifizierung von Hooge; die Kabellegung dorthin erfolgte wenige Wochen danach.

Da die Herstellungs- und Unterhaltungskosten des Stromnetzes vergleichsweise hoch sind und deshalb die Versorgung der Halligen in ihrer extremen Randlage unwirtschaftlich ist, werden die Preisunterschiede in Schleswig-Holstein durch den Zusammenschluß von ertragsschwachen und ertragsstarken Gebieten zu einem Versorgungssystem ausgeglichen. Die Halligleute bezahlen denselben Strompreis wie die SCHLESWAG-Kunden im dicht besiedelten Hamburger Randgebiet. Bemerkenswert ist weiter, daß der spezifische Energieverbrauch eines Tarifkunden auf den Inseln und Halligen – erläutert am Beispiel des Jahres 1977 – im Mittel rund 60 % höher lag als im übrigen Versorgungsgebiet. Für die 28 Tarifkunden auf Oland ermittelte die SCHLESWAG den höchsten spezifischen Jahresverbrauch. Aus diesen Angaben geht hervor, daß der Bedarf an elektrischer Energie in der windig-feuchten Halliglandschaft groß ist und daß die Halligleute die großzügig bereitgestellte elektrische Energie dankbar angenommen haben.

Am 20. August 1976 kamen zahlreiche Persönlichkeiten aus Politik, Verwaltung und Wirtschaft nach Gröde, um das Lichtfest (zugleich auch Wasserfest) als denkwürdiges Ereignis zusammen mit den Halligbewohnern zu feiern. In vielen Zeitungen und Zeitschriften sowie in Rundfunk und Fernsehsendungen ist darüber berichtet worden.

## Fernwasserversorgung

Bekanntlich gibt es auf den Halligen keine Süßwasserquellen. Man ist deshalb auf ein Trinkwasser angewiesen, das als Regen oder Schnee vom Dach aufgefangen und in den Sod (Zisterne) geleitet wird. Die übrigen Niederschläge, die auf die Siedlungsfläche der Warf fallen, speichert man im Fething als Tränkwasser für das Vieh.

Die Bevölkerung gewöhnte sich ganz und gar an solche Wasserverhältnisse, so daß sich eine gewisse Immunität oder Widerstandskraft gegen wasserbedingte Krankheiten entwickelte. Das Wasser aus dem Sod entspricht aber keineswegs den Anforderungen, die an die Trinkwasserqualität gestellt werden. Die verhältnismäßig geringe Wassermenge zwingt die Halligleute im allgemeinen auch in Zeiten normaler Niederschläge zu größter Sparsamkeit im Umgang mit dem Wasser. In längeren Trocken- und Frostperioden verwandelt es sich schließlich in einen trüben Schlamm, bei Sturmfluten kann sowohl das Wasser im Fething als auch das im Sod durch Salzwasser unbrauchbar werden. In solchen Fällen wächst die Einschränkung zur Wassernot. Das für Mensch und Vieh benötigte Trink- und Tränkwasser wird dann vom Festland in Wasserschuten herangefahren, damit es den einzelnen Familien in bescheidener Menge zugeteilt werden kann. Im Sommer und Herbst des sehr trockenen Jahres 1959 zum Beispiel transportierte das damalige Marschenbauamt Husum in acht Wasserversorgungsfahrten 240 Kubikmeter Leitungswasser von Husum nach Hooge, Oland, Gröde und Habel.

Wenn gegen Ende eines langen Eiswinters der Schiffsverkehr eingestellt werden mußte, war die Wasserversorgung der Halligen nur durch besondere technische Hilfsmittel möglich. So hat man in einem sehr harten Winter sogar Wasserklär- und Sterilisierungsmittel aus einem Flugzeug abgeworfen, um den Bewohnern die Möglichkeit zu geben, die gefrorenen Reste an Oberflächenwasser zu Trinkwasser aufzubereiten. Der Gefahr einer Seuche sollte auf diese Weise vorgebeugt werden. Die vorwiegend landwirtschaftliche Nutzung der Warfoberfläche bedeutete für den Verbrauch von gesammeltem Niederschlagswasser eine dauernde Gefährdung von Mensch und Vieh. Ärzte warnten, daß sich Typhus, Paratyphus, Cholera und infektiöse Darmkrankheiten ausbreiten könnten. Wenn Vieh die Brut von Parasiten mit dem Tränkwasser aufnimmt, erkranken die Tiere an Verdauungsstörungen, Bandwürmern, an der Leberegelseuche oder an der Lungenwurmseuche.

Die Wassernot auf den Halligen hat ihren Grund also einmal in der verhältnismäßig begrenzten Wassermenge. Zweitens gilt das Wasser, das als Trinkwasser verwendet werden soll, auch bei Beachtung besonderer Vorsichtsmaßnahmen wie Abkochen, Ausflocken, Filtern und Chloren zumindest als unhygienisch, teilweise sogar als gesundheitsschädlich. Das zeigte sich besonders deutlich, als nach Ende des Zweiten Weltkrieges der nicht an das Halligwasser gewöhnte Flüchtlingsstrom einen plötzlichen zusätzlichen Bedarf verursachte. Der dritte Grund liegt in der Versalzung des Trinkwassers und Tränkwassers bei sehr hohen Sturmfluten.

Mit den aufgezeigten Schwierigkeiten in der Wasserversorgung haben die Halligleute jahrhundertelang leben müssen. Schon bei der Anlage einer Warf überlegte man vorher sehr genau, wo und wie Fething und Sod angeordnet werden müßten, damit Zufluß und Entnahme sowie das Ablassen von Salzwasser auch bei späteren Warferhöhungen noch möglich blieben.

Der Fething hat die Form eines abgestumpften Kegels, dessen kleinere Kreisfläche einen bis zwei Meter unterhalb der Halligoberfläche liegt; der obere Durchmesser beträgt etwa 25 Meter. Die Innenböschung ist mit einer Neigung von 45 Grad recht steil. Für den Fall, daß Salzwasser aus dem Fething entfernt werden mußte, wurde im unteren Teil auch eine verschließbare Leitung eingebaut. Es wurde aber auch Vorsorge getroffen, daß das im „Schetel", einer kleinen umwallten Halligfläche, aufgefangene Regenwasser in den Fething fließen konnte; dafür war ebenfalls ein Verschluß erforderlich.

Der Sod erhielt die Form einer bauchigen Flasche, deren Wände ursprünglich aus Erdsoden, später aus Ziegelsteinen sorgfältig aufgesetzt wurden. Der oben verengte und über die Warffläche hinausragende Sodhals wurde mit einer Luke abgedeckt (s. Abb. 10). Das Fassungsvermögen der Söde schwankte von Warf zu Warf etwa zwischen fünf und zwölf Kubikmeter. Auf Gröde hatte man den größten Trinkwasserspeicher mit 26 Kubikmeter Rauminhalt gebaut.

Alle Überlegungen, die eine Verbesserung der Wasserversorgung für die Halligen zum Gegenstand hatten, liefen am Ende darauf hinaus, daß man den Anschluß an das Netz der Festlandversorgung herstellen müsse. Das heißt, kleine Wassermengen sind über lange Strecken zu befördern mit möglichst geringer Stockung beim Durchfluß durch die Leitung und mit möglichst großer Sicherheit.

Für Oland und Langeneß ermittelte der Entwurfsbearbeiter eine Tagesmenge von 52,6 Kubikmeter, sie enthält einen Bedarf von zehn Kubikmeter je Tag für Sommergäste. Diese Menge stellte der Wasserbeschaffungsverband „Drei Harden" aus seinem Wasserwerk Tinningstedt bei Leck an der Abzweigstelle Dagebüll zur Verfügung. Von hier aus konnte die Leitung günstig neben die Verbindungsdämme verlegt werden. Erforderlich waren zwei PE-Rohre (Polyäthylen) für eine 17,3 Kilometer lange Strecke mit 1½ Zoll (rund drei Zentimeter) Durchmesser sowie Kupplungen und Verschraubungen. Das Ortsnetz Oland war mit 120 Meter langen PE-Haupt- und Anschlußrohren für sieben Hausanschlüsse herzustellen. Für das Ortsnetz Langeneß ergab sich als zweckmäßigste Lösung eine zwei Zoll PE-Hauptleitung über 7000 Meter und eine 8000 Meter lange Anschlußleitung mit einer Nennweite (Durchmesser) von 1½ Zoll für 43 Hausanschlüsse.

Um den hohen Druckverlust in den Kunststoffrohren auf der verhältnismäßig langen Strecke auszugleichen, hat man je eine Druckerhöhungsstation in Dagebüll, auf Oland und auf der Ketelswarf etwa in der Mitte von Langeneß vorgesehen, so daß dann auf allen Warfen ein „bürgerlicher" Versorgungsdruck vorhanden sein würde.

In der Zeit der Vorarbeiten platzte überraschend die Februar-Sturmflut 1962. Der Wassernotstand war plötzlich da. Die herkömmliche Versorgung der Halligen mit Trink- und Tränkwasser brach zusammen. Schnelle Hilfe war notwendig. Von auswärts rückten Gruppen mit Pumpen heran und schöpften das Salzwasser möglichst schnell und vollständig aus Sod und Fething. Unmittelbar danach füllte man das in Spezialschiffen von Husum herangeschaffte einwandfreie Trinkwasser in die Wasserspeicher: Oland erhielt 233 und Langeneß 3300 Kubikmeter.

Mit den Bauarbeiten wurde 1964 begonnen, und in demselben Jahr konnten die Halligleute das Wasser aus der Wand nehmen – wie auf dem Festland.

Schwieriger gestaltete sich der Bau der Wasserleitung nach Hooge, die zweckmäßigerweise von Pellworm hinübergelegt werden sollte. Da die Marschinsel Pellworm aber auch noch auf Oberflächenwasser allein angewiesen war und seit einigen Jahren die Gefahr einer radioaktiven Verstrahlung möglich schien – Pellworm und die Halligen erhielten für alle Fälle Entstrahlungsfilter –, mußte diese Insel zunächst mit Grundwasser vom Festland her versorgt werden. Man prüfte drei Trassen: Von Nordstrand, vom Cecilienkoog über Nordstrandischmoor und vom Sönke-Nissen-Koog über die Hamburger Hallig.

Die erste und kürzeste Linie schied aus wegen außergewöhnlicher Schwierigkeiten beim Verlegen der Rohrleitung quer durch den mehr als zwanzig Meter tiefen und rund drei Kilometer breiten Wattstrom Norderhever und wegen der nicht sicher vorhersehbaren Verlagerung des Gewässerbettes infolge starker Strömung sowie wegen des hohen Freispülrisikos, das mit entsprechend aufwendigen Verlegetiefen nicht zu vertreten wäre.

Über die zweite Trasse hätte zugleich Nordstrandischmoor versorgt werden können. Die Rohrverlegung wäre ähnlich wie nach Oland und Langeneß im Schutze des Verbindungsdammes möglich gewesen. Aber auch bei dieser Lösung müßte die Norderhever gekreuzt werden. Außerdem befindet sich im Wattboden ein Hindernis in Form einer zwei bis drei Meter mächtigen, sehr festen Eem-Tonschicht, die man mit der Wasserleitung hätte bei erheblichem, zeitlichem und finanziellem Aufwand unterfahren müssen. Nach gründlichen morphologischen und hydrologischen Untersuchungen erwies sich die dritte Lösung als günstigste Leitungstrasse.

Für Pellworm und Hooge zusammen hat man einen mittleren Wasserbedarf von täglich fünfhundert Kubikmeter und einen Höchstbedarf von 850 Kubikmeter je Tag errechnet. Das sind wichtige Werte für die Bemessung der Leitung, die im Sönke-Nissen-Koog vom Versorgungsnetz des Wasserbeschaffungsverbandes Nord abgezweigt wurde; dessen Wasserwerk befindet sich in Frörup östlich der Autobahn A 7 (Hamburg–Dänemark) und zwölf Kilometer südlich von Flensburg.

In der 4,5 Kilometer langen Teilstrecke bis nach der Hamburger Hallig besteht die Leitung aus Asbestzementrohren mit zwanzig Zentimeter Durchmesser. Von dort führt seit 1964 eine rund zehn Kilometer lange PE-Doppelleitung (Innendurchmesser je 6,8 cm) durch das Watt. Sie wurde im Einspülverfahren verlegt. Da auf dieser Strecke keine Entlüftungsventile eingebaut werden konnten, mußten Hoch- und Tiefpunkte vermieden werden. Nur die beiden Hauptpriele hat man dükerartig mit einer Überdeckung von fünf bis sechs Metern unterfahren.

Weil der Einspeisungsdruck je nach der Abnahme aus dem Netz schwankt, ändern sich entsprechend die Fließgeschwindigkeiten und die Fördermengen in der Doppelleitung. Vom Bupheverkoog auf Pellworm bis zum Speicherbehälter der Insel wurde wiederum eine Asbestzement-Rohrleitung (20 cm Durchmesser) verlegt. Von hier wird die Insel mittels Pumpstation versorgt.

Nachdem an der Hooger Fähre auf Pellworm im Jahre 1968 der Landesschutzdeich durchbohrt und die beiden Kunststoffrohre hindurchgezogen worden waren, konnte das Einspülen der Wasserleitung nach Hooge beginnen. Von einem Schwimmkran mit nur 1,40 m Tiefgang wurden die Rohre gleichzeitig verlegt. Sie waren beide in je einem Stück zu 3536 m Länge angeliefert worden. Der Innendurchmesser beträgt 6,8 cm.

Tafel 6  Hooge. Kirchwarf, abgedämmter Halligpriel, Binnensiel, Hafenbecken und Schleuse

Während des Einspülens gab es eine für die Beteiligten unangenehme Enttäuschung. Als Folge eines Schieberschadens auf dem Schwimmkran waren an einigen Stellen nicht die vertraglich vorgegebenen Einspültiefen erreicht worden. Eine nachträgliche Herstellung der Solltiefe wäre kostenaufwendiger gewesen, als eine neue Kunststoffleitung herbeizuschaffen und einzuspülen. So entschloß sich die ausführende Firma für das neue Rohr. Trotz dieses Zwischenfalls konnten die Spülarbeiten noch bis Weihnachten 1968 abgeschlossen werden. Auf Ockenswarf bekamen die Halligleute die Möglichkeit, in Notfällen bereits gutes Trinkwasser aus einer Zapfstelle zu entnehmen. Hier wurde auch die Druckerhöhungsstation für das Ortsnetz Hooge eingerichtet.

Wenn die Halligleute auf der Westerwarf von Hooge den Zapfhahn öffnen, so bekommen sie Trinkwasser bester Güte, das vom Brunnen bei Frörup bis zum äußersten Ende des Versorgungsnetzes eine Rohrstrecke von 75 km zurückgelegt hat.

Die Bewohner von Nordstrandischmoor (Abb. 105) deckten ihren Bedarf an Trinkwasser wie auf den übrigen Halligen aus den Niederschlägen. Fethinge gibt es hier nicht. Man tränkte das Vieh mit Grundwasser, das aus 30 m tiefen Brunnen gefördert wurde.

Daß die Qualität des Tränkwassers nicht in Ordnung sein könne, hatte man an der geringen Milchleistung und an dem Verhalten der Kühe auf der Halligweide, besonders auffällig bei der Norderwarf im Westen (Abb. 106) bemerkt. Untersuchungen des Grundwassers aus dem Rohrbrunnen ergaben dann auch für die Neuwarf im Osten der Hallig Kochsalzwerte, die mit 4700 Milligramm je Liter sehr nahe an der Erträglichkeitsgrenze (5000 mg/l) lagen. An der Norderwarf stiegen die Salzwerte sogar auf mehr als das Doppelte. Bei einem Salzgehalt von 5000 mg/l wird ein Brunnen veterinärpolizeilich gesperrt.

Deshalb waren die Halligleute von Nordstrandischmoor ganz besonders interessiert an den Vorarbeiten für den Bau der Wasserleitung nach Pellworm. Für sie kam natürlich nur die Leitungstrasse über die Hallig in Frage. Als im Zuge der Gebäudesanierung im Jahre 1961 die alten reetgedeckten, baufälligen Häuser durch Gebäude mit harter Bedachung ersetzt wurden, erhielt sicherheitshalber jedes Halliggehöft im Kellergeschoß eine Zisterne mit 12 Kubikmeter Fassungsvermögen. Man wollte dadurch verhindern, daß das Zisternenwasser bei Sturmfluten versalzt. Auch wurden vorsorglich schon die Einrichtungen für eine Entnahme von Leitungswasser und von elektrischer Energie hergestellt.

Nach der Entscheidung für die Wasserversorgungstrasse über die Hamburger Hallig nach Pellworm im Jahre 1964 mußten sich die Bewohner von Nordstrandischmoor mit der für sie unangenehmen und verdrießlichen Wendung abfinden.

Nach weiteren zehn Jahren war ein Projekt baureif, das eine rund acht Kilometer lange Wasserleitung aus PE-Rohren mit einer Nennweite von 6,5 cm parallel zum Verbindungsdamm und auf dessen Nordseite im Watt vorsah. Die Leitung wurde im Jahre 1975 vom Cecilienkoog aus gebaut und am 3. Oktober in Betrieb genommen.

Die letzte Hallig, die in den Genuß einer Wasserversorgung aus dem Netz des Wasserbeschaffungsverbandes Nord kam, wie vorher Pellworm-Hooge und Nordstrandischmoor, war Gröde (Abb. 107 und 109). Nach der Sturmflut 1962 mußten 265 Kubikmeter Leitungswasser per Schiff auf die Hallig gebracht werden. Die hier vorhandenen drei Rohrbrunnen lieferten aus dreißig Meter Tiefe nach Analysen im

Frühjahr 1962 ein Tränkwasser mit rund 6000 bis 8000 mg Kochsalz je Liter. Somit war die kritische Schwelle (5000 mg/l) auch auf Gröde bereits überschritten.

n,77 Die Wasserleitung und das Kabel für die Energieversorgung wurden gleichzeitig verlegt. Beide Leitungen konnten am 20. August 1976 in Betrieb genommen werden. Ein für die Sanierung der größeren Halligen außerordentlich wichtiges Ziel war erreicht. Für die kleineren Halligen Habel, Norderoog und Südfall, die nur noch im Sommer bewohnt werden, ist die Bevorratung mit Wasser von Fall zu Fall zu lösen.

Eine Sonderstellung nimmt die fiskalische Hallig Süderoog ein. Hier lebt ein Wasserbauwerker des Amtes für Land- und Wasserwirtschaft Husum als Pächter ganzjährig mit seiner Familie. Nach der Februar-Sturmflut 1962 waren auch hier, wie auf allen anderen Halligen, die Wasservorräte unbrauchbar geworden. In Wasserschuten wurden damals 111 Kubikmeter Trinkwasser auf die Hallig in Sod und Fething gebracht, nachdem man diese gründlich gereinigt hatte. In letzter Zeit kommen bis zu sechsmal im Jahr Wasserschuten mit jeweils 30 Kubikmeter Leitungswasser nach Süderoog, wo es bis zum Gebrauch gespeichert werden muß. Die kostenaufwendigen Wasserversorgungsfahrten trieben den Literpreis auf mehr als 50 DM, ein einsamer Rekord!

In Konkurrenz zu einer sieben Kilometer langen Wasserleitung von Pellworm her tritt neuerdings wieder die Windkraft. Auf der Suche nach sinnvollen und preisgünstigen Energiequellen wird seit dem Sommer 1980 auf Pellworm ein Forschungsprogramm zur Förderung der Windenergienutzung durchgeführt. Die besonders windgünstige Zone der nordfriesischen Halliglandschaft wurde als Standort für das Versuchsfeld ausgewählt. Hier prüft das GKSS-Forschungszentrum Geesthacht GmbH im für zwei Jahre unter gleichen Bedingungen angesetzten Dauerversuch an neun Windkraftanlagen ihre Zuverlässigkeit und den erforderlichen Wartungsaufwand.

Es lag nun nahe, daß in diesem Zusammenhang auch ein Versuchsobjekt für Süderoog ins Gespräch kam. Ein Windgenerator mit dreiblättrigem Rotor liefert den Strom für eine mobile Meerwasser-Entsalzungsanlage, die als Tagesleistung im Durchschnitt fünf bis sechs Kubikmeter Trinkwasser erzeugen kann. Die Anlage arbeitet nach dem Prinzip der umgekehrten Osmose. In einer Art Filterung des Rohwassers halten Membranen aus Celluloseacetat das Salz zurück, während das Süßwasser durch die Membranen dringt. Bis zu 99,4 % des Salzes werden bei diesem Verfahren aus dem Meerwasser ausgeschieden. Ausfallzeiten bei Windstille oder Reparaturen lassen sich mit dem in herkömmlicher Weise gespeicherten Süßwasser überbrücken.

Die Entsalzungsanlage wurde in einen Container eingebaut, den man im Herbst 1980 über Land auf einem Sattelschlepper bis nach der Insel Nordstrand beförderte. Von hier übernahm ein Hubschrauber den Transport des fünf Tonnen schweren Riesenkastens bis zur Hallig.

## Abwasser, Abfall (Müll), Gewässerschutz

Die beschriebenen Infrastrukturmaßnahmen zogen eine Reihe von Folgeerscheinungen nach sich, denn nach der Warf- und Gebäudesanierung, der Elektrifizierung und der Wasserversorgung änderten die Halligbewohner auffallend schnell ihre Lebensgewohnheiten. Sie nahmen die neuen technischen Errungenschaften an und stellten sich in den Häusern und draußen auf sie ein. Die Landwirtschaft wurde von nun an intensiver betrieben und man nutzte die Möglichkeiten zum Ausbau des Fremdenverkehrs. Mit dem Werbespruch „Urlaub auf dem Lande – mitten im Meer" versuchte man, mehr Sommergäste anzulocken. Die Halligleute bemühten sich zum Beispiel auf Hooge um dieselbe Zeit, als die Wasserleitung gelegt wurde, als Erholungsort anerkannt zu werden. Dafür mußten allerdings bestimmte Vorbedingungen erfüllt sein, wie Herstellung und Betrieb von Hauskläranlagen; auf den größeren Warfen waren auch Sammelkläranlagen denkbar. Ebenfalls wurde ein Toilettenhaus mit Fäkalienbassin beim Fähranleger für erforderlich gehalten. Ein Hallig-Statut wurde entworfen und diskutiert, weil der Bevölkerung noch allerhand Pflichten aufgebürdet und große Anstrengungen abverlangt werden mußten.

Auf Amtsebene veranstaltete man zunächst einen Wettbewerb „Die schönste Warf". Aber wohin mit den Abfällen? Bevor die Teilnahme der Halligen an dem Wettbewerb „Unser schönstes Dorf" angemeldet werden konnte, mußte das Problem der Müllbeseitigung gelöst werden. Der Vorschlag, den Abfall zusammen mit dem Stallmist in die für die Warferhöhung ausgehobenen Baggerlöcher zu schütten, wurde unter der Bedingung für annehmbar gehalten, daß der Müll mit Kleierde abgedeckt würde. Dieser Versuch schlug jedoch fehl, denn es entwickelte sich im Sommer ein „bestialischer Gestank" in den Baggerlöchern. Man mußte also nach anderen Wegen suchen.

Im Januar 1974 war der Generalplan „Abfallbeseitigung in Schleswig-Holstein" vom Ministerium für Ernährung, Landwirtschaft und Forsten aufgestellt und von der Landesregierung verabschiedet worden. Darin heißt es: „Umfangreiche Ermittlungen und Untersuchungen waren notwendig, um die Neuordnung der Abfallbeseitigung unter Ausnutzung moderner technischer Verfahren zum Wohle unserer Bürger und zur Erhaltung der naturgegebenen Werte unserer Landschaft so günstig wie möglich zu gestalten." Durch das schleswig-holsteinische Ausführungsgesetz zum Abfallbeseitigungsgesetz des Bundes war die Trägerschaft für die Abfallbeseitigung den Kreisen übertragen worden. „Der Generalplan setzt neue Maßstäbe für eine umfassende, den hygienischen und technischen Erfordernissen entsprechende Abfallbeseitigung und schafft die Voraussetzung für . . . kommunale Zusammenarbeit."

Der Kreisausschuß des Kreises Nordfriesland seinerseits übertrug die örtlich sehr unterschiedlich zu handhabende Aufgabe der Müllentsorgung auf die Ämter. Seit einigen Jahren werden nun an einem bestimmten Wochentag die Müllsäcke der einzelnen Haushaltungen auf Hooge, Langeneß und Oland eingesammelt, per Fährschiff zum Festland gebracht und von dort in Spezialfahrzeugen auf den kreiseigenen zentralen Müllplatz (Deponie) transportiert. Die kleineren Halligen blieben von dem Verfahren zunächst ausgeschlossen.

Durch diese Regelung wird allgemein erreicht, daß die Halligen sauberer werden und eine Verunreinigung der Halliggewässer unterbleibt. Man leistet damit in der Praxis einen wesentlichen Beitrag zum Gewässerschutz in der Halliglandschaft.

Eine andere Gefahr besteht in einer Verunreinigung der Nordsee. Für das Wattenmeer ist ganz allgemein und für die Halliglandschaft im besonderen zu fordern, daß die Nordsee frei bleibt von Abwässern und Abfällen. Ein deutlich erkennbarer, weil auch auf mehreren Halligen bereits eingetretener Übelstand liegt im Umgang mit Öl, in der Ölpest. Um solche Gefahren abzuwenden, sind seit geraumer Zeit Politiker, Fachinstitutionen, Überwachungsorgane und Wissenschaftler aller Anrainerländer der Nordsee aufgerufen, Verfahren zu entwickeln, die in der Praxis erfolgreich angewendet werden können.

## Halligwege

Die häufigen Überschwemmungen waren von jeher der Grund dafür, daß die Halligleute nur an wenigen, unbedingt notwendigen Stellen einfache Bauwerke außerhalb der Warfen errichteten. Auf dem von Rinnen und Sicken zergliederten Halligrasen gingen sie von einer Warf zur Nachbarwarf auf einem Trampelpfad. Den Übergang über den Priel gestattete der Bohlensteg, der sogenannte „Stock" (Abb. 108) oder eine schmale Holzbrücke.

Da Steg und Brücke den Bootsverkehr im Priel nicht behindern durften, wurden sie nach Möglichkeit über dessen Oberlauf geschlagen. Auf diese Weise blieben die Übergänge verhältnismäßig klein und fast unverändert in der Bauart. Die häufigen Reparaturen waren überschaubar und ohne größeren Aufwand an Zeit und Material auszuführen. Nach jeder Sturmflut gab es Arbeit, die durch das sorgfältig geführte Stockregister verteilt wurde. Dieses spielte im Halligleben eine bestimmte Rolle, denn der Schulweg der Kinder durfte nicht unnötig unterbrochen werden, und auf den sonntäglichen Gang in die Kirche wollte man ungern verzichten.

Die Abbildung 110 läßt erkennen, daß die Holzbrücke weder von Pferdefuhrwerken noch von motorgetriebenen Fahrzeugen befahren wurde; sie diente vorwiegend als Verbindungsbrücke zwischen zwei Fennen (Viehweideflächen).

Im Zusammenhang mit der Flurbereinigung auf Hooge in den Jahren 1937 bis 1941, als man die Allmende aufgab und die Halligfläche in Privatbesitz umwandelte, wurde als eine Infrastrukturmaßnahme ein Wegenetz geplant und hergestellt, das alle Warfen miteinander verbindet, den Zugang zu den einzelnen Warfen verbessert und die Zufahrt zu den einzelnen Flurstücken der Landeigner überhaupt erst möglich macht (Abb. 111). Rund zehn Kilometer Gemeindewege entstanden zunächst als Wirtschaftswege oder Chausseen mit wassergebundener Schotterdecke. Im Jahre 1955 wurde damit begonnen, die Chausseen mit Asphaltdecken zu versehen wegen der umfangreichen Ausbesserungsarbeiten.

Nach dem Vorbild von Hooge bezog das Programm Nord für die meisten Halligen den Wegebau in seine Planungen mit ein. Ohne feste Wege wäre eine Entwicklung der Landwirtschaft und des Fremdenverkehrs unmöglich geblieben. Der Ausbau eines Straßennetzes war deshalb eine wesentliche Voraussetzung.

Schon nach wenigen Jahren konnten feste Ringwege um die Warfen und Rampen auf der Warfböschung (Abb. 112–114), Wendeplätze bei den Schiffsanlegern und Brücken aus Stahlbeton (Abb. 115) in Betrieb genommen werden. Die Bauweisen und Abmessungen der Wege, Brücken und Rampen werden in erster Linie von Sturmfluten bestimmt (Abb. 116). Deshalb hat man die Landwege auf den Halligen in letzter Zeit vorwiegend in Beton hergestellt.

Die unverkennbaren Vorteile, die die festen Wege für die Halligen gebracht haben, können jedoch nicht über die Tatsache hinwegtäuschen, daß diese praktische Neuerung das äußere Halligbild beeinträchtigt.

# Wattwege

Zwischen den Halligen und Inseln spielen die Wattwege nach wie vor eine besondere Rolle. Sie gehören zu den seltsamsten Wegen in unserer amphibischen Halliglandschaft, die man nur benutzen kann, wenn die Flut zurückgetreten ist; keine Fahrbahn, keine Verkehrsschilder, keine Wegweiser. Man bezeichnet sie auch als „Straßen unter dem Meer", „Unterwasserstraßen" oder als „unsichtbare Straßen von Insel zu Insel".

Die Wattwege dienen als Versorgungslinien für Bedarfsgüter, für Personentransporte und für den Zustellungsbetrieb der Post. Die Beförderung übernehmen entweder Wattläufer zu Fuß oder Pferdegespanne, zum Beispiel zwischen Süderoog und Pellworm (Abb. 117), zwischen Südfall und Nordstrand, sowie zwischen Versorgungsschiff und Hallig (Abb. 118). Neuerdings werden auch Kraftfahrzeuge auf diesen Wattwegen eingesetzt. Unter bestimmten Umständen ist die Schiebkarre ein geeignetes Transportmittel.

Wattwege erfordern keine Kosten für die Herstellung und Instandhaltung. Die hohen, von Flut und Ebbe geformten Wattrücken bieten sich gewissermaßen als Trassen an. Weil es hier auf der Wattwasserscheide nichts auszubessern gibt, sind Wegewärter zu entbehren. Die tägliche Straßenreinigung besorgt die Tide unentgeltlich.

Obgleich der zunehmende Umfang des Tourismus die Wattwege mehr und mehr in seinen Interessenbereich rückt, gibt es keinen Anlaß, sie in die Infrastrukturplanung einzubeziehen.

Von orts- und sachkundigen Wattführern werden Wattwanderungen durchgeführt (Abb. 119), wobei man die vielfältige Tierwelt und die Kulturspuren des vor Zeiten besiedelten und dann von den Fluten verschlungenen Gebietes entdecken und betrachten kann. Dieser oder jener Wattwanderer wird vielleicht das bekannte Gedicht von Theodor Storm „Am Meeresstrand" nachempfinden:

> Ans Haff nun fliegt die Möwe,
> und Dämmrung bricht herein;
> über die feuchten Watten
> spiegelt der Abendschein.
>
> Graues Geflügel huschet
> neben dem Wasser her;
> wie Träume liegen die Inseln
> im Nebel auf dem Meer.
>
> Ich höre des gärenden Schlammes
> geheimnisvollen Ton,
> einsames Vogelrufen –
> so war es immer schon.
>
> Noch einmal schauert leise
> und schweiget dann der Wind;
> vernehmlich werden die Stimmen,
> die über der Tiefe sind.

Die Wattwanderung kann zu einem gefährlichen Unternehmen werden, wenn sich Nebel über die weite Fläche breitet, wenn Sturmböen mit der Flut vom Westen heranbrausen oder wenn, wie auf Farbtafel 8, ein Gewitter – meistens gegen den Wind – aufzieht. Immer wieder wird darauf hingewiesen, auch auf Warnschildern an den Ufern und Deichen, daß Wattwanderer die Flutzeiten beachten müssen und daß sie eine größere Wanderung nicht bei steigender Flut antreten dürfen. Es ist schon mehrfach vorgekommen, daß sogar erfahrene Kenner der Wattverhältnisse diese selbstverständliche Verhaltensweise außer acht ließen. Schnell beflutete, tiefe Wattpriele versperrten ihnen den Rückweg; manche sind dabei ertrunken.

Deshalb mahnt die Wasserschutzpolizeidirektion Schleswig-Holstein vorsorglich mit ihren Tips für Urlauber „Nie allein im Watt":

„Urlaub an der Nordsee kann schön sein – wenn Sie einige lebenswichtige Grundregeln beachten. Leichtsinn, Unkenntnis, Unerfahrenheit sind die Hauptursachen tragischer Unfälle im Watt. Es liegt allein an Ihnen, glückliche und unbeschwerte Urlaubstage zu verleben . . .

Kenntnis des Gezeitenstandes ist eine wichtige Voraussetzung. Die täglichen Hoch- und Niedrigwasserzeiten sind aus dem Gezeitenkalender ersichtlich.

Gezeiten sind für die verschiedenen Küstenbereiche sehr unterschiedlich. Bei Voll- und Neumond tritt die gefährliche Springflut ein (Wasser läuft in der Regel sehr schnell auf).

Niemals bei auflaufendem Wasser (Flut) eine Wattwanderung antreten. (Günstiger Stand etwa 2 Stunden vor Niedrigwasser). Zeit für den Rückweg berechnen – bevor Sie loswandern. Priele laufen bei Flut zuerst voll und haben starke Strömung. Beim Durchwaten von Prielen immer diagonal mit der Strömung gehen. Ebenso ist ein Priel bei Gefahrenlagen zu durchschwimmen. Priele können den Rückweg abschneiden. Nach Eintreffen der Flut unverzüglich das Watt verlassen. Ihre Berater und Helfer zu kennen, ist eine wichtige Voraussetzung.

Wasserschutzpolizei, örtliche Schutzpolizei, Gemeindeverwaltung, Kurverwaltung, Fremdenverkehrsverein, Reedereien, örtliche Fischer, örtlicher Rettungsdienst bzw. Strandrettungsdienst, andere örtliche Behörden, können ihnen sagen, – wann — wo — und mit welchen Wattführern Wanderungen unternommen werden.

An Abmeldung und Rückmeldung bei Vermietern, Campingplätzen, Strandkorbnachbarn usw. denken. Unbedingt Warnungen der Einheimischen beachten. Zur eigenen Sicherheit an Wattwanderungen örtlicher Veranstalter teilnehmen.

Kenntnis der Wattbeschaffenheit und des Wetters ist eine wichtige Voraussetzung. Senken-Priele-Löcher, Muschelfelder – Steilkanten – Schlickfelder können lebensgefährlich werden, wenn man ihre Tücken nicht kennt (Gefahr des Einsinkens in Schlickzone), Wattwanderungen nur im Sommer am Tage (Sonnenaufgang bis Sonnenuntergang) und nur bei ruhigem Wetter und guten Sichtverhältnissen durchführen. Auf keinen Fall bei Dämmerung, Dunkelheit oder Nebel ins Watt gehen. Der Aufenthalt ist lebensgefährlich. Windrichtung merken – Ziehen der Wolken beobachten. Tritt überraschend im Watt Nebel auf, nicht planlos umherlaufen – sondern versuchen, an den Fußspuren den Weg zur Küste zu verfolgen (aber Gefahr, daß Spuren vom Wasser überspült sind). Laut und deutlich um Hilfe rufen. Bei Gewittergefahr ist das Betreten des Wattenmeeres mit Lebensgefahr verbunden. Wasser und erhöhte

Punkte (Menschen) ziehen den Blitz an. Bei Ebbstrom bleibt Gewitter noch zurück, bei Flut kommt es schnell mit. Vertrauen Sie sich einem kundigen Wattführer an! Wattwandern nur in Gruppen."

Nach langen Frostzeiten können die Wattwege zu Eisstraßen werden, wenn die Schiffahrt wegen der Eisblockade nicht mehr die Halligen erreichen kann. Dann finden sich immer wieder wetterharte Männer, die eine Verbindung zum Festland, über eine andere Hallig oder über eine Insel herzustellen versuchen. Zu Beginn des Jahres 1963 ließ der strenge Winter – wohl erstmalig – Versorgungsfahrten über das vereiste Watt mit Last- und Personenkraftwagen vom Festland nach Gröde, Oland und Langeneß zu. An einem Sonntag erlebten die Halligleute von Oland und Langeneß eine einmalige „Invasion". Über die Eisstraße kamen rund 500 Autos aus ganz Schleswig-Holstein und Hamburg angereist. Alle Halligwirtschaften waren überfüllt und natürlich einem derartigen Ansturm nicht gewachsen. Selbst in der Hauptsaison im Sommer hatten die Halligleute noch niemals an einem Tag so viele Besucher erlebt.

Die Hauptschwierigkeit liegt beim Betreten der Eisstraßen in der Überwindung von Wattwasserläufen. Hier werden Eisschollen von der Flut zu meterhohen Eisbarrieren zusammengestaucht und übereinandergeschoben. Da sich eine Eisdecke erst nach sehr lange andauerndem Frost oder überhaupt nicht bilden kann, sind Wanderungen über das vereiste Watt besonders gefährlich.


## Postverbindungen

Die Verbindung der Menschen untereinander mußte sich in der Halligwelt stets den natürlichen Vorgängen anpassen. Die fortschreitende Zertrümmerung der Landschaft führte zu Ausweitungen der Prielsysteme und zur Einkerbung riesiger Wattströme. Weite Flächen wurden zu Watten. Wo man früher über Land gehen konnte, blieben bald nur die Wasserstraßen für das Segelboot und der Wattweg übrig. Da die Priele auch weiterhin tiefer und breiter ausgewaschen werden, muß man auch mit einer weiteren Trennung dieser natürlichen Verbindungen rechnen.

Im Laufe der Zeit übernahmen mehrere, von der Landesherrschaft verfestete, das heißt in Erbpacht betriebene Halligfähren die Beförderung von Briefen und Paketen. Über den Stand der Postverbindungen gibt es eine Mitteilung der Kaiserlichen Ober-Postdirektion Kiel vom Juni 1914 (Fr. Müller, 1917, I). Seitdem drang das Verkehrswesen im allgemeinen und die Nachrichtentechnik im besonderen auch bis zu den Halligen vor. Der außergewöhnliche Aufwand hat – zwar mit einiger Verzögerung – dazu beigetragen, die extreme Randlage erträglicher zu gestalten.

Der Wattbriefträger bringt die Post auch heute noch bei Tideniedrigwasser über den Meeresgrund nach der Hallig, nur gelegentlich findet sich eine Entlastung anläßlich von Versorgungsfahrten mit Pferdefuhrwerken oder per Schiff. Motorboote und moderne Autofähren haben das Segelboot (Abb. 120) verdrängt.

Während der Eisblockaden wird die Post auf Wattwegen (Eisstraßen) zu Fuß oder, wo es möglich ist, auf Schlitten befördert. Motorloks lösten die bekannte Segellore auf den Verbindungsdämmen ab. Nachdem neuerdings starke Rettungsboote (Abb. 121), Eisbrecher und Flugzeuge (Abb. 122) die Isolierung der Halligbewohner lindern helfen, hat auch das Eisboot als Transportmittel für die Versorgung der Halligen mit Post und

Medikamenten ausgedient. Nach der Hamburger Hallig und nach Westerheversand erfolgt die Zustellung vom Festland aus direkt mit dem Postauto.

Die bekanntesten Strecken, die von Halligpostboten zu Fuß zurückgelegt werden, sind die Wattwege zwischen Pellworm und Süderoog sowie zwischen Nordstrand und Südfall. Beide Wattläufer haben von ihrer Haustür bis zur Haustür des Hallighauses sieben Kilometer zu gehen, hin und zurück also vierzehn Kilometer, an schönen Sommertagen barfuß, aber auch bei schwierigsten Wasser-, Wind-, Eis- und Nebelverhältnissen in hüfthohen Stiefeln. Die Ausrüstung besteht aus einem Rucksack für die Post und den Kompaß, aus einem Bambusstock zum Ausloten der Wassertiefen in den Prielen und bei Bedarf ferner aus Südwester und Nebelhorn.

Um rechtzeitig vor dem Eintreffen der Flut zurückzukommen, muß der Postmann pünktlich sein wie die Tide. Er kann sich nicht lange unterwegs aufhalten; die Flut macht ihm sein Tempo zur unermüdlichen Pflicht. Sie allein bestimmt seinen Tag für Tag andauernden Schichtdienst und nicht das für ihn zuständige Postamt. Es kommt vor, daß er schon früh um drei, halb vier Uhr oder erst am späten Nachmittag seine Wohnung verläßt. Die Post muß nach der Hallig, man wartet darauf, und Post muß von der Hallig fort.

Tageszeitungen, Illustrierte, ausländische Blätter, Rundfunk und Fernsehen machten eine breite Öffentlichkeit aufmerksam auf den nicht alltäglichen Beruf des Wattbriefträgers. Kameragruppen, die Filme über die Postversorgung der Halligwelt drehen, versuchen die Fahrt eines Postschiffes, die Übergabe der Post und die Zustelltätigkeit auf den Halligen, die Fahrt einer Lore auf dem Verbindungsdamm, den Gang der Wattläufer nach Südfall und Süderoog aufzunehmen. Wohl nur wenige Angehörige des Postbetriebsdienstes haben während des Berufslebens eine derartige Popularität erlangt wie Heinrich Liermann, Edith Mexdorf, Lorenz Ebsen, August Petersen und Postschiffer Matthiesen.

H. Liermann trug von 1917 bis 1962, also fünfundvierzig Jahre lang, die Post durch das eigenwillige Wattenmeer nach und von Süderoog, im Sommer täglich, im Winter dreimal die Woche. Jeder Gang dauert vier bis fünf Stunden. Zusammengerechnet legte er in seiner Dienstzeit einen Wattweg von etwa 100 000 Kilometern zurück. In dieser Zeit lebten auf der Hallig bis zu 300 Kinder und Erwachsene gleichzeitig, und alle waren Postkunden, die für Postsendungen hin und her sorgten. Viele Briefe, Päckchen, ja sogar Geldsendungen gingen „über den Meeresgrund". Im Sommer vertrauten sich ihm so manchesmal Gäste an, die auf diese Weise sicher nach Süderoog oder nach Pellworm wandern wollten.

Im Jahre 1955 verlieh der Bundespräsident ihm als Dank für seine außergewöhnliche Pflichterfüllung das Bundesverdienstkreuz am Bande. Kurz vor seinem Ausscheiden aus dem Dienstverhältnis feierte der Hilfsposthalter H. Liermann seinen 80. Geburtstag mit vielen Gästen. Die Deutsche Bundespost gewährte ihm einen Ehrensold auf Lebenszeit, den er noch ein Jahrzehnt entgegennehmen konnte.

Auf seinen Wattgängen fand H. Liermann viele Kulturspuren in Form von Töpfen, Krügen, Urnen, Pfannen und Scherben, wenn die Flut mal hier, mal dort die Sand- oder Schlickdecke weggeräumt hatte. Sie stammten vorwiegend aus der mittelalterlichen Besiedlung dieses untergegangenen Gebietes und befanden sich zum Teil in einem einwandfreien Zustand. Jede Scherbe interessierte ihn. Gelegentlich gelang es ihm, aus aufgelesenen Scherben einen Krug fast lückenlos zusammenzuleimen. Für seine Funde richtete er ein kleines privates Wattmuseum ein, das wohl den meisten Besuchern der Insel Pellworm gezeigt wird.

H. Liermanns Nachfolgerin war Edith Mexdorf. Es gehört schon allerhand Mut dazu, als Frau diese strapaziöse und gefährliche Aufgabe zu übernehmen. Daß sie als Wattläuferin gern mit der Post nach Süderoog unterwegs war, kann man allein daran erkennen, daß sie gelegentlich von dreißig bis fünfzig und mehr Feriengästen begleitet wurde. Nach zehn Jahren gab sie das Amt an einen Enkel von H. Liermann weiter, nachdem sie 26 000 Kilometer auf dem Watt marschiert war.

Wenn einmal nur ein einziger Brief hinüberzubringen ist, können die Unkosten für die Zustellung (Lohnaufwand) dieses Briefes über das Watt nach Süderoog bis zu hundertmal mehr als das Porto eines Standardbriefes betragen. Die Bundespost weiß um die Bedeutung der Halligen und hält das Versprechen, das der Postdirektor Picker im Jahre 1890 niederschrieb:

„Das unablässige Bestreben der Reichspostverwaltung, alle Staatsbürger der Wohltaten verbesserter Verkehrseinrichtungen theilhaftig werden zu lassen, hat dahin geführt, auch alle der Küste bei Husum vorgelagerten bewohnten Halligen nach und nach mit regelmäßigen Postverbindungen zu versehen, soweit solche nach den namentlich zur Winterzeit oft höchst schwierigen Verhältnissen aufrechterhalten werden können."

Die Versorgung der Halligbewohner mit Post mag dem Außenstehenden als ein Stück Romantik erscheinen. Für die Betroffenen ist sie oftmals harte Arbeit und für die Deutsche Bundespost eine nicht ganz einfach zu lösende Aufgabe.

Der Postdienst für Südfall lag vierzig Jahre lang bei Lorenz Ebsen von Nordstrand. Er brachte es auf vergleichsweise bescheidene 25 000 Kilometer, weil er seinen Weg über das Watt normalerweise nur einmal in der Woche zu gehen brauchte. Auch L. Ebsen erhielt das Bundesverdienstkreuz. H. Liermann wurde 91 und L. Ebsen 81 Jahre alt, beide starben innerhalb eines halben Jahres. August Petersen von Nordstrandischmoor beförderte mit seinem kleinen Halligboot 25 Jahre die Post zwischen Nordstrand und der Hallig. Über drei Generationen stellte die Familie Matthiesen von Ockholm die Postbootschaffner für die Halligen Oland, Langeneß und Gröde. 1970 folgte ihnen P. K. Paulsen von Oland mit der Auflage, keine Personen zu befördern.

Nach der Inbetriebnahme des Hafens Schlüttsiel entwickelte sich ein planmäßiger Verkehr mit dem Postbus von Husum über Bredstedt nach Schlüttsiel und weiter mit der Autofähre über Langeneß und Hooge nach Amrum. Damit konnte eine günstigere Verkehrsverbindung hergestellt werden und die Post schneller und pünktlich nach Hooge gelangen. Die alte Fähre zwischen Pellworm und Hooge war nun nicht mehr in der Lage, mit der Amrumer Schiffahrts Aktiengesellschaft (ASAG) und dann mit der Wyker Dampfschiffahrts-Reederei GmbH (WDR) gleichzuhalten. Diese Umstellung wurde auf Hooge zunächst bedauert. Die Halligleute erkannten aber bald, daß die neue Verkehrsverbindung für sie in verschiedener Hinsicht vorteilhaft ist. Seitdem auf den größeren Halligen feste Wege und Brücken vorhanden sind, wird die Post hier in ähnlicher Weise zugestellt wie auf dem Festland. An die Benutzung des Fahrrades, Motorrades (Abb. 123) oder des Autos haben sich die Postleute schnell gewöhnt.

Eine andere Infrastrukturmaßnahme der Bundespost besteht in der Anlage und im Betrieb von Telegraphen- und Fernsprechanschlüssen. Oft ist schon berichtet worden, daß die Bewohner von Hooge am 22. März 1888 festlich bei Teepunsch den Geburtstag ihres Kaisers Wilhelm I. begingen. Bis zu ihnen war die Kunde noch nicht vorgedrungen, daß der Kaiser schon seit dem 9. März nicht mehr unter den Lebenden weilte, denn die Hallig war von einem dicken Eispanzer umgeben und völlig von der Außenwelt abgeschnitten. Die Postverbindung blieb wochenlang unterbrochen.

Dieses denkwürdige Ereignis wird den damaligen Pastor auf Hooge, nach Abstimmung mit seiner Gemeinde, veranlaßt haben, sich mit Eingaben an die Oberpostdirektion Kiel und an das Reichspostamt zu wenden, damit auf der Hallig ein Telegraphendienst eingeführt werden möge. Die Antwort des Kaiserlichen Oberpostdirektors an den Pastor traf nach zwei Wochen auf Hooge ein mit dem Bescheid, daß grundsätzlich gegen die Einrichtung einer Telegraphenhilfsstelle nichts einzuwenden sei, wenn der Pastor selbst den Telegraphendienst ohne Entschädigung übernehmen und das Morsen erlernen würde.

Als der Pastor versetzt wurde, griff sein Nachfolger den Vorgang sofort auf. Schreiben wechselten hin und her, offenbar weil man die wirkliche Lage der Halligen weder in Kiel und erst recht nicht in Berlin durchschauen und beurteilen konnte. Der Pastor und „die mitunterschriebenen Bewohner der Hallig Hooge" wenden sich nun unmittelbar an Kaiser Wilhelm II. Der Staatssekretär des Reichspostamtes H. v. Stephan, ist für die Beantwortung zuständig. In einem persönlichen Schreiben gibt er die Bedingungen bekannt: Von Hooge wird unentgeltlich ein Raum zur Verfügung gestellt für die Einrichtung der Telegraphenstation. Die Grundbesitzer erhalten für die Beschädigung der Grasnarbe beim Verlegen des Kabels keine Entschädigung. Mit der Telegraphenhilfsstelle soll gleichzeitig ein Unfallmeldedienst (Wassernot, Feuersbrunst) eingerichtet werden. Dafür hat die Gemeinde Hooge einen einmaligen Betrag in Höhe von 50 Mark zu zahlen. Es soll sichergestellt werden, daß telegraphische Meldungen über Unfälle auf der Hallig auch nach Dienstschluß, namentlich nachts, bei der Post auf Pellworm abgegeben werden können.

Der beantragte Telegraph kam in das Pastorat. Seine Bedienung übernahm der Pastor ohne Entgelt. Der Lehrer vertrat ihn während seiner Abwesenheit. Statt der erwarteten fünfzig Telegramme empfing der Pastor im ersten Betriebsjahr 1890/91 bereits 180 Telegramme. In wenigen Jahren stieg die Anzahl auf 300. Somit hatte er die Notwendigkeit einer Telegraphenstation für die Hallig nachgewiesen.

Da der Pastor ebenfalls zum Austragen der Telegramme verpflichtet worden war, mußte er schließlich fast jeden Tag einen mäßig bezahlten Botengang erledigen. Im Frühjahr 1898 kündigte er den Postdienst; nun sollte die Telegraphenstation mit der anderen Posthilfsstelle auf der Ockenswarf zusammengelegt werden. Aber für die Bestellung und Einarbeitung eines Nachfolgers mußte er selber sorgen, was ihm auch nach rund zehnjähriger Dienstleistung bei der Post gelang.

Posthilfsstellen wurden auf Langeneß im Jahre 1888, auf Oland 1891 und auf Gröde 1892 eingerichtet.

Später ließ die Post Fernsprechkabel verlegen und Hausanschlüsse herstellen (Tab. 20). In schweren Eiswintern waren die Seekabel im Watt gefährdet. So mußten die Halligleute zum Beispiel auf Langeneß im Februar 1929 und im Januar 1963 auf Telefongespräche verzichten, auf Hooge im Februar 1956, auf Nordstrandischmoor und Süderoog ebenfalls zu Beginn des Jahres 1963. An der verhältnismäßig großen

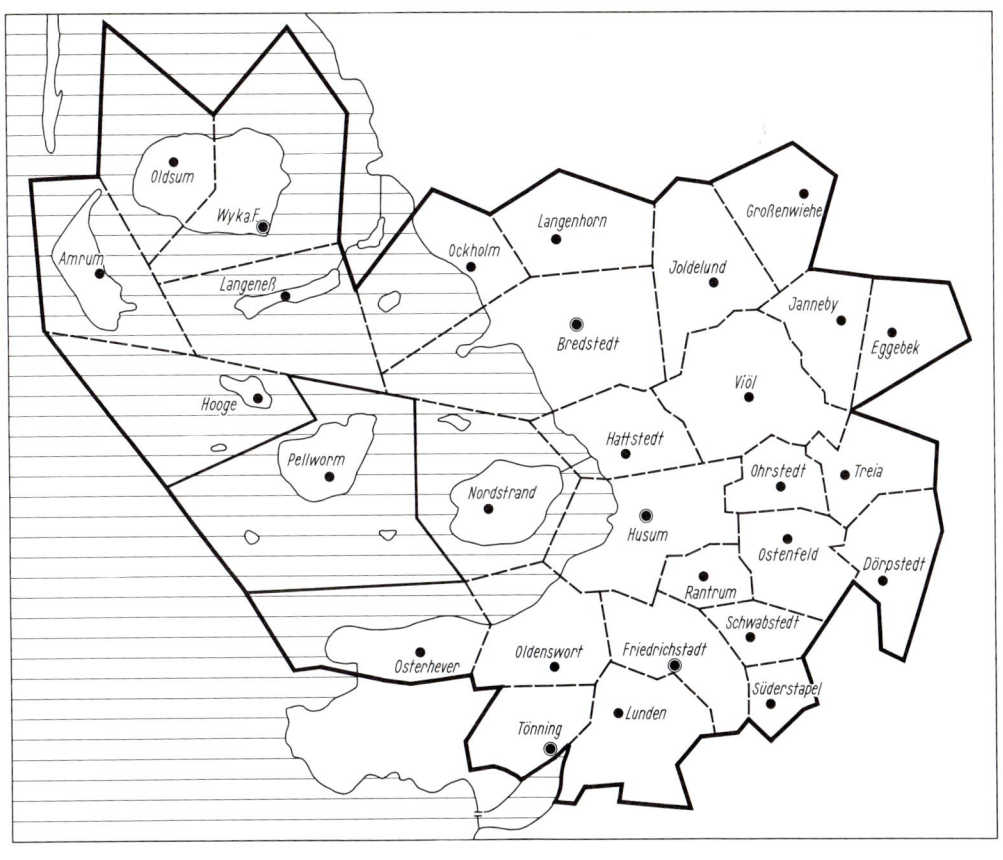

Fig. 23 Im Nahbereich Husum können die Fernsprechkunden nun im Selbstwählbetrieb billiger telefonieren als bislang

| Hallig | Anschlüsse |
|---|---|
| Hooge | 50 |
| Oland | 11 |
| Langeneß | 45 |
| Gröde | 4 |
| Nordstrandischmoor | 3 |
| Südfall | – |
| Süderoog | 1 |
| Hamburger Hallig | 1 |
| Westerheversand | 1 |
| zusammen: | 117 |

Tabelle 20. Fernsprechanschlüsse 1980.

Zahl der im Jahre 1980 vorhandenen Anschlüsse kann man erkennen, daß das Telefon inzwischen zum festen Bestandteil des Halliglebens gehört.

Um die Telefonverbindung mit den übrigen Halligen, mit den Inseln und dem Festland bei künftigen Kabelbrüchen zu gewährleisten, errichtete die Bundespost Funksprechstellen. Auf der Ockenswarf von Hooge meinte man zum neuen Fernmeldemast, er sei kein Schmuckstück für die Hallig, aber eine Notwendigkeit.

Sollte eine Verbindung mit einem Fernsprechteilnehmer außerhalb des Ortsnetzes hergestellt werden, so war dafür zunächst das „Fräulein vom Amt" zuständig. Seit einem Jahrzehnt können die Halligleute Ferngespräche im Selbstwählverfahren führen. Eine weitere Verbesserung wurde mit dem Telefonieren im Nahbereich (Abb. Fig. 23) eingeführt, die auch den Fernsprechkunden auf den Halligen finanzielle Vergünstigungen gebracht hat. Nach dem neuen Tarifsystem kann man bis aufs Festland zum Nahbereichstarif sprechen.

Zu erwähnen wäre noch, daß die Halligleute seit der Elektrifizierung alle Rundfunk- und Fernsehprogramme einschalten können, die in der Gegend erreichbar sind.

## Luftverkehr

Die Versorgung der Halligen aus der Luft setzte erst im Zweiten Weltkrieg ein, als ein „Wetterflieger" auf Hooge einen Notlandeplatz benötigte. In den strengen Wintern damals wurde gelegentlich auch einmal ein Postsack aus einem Flugzeug über der Hallig abgeworfen.

Im Februar 1954 kamen Bitten bis zum Bundespostminister, man möge den Einsatz eines Hubschraubers veranlassen, weil auf den Halligen weder ein Arzt, noch eine Apotheke, eine Krankenschwester und Hebamme vorhanden sei und kein Tierarzt dem erkrankten Vieh zu Hilfe kommen könne. Statt des erwarteten Helikopters half ein Rettungsboot der Gesellschaft zur Rettung Schiffbrüchiger. Nach längeren Verhandlungen erklärte sich die britische Luftwaffe bereit, in Notfällen zu helfen.

Im Februar 1956 landete auf Hooge ein Hubschrauber, um zwei Postsäcke abzuliefern und einen abzuholen. Bezüglich des Zielpunktes hatte man den Piloten unmittelbar vor Antritt des Fluges angewiesen, in der Nähe der Ockenswarf zu landen, wo zahlreiche Menschen versammelt seien und winken würden. Die von den Halligleuten dort mit Jutesäcken kenntlich gemachten Landezeichen waren nämlich durch Schneeverwehungen fast völlig verdeckt worden; er würde sie beim Anflug kaum sehen können.

Außerdem kam ein Flugzeug aus Hamburg, das ein Paket mit Zeitungen brachte, welche der Postzusteller an die Abonnenten verteilte.

Bei dem Eisnotstand im Februar 1959 trat die neu gebildete Seenotstaffel der Marineflieger in Kiel-Holtenau mit dem Hubschrauber Sykamore an die Stelle der Engländer. Für die Seenotstaffel bedeutete diese Regelung besonders an Sonn- und Feiertagen eine zusätzliche Einsatzbereitschaft. Der Abruf erfolgte durch den Landrat des damaligen Kreises Husum. Bei ihm lag die Verantwortung für die Auslegung des Begriffes Eisnot, zum Beispiel wenn Krankentransporte durchzuführen waren. Die genauen Landeplätze und die rechtzeitige Sicherung der Plätze mußten im einzelnen festgelegt werden.

Die organisatorischen Maßnahmen wurden so aufeinander abgestimmt, daß der Hubschrauber bereits eineinhalb Stunden nach dem ersten Anruf auf dem angegebenen Landeplatz eintreffen konnte. War der Weitertransport eines Kranken zu übernehmen, dann wurde auf dem Husumer Flugplatz ein Krankenwagen bereitgestellt.

Ein umfangreicher Eisnotdienst zur Versorgung der Halligen und Inseln mit Medikamenten, Post und dergleichen wurde für den strengen Winter 1963 erforderlich und eingerichtet. Der Landrat als Katastropheneinsatzleiter hielt ständig Verbindung mit Vertretern der Bundeswehr, des Deutschen Roten Kreuzes, der Post und mit den örtlichen Dienststellen draußen in der vereisten Wattlandschaft. Um sich an Ort und Stelle eine Übersicht über die Versorgungslage zu verschaffen, führte er mehrere Erkundungsflüge nach allen bewohnten Halligen durch. Auch der Ministerpräsident des Landes Schleswig-Holstein überzeugte sich von den Schwierigkeiten, welche die dreimonatige Eisblockade nach den vorjährigen Sturmflutschäden auf der Hallig verursacht hatte. Das nicht einfache Leben und das Lebensrisiko könne den Halligbewohnern nicht abgenommen werden. Im Rahmen des Möglichen würde geholfen werden.

Die Einsatzflüge verliefen reibungslos. In bis zu siebzehn Einflügen an einem Tag mit 3000 Kilogramm Lebensmitteln und 600 Kilogramm Postsachen gelangten alle Versorgungsgüter an ihren Bestimmungsort. Am Hafen Strucklahnungshörn auf Nordstrand befand sich zeitweilig ein weiterer Landeplatz.

Ein Sportflieger, der in diesem Winter mehrmals nach Hooge geflogen war, ergänzte den offiziellen Flugdienst durch seinen privaten Flugverkehr. Von Hooge reiste man damals nach tideabhängigen Fahrplänen über Pellworm nach Husum. Bei mindestens drei Übernachtungen waren es für die Halligleute kostspielige und zeitraubende Unternehmen. Unter solchen Umständen konnte ein Flug hin und zurück in wenigen Stunden sogar noch billiger werden.

Gegen Mitte Februar 1963 schwanden die Vorräte an Trinkwasser, so daß auch der Transport vom Festland her erörtert wurde. Aber das ging dem Einsatzleiter denn doch zu weit. Eine Luftbrücke zur Wasserversorgung einzurichten, könne nicht in Frage kommen, denn „dann müßte der Himmel schwarz voll Hubschrauber werden". Es blieb deshalb bei dem herkömmlichen Verfahren, an die Einteilung des Vorrats einen strengen Maßstab anzulegen und sich in gegenseitiger Nachbarschaftshilfe einzurichten. Vorsorglich flog man Feuerwehrschläuche nach Hooge, damit die Halligleute Wasser aus den Fethingen pumpen könnten.

Die Leistungsbilanz der Seenot- und Rettungsstaffel schloß nach der Eisblockade 1963 mit 170 Flügen ab. Sie hatte über die Wattenmeer-Luftbrücke insgesamt 35 000 Kilogramm Lebensmittel und Medikamente, 9400 Kilogramm Briefe und Paketpost zu den Halligen und Inseln gebracht. 4000 Kilogramm Postsachen wurden zum Festland geschafft. Rund vierzig Personen benutzten die Hubschrauberbrücke auf ärztliche Anweisung. Die durch Eis gestörten Fernsprechstellen der Halligen versah man mit Batterien, und auch der erforderliche Wartungsdienst fand unter Benutzung des Luftweges statt.

Die Seenotrettungshubschrauber der deutschen Marine tragen am Rumpf das weit sichtbare Zeichen SAR (Search and Rescue = suchen und retten). Der deutsche SAR-Rettungsdienst ist in das internationale ICAO-System (International Civil Aviation Organisation) eingegliedert und zum Noteinsatz bei Flugunfällen von zivilen Maschinen verpflichtet; da die zivilen Einsatzmöglichkeiten für die Halligen darin eingeschlossen sind, hat sich dieses System für sie „als wahrer Segen" erwiesen.

Die Entscheidung über den „Notfall" kann dem Einsatzleiter gelegentlich auch schwerfallen. So wurde zum Beispiel ein Hubschrauber zum Transport von achtzig Ballen Heu und 500 Kilogramm Hafer für Halligschafe bemüht. In diesem Falle hat es offensichtlich an der notwendigen und üblichen Vorsorge für den Wintervorrat seitens des Halligbauern gefehlt.

Im Hinblick auf die Sicherheit bei Nachtlandungen wurden Panzer- und Handlampen zum Ausleuchten von Hubschrauber-Landeplätzen auf Langeneß, Hooge, Oland, Gröde und Süderoog beschafft. Diese Plätze galten nicht als sogenannte Sonderlandeplätze, weil man die Halliglandschaft nach Möglichkeit frei vom fliegenden Kaffee- und Ausflugsverkehr halten möchte. In diesem Zusammenhang bedeuten die Militärflugzeuge, die fast täglich über dem Halligmeer die Schallmauer mit lautem Knall durchstoßen und dabei deutlich vernehmbare Druckwellen auf der Land- und Wasseroberfläche mit Erschütterungen in den Häusern erzeugen, für Mensch und Tier fast immer eine unangenehme Umweltbelastung.

Neuerdings sorgt der Sylter Presse-Vertrieb dafür, daß die nordfriesischen Halligen planmäßig und frühzeitig aus der Luft mit Zeitungen und Illustrierten bedient werden. In Plastikhüllen verpackte Zeitungsbündel, Z-Bomben genannt, werden sechsmal (im Winter dreimal) in der Woche gegen sieben bis acht Uhr auch bei widrigen Wetterverhältnissen an bestimmten Stellen abgeworfen.

Die Entwicklung des Luftverkehrs läßt erkennen, daß es in Zukunft kaum noch größere Schwierigkeiten bei der Versorgung der Halligen mit Brief- und Paketpost geben dürfte, weil Flugzeuge in Notzeiten und auch sonst kurzfristig und unabhängig von Ebbe und Flut eingesetzt werden können.

Als Sonderbereich des Luftverkehrs ist die Luftbildvermessung an der schleswig-holsteinischen Westküste seit 1926 anzusehen. Aus dieser Zeit liegen entzerrte, d. h. maßstabgerechte Luftbildpläne vor für Langeneß, Oland, Nordstrandischmoor und Norderoog. Schrägaufnahmen aus dem Flugzeug veröffentlichte Heiser im Jahre 1933. Diese Halligbilder sind von historischem Wert, da sie erstmalig aus der Vogelperspektive Einblick gewährten in die damals noch wenig bekannte Halligwelt. Das Luftbild stellt mehr und mehr ein unersetzbares Dokument für die Feststellung von Zuständen und Veränderungen in der Wattlandschaft und im Halligmeer dar (Abb. 1, 124 bis 126). Will man Wattluftbilder richtig lesen und deuten oder gar wissenschaftlich auswerten, dann sind sowohl gewisse geographische, ozeanographische, hydrographische und nautische Kenntnisse erforderlich als auch ein bestimmtes Wissen über das jeweilige Gebiet.

Dieser Hinweis gilt insbesondere für das seit wenigen Jahren zur Verfügung stehende Satellitenbild, das aus rund neunhundert Kilometer Höhe noch Einzelheiten von etwa sechzig mal achtzig Metern unterscheidet. Die Außensände, das Deichvorland zu beiden Seiten der Hamburger Hallig, Lage und Größe der Halligen und der sie umschließenden Prielsysteme zeigen Möglichkeiten auf, wie vielseitig das Satellitenbild verwendet werden kann und wie man mit diesem Mittel in der Lage ist, die Dokumentation aktueller Erscheinungsformen und Wandlungen des Landschaftsbildes zu ergänzen und zu verbessern.

## Schiffsverkehr

Die abseitige Randlage der Halligen im Wattenmeer bedeutete für die Bewohner eine enge Beziehung zur Schiffahrt.

Sie betrieben jahrhundertelang fast unverändert die Wattenschiffahrt auf Segelschiffen; denn die Wattströme und Priele waren ihre natürlichen Straßen für Personenbeförderungen, für die Versorgung mit Gütern aller Art und mit Post sowie die Viehtransporte (Abb. 129) zwischen der Hallig und dem Festland einerseits und auf der Hallig selbst, zum Beispiel während der Heuernte (Abb. 128). Die Wattenschiffahrt ist geblieben, die Formen haben sich geändert.

In der Blütezeit der Seefahrt während des 18. Jahrhunderts kamen die Halligleute zu bescheidenem Wohlstand. Die meisten männlichen Bewohner gingen von Hamburg oder Amsterdam aus „auf große Fahrt" als Matrosen, Steuerleute, „Kommandöre" oder als Kapitäne. Diese Zeit ist vorbei, sie lebt nur noch in der Erinnerung fort.

## Seekarten

Ob und inwieweit seefahrende Halligleute damals an der Herstellung von Segelanweisungen und Seekarten beteiligt gewesen sind, ist bisher wohl noch nicht untersucht worden. Als Ergänzung zu Fr. Müllers Ausführungen über die Kartographie mögen Ausschnitte aus einzelnen Blättern des Historischen Seekartenwerkes der Deutschen Bucht die unterschiedliche Darstellungsweise des nordfriesischen Halligmeeres in den Figuren 24 bis 27 und des Dithmarscher Wattegebietes in den Figuren 28 bis 33 veranschaulichen.

Die Segelanweisung von Ch. Middagthen „Nieuwe Lootsmans Wegwyser", die im Jahre 1712 in Amsterdam erschien, enthält in der „Beschreibung der Westküste Jütlands" unter anderem folgende Sätze (in freier Übertragung):

„Wollt Ihr von Helgoland zur Hever, dann nehmt je nach Wind und Gezeiten – Euren Kurs NOzO und lauft dann je nach Tide bis auf fünf bis sechs Faden Tiefe auf die Gründe (der jütischen Westküste) zu. Dann werdet Ihr einen scharfen Turm auf Pellworm ausmachen. Den müßt Ihr nach Eurem Kompaß in Richtung NO von Euch bringen. Wenn Ihr diesen Kurs beibehaltet und auf den Turm zusegelt, werdet Ihr die Außentonne (der Hever) finden. Segelt von da in Richtung NOzO auf die zweite Tonne zu, von welcher es mit einem ONO-Kurs weiter einwärts geht. Ihr findet dann Baken an Steuerbord . . .

Zwei bis zweieinhalb Meilen nördlich der Hever liegt das Schmaltief. Kommt Ihr von Helgoland, müßt Ihr auf einem Kurs NOzO so lange auf die Gründe (der Westküste Jütlands) zulaufen, bis der scharfe Turm auf Pellworm ONO von Euch liegt. In diesem Fall liegt die Südspitze von Amrum NzO von Euch. Richtet Euch nach dem Südufer, lotet daran entlang und hütet Euch vor dem Nordufer: es ist nicht verwendbar, denn es ist steil und weist mehrere Untiefen auf: Segelt daher besser stets am Südufer entlang – vorwiegend in Richtung NNO – aufwärts. Unterwegs werdet Ihr kabbeliger See bzw. Brandung begegnen. Laßt sie an Backbord liegen."

Segelanweisungen dienten den Kartographen als Unterlagen für die Darstellung der Watten, Sände, Wattströme und Priele, der Inseln, Halligen und Festlandufer sowie der Wattfahrwasser in den damaligen Seekarten.

In einer quellenkritischen Untersuchung zur morphologischen Entwicklung des Dithmarscher Watts ist der Nachweis erbracht worden, daß man dort mehrere Halligen als Weideland und zur Heugewinnung genutzt hat, die heute nicht mehr vorhanden sind. Es handelt sich um die Halligen Bielshöft (im Jahre 1616 mit Wohnhaus erwähnt), Alt-Helmsand und Tötel. Die Nutzflächen der letztgenannten Halligen werden für etwa dieselbe Zeit mit je etwa 46 Hektar angegeben.

Die Halligleute selbst waren und sind im allgemeinen weder auf Segelanweisungen noch auf Seekarten angewiesen. Sie kennen ihr verhältnismäßig kleines und oft befahrenes Revier voller Hindernisse (Abb. 127) so genau, daß sie sich auch bei Nacht darin zurechtfinden.

Die moderne Seekarte, die auf systematischen Lotungen und auf genauen Vermessungen der Bodenformen beruht, enthält auch sämtliche Seezeichen (Fig. 34). Veränderungen, die Einfluß auf Fahrbedingungen haben können, werden laufend vom Deutschen Hydrographischen Institut in Hamburg bekanntgegeben.

## Strandungen

Die heute selbstverständlichen nautischen Hilfsmittel haben für Fahrten am äußeren Rand des Wattenmeeres entlang und für die Ansteuerung der Wattfahrwasser zunehmend an Bedeutung gewonnen, weil dort viele Schiffe, vor allem bei Sturmfluten, strandeten. Wrackreste, die von Zeit zu Zeit an den Außensänden freigespült werden, sind Zeugen solcher Schiffsunfälle.

Die Liste der Schiffsstrandungen allein auf dem Schiffsfriedhof Süderoogsand von 1798 bis 1922, die im Anhang beigefügt ist, enthält mehr als fünfzig Fälle. Der Halligbauer von Süderoog mußte als Strandvogt (Abb. 130) nach der Strandordnung über alle Strandungen berichten. Aus dem weit zurückreichenden Gewohnheitsrecht ist das Grundrecht entstanden, wonach „aller Seeauswurf" dem fiskalischen Strandrecht unterliegt. Dem Unwesen der berüchtigten Strandräubereien sollte zugunsten der am Strand verunglückten Seeleute begegnet werden.

Wie Halligleute sich bei Schiffsunfällen verhielten, kann man einem Bericht über die Strandung der spanischen Dreimastbark „Ulpiano" auf Süderoogsand im Dezember 1870 entnehmen. Bei stockdunkler Sturmnacht verlor der Kapitän die Orientierung.

Fortsetzung Seite 124

Tafel 7 Warf Norderhörn auf Langeneß nach der Sturmflut 1962. Alte und neue Gebäude mit ungleicher Firsthöhe. Freigespülte und beschädigte obere Warfböschung, darauf Heustapel. Fething ohne Wasser. Sommerdeich mit Uferdeckwerk, als feste Grenze zwischen Hallig und Wattenmeer

Fig. 24 Ausschnitt aus der Seekarte der Commerzdeputation Hamburg, 1762

Fig. 25  Ausschnitt aus der Seekarte von H. F. Rosencrantz, Husum, 1776

Fig. 26  Ausschnitt aus der Seekarte von J. D. Trock, Altona, 1778

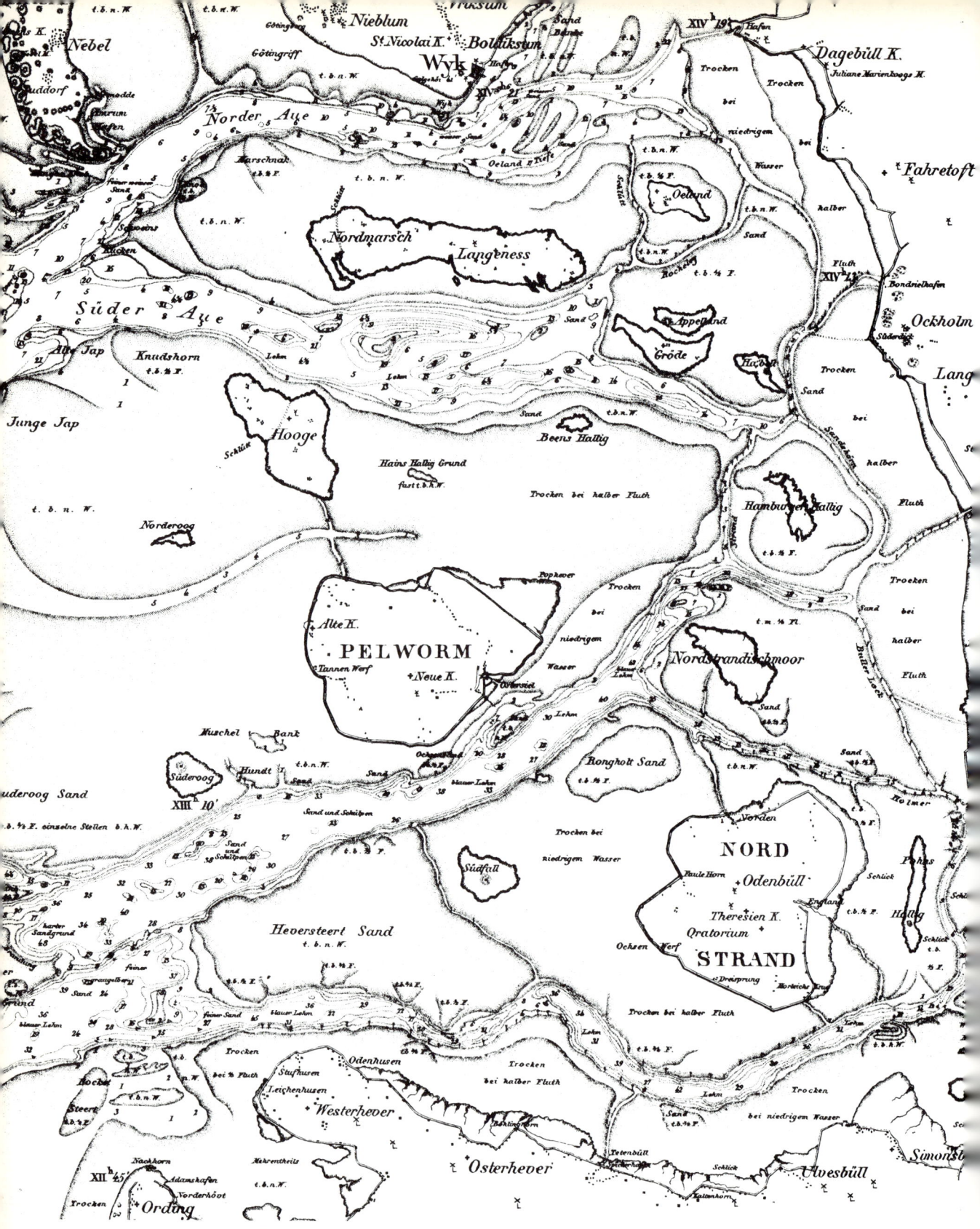

Fig. 27 Ausschnitt aus der Seekarte von C. C. Zahrtmann, Kopenhagen, 1841

Fig. 28  Ausschnitt aus der Seekarte von S. C. Zimmermann und J. O. Hasenbank, Hamburg, 1721

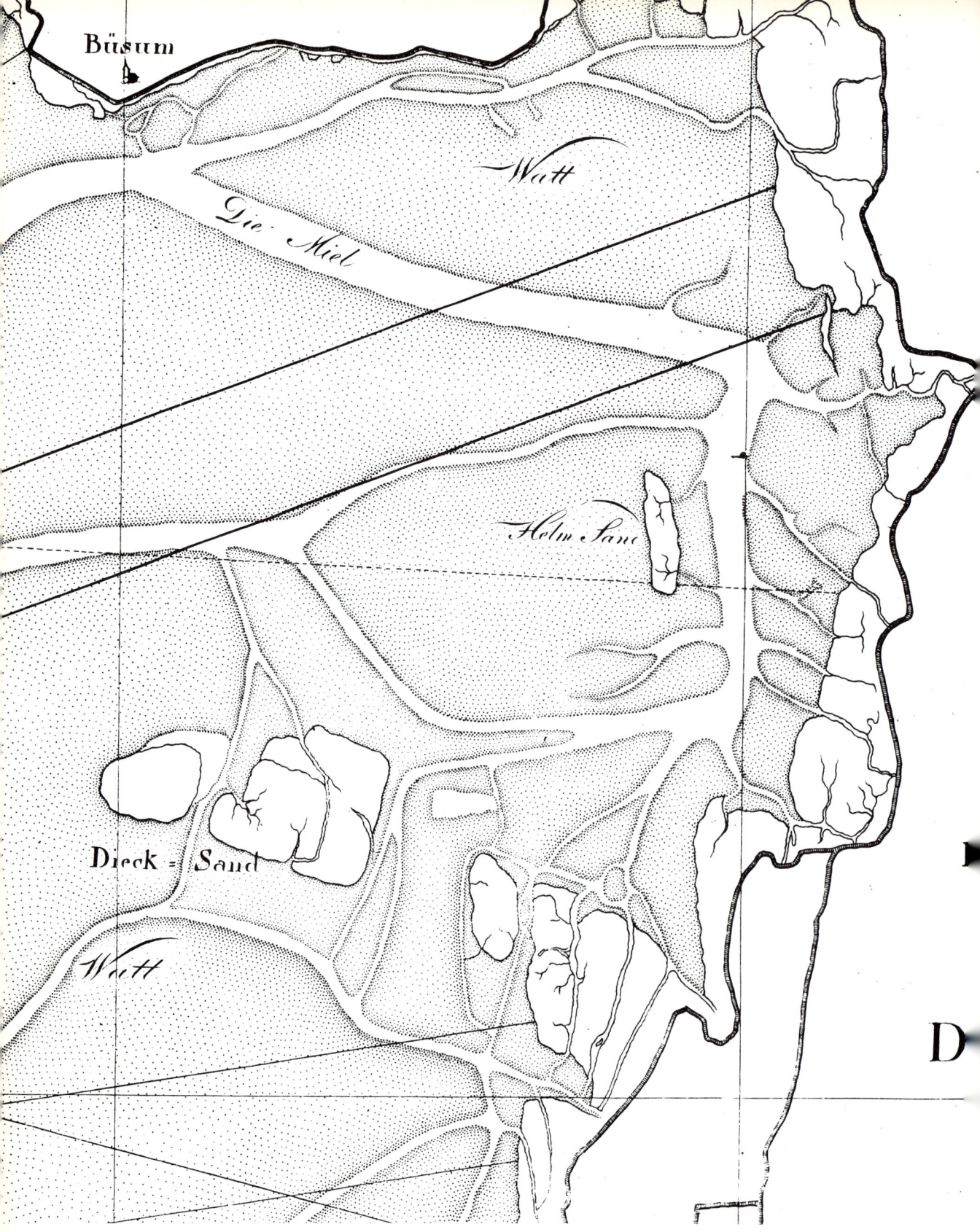

Fig. 29  Ausschnitt aus der Seekarte von J. T. Reinke und J. A. Lange, Hamburg, 1787

Fig. 30  Ausschnitt aus der Seekarte von E. Abendroth, Hamburg, 1846

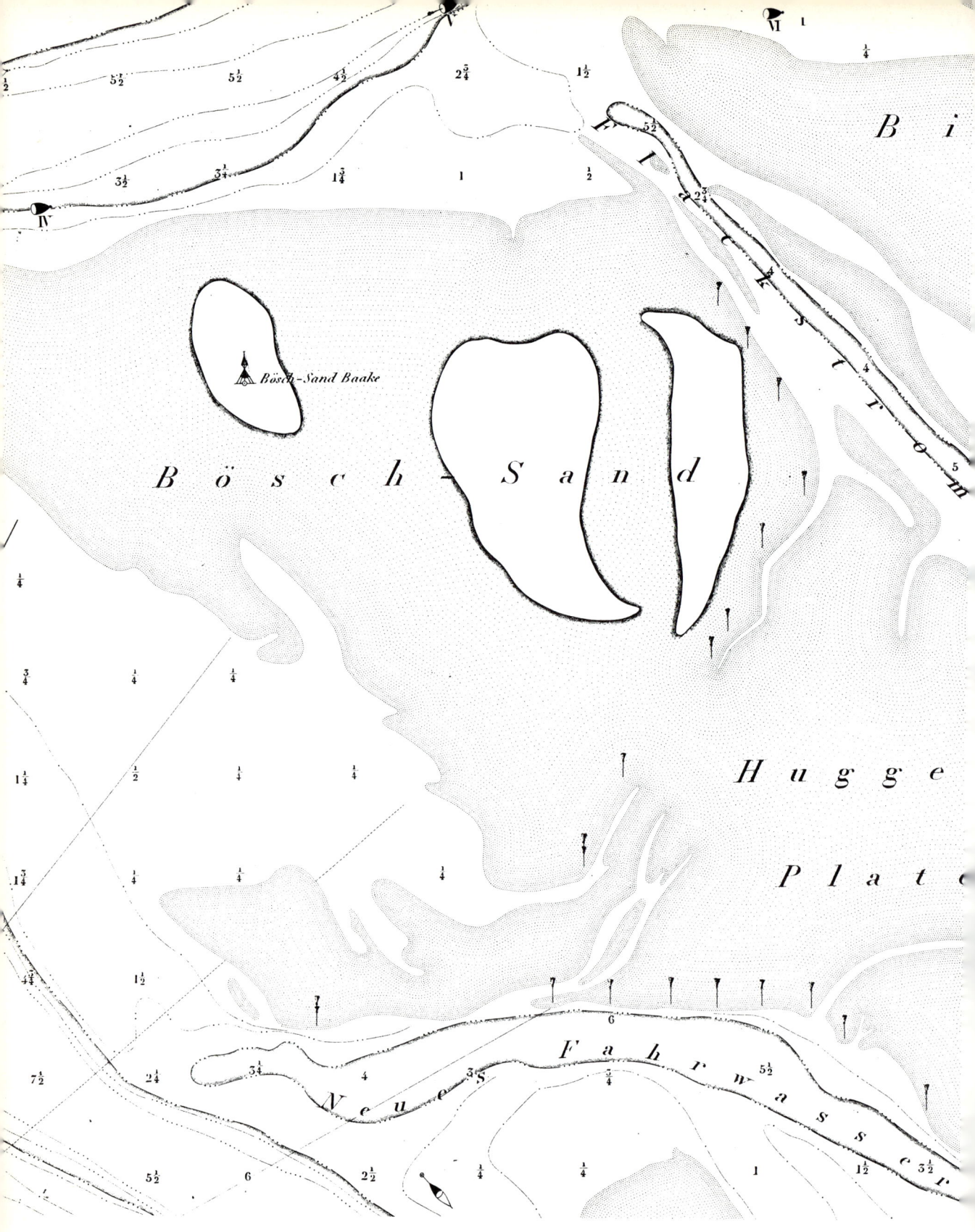

Fig. 31 Ausschnitt aus dem Seeatlas von H. Koehler, Berlin, 1859

Fig. 32 Ausschnitt aus der Seekarte von F. A. Meyer, Hamburg, 1868

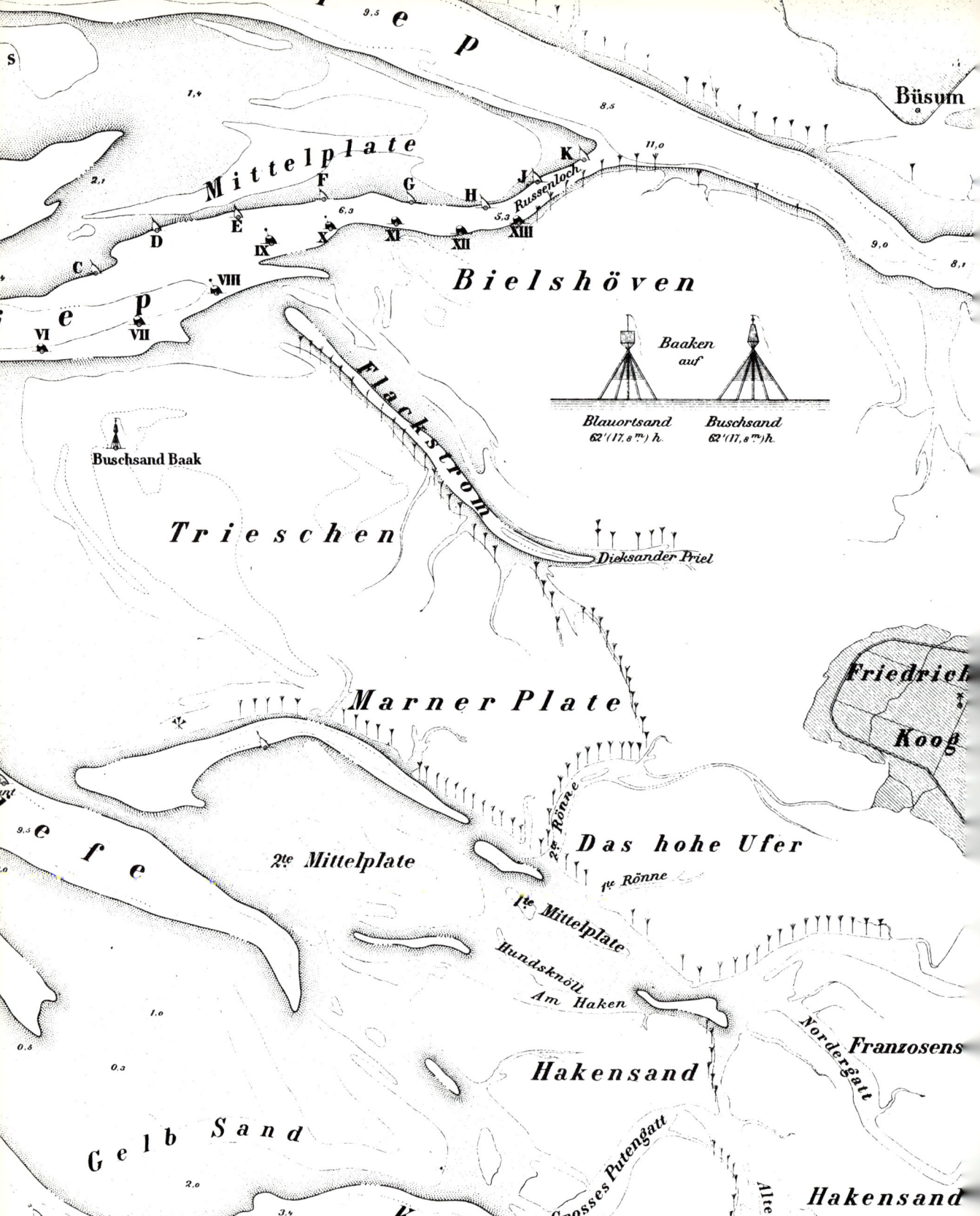

Fig. 33 Ausschnitt aus der Seekarte von F. A. Meyer, Hamburg, 1875

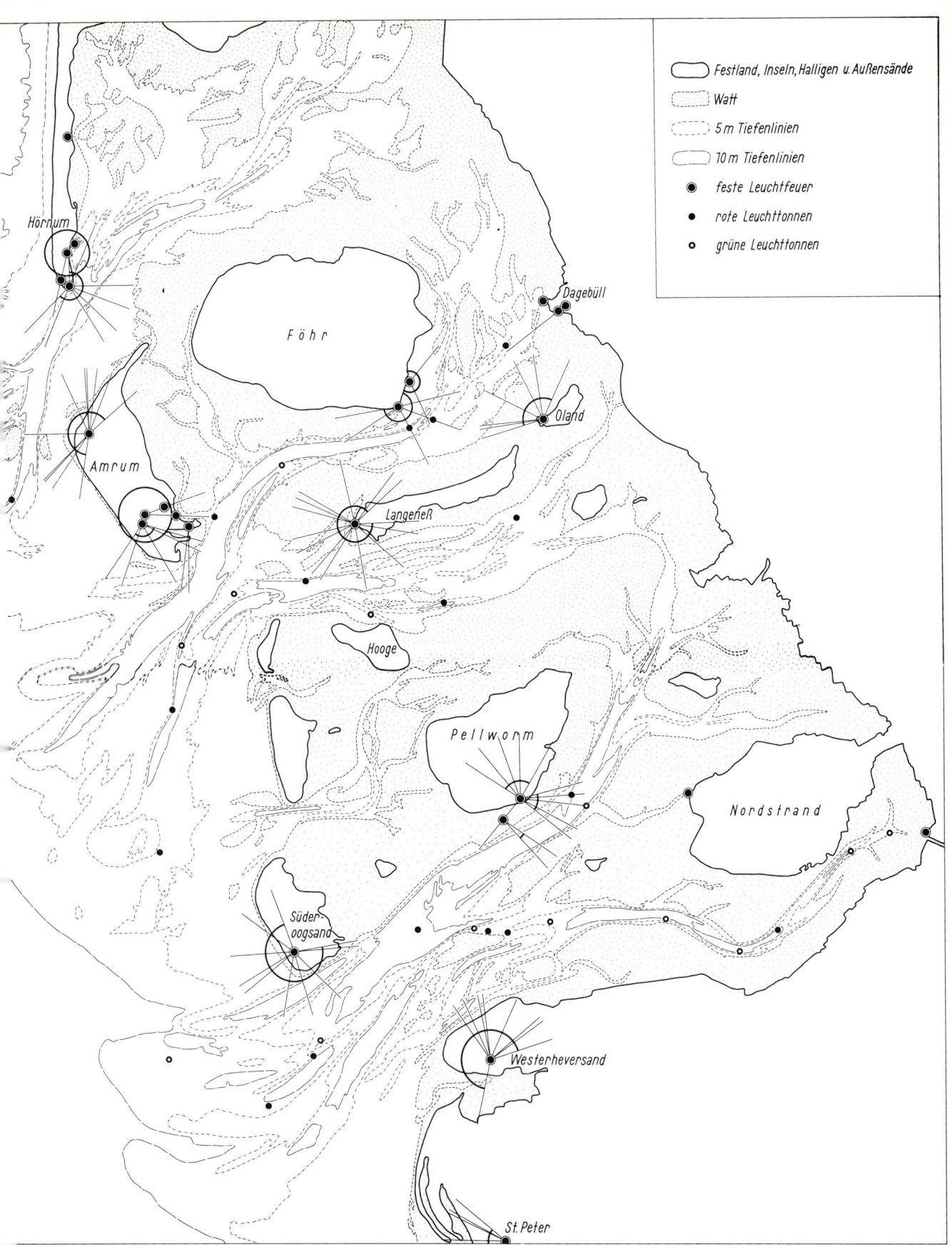

Fig. 34 Ausschnitte aus den Seekarten „Hever und Schmaltief" und „Vortrapptief, Norder- und
Süderau", Hamburg, 1979

Er konnte nicht wissen, daß sein Schiff in ein Gewässer voller Untiefen gesegelt war; denn beleuchtete Seezeichen im heutigen Sinne gab es dort noch nicht, und Landmarken waren ebenso wenig sichtbar wie Mond und Sterne. – Die Bark lief auf. – Die spanischen Schiffbrüchigen überraschten die Halligfamilie von Süderoog am Weihnachtstisch. Alle erhielten trockene Kleidung und warme Speisen. Für den gastfreundlichen Aufenthalt schickte der Kapitän später ein Dankschreiben. Außerdem schenkte er dem Halligbauern die Gallionsfigur seines gestrandeten Schiffes, die über der Haustür des Halligshauses angebracht wurde und noch heute an die weihnachtliche Strandung erinnert.

Auf Westerheversand strandete im Jahre 1911 ein Kohlenschiff, das schon nach wenigen Wochen in die Sandbank eingespült und versandet war. Als das Wrack nach 40 Jahren wieder zum Vorschein kam, konnte man noch Teile der Ladung und des Schiffes bergen.

Während einer Fahrt von Hamburg nach Amsterdam ohne Fracht geriet der 7200 t große griechische Dampfer „Konstantis Lemas" in einen Sturm. Die Schiffsschraube wurde beschädigt, der Dampfer trieb nach Norden ab und strandete in der Nacht vom 6. auf den 7. Dezember 1929 vor Westerheversand. Der nur etwa ein Kilometer entfernte Leuchtturm und die veraltete Seekarte von 1906/07 paßten nicht zusammen, so daß der Kapitän über diesen Standort zunächst im unklaren blieb. Aber er bekam bald Verbindung mit dem Leuchtturmwärter und dem Seenot-Rettungsdienst. Die 28köpfige Besatzung wurde zum größten Teil nach Piräus zurückgeschickt, weil für die Bergung des Schiffes wenig Aussicht bestand. Lediglich der Kapitän nahm mit vier Besatzungsmitgliedern Quartier im Leuchtturm; der Funker mußte an Bord bleiben. In Westerhever denkt man gern an diese gute Zeit zurück. Viele Schaulustige stellten sich ein; der Kapitän, ein reicher Reeder und Weingutbesitzer, zahlte pünktlich und großzügig. Der Dampfer war gut versichert, so daß ein Verlust für den Eigner wohl zu verkraften gewesen wäre. Aber man ließ eine Rinne vom Schiff zum Fahrwasser graben und den Dampfer rundherum freischaufeln – gegen gute Bezahlung. Im März 1930 gelang es mehreren Schleppern, die Konstantis Lemos in die Nordsee zu ziehen. Im Dorf konnte man noch lange den Wunsch hören „Möge doch mal wieder ein Grieche auf Westerheversand stranden."

Aus der vielseitigen Strandungsgeschichte soll noch die Havarie eines Fruchtfrachters erwähnt werden, die sich im Sturm am 9./10. Februar 1949 ereignet hat. In den folgenden Tagen trieben Apfelsinen in Kisten und einzeln zu vielen Tausenden an die schleswig-holsteinische Westküste und auch in das Halligmeer. Die Bevölkerung hatte seit Jahren keine Apfelsinen mehr gesehen und geschmeckt. Die jüngere Generation kannte die Frucht aus südlichen Landen überhaupt nicht. Da wundert es nicht, daß man sie eifrig sammelte. Fischer stellten sich schnell um; sie fischten einige Tage nur Apfelsinen und verkauften diese in den Häfen. Pferdefuhrwerke eilten auf die Außensände, soweit es möglich war. Man stellte sicher, was brauchbar schien, wobei die Sammler schon bald die mehr oder weniger salzigen Früchte zu unterscheiden wußten. Der Name des Schiffes, das seine Ladung der Nordseeflut überlassen mußte, blieb unbekannt, die Apfelsinen dagegen unvergessen.

Ein trauriges Ende nahm im Sommer 1950 die Reise der „Ormen Friske" („Gesunde Schlange"). In einem nachgebauten Wikingerschiff verunglückten fünfzehn junge schwedische Sportler bei stürmischem Wetter irgendwo in der Nordsee, wahrscheinlich bei Helgoland. Das Heck des Schiffes wurde zwischen den Sänden von Süder- und Norderoog geborgen, der Vordersteven strandete bei Hörnum auf Sylt. Im Westerhever-Fahrwasser wurde der auf Holzteilen des Schiffes treibende Kompaß aufgefischt. Die Leichen von zwei Besatzungsmitgliedern trieben schon bald an den Halligufern von Südfall und Süderoog an. Eine systematische Suchaktion wurde durchgeführt, an der sowohl das Jugendlager von Süderoog als auch je zwei britische und dänische Flugzeuge sowie Boote der Deutschen Gesellschaft zur Rettung Schiffbrüchiger und der Wasserschutzpolizei teilnahmen. Auf dem Friedhof „Heimat für Heimatlose" am Fuße der Turmruine der Alten Kirche auf Pellworm fanden die jungen Sportler eine vorläufige Ruhestätte. Hier steht ein Gedenkstein als Erinnerungszeichen an die Katastrophe des Wikingerschiffes. Die Verunglückten sind später in ihre Heimat nach Schweden umgebettet worden.

## Seezeichen

Die beschriebenen Strandungsfälle verdeutlichen die mit der Schiffahrt am und im Halligmeer verbundenen Gefahren. Den Seeleuten standen ursprünglich nur Landmarken als Richtungspunkte zur Verfügung. Ihre mehr oder weniger auffälligen Formen aus bestimmten Blickrichtungen dienten als Festpunkte, nach denen Standort und Kurs des Schiffes bestimmt wurden: Kirchtürme, Mühlen, einzelne oder in Gruppen zusammenliegende Häuser, Inseln und Halligen mit ihren Warfen (Abb. 131). Solche charakteristischen Orientierungszeichen, die sich aus der Wasser- und Wattfläche am Horizont abhoben, wurden im Laufe der Zeit durch Pricken, Stangen, Baken (Abb. 132), Seetonnen und Leuchttürme ergänzt.

Pricken oder Buschbaken zählen zu den einfachsten Mitteln, Wasserwege in einem Wattengebiet zu kennzeichnen. Sie sind die typischen Seezeichen des Wattreviers. Es ist die Aufgabe des Bakensteckers, im Frühjahr etwa drei bis fünf Meter lange junge Birken, deren Äste vorher vom Stamm entfernt worden sind, durch einfaches Auf- und Abstoßen in die Priel- oder Wattstromböschung zu stecken. Der weiche Schlickgrund ist dafür besonders gut geeignet.

Obgleich die Pricken in den Salzwasserbereich eingesetzt werden, kann man in den ersten Wochen frisch ausgeschlagene Blätter an den Toppzweigen beobachten. Die Pricken werden in Reihen mit Abständen von etwa dreißig bis fünfzig Meter gesteckt, so daß jede Krümmung und Abzweigung eines Wattfahrwassers auch noch bei Tidehochwasser und bei kleineren Sturmfluten zu erkennen ist. Sie sind elastisch genug, um den dynamischen Angriffen der Wellen und der Strömung, ja auch dem Anprall von kleineren Schiffen zu widerstehen. Bei Eisgang werden sie allerdings noch mehr beansprucht. Deshalb müssen die beschädigten oder verschwundenen Pricken einer Prickenreihe nach dem Winter möglichst bald ersetzt werden. Daß der Bedarf an Pricken und der Arbeitsaufwand alljährlich nicht unerheblich ist, geht allein schon aus einem Archiv-Beleg des Jahres 1822 hervor. Damals steckte man von Husum aus bereits 500 Pricken.

Stangen, auch Spierbaken genannt, werden bevorzugt auf Leitwerken, am Kopf einer Buhne oder einer Lahnung angebracht.

Drei oder mehr Pricken als gut sichtbares Bündel bezeichnen den Beginn oder das Ende einer Prickenreihe. Hier und dort findet man auch Besen an einer Pricke oder Stange als besondere örtliche Merkmale angebracht. Der Abstand der Prickenreihe von der tiefsten Rinnensohle kann ganz grob mit etwa dem halben Abstand angegeben werden, den die Pricken voneinander haben. Manche Pricken und Stangen sind mit Manschetten versehen, die als Rückstrahler wirken, wenn sie Scheinwerferlicht reflektieren. Dem Ortskundigen sind sie nützliche Hilfen. Der Ortsfremde versteht dagegen vielfach nicht, solche Zeichen zu seinem Vorteil auszulegen.

Die Begriffe Pricken und Baken sind mit der Zeit im Gebrauch eindeutig geworden. Die Vorläufer der heutigen Baken waren die sogenannten Kapen aus hohen Balkengerüsten. Im Jahre 1611 diente eine Kape auf Süderoog als Ersatz für den eingestürzten Turm der Alten Kirche auf Pellworm. Je zwei Kapen wurden 1613 im Bereich des Flackstromes vor Dithmarschen und auf Süderhöft am Westkopf von Eiderstedt erwähnt sowie 1770 eine Blauort-Kape und 1771 eine auf Trischen, 1842 eine auf einer Düne bei St. Peter.

Eine Bake wurde im Jahre 1800 auf dem Seesand südlich von Amrum gebaut. Als Vorposten des Halligmeeres weist die sich von der weiten hellen Sandebene abhebende Rettungsbake Süderoogsand an der Hevermündung auf die dortigen Gefahrenquellen hin. Sie wurde 1891 auf dem jetzigen Platz errichtet, nachdem mehrere Baken zerstört und immer wieder aufgebaut worden waren. Ihre Standorte mußten jeweils weiter nach Osten zurückverlegt werden, weil der Süderoogsand auf seiner Westseite laufend abgetragen wird. Die Bake steht auf starken Eichenpfählen und ragt mit einer stabilen Holzkonstruktion 19 m über den Meeresspiegel. Etwa in halber Höhe befindet sich eine kleine Schutzhütte mit den nötigsten Nahrungsmitteln und Einrichtungsgegenständen einschließlich Fernsprechgerät. So mancher Schiffbrüchige hat sich in diese Kammer retten können.

Das Süderoog-Quermarkenfeuer in der Kuppel der Bake wird mit Gas betrieben; es strahlt in mehreren Sektoren verschiedene Farben aus. Die Wartung des Leuchtfeuers wurde zunächst von Süderoog aus betrieben. Eine Weckuhr steuerte den Einsatz der Zündflamme und der Hauptflamme; sie mußte in jeder Woche einmal nach Sonnenaufgang und -untergang neu gestellt werden. Meistens wurden die Fahrten mit dem Halligfuhrwerk zurückgelegt; manchmal zog man für diese Dienstleistung den sieben Kilometer langen Fußweg vor.

Solche Aufgaben waren immer von Ebbe und Flut abhängig und deshalb mit entsprechendem Wagnis verbunden. Als einmal plötzlich dichter Nebel aufkam, irrte der Halligmann mit seinem Pferdefuhrwerk geraume Zeit auf dem Süderoogsand und auf dem Watt herum, bis er in letzter Minute, mit dem Gespann durch tiefes Wasser watend, wieder die Halligkante erreichte.

Nach den Unterlagen des Landschaftlichen Archivs in Heide erstellte Meldorf (in Süderdithmarschen) auf königlichen Befehl bereits im Jahre 1613 eine Bake auf Trischen, und zwar „aus christlicher Liebe". Diese Bake solle „mit ihrer Königlichen Majestät Wappen bemahlet" sein. Die Norderdithmarscher bauten 1689 eine Bake auf Trischen. Man kann daraus unter anderem schließen, daß die Zuständigkeiten zu jener Zeit noch nicht klar abgegrenzt gewesen waren.

Ähnlich wie die Süderoog-Bake mußte auch die Bake auf Trischen in verhältnismäßig kurzen Zeitabständen zurückgenommen werden. Die einzelnen Bakenstandorte seit 1840 sind in der Tabelle 21 aufgeführt:

| Bake Nr. | Errichtet im Jahr | Bakenstandort | Bemerkungen |
|---|---|---|---|
| 1 | 1840 | Buschsand-Polln | 1848 zerstört |
| 2 | 1849 | Buschsand | 1866 zerstört |
| 3 | 1866 | Buschsand | 1870 (bei Kriegsausbruch zerstört) |
| 4 | 1871 | Buschsand | 1884 zerstört |
| 5 | 1884 | Buschsand | 1890 zerstört |
| 6 | 1890 | Buschsand | 1911 zerstört |
| 7 | 1912 | Buschsand | 1924 (versetzt in den Trischenkoog) |
| 8 | 1924 | Trischenkoog | 1949 zerstört |
| 9 | 1951 | Buschsand | noch vorhanden (Abb. 132) |

Tabelle 21.  Bakenstandorte auf Trischen seit 1840.

Die achte Bake brach 1949 im Wogenprall zusammen. Die heutige Buschsandbake auf Trischen wurde im Jahre 1951 in Form eines 24 m hohen Stahlrohrgerüstes mit Zufluchtraum für Schiffbrüchige errichtet (Abb. 132). Ihr Unterbau ist hellgrau gestrichen und das Zylinder-Toppzeichen schwarz.

Im Dithmarscher Wattengebiet, das arm an Landmarken ist, sind ferner die zwanzig Meter hohe Blauortsand-Bake auf einem schwarzen viereckigen Holzgerüst mit Kegel-Toppzeichen nördlich der Norderpiep und die Tertius-Bake zwischen Norder- und Süderpiep zu nennen. Auch die Tertius-Bake mußte mehrmals zurückgesetzt werden; sie ist an dem sechzehn Meter hohen Rohrmast mit Zylinder-Toppzeichen zu erkennen.

Für die Schiffsführung stellen bei Tage die Formen und Farben der Leuchttürme gute Anhaltspunkte dar, während man bei Nacht die unterschiedlichen Lichterscheinungen, die sogenannten Kennungen, der einzelnen Leuchtfeuer unterscheiden kann.

An Stellen, wo Schiffe in Gefahrenzonen gelangen können, begrenzen rote oder grüne Warnsektoren oder solche mit Taktkennungen das für das Fahrwasser gültige weiße Feuer. Danach berichtigt die Schiffsführung dann den Kurs des Schiffes.

Die Orientierung auf den Wattwasserstraßen im Bereich der Norder- und Süderaue wird bei Nachtfahrten unter anderem erleichtert durch die Leuchtfeuer „Amrum", „Nordmarsch"/Langeneß (Abb. 133), „Oldenhörn" auf Föhr und „Oland" (Abb. 134). Das Nordmarsch-Leuchtfeuer brennt seit 1902 auf einem runden rotbraunen Turm, das Leuchtfeuer Oland fällt durch seine reetbedachte Form mit dem Laternenfenster auf.

Im Bereich der Hever sind es die Leuchtfeuer „Westerheversand", „Süderoogsand", „Pellworm" und „Pellworm-Unterfeuer". Die beiden roten Leuchttürme Westerheversand (zwei weiße Bänder) und Pellworm (ein weißes Band) sehen sehr ähnlich aus. Sie wurden etwa zur selben Zeit gebaut und in Betrieb genommen. Der vierzig Meter hohe, zehngeschossige Turm von Westerheversand steht auf einer Warf (Abb. 135). Er wurde auf einem Fundament von 127 Rundpfählen und einem sechzehneckigen Turmsockel aus 618 gußeisernen Platten mit einem Gewicht von 150 t errichtet. Die Lichtquelle des Leuchtfeuers bestand bei Inbetriebnahme im Jahre 1908 aus einer Gleichstrom-Bogenlampe; Dieselmotoren, Generatoren und Akkumulationsbatterien lieferten die elektrische Energie. Heute kommt der Strom für die Xenon-Hochdrucklampen aus dem Ortsnetz und bei Stromausfall aus einem Notstromaggregat.

Im Jahre 1967 wurde mit der Automatisierung sämtlicher Leuchtfeuer begonnen. Durch ein elektronisches Fernwirksystem werden die elektrischen Schiffahrtszeichen in ortsfesten Leuchtfeuern zentral vom Wasser- und Schiffahrtsamt Tönning gesteuert und überwacht. Bis 1982 soll das Automatisierungsprogramm abgeschlossen sein. Damit ist die Zeit der Leuchtturmwärter vorbei. In Abständen von etwa zwei Wochen werden nun Wartung und Reparaturen von hierfür ausgebildeten Elektronikern wahrgenommen. Nach der Vorstellung der Wasser- und Schiffahrtsverwaltung ist es gleich, ob Mensch oder Technik das Leuchtfeuer in Ordnung hält, Sicherheit hat Vorrang.

Durch die Neuerungen auf dem Gebiete des Seezeichenwesens werden am Ende die Leuchtfeuer Pellworm-Ochsensand und Oland verlöschen. Die beiden Leuchtfeuer-dienstgehöfte von Westerheversand haben ausgedient, weil die beiden Leuchtturm-wärter an einen anderen Arbeitsplatz versetzt worden sind und mit ihren Familien fortziehen. Voraussichtlich wird die gesamte Leuchtturmwarf auf Westerheversand unter Denkmalschutz gestellt werden.

Bisher war von standortfesten Seezeichen die Rede. An den Hauptwasserstraßen haben sich außerdem schwimmende Seezeichen, die Seetonnen, bewährt. Wenn sich ein Fahrwasser verändert hat und die Schiffsroute verlegt werden muß, ist ein Umsetzen von Tonnen verhältnismäßig einfach möglich.

Jahrhundertelang benutzte man spitzkegelförmige hölzerne Hohlkörper, die mit kräftigen Bandeisen verstärkt waren. Man verankerte sie fast immer mit eisernen Gliederketten an großen Steinen. Neuerdings werden bis zu tausend Kilogramm schwere Betonklötze auf der Gewässersohle als Ankersteine für die Tonnen aus Stahlblech benötigt.

Auf der Hever soll es im 15. Jahrhundert noch keine Seetonnen gegeben haben; 1588 werden zwei genannt, 1626 sind es sechs Tonnen, und 1776 steigt die Anzahl auf fünfzehn und 1822 auf neunzehn Tonnen.

Um ein Höchstmaß an Verkehrssicherheit zu erreichen, verwendet man bei der Betonnung mehrere Unterscheidungsmerkmale; nach der Form: Spitz-, Spieren-, Bakentonnen, nach der Farbe: vorwiegend rot und grün (bis vor kurzem schwarz). Außerdem sind die einzelnen Tonnen durch Buchstaben oder Zahlen gekennzeichnet. An bestimmten Stellen tragen sie Toppzeichen (Kegel, Doppelkegel mit den Spitzen nach oben, Spindel, Zylinder, Stundenglas).

An besonders wichtigen Punkten des Wasserweges liegen Leuchttonnen mit ihren typischen Kennungen. Auffällig ist ihre Größe. Sie können als unbemannte Feuerschiffe auch bei schlechtem Wetter und geringer Sichtweite verhältnismäßig sicher von der Schiffsführung geortet werden. An der Neigung der Tonnen kann man schon aus größerer Entfernung erkennen, ob die Flut einläuft oder ob Ebbströmung herrscht.

Anzahl und Lage der gegenwärtig ausliegenden Seetonnen sind den gültigen Seekarten und Änderungen den „Nachrichten für Seefahrer" zu entnehmen.

Tafel 8  Wattwanderung bei aufziehendem Gewitter, 27. 5. 1962

Seit 1978 gilt das internationale Betonnungssystem im Halligmeer. Alle schwarzen Spitztonnen auf der Steuerbordseite der Wasserstraße haben jetzt einen grünen Anstrich; die roten Tonnen auf der Backbordseite konnten ihre Farbe behalten. So sind auch die Bordzeichen der Schiffe gekennzeichnet. Die bisherigen grünen Wracktonnen erscheinen jetzt gelb-schwarz.

In den Tonnenhöfen werden die Seetonnen von Rost und Bewuchs befreit, neu gestrichen und mit der für den jeweiligen Standort erforderlichen Beschriftung und Ausrüstung versehen. In einem Eiswinter sind die Seetonnen starken Beanspruchungen ausgesetzt; sie werden leicht beschädigt, und im Treibeis können sie nicht immer ihre Position halten. Im Herbst hat der Tonnenleger, ein Spezialschiff mit schwerer Krananlage an Bord, die Sommertonnen gegen Wintertonnen auszuwechseln, im Frühjahr umgekehrt.

## Seenotrettungsdienst

Das bemerkenswert weit entwickelte Seezeichenwesen hat natürlich die Sicherheit der Schiffahrt im Wattenmeer und damit auch für die Halligen erheblich verbessert. An dieser Stelle sind die Seenotkreuzer der Deutschen Gesellschaft zur Rettung Schiffbrüchiger (DGzRS) zu nennen, die in den Häfen Strucklahnungshörn auf Nordstrand und Steenodde auf Amrum bei Gefahr sofort einsatzbereit zur Verfügung stehen (Abb. 151). Beide Schiffe sind mit je einem Tochterboot ausgestattet, die selbst auf höheren Watten Bergungsmanöver möglich machen. Die DGzRS besetzt auf Südfall von März bis November ihre Station (Abb. 136) mit einem Seenotbeobachter, der Seefunkgespräche über die Küstenfunkstelle oder über die Seenotwache Westerland führen kann. Die Seenotfunkstelle wurde in der Sturmflut am 3. Januar zerstört, aber bald wieder instandgesetzt.

Der Seenotrettungsdienst wurde im Jahre 1865 als humanitäre Einrichtung gegründet. Die Gesellschaft finanzierte ihre segensreiche Arbeit zum größten Teil aus freiwillig aufgebrachten Beiträgen und Spenden. Auf die Hilfeleistung der Seenotkreuzer, die sich mit ihren Rettungsfahrten, Kranken- und Verletztentransporten und als vorzügliche Eisbrecher vielfach bewährt haben, wird man nicht mehr verzichten wollen.

Der in Strucklahnungshörn beheimatete Rettungskreuzer ist 18,90 m lang, 4,30 m breit und hat einen Tiefgang von 1,25 m. Seine Maschine bringt eine Leistung von 830 PS, die eine Fahrgeschwindigkeit von 18 Knoten ermöglicht. Der Kreuzer ist ausgerüstet mit Kreiselkompaß, Echolot, Radar, Funk, Lichtfunkpeiler.

Nachdem in den letzten Jahren mehr und mehr Sportboote in den Wattgebieten gezählt werden und oft Hunderte von Wattwanderern an schönen Sommertagen unterwegs sind, achtet die DGzRS auf solche Gruppen.

## Sportboote und Spezialschiffe

Die Anzahl der Sportboote, die ihren Heimathafen auf Hooge, Langeneß und Oland (Farbtaf. 9) sowie auf Pellworm haben, liegt nach den Angaben in Tabelle 22 bei siebzig Booten. Die auswärtigen Freizeitkapitäne kamen in den letzten Jahren jeweils mit 600 bis 800 Sportbooten allein in die nordfriesische Halliglandschaft. Daß sich eine solche

| Heimathafen | auswärtige Boote | | Angaben von |
| --- | --- | --- | --- |
| Hooge | 13 | 200–250 | Johannes Brogmus, Hooge |
| Langeneß | 3 | 30– 40 | Arfast Boysen, Langeneß |
| Oland | 3 | 50– 60 | Bernhard Christiansen, Oland |
| Pellworm | 51 | 320–435 | Heinz Clausen, Pellworm |
| Insgesamt | 70 | 600–785 | |

Tabelle 22. Sportboote im nordfriesischen Halligmeer (1976–1979).

Entwicklung nicht ganz reibungslos vollzieht, wird an den Bootsunfällen deutlich. Als Hauptursachen für die zum Teil tragischen Ereignisse hat man Leichtsinn, Unkenntnis, Unerfahrenheit und mangelnde Ausrüstung erkannt.

In den Wattgewässern der Halligen verkehren außerdem Fahrzeuge für verschiedene Zwecke. Vermessungsschiffe kontrollieren Jahr für Jahr die Fahrrinne. Aufsichtsboote stellt die Wasserschutzpolizei, das Zollamt und das Fischereiaufsichtsamt. Häufig kann man Stein- (Abb. 137 und 138) und Buschschuten sehen, die vom Amt für Land- und Wasserwirtschaft für den Küstenschutz (und Wasserschuten in Notzeiten für die Halligbewohner unmittelbar) eingesetzt werden. Fahrzeuge der Marine, Schlepper, Pontons, Schwimmkräne, Eisbrecher erscheinen hier gelegentlich. Im tideabhängigen Rhythmus beleben vergleichsweise oft Fracht- und Fahrgastschiffe, aber vor allem die Fähren das Bild der Halligwelt.

## Fähren

Im Rahmen der Halligsanierung stellte die Förderung der besseren Verkehrsverbindung an das Festland einen wichtigen Problemkreis dar, denn die Halligbewohner sind im allgemeinen immer auf die kostspielige Benutzung von Schiffen angewiesen, wenn sie von ihren Halligstraßen auf die Straße des Festlandes gelangen wollen.

Wegen der naturbedingten Verhältnisse hatten sie keinen allzu großen Anteil an den Errungenschaften der modernen Zivilisation. Man sah deshalb schon zu Beginn der Halligsanierung die Sicherung einer ausreichenden Versorgung und gute Verkehrsmöglichkeiten zumindest als ebenso wichtig an wie die Schaffung ausreichender Hochwasserschutzanlagen mit teilweise neuen Gebäuden, wie den Wege- und Brückenbau und wie die Flurbereinigung. Der Präsident des Landesrechnungshofes bezeichnete die unzulänglichen Verkehrsverhältnisse als eine eindeutige Benachteiligung der Halligleute und einen Verstoß gegen den Gleichheitsgrundsatz.

Um 1960, als die Sielhäfen Schlüttsiel und Strucklahnungshörn mit modernen Anlegern gebaut worden waren, kamen zum erstenmal Autofähren zum Einsatz. Die Folge war, daß die beiden großen Halligen Langeneß und Hooge nun ebenfalls bewegliche Vorkopf-Anleger (Abb. 139) benötigten. Die Fähre zwischen Pellworm und Hooge ging ein. Man konnte mit der Autofähre günstiger von Hooge und Langeneß nach Schlüttsiel und umgekehrt kommen. Die Versorgungsgüter brauchten nicht mehr vom Kraftwagen auf das Schiff umgeladen und wieder von Bord getragen zu werden. Somit wurde eine weitere Voraussetzung für die intensivere Nutzung der Halligen geschaffen.

130

Nachdenklich stimmen allerdings die Ergebnisse wissenschaftlicher Untersuchungen über die Problematik von Verkehrserschließungen für wirtschaftsschwache Gebiete: „Generell läßt sich sagen, daß überall dort, wo ein in der Entwicklung verhältnismäßig zurückgebliebenes Gebiet mit einem unvollkommenen Verkehrssystem an einen in der Entwicklung fortgeschrittenen Raum mit einem gut ausgebauten Verkehrssystem angeschlossen wird, eine Entleerung des rückständigen Raumes einsetzt" (Prof. F. Voigt).

## Nutzungsarten

Allen Möglichkeiten, die abgelegenen Halligen zu nutzen, werden Grenzen durch die atmosphärischen, hydrodynamischen und morphologischen Kräfte gesteckt. So war es seit vielen Jahrhunderten, und so wird es bleiben. In diesem Lebensraum für Pflanze, Tier und Mensch haben sich die Existenzbedingungen vor allem für den Menschen so lange nachteilig verändert, bis schließlich der Mensch als gestaltende Kraft den dauernden Landverlust zum Halten brachte und gezielte Infrastrukturmaßnahmen in größerem Umfange durchführte. Erhebliche Anstrengungen waren erforderlich, um den Anschluß dieser unterentwickelten Gebiete an die sozialen und wirtschaftlichen Verhältnisse des weiteren Umlandes annähernd herzustellen. Auf den Halligen war die Zeit in vielerlei Hinsicht stehengeblieben. Die Bewohner hatten den Schritt in das technische Zeitalter nachzuholen, wenn die Hallig bewohnbar bleiben und der mit großer Sorge beobachteten Halligflucht vorgebeugt werden sollte.

Lange Zeit blieb die Landwirtschaft fast die einzige Existenzgrundlage. Als zweite Nutzungsart gestaltete sich zunächst ohne nennenswerte Bedeutung der Fremdenverkehr. Erst die Elektrifizierung, die Fernwasserversorgung, die Gebäudesanierung und die Verkehrsverbesserungen ließen eine Entwicklung des Fremdenverkehrs zu, und die Halligleute bekamen eine zusätzliche Einkommensquelle.

In den letzten Jahren zeichnet sich eine dritte Nutzungsart ab: der Naturschutz. Während sich die beiden ersten Faktoren weitgehend ergänzen, kann man den Naturschutz als konkurrierende Maßnahme bezeichnen. Um die Entwicklungen auf diesen drei Gebieten möglichst klar verstehen zu können, sollen sie näher erläutert werden.

### Landwirtschaft

In dem Abschnitt „Landnutzung früher" haben wir begründet, warum die Weidewirtschaft die einzig mögliche Form der Landwirtschaft ist. Stets wiederkehrende Sturmfluten überschwemmen die Hallig mit Meerwasser. Sie versalzen den Boden und schließen eine andere Bewirtschaftung aus, z. B. den Anbau von Getreide und Hackfrüchten, nachdem Versuche auf Hooge in den Jahren 1933 und 1938 bis 1941 mit Hafer, Gerste, Rüben und Kartoffeln ohne bleibenden Erfolg beendet worden sind. Die Leistung der Halliglandwirtschaft erreichte deshalb nur etwa ein Drittel derjenigen vergleichbarer Betriebe in vollem Hochwasserschutz. Auf einer sommerbedeichten

Halligfläche läßt sich die Heuernte zwar schneller und sicherer bergen, die Heuerträge werden etwas mehr bringen, aber Sturmfluten können nicht abgewendet werden. Die Pflanzen- und Tiergesellschaften haben sich diesen Bedingungen im großen und ganzen angepaßt.

Ein Halligbürgermeister charakterisierte die Lage mit den Worten: „Halligbewohner sein ist ein Ausnahmeschicksal am Rand des menschlich Zumutbaren ... Halligen unterscheiden sich von den Marschen des Festlandes dadurch, daß sie landwirtschaftlich stärker unter einer Fettanämie leiden; ihr prangendes Wiesenbild ist trügerischer Schein, so gesund bäuerlich dieses Gesicht anmutet, es steckt kein volles Bauerntum, sondern nur ein halbiertes oder geviertes dahinter. Die Halligen sind salzwassergetränkt ... So fehlt zum Vieh die andere Hälfte der Landwirtschaft, der Ackerbau. Kein Kornfeld, kein Kartoffelacker, von differenzierten Formen des Gartenbaues oder der Mehrfelderwirtschaft gar nicht zu sprechen ... Es mangelt schon an Schweinen, Schafen, Federvieh, es mangelt am abgerundeten Wechselspiel pflanzlicher und tierischer Mannigfaltigkeit. Daher ist es schief, überhaupt von Halligbauern zu sprechen. Diese Bauern sind Kuhhalter" (M. Kühn 1975).

Die Befestigung der Halligufer und die Anlage von Sommerdeichen waren Voraussetzungen für die Abschaffung der Allmende, von welcher der Besitz, die Verdienstmöglichkeit und die Arbeitsverfassung einer Warfgenossenschaft entwicklungshemmend abhängig gewesen waren. Im Umlegeverfahren verteilte man die Wirtschaftsfläche als Privateigentum an die einzelnen Halligbauern. Es folgte der Ausbau von Entwässerungssystemen, von Wirtschaftswegen und Brücken. Alle Überwegungsrechte verloren ihre Gültigkeit.

Damit das Risiko des Heuverlustes durch Überflutungen geringer und die Bergung des Grünfutters unmittelbar nach dem Mähen möglich wurde, förderte das Programm Nord den Bau von zwölf Silos auf Hooge, zehn auf Langeneß und drei auf Nordstrandischmoor (Abb. 140).

Um das Jahr 1970 verfügten hundert Halligbauern zusammen über rund tausend Hektar Mähflächen und tausend Hektar Weideland bei einem Viehbestand von etwa tausend Rindern (davon 350 Milchkühe) und zweitausend Schafen.

Seit Beginn der Halligsanierung vollzieht sich eine Änderung der Agrarstruktur, die noch keineswegs als abgeschlossen gelten kann. Die für die Hallig existenznotwendige Landwirtschaft sieht sich vor die Aufgabe gestellt, neue Formen zu entwickeln. Wenn das Halligland nicht beweidet und gemäht wird, verwildert die Grasdecke alsbald. Durch Feldversuche konnte nachgewiesen werden, daß der zunächst vielfältige Bewuchs den für den Halligrasen typischen festen Verband des Wurzelgefüges in der Grasnarbe nach und nach so weit lockert, daß Sturmfluten ihr Zerstörungswerk hier neu beginnen können. Die Rückbildung zum täglich befluteten Watt ist dann die zwangsläufige Folge.

Die Anzahl der landwirtschaftlichen Betriebe zeigt eine rückläufige Tendenz. Auf Hooge waren im Jahre 1970 noch 24 Betriebe vorhanden, acht Jahre später 19, 1980 noch 15. Wie aus der Tabelle 23 zu ersehen ist, gab es im Jahre 1980 auf den größeren nordfriesischen Halligen Langeneß, Hooge und Gröde insgesamt 52 Höfe. Die Entwicklung verläuft hier demnach ähnlich wie in fast allen landwirtschaftlich orientierten Dörfern Norddeutschlands und Dänemarks: Weniger Bauern bewirtschaf-

|                                    | Langeneß  | Hooge    | Gröde    |
| ---------------------------------- | --------- | -------- | -------- |
| Landwirtschaftlich genutzte Fläche | 983 ha    | 475 ha   | 213 ha   |
| Dauergrünland                      | 972 ha    | 467 ha   | 198 ha   |
| Betriebe mit   1—10 ha             | 8         | 4        | 1        |
|                     10—20 ha       | 8         | 7        | –        |
|                     20—30 ha       | 4         | –        | 1        |
|                     30—50 ha       | 6         | 6        | 2        |
|                     50 ha und mehr | 7         | 2        | 1        |
| Anzahl der Betriebe                | 33 (32)   | 19 (15)  | 5 (5)    |

Tabelle 23. ͏ ᴢahl und Größe der landwirtschaftlichen Betriebe auf Langeneß, ͏Hooge und Gröde, 1978 u. (1980).
Quelle: Statistisches Landesamt Schleswig-Holstein.

ten größere Betriebsflächen. Der Schrumpfungsprozeß schreitet auf den Halligen jedoch schneller voran, als man erwarten konnte.

Maschinen verdrängen die alten Gerätschaften, die für eine extensive Landnutzung ausreichten. Der nach der Sensenmahd zwischen den beiden Kriegen auf Hooge benutzte pferdebespannte Grasmäher wurde in den fünfziger und sechziger Jahren von der motorgetriebenen Mähmaschine abgelöst. An dem Traktor mit durchschnittlich 15 PS wird das Anbau-Mähwerk angebracht, mit dem der Halligbauer auf inzwischen festen Wegen zu den Mähflächen fahren kann. Derselbe Trecker zieht den Heuwender und schiebt das Heu zusammen. Auch können besondere Transportvorrichtungen daran befestigt werden, die einen Heuhaufen („Ruk") in einem Arbeitsvorgang aufspießen. Somit kommt das Heu schnell auf die Warf. Hier steht dann das Heugebläse bereit und „pustet" das wertvolle Futtermittel auf den Dachboden. In letzter Zeit wird das Heu größtenteils zu Ballen gepreßt; die dadurch sehr vereinfachte Heubergung machte die Gärfuttersilos überflüssig.

Ähnlich schnell reagierten die Halligleute mit ihren Viehbeständen. So gab es im Jahre 1920 auf Hooge 780 Schafe und 340 Rinder. Im Jahre 1970 wurden dort 174 Kühe, 269 Stück Jungvieh und 155 Kälber (rund 600 Rinder), nur noch sieben Schafe und sechs Gastrinder vom Festland gezählt. Ein Jahrzehnt danach geht der Rindviehbestand auf etwa 300 (davon 119 Milchkühe) zurück, die Schafe sind aus dem Halligbild von Hooge ganz verschwunden. Dagegen nahm die Zahl an Pensionsvieh, das Anfang Mai mit dem Fährschiff auf die Hallig kommt, zu. Der Abtrieb erfolgt im allgemeinen vor den Herbststürmen bis etwa zum 10. Oktober.

Hornvieh ist auf Hooge nachweislich bereits vor 1800 „von auswärts her, namentlich von Pellworm, auf die Grasung genommen" worden. Im Jahre 1980 grasten 500 Stück Pensionsvieh auf Langeneß. Bei einem Landunter im August schwamm hier das noch im Schwad liegende Heu davon, und 1200 Stück Vieh mußten auf die Warfen geholt werden, um sie vor den Fluten zu schützen. Für das Vieh bedeutet eine solche Überschwemmung nachher, daß das Futter zunächst ungenießbar ist, und zwar so lange, bis der Regen die Gräser wieder sauber gewaschen hat. Die Kühe geben dann nur halb soviel Milch.

Als Folge der geänderten Betriebsweisen lösten sich die Bauern auch auf den übrigen beweideten Halligen von den herkömmlichen Viehbeständen (Abb. 141).

Seitdem die elektrische Energie und das gute Wasser aus der Leitung zur Verfügung steht, werden die Kühe nicht mehr mit der Hand gemolken (s. Abb. 48). Für diese recht langwierige und anstrengende Arbeit setzt die Bäuerin nun die Melkmaschine in Betrieb. Sofort nach dem Melken trennt die elektrische Zentrifuge den Rahm (Sahne) von der Milch. Der Rahm wird in Plastikbeutel gefüllt. In einem Dauerversuch, um möglichen und tatsächlichen Fehlern auf die Spur zu kommen sowie technische Schwierigkeiten schon im Anfangsstadium abzustellen, war der Nachweis erbracht worden, daß man den Rahm ohne vorherige Hocherhitzung in der Gefriertruhe bei einer Temperatur von minus 32 Grad Celsius einfrieren kann. Die Verarbeitung von Rahm zu Butter auf der Hallig findet nur noch in wenigen Häusern statt, wo man auch die Halligbuttermilch zu schätzen weiß. Die Magermilch, die bei der Entrahmung zurückbleibt, kommt der Kälberaufzucht zugute. Die tiefgefrorenen Rahmblöcke werden regelmäßig ein- oder zweimal wöchentlich von einer Meierei auf dem Festland in isolierten Lastwagen als Hallig-Exportware abgeholt. In der Meierei wird der Rahm zu Butter verarbeitet. Die Markenbutterpackungen preisen sie mit dem Werbespruch an: „Butter aus Rahm von den Halligen".

Wo alte Häuser im Zuge der Warf- und Gebäudesanierung den Neubauten weichen mußten, war kein Platz mehr für die herkömmlichen, verhältnismäßig großen Backöfen. Das war das Ende des alten Brauchs, das Brot selbst zu backen. Heute beliefert eine auswärtige Bäckerei die Hallig über den Wasser- oder Wattweg mit Brot, oft auch mit Kuchen und anderem Gebäck.

Die durch die agrarstrukturelle Entwicklung herbeigeführten Verbesserungen kosteten natürlich ihren Preis. Das Einkommen aus den Erträgen reichte keineswegs aus zur Deckung der laufenden Ausgaben für den Betrieb der elektrischen Geräte, der Maschinen, für das aus der Fernwasserversorgung entnommene Wasser, für die Ölheizung oder die Nachtspeicheröfen, für die Zulieferung von Bedarfsgütern, für Einrichtungen der Post usw. Nach Dürrezeiten und Sturmfluten, seit einigen Jahren auch nach dem Kahlfraß durch Wildgänse und der starken Verkotung des Graslandes gibt es immer wieder Schwierigkeiten mit der Futterversorgung für das Vieh. Der trockene Sommer nach den großen Sturmfluten im Januar 1976 brachte zum Beispiel für die Langenesser Bauern eine zusätzliche Belastung, weil sie mehr als 200 000 kg Rauhfutter hinzukaufen und mit entsprechenden Frachtkosten heranschaffen mußten. Auf Gröde waren die Sorgen ähnlicher Natur. Auf manchen Mähflächen verschiedener Halligen läßt sich kein Heu mehr gewinnen.

Obgleich wesentliche Fortschritte mit Hilfe öffentlicher Mittel zu verzeichnen sind, blieb die Armut auf den Halligen, immer mehr Halligleute wanderten ab. Auf der Suche nach einer brauchbaren Lösung kam man zu der Überzeugung, daß die vom EG-Ministerrat beschlossenen Richtlinien für die Landwirtschaft in Berggebieten und in anderen benachteiligten Gebieten wohl auch auf die Halligen angewendet werden könnten. Den Halligen müsse sogar die höchstmögliche Ausgleichszulage zugestanden werden. Diesem Vorschlag wurde zugestimmt, so daß den Landwirten von 1974/75 an Direkteinkommensbeihilfen und Zinsverbilligungen bei Investitionen bewilligt werden.

Ein „Halligkuhhalter" ist völlig überfordert, wenn Rinder, die ihm zur Gräsung als Pensionsvieh anvertraut worden sind, von der umzäunten Weide ausbrechen und auf dem Watt von der Flut überrascht werden. Vielleicht von einer Windhose in Panik versetzt, gerieten in einer Julinacht des Jahres 1972 bei Süderoog 49 Jungrinder in arge Bedrängnis. Als ein Fischer über Bordfunk mit seinem Berufskollegen sprach und mitteilte, daß in der „Alten Hever" ein totes Rind an seinem Kutter vorbeigetrieben sei, dachten sie zunächst, daß es ein einzelnes Tier gewesen sein müsse. Aber schon nach kurzer Zeit kam die Nachricht von einem anderen Krabbenkutter, daß morgens gegen sechs Uhr beim Fischen eine ganze Hornvieh-Herde westlich von Süderoog-Bake im Strom gesehen worden war. Die Fischer hatten beobachtet, daß die in den drei Meter hohen Wellen schwimmende Viehherde auseinandergetrieben war und sich auf die ganze Breite des Heverstromes verteilt hatte.

Nach diesen Gesprächen begann sofort eine ungewöhnliche Rettungsaktion, an der sich die Besatzungen mehrerer Fischkutter, eines Bootes der Wasserschutzpolizei, eines Seenotrettungskreuzers, eines Strandmotorrettungsbootes und eines Hubschraubers der SAR-Staffel unter der Leitung der Seenotrettungsstelle auf Nordstrand sowie mehrere Küstenbewohner von Eiderstedt beteiligten. Ein großer Teil der Rinder wurde von den Fischkuttern mit dem Fanggeschirr an Bord gehievt und in den Häfen von Husum und Pellworm am Haken des Kutters „ausgebootet".

Der Halligpächter, der auf einem Kontrollflug mit dem SAR-Hubschrauber ein treibendes Rind entdeckte, ließ sich abseilen, um das noch lebende Tier mit einem Strick anzubinden. Der Hubschrauber zog den Angeseilten mit dem Rind in diesem Zustand nach Süderoogsand. An der Rettungsbake wurde das auf sonderbare Weise gerettete Tier mit Wasser und Futter versorgt, das man im Hubschrauber herbeischaffte.

Bald danach, in der ersten schweren Sturmflut des Herbstes 1975, ertranken 36 Rinder auf Langeneß, Hooge und im Watt. Das Deutsche Hydrographische Institut hatte eine Sturmflutwarnung bekanntgegeben, nach der ein Morgenhochwasser am Sonntag, den 28. September gegen sechs Uhr von 1,50 m über dem mittleren Tidehochwasser zu erwarten sei. Tatsächlich schwoll es aber auf 2,25 m über Normal an. Auch diese Tiertragödie ereignete sich also in den frühen Morgenstunden. Auf Langeneß trat die Flut gegen 3.30 Uhr über den Sommerdeich. Hooge stand nach Aussage von Augenzeugen um 5.15 Uhr „schlagartig unter Wasser".

In der Nacht bemühten sich die Halligleute darum, das Vieh in Sicherheit zu bringen. Ein Halligbauer von Hilligenley versuchte, dreißig Stück Hornvieh auf die Warf Treuberg zu treiben. In dem Sturm verhielten sich die Rinder außerordentlich unruhig. Sie durchbrachen schließlich die Einfriedigung und wurden von der Flut fortgetrieben. Zwei Rinder retteten sich auf eine Warf; eines wurde am Sonntag lebend auf Oland geborgen, nachdem es einen Weg von elf bis zwölf Kilometer zurückgelegt hatte. Zwei weitere Tiere gerieten am Nachmittag bei ablaufendem Wasser in einen Priel und wurden von der starken Strömung unter einer Brücke festgeklemmt, so daß die Rettung nur noch in einer Notschlachtung bestand. Von Tamenswarf meldete man den Verlust eines Rindes. Auf Hooge ertranken in dieser Sturmnacht fünf Stück Hornvieh.

Die Bergung der Rinderkadaver aus dem stellenweise tiefgründigen Schlickwatt gestaltete sich in den nächsten Tagen zu einer höchst unangenehmen und schweren Arbeit. Sie wurde von Fischern, von Angehörigen des Technischen Hilfswerks, von

Bediensteten des Wasser- und Schiffahrtsamtes Tönning mit dem Amrumer Boot „Westerharde", des Amtes für Land- und Wasserwirtschaft Husum, der Verwaltung des Kreises Nordfriesland in Anwesenheit eines Tierarztes durchgeführt.

Schafe und Rinder gehören zum Bild der meisten Halligen. Deshalb muß der Tierarzt kommen, wenn ein Tier behandelt werden muß. Während sein Berufskollege mit einem Personenkraftwagen unmittelbar an den Hof oder an die Weide heranfahren kann, tritt der für eine Hallig zuständige Veterinär seine Reise auf einem Fährschiff, in einem kleinen Motorboot, auf einem pferdebespannten Kastenwagen oder zu Fuß an. Je nach Wetterlage und Jahreszeit wird er den Weg über das Watt barfuß oder in langen Stiefeln gehen.

Da sich eine Bullenhaltung auf den kleinen Halligen nicht lohnt, erst recht nicht, wenn nur zwei Milchkühe vorhanden sind, kommt hier auch die in der modernen Landwirtschaft weitverbreitete Praxis der künstlichen Besamung zur Anwendung, nur viel umständlicher und arbeitsaufwendiger als in den Kögen und sonstwo auf dem Festland. Der Besamungstechniker, den man scherzhaft als Rucksackbulle bezeichnet, kommt mit dem Samen im Kühlkoffer und mit einer Pipette auf die Hallig. Hier muß nun schnell gearbeitet werden, denn zwischen Ebbe und Flut oder umgekehrt steht nur eine kurze Zeit zur Verfügung. Auf der Halligweide besteht vor Beginn der Besamung oftmals eine Schwierigkeit darin, die brünstige und dazu häufig noch störrische Kuh einzufangen (Abb. 142). Für den Halligbauern bedeutet die ganze Maßnahme, die mit Zu- und Abgang ungefähr fünf Stunden in Anspruch nimmt, eine kostspielige Dienstleistung.

Die mit der Landaufteilung verbundene Abgrenzung der Grundstücke erfolgte zum Teil durch Einfriedigungen aus Pfählen und mehrreihigem Stacheldraht (s. Abb. 116). Weil die Hallig jährlich etliche Male überflutet wird, wirken die Drahtzäune dann als Auffangvorrichtungen für Treibsel aller Art, einschließlich Plastiktüten unterschiedlicher Größe und Fetzen davon. Im Hinblick auf die erwarteten Besucher müssen die Zäune instandgehalten und von Unrat gesäubert werden.

Im Januar 1979 entstanden meterhohe Schneewehen zwischen den Zäunen, welche die Wege verstopften. Von den Halligleuten konnten die Schneemassen mit eigenen Mitteln nicht beiseite geräumt werden. Deshalb wurden Schneeräumgeräte auf dem Luftwege vom Festland herangeholt. Beim Einsatz waren die Zaunpfähle auf längeren Strecken oder in Kurven und an Abbiegungen nicht zu sehen. Daß man sie teilweise niedergewalzt hatte, kam erst ans Licht, als der Schnee abtaute.

Inzwischen werden Zäune durch Wegseitengräben mit Elektrozäunen ersetzt. Die Halligleute übernehmen rund die Hälfte der dabei anfallenden Arbeiten und Kosten: die Beseitigung der Zäune, das Abfahren des Aushubbodens, die Einebnung der Mähflächen, die Beschaffung der Elektrozäune, die Ansaat der verfüllten Sicken und Prielabschnitte.

Von dem Grabensystem erwartet man eine bessere Entwässerung der Nutzflächen, Vorteile bei deren maschinellen Bewirtschaftung, den Fortfall der teueren und aufwendigen Arbeiten zur Instandhaltung der unschönen Stacheldrahtzäune. Auf den Grabenböschungen wird sich bald eine natürliche standortgemäße Pflanzengesellschaft ansiedeln, so daß die neuen Gräben dann zum Bild der Kulturlandschaft gehören.

Alle notwendigen und zeitgemäßen Neuerungen auf den Halligen waren und sind mit

Kosten verbunden, welche die privaten Haushalte nicht aus der Landwirtschaft herauswirtschaften können. Das war den Beteiligten an der Halligsanierung schon bei der Inangriffnahme des Programms klar. Deshalb wurde die Planung von Anfang an auf einen weiteren Wirtschaftssektor hin ausgerichtet, indem man zugleich den Fremdenverkehr als zusätzliche Einnahmequelle mit einbezog und förderte.

Während einer Bereisung des Agrarausschusses des Schleswig-Holsteinischen Landtages, als man die Finanzierungsprobleme der auf den Halligen lebenden Bevölkerung behandelte, kam etwa folgendes zum Ausdruck: Die Bevölkerung könne auf dem einen Bein Landwirtschaft nicht stehen, es müßte ihr das zweite Bein Fremdenverkehr hinzuwachsen. Da die Verhältnisse in der Landwirtschaft instabil wären, wirke sich dieser Zustand als eine Art „englische Krankheit" aus, das landwirtschaftliche Bein werde kürzer, das Lahmen gehe weiter.

## Fremdenverkehr

Der beengte Raum in den alten Häusern, die mangelhaften Trinkwasserverhältnisse und die ungünstigen Verkehrsbedingungen hielten den Umfang der Halligbesuche in bescheidenen Grenzen. Wohl kamen schon immer Gäste in den Sommermonaten auf die Hallig, um ihre Verwandten zu besuchen. Das Außergewöhnliche an dieser Landschaft zog sie herüber (Abb. 143). Gegen Ende des vorigen Jahrhunderts entdeckten Maler, Schriftsteller und dann auch Fotografen die Reize der Hallig, die sie während ihrer Aufenthalte dort in sich aufnahmen und in Bildern und Schriften festhielten. Davon wurden Freunde und mehr oder weniger große Bekanntenkreise angeregt. Der Wunsch, diese seltsame Welt einmal kennenzulernen, ließ sich nur selten erfüllen.

Einer der Dauergäste aus der damaligen Zeit war Dr. Eugen Träger. Das tiefe Halligerlebnis, die ungeheuren Landverluste und das harte Schicksal der Halligbewohner machten ihn sogar, wie wir eingangs hervorgehoben haben, zum Vorkämpfer für die Erhaltung dieses äußerst gefährdeten Lebensraumes.

Als im Zuge der Infrastrukturmaßnahmen und der Sanierungsarbeiten die erforderlichen Voraussetzungen geschaffen wurden, änderte sich die Lage schnell. Der Fremdenverkehr oder die weiße Industrie wurde eine sehr wichtige, wenn nicht überhaupt die wichtigste Lebensgrundlage der Halligbewohner. Man ist sich allerdings der Tatsache bewußt, daß der Fremdenverkehr als ein recht konjunkturempfindlicher Wirtschaftszweig gilt und daß er verhältnismäßig leicht von einem allgemeinen Konjunkturrückgang unserer Volkswirtschaft erfaßt werden kann.

Theodor Storms Schilderung einer Tagesfahrt nach Süderoog kann als Beispiel dafür stehen, daß hin und wieder an schönen Sommertagen ein Ausflug nach einer Hallig unternommen wurde. In den letzten 20 Jahren, nachdem die Möglichkeiten vor allem für den Schiffsverkehr ausgeweitet worden sind, steigerten sich die Halligfahrten für Tagesausflügler in ungeahntem Maße.

Die dritte Art des Fremdenverkehrs besteht in dem Angebot, junge Menschen in Gruppen auf die Hallig zu holen oder zu bringen, damit insbesondere Stadtkinder sich hier bei Ebbe und Flut in der typischen Tier- und Pflanzenwelt unter dem abwechslungsreichen Wolkenhimmel erholen können.

*Dauergäste*

Über seine Besuche bei Verwandten auf der Hallig schreibt Friedrich Paulsen in seinen Jugenderinnerungen (1910), die wir in Auszügen folgen lassen:

„Das Leben des Hauses . . . bewegte sich im engsten Kreis, äußerlich und innerlich. Sein äußerer Rahmen war die kleine Hallig Oland (Ul-laun, das alte Land), damals vielleicht noch doppelt so groß als gegenwärtig; der Umfang mochte, wenn man sie am Rande umschritt, etwa 1½ Stunden betragen. Auf dem flachen, grünen, nur von Flutrinnen durchschnittenen Plan . . . befanden sich damals noch zwei Werften, die Kirchwarft mit etwa zehn Häusern, während auf der anderen (de Püpp) etwa fünfzehn waren . . . Die mehreren Türen und Schornsteine (der kleinen niedrigen Häuser) zeigen an, daß mehrere Familien hier ihre Wohnung und ihren Herd haben. Inmitten der Häuser liegt der kleine Süßwasserteich (Fäding), der von den Traufen mit Regenwasser gefüllt wird. Die zweimal täglich wiederkehrende Flut steigt im Sommer nicht allzu häufig über das Ufer; nur bei Springflut, wenn diese mit starkem Westwind zusammentrifft, wird die ganze Hallig überschwemmt, und bei starkem Sturm erreicht das Wasser wohl auch die Höhe der Werft, so daß die Häuser wie Schiffe auf dem Meere zu schwimmen scheinen. Ein Unglück ist's, wenn es den Fäding füllt . . . Das Leben auf der Hallig ist damit gegeben. Ein Anbau des Bodens ist nicht möglich; wohl aber gewährt das kurze, dichte, salzhaltige Gras des fruchtbaren Marschbodens Kühen und Schafen genügend Futter . . . Die Tiere teilen im Winter mit den Menschen den engen Raum des Hauses, das in der Regel nur Vordiele, Wohnstube, Pesel, Küche und Stall enthält: Für mehr ist weder Raum noch auch Bedarf . . . Die Wirtschaft lag früher so gut wie ausschließlich in der Hand der Frauen: Die Männer gingen vom 15. Jahr ab zur See . . . Korn oder Mehl und Kartoffeln mußten gekauft werden, ebenso der unentbehrliche Tee und Zucker. Wyk auf Föhr war der nächste, Husum der entfernteste Markt, wo man seine Einkäufe machte. Im übrigen versorgte die Haushaltung sich selbst: Milch, Butter, Käse, Fleisch, Wolle lieferte der Viehstand. Es wurde fleißig gebacken, außer dem landesüblichen Schwarzbrot war stets auch allerlei Backwerk im Hause, das dem Besuch zur Tasse Tee vorgesetzt wurde. Tee war das jederzeit bereite Getränk, morgens und abends, vormittags und nachmittags; das Wasser ließ sich nur abgekocht genießen und andere Getränke gab es nicht, abgesehen von Spirituosen. Die Wolle wurde durch Hausarbeit, an der sich auch die Männer beteiligten, in Kleider und gestrickte Sachen verwandelt. So lebten die Halligbewohner einfach, aber nicht ärmlich, im ganzen auf gleichem Fuß. Der Einfachheit des äußeren Daseins entsprach die Gleichförmigkeit und Geschlossenheit des inneren Lebens . . . Der Lehrer war ein alter ausgedienter Schiffer . . . Übrigens wurde bei ihm etwas gelernt; an Schulbildung übertrafen die Halligbewohner überhaupt die Festlandbewohner."

Ein anderer Halligurlauber schildert seine Eindrücke nach Rückkehr in seine gewohnte Arbeitswelt:

„Wenn etwa nach einer stürmischen Nacht im nebligen Dunst ein Lichtstrahl auf dem Watt verschleiert zu leuchten beginnt, als wären wir Zeuge des ersten Schöpfungstages oder

wenn draußen im scharfen Gegenlicht der tiefstehenden Sonne Rottgänse ihr tausend-stimmiges Geschrei weit über den Ebbstrand ertönen lassen,

wenn man auf der Segellore bei eisigem Nordwind restlos durchgefroren ist und trotzdem innerlich fiebrig wird, weil erst der Regenbogen und dann ein Glutrot des Himmels sich von einem Horizont zum anderen spannten,

wenn man durchs Fernglas Vögel beobachten kann, die man noch nie gesehen hat, weil sie hier nur auf dem Durchzug sind, oder

wenn man es erlebt, wie von allen Warfen schwarzgekleidete Halligmenschen der Kirchhofswarft zustreben, weil einer der bekannten Halligschiffer, der so viele Menschen durchs Wattenmeer der Halligwelt gefahren hat, nun selber seine letzte Reise angetreten hat,

wenn man sich ansehen kann, wie eine Sturmflut große Findlinge aus dem festen Steindamm gerissen hat,

wenn sich einem plötzlich nach zärtlichem Gepiepse ein Goldhähnchen vor die Füße setzt und sich mit der Hand sogar aufnehmen läßt, oder

wenn man nächtlich mit dem Fahrrad stürzt, weil der neblige Wind die Brillengläser beschlägt, der Schein der Taschenlampe weiß zurückkommt und die letzte Sturmflut deftige Hindernisse auf den Weg getrieben hatte,

wenn man es wie ein Wunder ansieht, am Steindamm noch zu dieser Jahreszeit in der Sonne sitzen zu können, oder

wenn man die Menschen auf der Hallig kennenlernt, weil die langen Abende die Menschen näher aneinanderrücken, oder

wenn einem das Halgehus wieder lehrt, was das heißt, in der weiten, unwirschen Welt ein Haus zu haben, in das man zurückkehren und aufleben kann,

wenn die Sonne jeden Morgen anders aufgeht und jeder Tag mit immer schöneren Wolkenbildern zur Neige geht, und

wenn man von alledem noch Bilder in großer Zahl nach Hause mitnehmen kann, dann – ja dann wird man einfach dankbar gegen Gott und die Menschen, die einem das alles zu einem Erlebnis werden ließen, wie man nur wenige im Leben hat.

Eins aber weiß ich jetzt sicher: Die Hallig wird meine stille Sehnsucht bleiben." (G. Friedemann, 1959).

Der Aufenthalt auf der Hallig war zunächst überwiegend privater Natur. Der Übergang zum erwerbsmäßigen Fremdenverkehr vollzog sich ganz allmählich. Er konnte sich wegen der beschränkten Unterkunftsmöglichkeiten nicht ausdehnen. Hooge verfügte im Jahre 1938 über zwanzig bis dreißig Betten, rund 1200 Übernachtungen wurden gemeldet (Tab. 24):

Die 1961 begonnene Halligsanierung wurde durch die sehr schwere Februar-Sturmflut 1962 so erheblich gestört, daß praktisch keine Betten für Dauergäste zur Verfügung gestellt werden konnten. Die Warfen glichen für einige Zeit vielmehr unwirtlichen Baustellen, als daß Fremde sich erholen und wohl fühlen konnten.

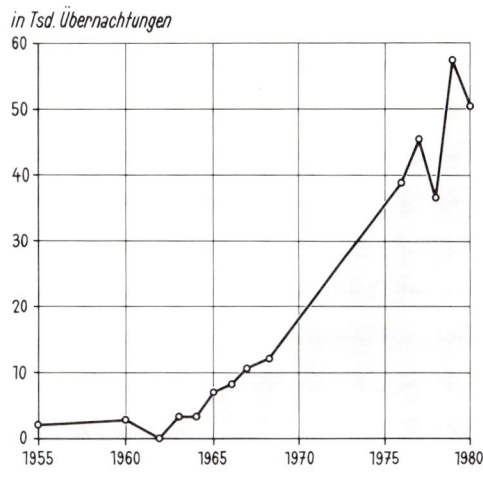

Fig. 35 Übernachtungen auf Hooge (1955 bis 1980)

Figur 35 macht deutlich, wie der Besucher- strom nach Hooge von 1965 stetig bis 1977 anschwillt. Obgleich das Wetter in den folgenden drei Jahren seine unfreundliche Seite zeigte, fiel die höchste bisher gemel- dete Anzahl an Übernachtungen in diese Zeit. Im Jahre 1979 wurden fast 58 000 Übernachtungen (Tab. 25) von reichlich 6000 Dauergästen verbucht, darunter be- fanden sich 78 Ausländer. Auf allen Halli- gen zusammen hat man 190 200 Übernach- tungen gezählt. Offensichtlich hatten Men- schen, die im Alltag übermäßig bean- sprucht sind, erkannt, daß sie auf den Halligen zur Besinnung kommen, die nö- tige Ruhe finden und gesunden können.

| Jahr | Betten | private Übernachtungen |
|------|--------|------------------------|
| 1938 | 20 – 30 | 1200 |
| 1955 | 30 | 2000 |
| 1960 | 60 | 3000 |
| 1963 | 100 | 3500 |
| 1964 | 130 | 3500 |
| 1965 | 160 | 7000 |
| 1966 | 180 | 8000 |
| 1967 | 225 | 11300 |
| 1968 | 260 | 11900 |
| 1969 | 260 | 16400 |

Tabelle 24. Betten für Dauergäste auf Hooge von 1938 bis 1969 (nach K. Weigand, 1970).

Die Gemeinde Langeneß zählte in den letzten Sommern etwa 1500 Gäste mit rund 15 000 Übernachtungen, d. h., man verweilte auf der Hallig, wie übrigens auch auf Hooge, im Durchschnitt zehn Tage.

Die Kurve der Übernachtungen auf Hooge in Figur 35 läßt keinen Schluß zu über die Aufnahme- oder Belastungsgrenze. Die Unruhe im oberen Bereich kann als Hinweis dafür angesehen werden, daß die Gäste auf längere ungünstige Wetterlagen oder andere Einflüsse reagieren; andererseits dürften die Aufnahmemöglichkeiten noch nicht ausgeschöpft sein. Wenn man die Grenze aus gewissen Gründen bestimmen will oder muß, wird die verfügbare Bettenzahl in gut eingerichteten, heizbaren Fremdenzimmern mit fließendem Warm- und Kaltwasser eine Rolle spielen.

Im Hinblick auf die Wirtschaftlichkeit der Fremdenbesuche wäre die Verlängerung der Aufenthaltszeit ein weiteres, anzustrebendes Ziel, wobei man die an anderer Stelle beschriebene, an keine Jahreszeit gebundene heilklimatische Wirkung der jodhaltigen Luft, des Meerwassers und der Watten entsprechend zu werten hätte.

Für Hooge ist aus der Tabelle 25 abzulesen, daß die Zahl der Wintergäste innerhalb von vier Jahren von 89 auf 285 angestiegen ist. Hier wurde ein Kurmittelhaus gebaut,

| a) Sommerhalbjahr | Hooge | | Langeneß/Oland | |
|-------------------|-------|--------------|----------------|--------------|
| | Dauergäste | Übernachtungen | Dauergäste | Übernachtungen |
| 1976 | 3 466 | 38 923 | 1 407 | 14 875 |
| 1977 | 4 374 | 45 510 | 1 530 | 15 783 |
| 1978 | 4 538 | 36 594 | 1 339 | 14 244 |
| 1979 | 6 184 | 57 832 | 1 339 | 13 585 |
| 1980 | 5 258 | 50 993 | 1 483 | 14 833 |
| b) Winterhalbjahr | | | | |
| 1975/76 | 89 | 458 | 132 | 687 |
| 1976/77 | 197 | 970 | 128 | 649 |
| 1977/78 | 357 | 1 589 | 228 | 1 668 |
| 1978/79 | 285 | 2 247 | 136 | 825 |

Tabelle 25. Gäste und Übernachtungen auf Hooge und Langeneß einschließlich Oland. Quelle: Statistisches Landesamt Schleswig-Holstein.

das für Vorträge – oft mit Lichtbildern – über die Geschichte und Kultur der Halligen, für Filme, für Ausstellungen und dergleichen zur Verfügung steht. Anhand der Veranstaltungsprogramme kann der Gast beispielsweise wählen, ob er an einer Wattwanderung, an einer Fahrt nach einer der benachbarten Inseln, nach einer anderen Hallig, oder nach einem Außensand teilnehmen will. Der Besuch des Halligmuseums auf der Honkenswarf/Langeneß (Abb. 144) und des Königspesels auf der Hanswarf/Hooge lohnt sich immer.

Dauergäste bringen Geld auf die Hallig. Sie zahlen für Unterkunft, Verpflegung und andere Dienste. Das ist die wirtschaftliche Seite für die Halligleute. Die andere Seite, nämlich die Möglichkeit eines nachhaltigen Erholungs- und Gesundungseffektes, kommt den Gästen zugute.

Der steile Anstieg der Besucherzahlen und der Übernachtungen ist nicht zuletzt auf eine systematische Werbung zurückzuführen. Man gründete Fremdenverkehrsvereine, Kurverwaltungen, man sorgt für gemeinschaftliche Werbung im „Zweckverband Uthlande" und im Fremdenverkehrsverband „Inseln und Halligen". Journalisten von Presse, Rundfunk und Fernsehen werden eingeladen oder sie kommen mit eigener Themenwahl. Informationen auf Werbeveranstaltungen in Berlin und Hamburg fanden regen Zuspruch.

## Tagesausflügler

Die Ausflugsunternehmen und -gäste als zweite Säule, auf der der Fremdenverkehr sich stützt, haben wohl den größten Vorteil von der Werbung gehabt. Aus den gelegentlichen Halligfahrten (Abb. 143) sind Ausflugsfahrten mit vielen Kurgästen von den umliegenden Inseln und kombinierte Omnibus- und Schiffsreisen aus ganz Schleswig-Holstein und von weiterher geworden.

Im Jahre 1924 begann man damit, Tagesausflüge zu den Halligen in einem kleinen Boot von Bongsiel aus anzubieten. Das Interesse für solche Fahrten wuchs schnell. Schon nach sieben Jahren brachten sechs Schiffe mit zusammen 175 Fahrgastplätzen 7500 Tagesausflügler auf die Halligen. Mit dem Werbespruch „Durch die schönen Köge" hatte ein Husumer Omnibus-Unternehmer recht guten Erfolg.

Inzwischen wurde die Anlegestelle Bongsiel geschlossen. Der vorgeschobene neue Hafen Schlüttsiel konnte im Jahre 1978 allein von hier aus auf sieben Fahrgastschiffen rund 120 000 Touristen befördern. Leistungsfähige Fahrgastschiffe nehmen Tagesgäste außerdem in Strucklahnungshörn auf Nordstrand und in Dagebüll an Bord.

Da Halligfahrten im Vergleich zu Fahrten auf dem Lande einen besonderen Genuß erwarten lassen, kommen viele Tagestouristen in ihren Personenkraftwagen angereist, ferner Schulklassen, Vereine, Gesellschaften in Gruppen bis zu 100 und mehr Personen. Auch Betriebsausflüge in die Halliglandschaft sind keine Seltenheit mehr. Die Ansammlungen von Omnibussen und Personenkraftwagen an den Festlandhäfen zeugen von dem inzwischen zum Massentourismus angeschwollenen Gästestrom.

Wenn die Tagesausflügler zu Hunderten für wenige Stunden auf eine kleine Hallig ausschwärmen, bleiben Beeinträchtigungen nicht aus; erst recht nicht, wenn manche Besucher oft unwissend ohne Rücksicht auf die besondere Pflanzenwelt, auf Eigenarten des Tierlebens, auf die Bewohner und auf die Dauergäste über die Hallig streifen. Den

Umfang des Tagestourismus mögen folgende Zahlen belegen: Nach Nordstrandischmoor kamen allein im Sommerhalbjahr 1980 etwa 20 000 Ausflügler, an einzelnen Tagen bis zu 500. Hooge wurde schon 1951 ebenfalls von etwa 20 000, 1968 dann von 50 000, 1969 von 70 000 und zehn Jahre später von 100 000 Touristen besucht. Die einzelnen Fahrgastschiffe können mittlerweile bis zu 220 Passagiere an Bord nehmen.

Solche Menschenfluten wirken sich im Hinblick auf das Halligleben manchmal wie leichte Sturmfluten aus. Besondere Probleme entstehen auf den Gebieten der Versorgung (Fernwasser, elektrische Energie, Nahrungsmittel), der Entsorgung (Abfallbeseitigung, Abwasserreinigung, Herstellung und Reinigung von Toiletten), in der Benutzung der Schiffsanleger und der Wege. Zusätzliche Aufwendungen entstehen für die Anlage von Wanderwegen. Auf zwei Halligen verlangt man bereits Eintrittsgeld vom Gast, das etwa der Kurtaxe für Dauergäste entspricht. Die der Halliggemeinde durch den Tagestourismus erwachsenen Unkosten übersteigen nämlich bei weitem die Einnahmen aus solchen Besuchen. Die wirtschaftlichen Nutznießer dieser Seite der weißen Industrie dürften weniger die Halligleute als vielmehr die Omnibusunternehmer und Schiffsreedereien sein.

## Jugendgruppen

Durch die Jugendbewegung mit ihren hohen Idealen für Heimat und Volkstum wurden zwei pädagogische Persönlichkeiten geprägt, die Tausenden von jungen Menschen das Halligerlebnis zu vermitteln verstanden. Beide hatten am Ersten Weltkrieg teilgenommen:

Hubert Koch (1895–1974) war zwar nur ein halbes Jahr lang Lehrer auf Langeneß (1921); aber diese Zeit hat sein Wirken ganz nachhaltig beeinflußt. Er sammelte Gruppen von Jugendlichen, mit denen er alljährlich nach Langeneß fuhr, wo er sie auf verschiedenen Warfen unterbrachte, schlicht, einfach, bescheiden wie die Halligleute. Man übernachtete auf dem Heulager. Die vielen an H. Koch gerichteten Zuschriften gaben ihm stets wieder Mut, den einmal eingeschlagenen Weg weiterzugehen; er fühlte sich gewissermaßen als Wegweiser in der Halliglandschaft.

Aus dem Kreis Pinneberg brachte H. Koch alljährlich Hütejungen nach Langeneß, Oland und Gröde. Auf diese Weise war es möglich, einer erholungsbedürftigen Jugend zusammen 5000 Monate Nordseeluft zu vermitteln. Die Bewohner von Langeneß schenkten ihm die verlassene Halgewarf, wo er sich ein winziges Holzhäuschen mit Freundeshilfe errichtete; es ging allerdings in den Januar-Sturmfluten 1976 verloren. – Auf Langeneß befindet sich gegenwärtig ein Jugendheim mit dreißig Plätzen.

Hermann Newton Paulsen (1898 bis 1951) wuchs in engster Verbindung mit der Natur auf Süderoog heran. Die Hallig war schon seit mehreren hundert Jahren im Familienbesitz.

Nach dem Tode seines Vaters übernahm H. N. Paulsen im Jahre 1927 die Hallig und damit die Aufgaben eines Halligbauern und eines Strandvogts. Während seiner Wanderjahre hatte er die Volkshochschule besucht, er war Mitarbeiter in der Jugendgerichtshilfe und in der Polizeifürsorge sowie Leiter eines Waldheimes gewesen. Er hatte auch schweizerische Anstalten kennengelernt. Im skandinavischen Raum betreute er nacheinander eine Jugendgruppe bei Kolding und einen Knaben-Klub in Stockholm. Auf seinen Vortragsreisen ging er in zahlreiche Schulen der verschiedensten Art, um mit Halligbildern auf das Eigentümliche von Land und Leuten aufmerksam zu machen.

Der Halligsohn H. N. Paulsen hatte sich in der Wanderzeit auf ein besonderes Werk vorbereitet, das ganz der Jugend zugute kommen sollte. Er machte seine Hallig (Abb. 146) zur Hallig der Jungs. Seinem Nordsee-Ferienlager Süderoog gab er folgende Leitlinien: „Es will

1. Knaben aus der Stadt Gelegenheit geben, sich für ein mäßiges Tagesgeld körperlich und seelisch zu erholen bei einfacher kräftiger Kost, bei gesundem Leben und frohem Spiel in frischer Seeluft,

2. Knaben aus verschiedenen Ländern die Möglichkeit bieten, sich kennenzulernen und freundschaftliche Beziehungen von Land zu Land zu knüpfen,

3. eine Stätte sein, wo Jungen aller Volkskreise gleiche Rechte und Pflichten haben und sich als Kameraden die Hand reichen,

4. die Jungen mit der praktischen Seite des Lebens vertraut machen. Sie sollen ohne Ausnahme an den im Lager vorkommenden Arbeiten teilnehmen und ihren Kräften entsprechend auch die Halligleute bei der Heuernte unterstützen,

5. seinen Teilnehmern das Erlebnis der eigenartigen Inselwelt Nordfrieslands vermitteln. Sie sollen ihre Freude haben an dem weiten, unendlichen Meer, am Spiel auf blühenden Halligwiesen, am Fluge der flinken Seevögel und an allem übrigen Getier, das Land, Watt und Meer belebt. Sie sollen erfahren, daß Gott sich uns Menschen überall in der Natur offenbart, wenn wir es nur verstehen, seine Wunderwerke wahrzunehmen".

Das Halliggehöft wurde hergerichtet und im Jahre 1930 das Neue Haus gebaut, so daß es Platz für die gleichzeitige Unterbringung von 250 jungen Menschen hatte. Wohl alle werden die auf Süderoog erlebten abwechslungsreichen Wochen in bester Erinnerung behalten haben (Abb. 145).

Nach H. N. Paulsens Tod ist das Jugendwerk von seiner Witwe – einer gebürtigen Schwedin – noch fünfzehn Jahre lang für hilfsbedürftige Kinder von Flüchtlingen und Heimatvertriebenen weiterbetrieben worden. Da hygienisch-sanitäre Anforderungen und feuerschutzpolizeiliche Auflagen für ein reetbedachtes Jugendlager einen hohen Aufwand verursachen würden und geeignete Heimleiter nicht zu finden waren, trennte sich Frau B. G. Paulsen schließlich nach langwierigen Versuchen, Besprechungen, Verhandlungen und allen Spekulationen zum Trotz im Jahre 1971 von der Hallig. Diese wurde vom Land Schleswig-Holstein erworben. Süderoog wird heute vorwiegend von Tagesgästen (mit Eintrittskarte) besucht, die mit Fahrgastschiffen bei Tidehochwasser (Abb. 146) oder bei Tideniedrigwasser auf dem Wattwanderweg von Pellworm kommen.

Die Hallig Habel (Abb. 147) kam in den Notzeiten nach dem Zweiten Weltkrieg ebenfalls für ein Jugendheim ins Gespräch. Der Bestand der Halligfläche war von 17,5 Hektar im Jahre 1905 auf sechs Hektar zurückgegangen. Damals verkauften die Eigentümer ihre Hallig an die preußische Wasserbauverwaltung. Das Abbruchufer wurde zwar befestigt, aber die Überprüfung ergab, daß sich das Gebäude in einem so hinfälligen Zustand befand, daß man den Abbruch vorschlug. Aus ähnlichen Gründen, wie für Süderoog angegeben, hat man von der Einrichtung eines Jugendheimes auf Habel abgesehen.

Auf Hooge bestehen drei Jugendheime, die in einem Jahr bis zu 12 000 Übernachtungen aufweisen.

## Naturschutz

Daß als dritte Nutzungsart der Naturschutz genannt wird, ist gewiß ungewöhnlich. Gerade in der jüngsten Zeit hat sich eine Entwicklung angebahnt, die in der Halliggeschichte ohne Beispiel beobachtet wird.

Die altherkömmliche landwirtschaftliche Nutzung reichte für die Existenzsicherung der Halligleute nicht mehr aus, obgleich man die Landverluste durch Uferschutzmaßnahmen zum Stehen gebracht hatte. Sehr schwere Sturmfluten machten deutlich, daß die Warfen zu niedrig waren; das salzige Meerwasser drang in die Gebäude und verwüstete Wohnungen und Ställe. Wissenschaftliche Untersuchungen bestätigten, daß der Hochwasserschutz verbessert werden müsse. Wohn- und Wirtschaftsflächen wären im Hinblick auf den Personenschutz und auf den Schutz der Haustiere höher zu legen, die Wohnhügel mit flacheren Böschungen zu versehen, und zusätzlich wären Schutzräume erforderlich.

Für alle an den Halligproblemen Beteiligten gilt nach wie vor der Grundsatz: Diese Eilande müssen als Bollwerke für den Schutz der Küste erhalten werden und nach Möglichkeit bewohnbar bleiben. Deshalb entschloß man sich zu großzügigen Hilfen und zu umfangreichen Infrastrukturmaßnahmen.

Etwa ein Jahrzehnt nach Beginn der Halligsanierung wurde – weltweit – das Bewußtsein für den Umweltschutz geweckt, was sich auch auf die Nutzung der Halligen auswirken sollte. Die Forderung eines stärkeren Naturschutzes führte praktisch zu einer eigenständigen Nutzungsart, die mit den Bemühungen um eine gewisse Angleichung der Lebensbedingungen und Einkommensverhältnisse an die der Landwirte hinter Landesschutzdeichen und mit den Bemühungen um einen Zuerwerb über den Fremdenverkehr zwangsläufig in Konkurrenz treten mußte.

Zunächst ging es allein um den Schutz von Seevögeln. Am 6. Mai 1909 hatte sich der Verein Jordsand zur Begründung von Vogelfreistätten an deutschen Küsten e. V. beim Grundbuchamt in Husum als Eigentümer von Norderoog eintragen lassen. Die seit 1825 unbewohnte Hallig wurde ein Vogelparadies. Man zählte dort zum Beispiel im Jahre 1931 rund 9000 Gelege (Tab. 26 und Fig. 36). Das Sammeln von Vogeleiern im Frühjahr bis zum 10. Juni bedeutete einerseits einen Beitrag für die Nahrungsmittelversorgung, andererseits brachte der Verkauf von Eiern einen willkommenen Erlös für die Haushaltskasse. Es wird berichtet, daß man um die Jahrhundertwende in der Saison täglich 800 bis 1000 Eier aus den Nestern zusammengetragen hat. Die höchsten Ergebnisse lagen auf Norderoog bei zweitausend an einem Tag (Rohweder 1903/04). Auch sollen große Möweneier ausgepustet worden sein, um den Inhalt für die Schweinefütterung zu verwenden und die Schalen an eine Fabrik zu verkaufen, in der sie mit Schokolade gefüllt wurden. Auf diese Weise gelang es, den Bestand an Möwen („Räuber") zu steuern.

144

Tafel 9 Blick über Hallig Oland — mit kleinem Sielhafen — nach Langeneß

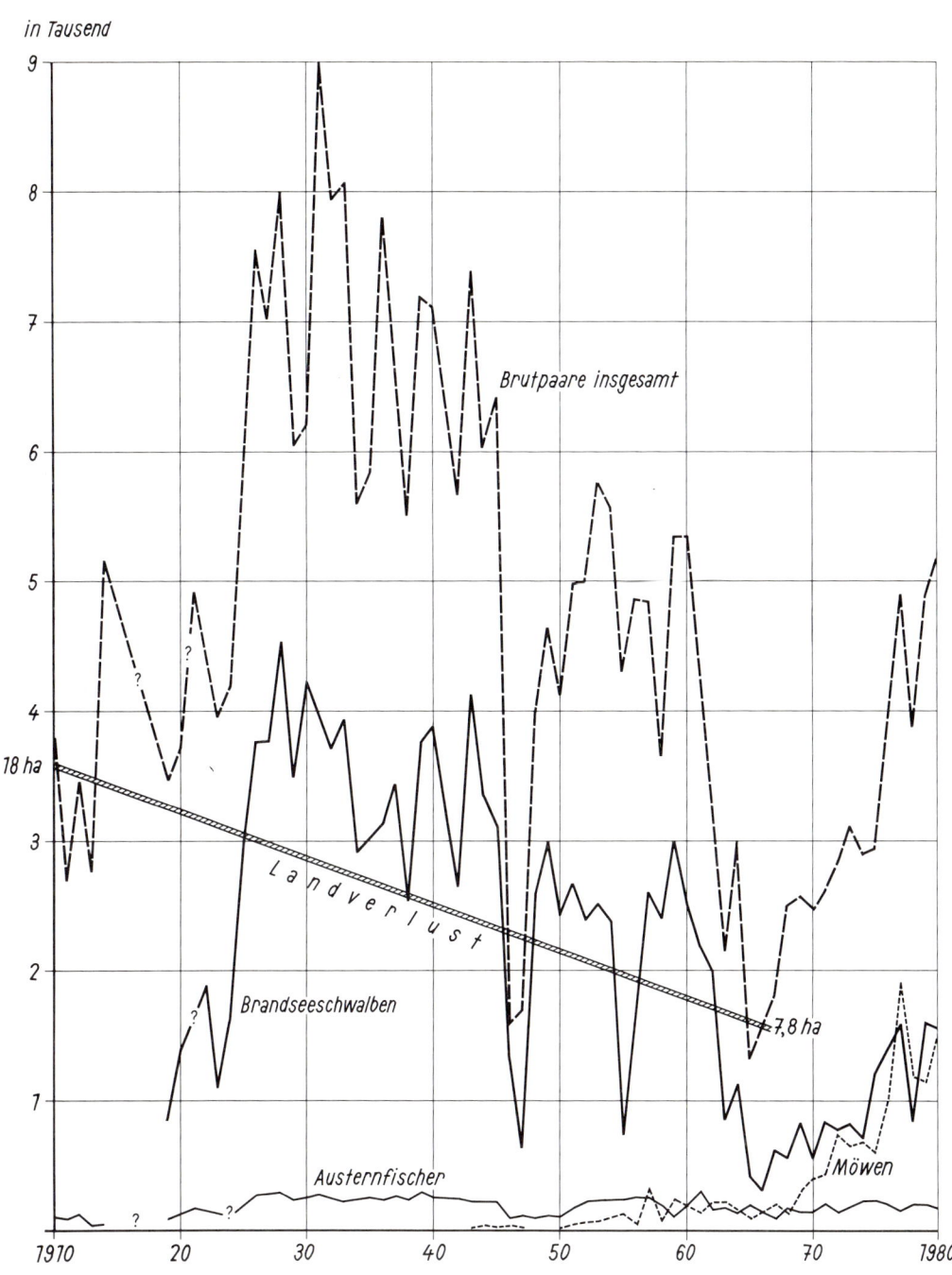

in Tausend

Fig. 36  Anzahl der Brutpaare auf Norderoog 1909—1980

145

| | Brandgans | Stockente | Eiderente | Austernfischer | Sandregenpfeifer | Seeregenpfeifer | Rotschenkel | Silbe... |
|---|---|---|---|---|---|---|---|---|
| 1909 | 2 | 21 | — | 130 | 3 | 25 | 13 | 7 |
| 1910 | 1 | 80 | — | 125 | 9 | 15 | 10 | 10 |
| 1911 | 4 | 85 | — | 110 | 2 | 15 | 15 | 20 |
| 1912 | 5−6 | 45 | — | 135 | 3 | 14 | 9 | 20 |
| 1913 | 4 | 20 | — | 54 | 1 | 7 | 12 | 97 |
| 1914 | 4 | 24 | — | 57 | 1 | 9 | 9 | |
| 1915 | | | | | | | | |
| 1916 | | | | | | | | |
| 1917 | Ohne Wärter. | | 1915−17 gute Brutjahre. | | | 1918 Hochwasser Ende Juni, wenige N | | |
| 1918 | | | | | | | | |
| 1919 | ? | ? | — | 98 | 40 | ? | ? | |
| 1920 | 4 | 80−40 | — | 125 | — | 10 | ? | |
| 1921 | 7 | ? | — | 187 | — | 10 | ? | 10 |
| 1922 | 5 | zahlr. | — | 160−180 | — | 7 | 10−12 | 1... |
| 1923 | 6 | 50−60 | — | 150 | — | 15 | 12 | |
| 1924 | ? | ? | — | ? | ? | ? | ? | |
| 1925 | ? | ? | — | über 200 | — | 10 | 14 | |
| 1926 | 7 | 12 | — | 282 | — | 15 | 18 | |
| 1927 | 9 | 44 | — | 289 | — | 10 | 15 | |
| 1928 | 8 | 27 | — | über 300 | — | 3 | 8 | |
| 1929 | 5 | 12 | — | 261 | — | 6 | 11 | |
| 1930 | 6 | 21 | — | 269 | — | 3 | 16 | |
| 1931 | 1 | 25 | — | 280 | — | 6 | 20 | |
| 1932 | 5 | 8 | — | 118 | — | 4 | 11 | |
| 1933 | 9 | 29 | — | 253 | — | 11 | 6 | |
| 1934 | 10 | 11 | — | 100 | 1 | 4 | 9 | |
| 1935 | 8 | 20 | — | 257 | 1 | 6 | 15 | |
| 1936 | 9 | 11 | — | 255 | — | 8 | 16 | |
| 1937 | 8 | 27 | — | 278 | 1 | 9 | 21 | |
| 1938 | 11 | 56 | — | 274 | — | 11 | 12 | |
| 1939 | 17 | 16 | — | 301 | — | 3 | 9 | |
| 1940 | 12 | 31 | — | 257 | — | 6 | 7 | |
| 1941 | 19 | 48 | — | 248 | — | 7 | 14−20 | |
| 1942 | 28 | 34 | — | 248 | — | 8 | 10 | |
| 1943 | 18 | 41 | — | 234 | 1 | 7 | 15 | |
| 1944 | 18 | 55 | — | 229 | — | 12 | 9 | |

| Lachmöwe | Heringsmöwe | Flußseeschwalbe Küstenseeschwalbe | Brandseeschwalbe | Lachseeschwalbe | Zwergseeschwalbe | Feldlerche | Wiesenpieper | Star | Zusammen: |
|---|---|---|---|---|---|---|---|---|---|
| — | — | 450 | 2300 | — | 70 | | — | | 3084 |
| — | — | 425 | 3100 | — | 70 | | — | | 3935 |
| — | — | 570 | 2000 | — | 75 | | — | | 3076 |
| — | — | 950 | 2000 | — | 112 | | — | | 3473 |
| — | — | 850 | 1800 | — | 67 | | — | | 3787 |
| — | — | 1000 | 4200 | — | 28 | von 1909–47 lediglich Angabe, daß regelmäßig vorhanden | — | von 1909–47 lediglich Angabe, daß regelmäßig vorhanden | 5332 |

Brandseeschwalbe 1915/17 etwa 6000 P.

| Lachmöwe | Heringsmöwe | Flußseeschwalbe Küstenseeschwalbe | Brandseeschwalbe | Lachseeschwalbe | Zwergseeschwalbe | Feldlerche | Wiesenpieper | Star | Zusammen: |
|---|---|---|---|---|---|---|---|---|---|
| — | — | 2504 | 820 | — | ? | | — | | 3462 |
| — | — | 2000 | 1450 | — | 70 | | — | | 3719 |
| — | — | vermehrt | ? | — | ? | | — | | ? |
| — | — | 2750 | 1800 | — | 72 | | — | | 4970 |
| — | — | 2400 | 1100 | — | 70 | | — | | 3890 |
| — | — | 2500 | 1650 | — | 50 | | — | | 4200 |
| — | — | 3000 | 3000 | — | 70 | | — | | 6300 |
| — | — | 3461 | 3767 | — | 50 | | — | | 7612 |
| — | — | 2807 | 3764 | — | 58 | | — | | 6996 |
| — | — | 3000 | 4600 | — | 40 | | — | | 8030 |
| — | — | 2218 | 3458 | — | 49 | | — | | 6026 |
| — | — | 2618 | 4251 | — | 34 | | — | | 7218 |
| 1 | — | 4000–5000 | 4000 | 1 | 45 | | — | | 9000 |
| 1 | — | 3100 | 3700 | 1 | 14 | | — | | 6965 |
| 6 | — | 2783 | 3954 | 1 | 25 | | — | | 7082 |
| 6 | — | 1500–1600 | 2900 | 1 | 8 | | — | | 4600 |
| 2 | — | 2700 | 3000 | 1 | 19 | | — | | 6032 |
| 3 | — | 2414 | 3128 | 1 | 27 | | — | | 5875 |
| 4 | — | 2862 | 3481 | — | 25 | | — | | 6721 |
| 2 | — | 2595 | 2464 | — | 4 | | — | | 5431 |
| — | — | 3078 | 3752 | — | 23 | | — | | 7201 |
| 2 | — | 2705 | 3917 | 1 | 22 | | — | | 6962 |
| 3 | — | 2714 | 3199 | — | 2 | | — | | 6260 |
| 3 | — | 2696 | 2612 | — | — | | — | | 5640 |
| 3 | — | 2927 | 4215 | — | — | | — | | 7462 |
| 3 | — | 2320 | 3355 | — | — | | — | | 6004 |

Tabelle 26. Anzahl der Brutpaare auf Norderoog. Quelle: Verein Jordsand e. V.

| | Brandgans | Stockente | Eiderente | Austernfischer | Sandregenpfeifer | Seeregenpfeifer | Rotschenkel | |
|---|---|---|---|---|---|---|---|---|
| 1945 | 20 | 38 | — | 232 | — | 1⁷ | 8 | |
| 1946 | 16 | 27 | — | 103 | — | 17 | 8 | |
| 1947 | 10 | 12 | — | 107 | — | 7 | 8 | |
| 1948 | 12 | 34 | 1 | 106 | — | 16 | 5 | |
| 1949 | 12−14 | 35 | — | 120 | — | 7 | 6 | 60 |
| 1950 | ≥ 12 | 12 | — | 110 | — | ≥ 12 | 6 | |
| 1951 | 7 | 90 | — | 200 | — | 5 | 3 | |
| 1952 | 7 | 180 | — | 240 | — | 5 | 7 | |
| 1953 | 8 | 176 | — | 250 | — | 5 | 7 | |
| 1954 | 9 | 112 | — | 240 | — | 2 | 6 | |
| 1955 | 8 | 38 | — | 235 | — | 3 | 6 | |
| 1956 | 9 | — | — | 260 | — | —? | 8 | |
| 1957 | 10 | 71 | 1 | 190 | — | 5 | 9 | |
| 1958 | 6 | ≥32 | 2 | 100−120 | — | 5 | 3 | |
| 1959 | 9−10 | 100−110 | — | 200 | 1 | 3 | 3 | |
| 1960 | 11 | 90 | — | 260−300 | 1? | 3 | 3 | |
| 1961 | 13 | 120 | 1 | 285 | 1 | 3−4 | 5 | |
| 1962 | 4 | 100 | — | 170−200 | 1 | 3 | 2 | 50 |
| 1963 | 7 | — | 2 | 175 | 1 | 8 | 2 | |
| 1964 | 7 | — | 1 | 200 | 2 | 5−6 | 2 | 50 |
| 1965 | 9−10 | ≥90 | 2 | 170−180 | 4 | 7−8 | 1 | 70 |
| 1966 | 4−5 | 25−30 | 1 | 110 | 3 | 5−6 | — | |
| 1967 | 4 | ≥35 | 2 | 180 | 3 | 6 | — | |
| 1968 | 4 | 30−40 | 2 | 160 | 4 | 6−8 | — | 50 |
| 1969 | 5 | ≥70 | 1−2 | ≥150 | 2−3 | 2−4 | — | |
| 1970 | 45 | ca. 40 | 3 | 200 | 2 | 10−12 | — | |
| 1971 | 4 | ca. 50 | 4 | 150 | 4 | 6 | — | |
| 1972 | 6 | 42 | 3 | 180 | 3 | 12 | — | |
| 1973 | 7 | 60−70 | 8 | 230 | 5 | 15 | — | |
| 1974 | 8 | 60 | 4−5 | 230 | 4 | ∼17 | — | |
| 1975 | 4 | 20 | 4 | 200 | 4 | 20−25 | — | |
| 1976 | 4 | 30−50 | 5 | 150−200 | 3 | ∼30 | — | |
| 1977 | 10 | ∼85 | ∼10 | ∼200 | 1 | 30 | — | |
| 1978 | 6 | 50 | 6 | 200 | 4 | 35 | — | |
| 1979 | 15 | 100 | 15 | 220 | 1 | 50 | — | |
| 1980 | 12 | 100 | 15 | 200 | 1 | 50 | — | |

| Sturmmöwe | Lachmöwe | Heringsmöwe | Flußseeschwalbe | Küstenseeschwalbe | Brandseeschwalbe | Lachseeschwalbe | Zwergseeschwalbe | Feldlerche | Wiesenpieper | Star | Zusammen: |
|---|---|---|---|---|---|---|---|---|---|---|---|
| 2 | 3 | — | 2948 | | 3106 | — | 4 | | — | | 6379 |
| 2 | 8 | — | 37 | | 1432 | — | — | | — | | 1654 |
| 1 | 3 | — | 911 | | 576 | — | 3 | | — | | 1641 |
| ? | ? | — | 1250 | | 2600 | — | — | — | ? | — | 4034 |
| -12 | 100−120 | — | 1300 | | 3000 | — | — | 4 | ? | 10 | 4686 |
| 6 | — | — | 1500 | | 2500 | — | — | — | ? | — | 4172 |
| 5 | 23 | — | 2000 | | 2650 | — | — | 1 | ? | 8 | 5602 |
| 7 | 20 | — | 700 | 2000 | 2400 | — | — | 2 | ? | 7 | 5790 |
| 10 | 25 | — | 772 | 1990 | 2520 | — | — | 2 | ? | 7 | 5817 |
| 5 | 40 | — | 730 | 2010 | 2380 | — | — | — | ? | 6 | 5575 |
| 3 | 25 | — | 700 | 2500 | 670 | — | — | — | ? | 7 | 4273 |
| 56 | | — | 730 | 2030 | 1750 | — | — | — | ? | 8 | 4851 |
| 20 | 215 | — | 337 | 1244 | 2600 | — | — | 6−8 | ? | 4 | 4833 |
| 10 | 35 | — | 220 | 800 | 2400 | — | — | — | ? | 4 | 3667 |
| -30 | 100−120 | — | 500 | 1300 | 3000 | — | — | 1? | ? | 3 | 5370 |
| 45 | 100 | — | 500 | 1800 | 2500 | — | — | — | ? | 3 | 5371 |
| 35 | 60 | — | 600 | 1500 | 2000-2200 | — | — | — | ? | — | 4769 |
| -30 | 100−110 | — | 600 | 300−400 | 1800−2200 | – | — | 4? | ? | — | 3400 |
| 30 | 95 | — | 240 | 600 | 850 | — | — | — | ? | — | 2085 |
| -15 | 80 | — | 300 | 1200 | 1100 | — | — | — | ? | — | 2960 |
| 12 | 25−28 | — | 220-260 | 640−680 | 400−410 | — | — | 4−6 | 5−6 | — | 1700 |
| 10 | 90−100 | — | 70 | 900 | 310 | — | — | 2 | 2 | 3 | 1610 |
| 10 | 120 | — | 50 | 800 | 610 | — | — | 2 | 2 | | 1895 |
| 10 | 65−70 | — | 50−80 | 1400−1700 | 500−600 | — | — | 1−2 | 3−4 | 1 | 2480 |
| 20 | 200 | — | 200 | 1000 | 830 | — | — | 1−2 | 3 | | 2565 |
| 23 | ∼250 | — | 1200 | | ∼530 | — | — | 5 | 3−5 | | 2460 |
| 20 | ∼300 | — | ∼170 | ∼1000 | ∼830 | — | — | vorh. | 2 | | 2640 |
| 26 | ∼650 | — | ∼180 | ∼900 | ∼790 | — | — | 6 | 7 | | 2885 |
| 25 | ∼480 | — | ∼220 | ∼1100 | ∼800 | — | — | 3 | 5 | | 3113 |
| 17 | ∼550 | — | ∼180 | ∼1000 | ∼710 | — | — | 7 | 12−14 | | 2900 |
| 15 | ∼470 | — | ∼110 | ∼800 | ∼1200 | — | — | vorh. | vorh. | | 2947 |
| 10 | ∼1000 | — | 180−220 | 1000−1100 | ∼1400 | — | — | vorh. | vorh. | | 4017 |
| 16 | 1750 | — | 300 | 1000 | 1650 | — | — | 6 | — | | 5208 |
| 10 | 1000 | — | 200 | 1000 | 1050 | — | — | 5 | 4 | | 3740 |
| 30 | 800 | — | 400 | 1400 | 1600 | — | — | 10 | 10 | | 4951 |
| 30 | 1200 | 1 | 500 | 1400 | 1550 | — | — | 5 | 10 | | 5374 |

Wenn auch der Bruterfolg in manchen Jahren durch Fluten beeinträchtigt worden ist, so kamen die Seevögel doch stets wieder dorthin. Damit die brütenden und fütternden Vögel nicht von tierischen Störenfrieden und von Menschen beunruhigt werden, bewacht alljährlich ein Vogelwart die Hallig vom 1. April an bis zum Ende der Brutzeit. Zu seinen Aufgaben gehören genaue Aufzeichnungen über Brutbestand (s. Tab. 26) und Brutablauf.

Der bekannteste Vogelwart war Jens Sörensen Wand. Er erfüllte seine Aufsichtspflicht vierzig Jahre lang äußerst gewissenhaft, so daß man ihm den Beinamen „Vogelkönig" oder „König von Norderoog" gab. Als er am 26. Mai 1950 auf dem ihm so vertrauten Wattenweg von Hooge nach Norderoog zurückging, wurde er unterwegs im Nebel von der Flut überrascht, die er an diesem Tage offenbar falsch eingeschätzt hatte. Er ertrank in der Nähe seiner Hallig; sein Grab befindet sich auf der Kirchwarf von Hooge.

Norderoog wurde am 1. Juli 1939 zum Naturschutzgebiet (NSG) erklärt, allerdings ohne daß der Vereinsvorstand vorher um seine Meinung befragt worden war. Nun durfte kein Gras mehr gemäht werden. Trotzdem wurde weiter Heu geerntet, was dem Verein Jordsand etwas Geld einbrachte und den Seeschwalben ein besseres Brüten ermöglichte, denn ohne eine solche Nutzung wurde „die Hallig zu üppig". So machte sich der Vorstand im Sinne der Verordnung immer wieder beim Vergeben der Heupacht strafbar, aber das Paradies Norderoog gedeiht gut dabei; und das ist ja letzten Endes der Zweck (H. Schulz 1957).

Zu Beginn der fünfziger Jahre wurde die Mahd eingestellt. Der Pflanzenwuchs konnte sich nun frei entfalten — achtzig Prozent der Vegetationsdecke versteppten. Eine dichte, langhalmige Queckenwildnis (Agropyron litorale) verdrängte die typische Halligflora. Diese Entwicklung wurde noch durch eine zunehmende Übersandung der Hallig unterstützt. Von Norderoogsand (Abb. 148) driftet nämlich feinkörniger Sand bei Sturmfluten und nach längeren Trockenzeiten bei starkem Westwind über Norderoog. Das hohe Gras und das Altgras im Winter fangen den Sand, und aus der Hallig wird eine Düneninsel. Bedenklich stimmt auch die damit verbundene Instabilität der Halligoberfläche im Vergleich zum dichten und festen Halligrasen.

Aus ökologisch-ornithologischen Gründen und zur Sicherung der Halligsubstanz läßt der Verein Jordsand seit 1978 wieder einige Schafe weiden, die das Gras kurz halten sollen. Zusätzlich wird das Altgras im Winter abgebrannt, und wo sich die Flächen für den Einsatz der Mähmaschine eignen, wird außerdem wieder gemäht. Für den Verein Jordsand stellen diese Maßnahmen einen Teil der Versuche dar, die Vogelhallig zu retten.

Einen kleinen Erfolg glaubt man bereits beobachtet zu haben. Nachdem die Altgrasbestände beseitigt worden waren, trafen im Jahre 1980 113 rastende bzw. durchziehende Vogelarten, zum Beispiel um Mitte März auch wieder Ringelgänse, auf Norderoog ein. Täglich fraßen mehr als tausend Gänse die kurze Quecke statt des Andelrasens früher. Ein leichter Anstieg der Brutpaare ist ebenfalls bei den Küsten- und Flußseeschwalben festzustellen.

Die Hamburger Hallig hatte den Status eines Naturschutzgebietes bereits am 16. April 1930 erhalten. Zwanzig Jahre nach Norderoog folgten Südfall und Trischen (Tab. 27). Gegen Ende der sechziger Jahre wurde die Möglichkeit erwogen, auf den Außensänden vor Süderoog und Norderoog sowie auf dem Watt östlich von Sylt und auf Blauort

| Seit | Naturschutzgebiet | ha | Betreuung durch | Bekannt-machung |
|------|-------------------|-----|-----------------|-----------------|
| 16. 4. 1930 | Hamburger Hallig | 216 | Deutscher Bund f. Vogelschutz | Reg. Amtsbl., S. 158 |
| 1. 7. 1939 | Norderoog | 23 | Verein Jordsand | Reg. Amtsbl., S. 208 |
| 22. 1. 1959 | Südfall | 58 | Verein Jordsand | GVOBl. SH, S. 1 |
| 28. 10. 1959 | Trischen | | Deutscher Bund f. Vogelschutz | GVOBl. SH, S. 206 |
| 25. 3. 1968 | Nordfriesische Außensände | 14 996 | Schutzstation Wattenmeer | GVOBl. SH, Nr. 10 |
| 22. 1. 1974 | Nordfriesisches Wattenmeer | 132 700 | Schutzstation Wattenmeer | GVOBl. SH, S. 44 |
| 28. 7. 1977 | Süderoog | | Amt f. Land- u. Wasserwirtschaft Husum | GVOBl. SH, S. 206 |

Tabelle 27. Naturschutzgebiete im Halligmeer.

im Dithmarscher Gebiet massive Bauwerke zu errichten. Die mit solchen Vorhaben verbundene Problematik ließ sich an Hand von vorliegenden Forschungsergebnissen darlegen und an dem Trischenkoog veranschaulichen, der schon nach wenigen Jahren in den Fluten unterging. Man rückte deshalb auch von derartigen Plänen ab. Aber damit solche Projekte künftig keine Aussicht auf Verwirklichung haben werden, hat man die nordfriesischen Außensände mit fast 15 000 ha am 25. März 1968 unter Schutz gestellt. Die Naturschutzbehörde begründete diese Maßnahme damit, daß die Sände von erheblicher internationaler Bedeutung als Zugvogel-Freistätten (Reservate) seien; das besonders eindrucksvolle geomorphologische Erscheinungsbild kam als Schutzmotiv hinzu.

In der Bevölkerung fand man dafür nicht überall das erwartete Verständnis, weil Naturschutz-Experten und auch einheimische Kenner der Außensände die Notwendigkeit der Schutzverordnung in Frage stellten. Auf den Halligen sah man darin einen Abbau alter Rechte. Stück um Stück würden den Halligleuten durch neue Gesetze und Verordnungen ihre überlieferten Freiheiten genommen. Empörend sei es, daß sie nun für das Betreten des Watts, das ursprünglich ihr Land gewesen sei, sich Passierscheine ausstellen lassen müßten. Da als Folge der Halligsanierung eine Umstrukturierung in Gang gekommen sei und man auf den Fremdenverkehr als zusätzliche Erwerbsquelle hoffe, wäre zum Beispiel der freie Zugang zum Japsand als Badestrand für Hooge eine unentbehrliche Voraussetzung.

Überhaupt gerieten Vertreter des Naturschutzes nun in lebhafte, zum Teil kontroverse Diskussionen, in welche die Halligen einbezogen wurden. Wie ist das zu erklären? Um es vorweg zu sagen, der Anlaß kam nicht von den Halligbewohnern und den unmittelbar am Wattenmeer Beteiligten, sondern von außen.

Im Januar des Jahres 1957 hatte der Verein Naturschutz e. V., der wie der Verein Jordsand seit 1909 besteht, einen Werbeabend in Kiel vor Vertretern des Landesparlaments und der Landesverwaltung veranstaltet. In seinem programmatischen Vortrag hob der damalige Vereinsvorsitzende die Notwendigkeit hervor, daß „wir für den kranken, nervösen Städter Erholungslandschaften brauchen, in denen er an der Schönheit der Natur gesunden" könne. Außer den nordfriesischen Halligen sollten auch die Inseln Sylt, Föhr, Amrum und Pellworm zu Naturschutzgebieten erklärt werden. Jedoch dürften die Landwirtschaft und Fischerei in diesen Gebieten nicht beeinträchtigt werden. Die Zeitungen berichteten ausführlich darüber, und die Bevölkerung, die damit zu tun bekommen würde, merkte sich die Tragweite eines solchen Planes.

Die Halligleute erfuhren ebenfalls aus ihren Tageszeitungen, daß Wissenschaftler der holländischen Naturschutzorganisationen und der Königlich-Niederländischen Akademie für Natur- und Geisteswissenschaften 1965 eine Arbeitsgruppe Wattenmeer gegründet hatten. Damals bestanden Pläne zur Bedeichung von Wattflächen zwischen einigen westfriesischen Inseln und dem Festland.

Wenige Jahre später legte die 10. Generalversammlung der Internationalen Union für Naturschutz (IUCN) in Neu-Delhi eine Begriffsbestimmung für Nationalparke fest. Sie empfahl, daß alle Regierungen sich darauf einigen sollten, den Begriff Nationalpark nur Gebieten mit bestimmten Merkmalen vorzubehalten; sie sollten sicherstellen, daß die örtlichen Behörden und privaten Organisationen das gleiche tun, wenn sie Naturreservate ausweisen wollen.

Ein Nationalpark ist danach ein verhältnismäßig großes Gebiet, in dem eine oder mehrere Lebensgemeinschaften (Ökosysteme) nicht wesentlich durch menschliche Nutzung oder Besiedlung verändert worden sind. Pflanzen- und Tierarten, geomorphologisch bedeutsame Stätten und biologische Lebensräume sind darin von besonderem wissenschaftlichem und erzieherischem Wert und von Bedeutung für die Erholung. Oder es ist ein Gebiet, das eine besonders schöne natürliche Landschaft aufweist, für das die oberste zuständige Behörde des Staates Maßnahmen getroffen hat, die eine Nutzung oder Besiedlung des gesamten Gebietes verhindern oder möglichst bald beseitigen werden. Eine wirksame Kontrolle zur Erhaltung der ökologischen, geomorphologischen oder ästhetischen Eigenheiten, die zu einer Ausweisung geführt haben, ist sicherzustellen. Ein Nationalpark soll von Besuchern, unter besonderen Bedingungen zu seiner Erhaltung, aus erzieherischen und kulturellen Gründen und zu Erholungszwecken betreten werden können.

Die Resolution besagt auch, welche Gebiete nicht als Nationalparke gelten sollen, nämlich Naturschutzgebiete im strengsten Sinne, Teilschutzgebiete wie beispielsweise Vogelschutzgebiete. Ein bewohntes und wirtschaftlich genutztes Gebiet, in dem Landschaftsgestaltung und Maßnahmen zur Entwicklung des Fremdenverkehrs eine Schaffung von Erholungsgebieten herbeigeführt haben, in denen Erholungsmöglichkeiten für die Bevölkerung Vorrang vor der Erhaltung der Ökosysteme besitzen, kommt ebenfalls für eine Ausweisung nicht in Frage.

Diese IUCN-Resolution vom 1. Dezember 1969 brachte Bewegung in die Erörterungen über die Schutzwürdigkeit des Wattenmeeres an der südöstlichen Nordseeküste.

Nachdem die Weltorganisation UNESCO namhafte Naturwissenschaftler zu einer vorbereitenden Konferenz nach Paris geladen hatte, erklärten achtzehn europäische Staaten das Jahr 1970 zum Europäischen Naturschutzjahr.

In der Regierungserklärung vom 29. Oktober 1969 vor dem Deutschen Bundestag war die Förderung des Naturschutzes ausdrücklich herausgestellt worden. Es folgte die Berufung eines Bundesbeauftragten für Angelegenheiten des Naturschutzes, denn man müsse den Auswüchsen der Technik und unserer gesellschaftlichen Entwicklung begegnen, indem man das Natürliche bei allen Planungen für die Zukunft mehr in den Vordergrund stellt. Der Schutz der Natur *vor* dem Menschen sei überall auf der Welt zum Schutz *für* den Menschen geworden. Die Umwelt des Menschen sei bedroht und in Gefahr, zerstört zu werden. Es könne auch den Selbstmord des Menschen bedeuten, wenn das selbstmörderische Tun die Schwelle der Unumkehrbarkeit erreicht habe. Im Europäischen Naturschutzjahr wollte man besonders die Politiker als Gesetzgeber ansprechen, damit sie der wissenschaftlich-technischen Lage mit entsprechenden Gesetzen gerecht würden oder vorhandene Gesetze ergänzen und in den Verwaltungen als eine Art Umweltfürsorge durchsetzen könnten (W. Erz, 1970).

In Schleswig-Holstein wurde das Landesamt für Wasserhaushalt und Küsten als Landesoberbehörde eingerichtet mit dem Auftrag, technische und naturwissenschaftliche Grundlagen für Planungen und Entscheidungen für den weiten Bereich der Wasserwirtschaft zu erarbeiten. Dazu gehört die Beurteilung des Wasserhaushaltes im Hinblick auf die Gewässerbenutzungen, die Beurteilung der natürlichen und künstlichen Einflüsse auf die Küstengewässer, auf die Küsten selbst und auf die Küstenanlagen. Ein besonderes Gewicht wurde dem Gewässerschutz zugemessen. Mit dem Generalplan „Abwasser und Gewässerschutz in Schleswig-Holstein", dem Gesetz über die Landesplanung und dem Landeswassergesetz aus der ersten Hälfte des Jahres 1971 wurden wichtige Marksteine für die Umweltschutzpolitik gesetzt.

Nach neunjähriger Vorgeschichte beschlossen die IUCN, der Internationale Rat für Vogelschutz (IRV) und das Internationale Büro für Wasservogelforschung (IRWB) am 2. Februar 1971 in Ramsar (Iran) ein Abkommen über den Schutz von Gewässern und Feuchtgebieten sowie über den Schutz von Wasser- und Watvögeln. In überzeugender Weise hätten multidisziplinäre Forschungen den unvergleichlichen Wert des Wattenmeeres als Bestandteil der Naturlandschaft aufgezeigt. Seine hohe biologische Produktionskraft und seine geographische Lage seien für Millionen von Wat- und Wasservögeln aus Eurasien von lebenswichtiger Bedeutung. Die Wattengebiete von Dänemark, der Bundesrepublik Deutschland und den Niederlanden seien durch Entwicklungspläne bedroht, die unter anderem den Bau von Dämmen und Deichen vorsehen, welche die augenblicklich vorhandenen ökologischen Verhältnisse verändern würden. Die Konferenzempfehlung bringt den Wunsch zum Ausdruck, die Verwirklichung aller dieser Pläne so lange zurückzustellen, bis entsprechende wissenschaftliche Untersuchungen gezeigt hätten, daß sich daraus keine nachteiligen Folgen ergeben. Außerdem wurde empfohlen, das Wattenmeer in die „Liste der Gewässer und Feuchtgebiete von internationaler Bedeutung" eintragen zu lassen.

In ihrem Umweltprogramm vom 14. Oktober 1971 gab die Bundesregierung ihre Umweltpolitik und ein Aktionsprogramm bekannt; die Reinhaltung der Küstengewässer erhielt darin einen ihr gebührenden Platz.

Aus Kreisen der Fremdenverkehrswirtschaft waren damals Baupläne für Appartementhäuser auf Pfählen im Wattenmeer und Bestrebungen für den Einsatz von Luftkissenbooten bekanntgeworden. Deshalb trug der Landesjagdverband den Gedanken vor, das Gebiet unter Naturschutz zu stellen. Der Kreisausschuß des Kreises Nordfriesland begrüßte diesen Vorschlag; am 22. Februar 1971 tat der Landrat einen entscheidenden Schritt in diese Richtung, indem er als untere Naturschutzbehörde die Anordnung zur einstweiligen Sicherstellung der Watten und Sände im Bereich des nordfriesischen Wattenmeeres und der Halligen verfügte. Verboten wurden Maßnahmen, die dem natürlichen Zustand des Wattengebietes und seiner natürlichen Entwicklung zuwiderlaufen, insbesondere das Einbringen von festen Körpern und fremden Bodenbestandteilen. Unberührt blieben in dieser Anordnung die Ausübung der Jagd in den verpachteten Vorlandsjagden sowie tausend Meter um die Inseln und Halligen herum. Die Jagdbehörden sollten besondere Bestimmungen hierüber erlassen. Der Landesminister für Ernährung, Landwirtschaft und Forsten würde die Seehundsjagd und die Verringerung des Wildbestandes regeln. Ferner blieben die gewerbsmäßige Fischerei und die mit der Versorgung der Inseln und Halligen verbundenen Vorkehrungen unberührt wie auch die Maßnahmen des Küstenschutzes und der Landesverteidigung. Die gesetzlichen Aufgaben der Wasser- und Schiffahrtsverwaltung mußten gewährleistet werden.

Die beschriebenen Aktivitäten und besonders der Inhalt der Ramsar-Konvention spielten eine wichtige Rolle bei dem Deutschen Naturschutztag 1972 in Husum, der ganz auf die Vorbereitung des bereits auf internationaler Ebene diskutierten Nationalparks Nordfriesisches Wattenmeer ausgerichtet war.

Die Grundgedanken wurden von zahlreichen Persönlichkeiten begrüßt. Bei näherer Prüfung geriet der Plan jedoch in ein Kreuzfeuer der Kritik; aus der lange Zeit im unklaren gelassenen Küstenbevölkerung erhob sich ein Proteststurm.

An den außergewöhnlich intensiv und in breiter Öffentlichkeit geführten kontroversen Debatten, den „heißen Nationalparkdiskussionen", beteiligten sich alle politischen Parteien, die betroffenen Hallig-, Insel- und Festlandgemeinden, Fachexperten aus den Bereichen der Biologie, des Naturschutzes, der Vor- und Frühgeschichte, des Küstenschutzes, der Landwirtschaft, des Fremdenverkehrs, der Jagd, der Schiffahrt. Auch meldeten zahlreiche Bürger ihre Bedenken in Wort und Schrift an. Die Presse berichtete fast täglich darüber. Es schien so, als könnten sich die unterschiedlichen Interessen nicht auf einen gemeinsamen Kurs einigen.

Warum entstanden so ernsthafte Zweifel an der Notwendigkeit eines Nationalparks für das Nordfriesische Wattenmeer?

Die Befürworter begründeten ihre Auffassung, daß das Wattenmeer mit seinen Halligen und Inseln als natürlicher Lebensraum zahlreicher Arten von Seetieren, Brut- und Rastvögeln und einer besonderen Pflanzenwelt erhalten und vor Veränderungen und Auswüchsen, die vom Menschen veranlaßt würden, bewahrt werden müsse; denn es gibt kein anderes Stück Erde, das ein ähnlich reiches Tierleben aufzuweisen hat. Bei Tideniedrigwasser steht hier Nahrung im Überfluß zur Verfügung. Millionenfach ist das Leben der Muscheln, Schnecken und Würmer im Sand- und Schlickwatt, der Krebse, Stachelhäuter und Fische in den Prielen und Wattströmen. Allein der Schlickkrebs durchlöchert wabenartig den Boden durch seine kleinen, schleimverfestigten Röhrenbauten. Bis zu vierzigtausend Tiere siedeln auf einem Quadratmeter; das entspricht einem Gewicht bis etwa fünfundzwanzig Gramm organischer Substanz. So hohe Werte sind in der Natur selten. Weiter wurden Möglichkeiten für wissenschaftliche Forschungen in einem Nationalpark und für naturnahe Erholung und erzieherische Entfaltung genannt. Vorträge, Lehrgänge, Informationsstände, Führungen für Einheimische und Auswärtige sollten zum besseren Verständnis der Schutzmaßnahmen beitragen. Die Verarbeitung von Fischbrut zu Fischmehl und die Nutzung der nicht eßbaren Kleinkrabben als Futtergarnelen könne nicht geduldet werden. Die sowieso nur extensiv genutzten Halligweiden sollten vorzugsweise für Wildgänse reserviert werden. Auf die Jagd möge man verzichten. Für den Fährbetrieb und den Ausflugsverkehr würden andere Maßstäbe zu setzen sein. Küstenschutzarbeiten wie Deich- und Dammbauten und die Vermehrung der Vorlandflächen sollten unterbleiben.

Als Gegner eines Nationalparks traten – im Gegensatz zu den Befürwortern – fast ausschließlich die einheimische Bevölkerung auf den Halligen und Inseln sowie Bürger der angrenzenden Küstenregion auf. Viele Leute verhielten sich zunächst abwartend und zurückhaltend, manche im Anfang auch befürwortend. Man beanstandete bald den mangelnden Informationsfluß. Es würden immer nur einzelne Probleme, ganz selten oder nie das gesamte Vertragswerk und meist aus einem bestimmten Blickwinkel angesprochen oder behandelt. Man könne sich kein rechtes Bild über die Notwendigkeit, über die Tragweite und über den Erfolg eines durch Landesgesetz zu gründenden Nationalparks machen; weder Anlaß noch Ziel oder gar der finanzielle Aufwand für das Vorhaben seien zu erkennen.

Daraus erwuchs Mißtrauen und das Gefühl der Bevormundung und der Besserwisserei. Es kam sogar zur Bildung einer Bürgerinitiative gegen den Nationalpark. Man befürchtete erhebliche wirtschaftliche Nachteile vor allem auf den Gebieten der Landwirtschaft und des Fremdenverkehrs. Bei einer konsequenten Anwendung des Naturschutzes als dritte Nutzungsart sahen die Halligleute vor allem Konflikte und Reibereien auf sich zukommen, weil zuwiderlaufende Interessen in der Praxis nicht reibungslos nebeneinander vertreten werden könnten. Ein mit polizeilichen Vollmachten ausgestattetes Nationalparkamt würde den Halligbewohnern ihre alten Rechte beschneiden und dies in einem Vorbehalts- oder Verbotskatalog festschreiben. Sie möchten sich zum Beispiel nicht vorschreiben lassen, ob sie ihre Watten betreten dürfen oder nicht. Das alles erschien ihnen um so weniger verständlich, als soeben erst die umfassende Halligsanierung mit großzügiger staatlicher Hilfe zustande gekommen war und die Halligen sich mitten im Prozeß der Umstrukturierung befanden.

Die gegensätzlichen Standpunkte ließen sich nicht einfach überbrücken. Deshalb entschloß sich die Landesregierung, zunächst ein Naturschutzgebiet Nordfriesisches Wattenmeer zu bilden, nachdem sie die Bedenken und Vorschläge der Ämter und Gemeinden sowie der hier tätigen Verbände und Organisationen entgegengenommen hatte. Zusammen mit dem Wattengebiet nördlich des Hindenburgdammes

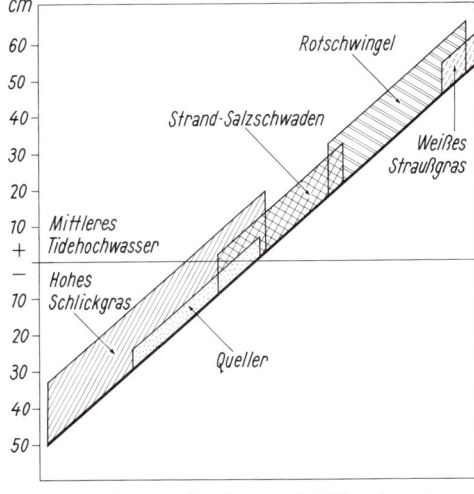

Fig. 37 Zone der bestandsbildenden Arten

ist es mit 160 700 ha das größte Naturschutzgebiet Mitteleuropas. Die rechtskräftige Landesverordnung vom 22. Januar 1974 fand in Nordfriesland allgemein Zustimmung, denn nun stand ein brauchbares Rechtsmittel zur Verfügung, und die erforderlichen Gespräche konnten fortgesetzt werden, ohne mit der Zeit in Verzug zu kommen und ohne politischen Druck.

Von nun an bekommen die Halligleute in zunehmendem Maße Konkurrenz bei der Nutzung der Halligweide. Die sich stark vermehrenden Ringelgänse (vgl. Tab. 11), die nach dem Willen einiger Naturschutzmanager nicht mehr gejagt und gescheucht werden dürfen, kommen im Herbst und Frühjahr jeweils für einige Wochen auf die Halligen, fressen den bis dahin von Schafen und Rindern beweideten Halligrasen kahl und hinterlassen eine verkotete Einöde. Die „Heimsuchung" durch die Ringelgänse erfreut einerseits die Vogelschützer und bringt andererseits die Halligbauern zur Verzweiflung, weil sie auf diese Weise in ihrer Existenz bedroht werden.

Und wieder mußten die öffentlichen Hände mit Steuergeldern eingreifen, um den unerträglichen wirtschaftlichen Schaden auszugleichen. Für eine einigermaßen gerechte Bewertung der Entschädigungen waren zunächst einmal vergleichbare Unterlagen zu erarbeiten. Im Mai 1979 wurde unmittelbar nach dem Abzug der Ringelgänse eine Bestandsaufnahme durchgeführt, deren Ergebnisse in den Figuren 38 a—d kartographisch dargestellt wurden. Groß waren vergleichsweise auch die Schäden auf Süderoog und Südfall.

Die Auseinandersetzungen über das Für und Wider eines Nationalparks Nordfriesisches Wattenmeer wurden nicht wenig belastet durch die Art und Weise der Bestandslenkung von Möwen und Seehunden in den erst vor kurzer Zeit verordneten Naturschutzgebieten. Die Halligleute konnten kein rechtes Verständnis dafür aufbringen, daß keine Möweneier mehr gesammelt werden durften und daß die Seehundsjagd völlig untersagt wurde. Für sie bedeutete diese Regelung, daß nun auch auf diesen Gebieten der Griff von außen in ihre Geldtasche legalisiert worden war. Ohne ihre Mitwirkung hätte man über ihre Belange entschieden und dabei sozioökonomische Bedingungen übersehen.

Was war geschehen?

Von 1973 an versuchten Vogelschützer die starke Zunahme der Silbermöwe vor allem auf Trischen und Süderoog zu reduzieren. Diese bösartigen Raubtiere, die in Kolonien brüten, verdrängen andere, schwächere Vogelarten, indem sie Eier und Jungvögel rauben und ihre Kolonien ausweiten. Auf Jordsand duldet die Möwe überhaupt keine andere Vogelart; selbst dem Austernfischer gelingt es dort nicht mehr, seine Brut zu retten und großzuziehen.

Für eine Bestandsdezimierung von Möwen sind folgende Verfahren bekannt:
1. Das Ei wird angestochen, durch Injektion von Chemikalien vergiftet und unfruchtbar gemacht.
2. Einschläferung und Vergiftung von Möwen mit Alpha-Glucochloralosie, einem Mittel, das zu einem frühen Zeitpunkt und vorschriftsmäßig angewandt werden muß.
3. Schütteln des Eies zwecks Zerstörung des Embryos.
4. Die Jagd.

1 km
NORDSEE
keine Schädigung (normale Grashöhe)
flächenhafte Schädigung (Grashöhe < 10 cm)
geringe Schädigung (Grashöhe > 10-15 cm)
flächendeckende Schädigung (Grashöhe < 5 cm)
weitergehende Schädigung (Grashöhe > 10 cm)
flächendeckende Schädigung (Grashöhe < 2 cm)

A

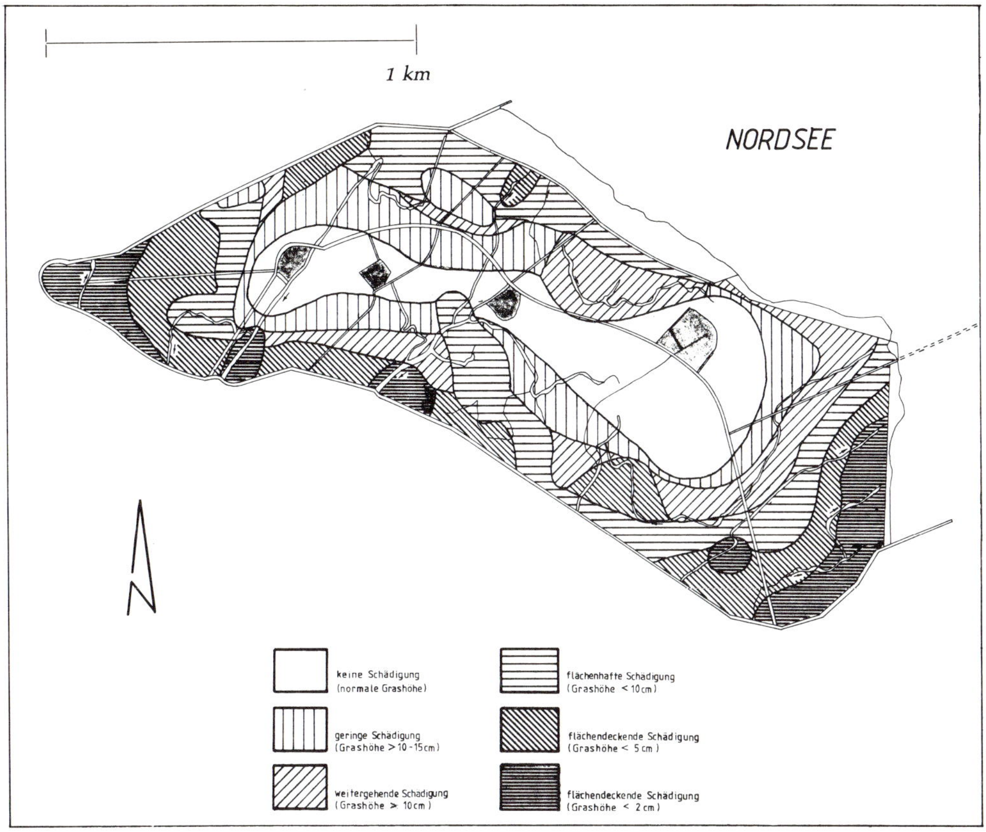

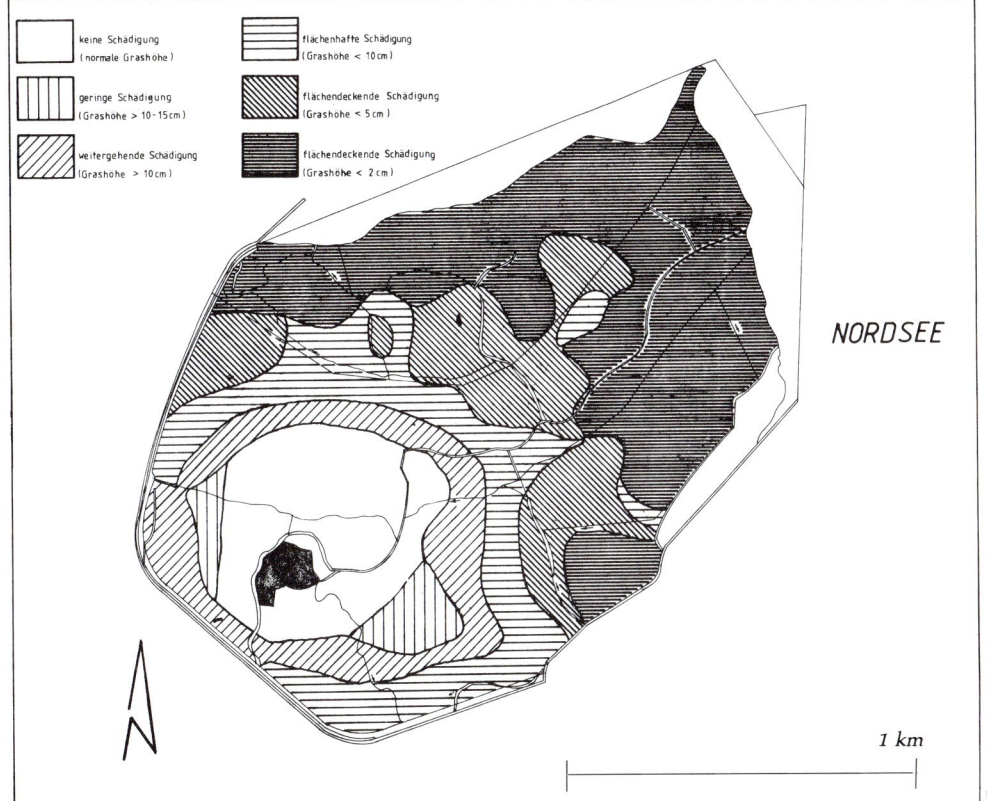

keine Schädigung (normale Grashöhe)
flächenhafte Schädigung (Grashöhe < 10 cm)
geringe Schädigung (Grashöhe > 10-15 cm)
flächendeckende Schädigung (Grashöhe < 5 cm)
weitergehende Schädigung (Grashöhe > 10 cm)
flächendeckende Schädigung (Grashöhe < 2 cm)
NORDSEE
1 km

B

Fig. 38 Aufnahme der Ringelgans-Schäden im Mai 1979. a) Nordstrandischmoor, b) Gröde, c) Hooge, d) Langeneß

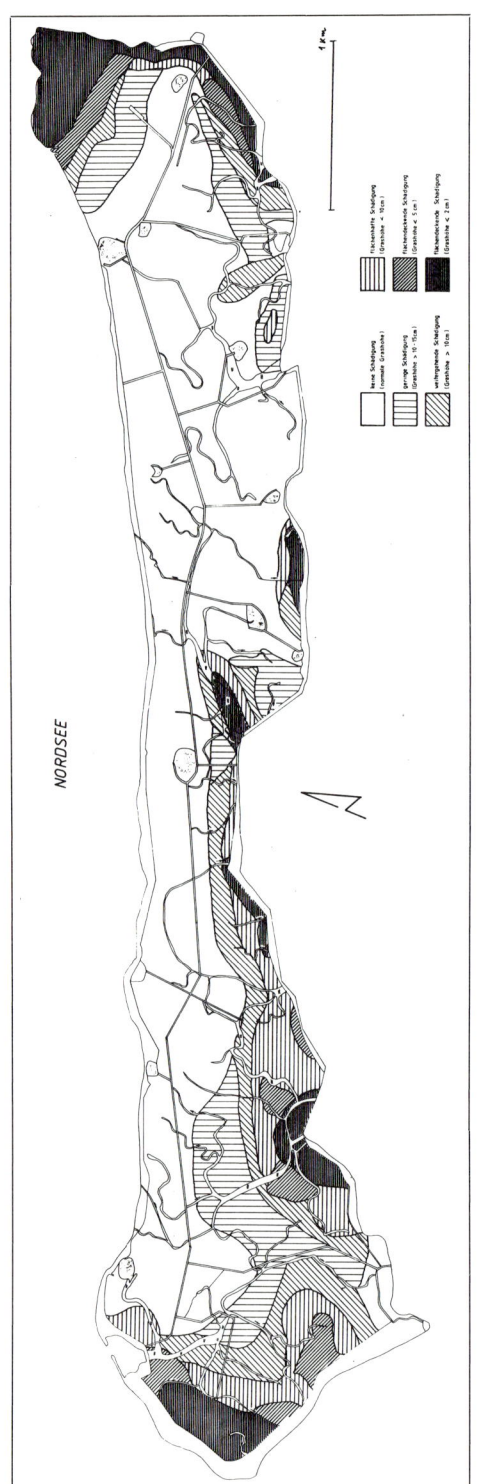

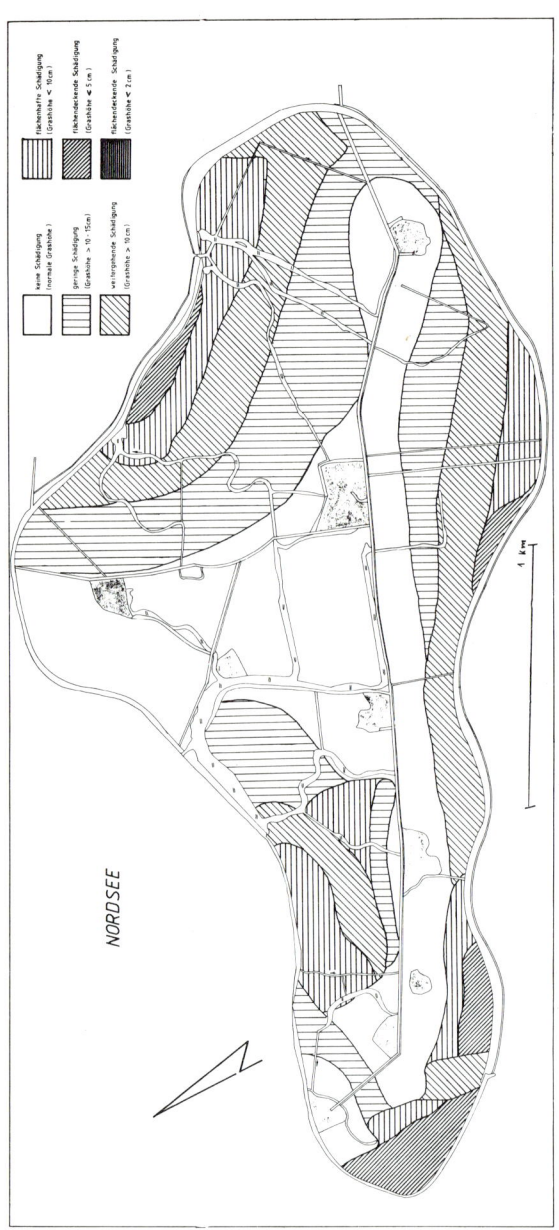

NORDSEE

NORDSEE

C

D

158

Die Wegnahme der Eier bedeutet nach Ansicht von Ornithologen eine Gefährdung der seltenen und schützenswerten Vögel (z. B. Seeschwalben, Schnepfen), weil die Möwen dann Eier nachlegen, wenn die Nester geleert sind. Ihr Bedarf an bestimmten Grundstoffen würde zunehmen und der Aggressionstrieb verstärkt werden.

Als Folge der Vergiftungsmethoden wurde beobachtet, daß brütende Vögel verschiedener Vogelarten einen qualvollen Tod nach dem Verzehr der mit Chloralon getränkten und auf den Rand der Möwennester gelegten Fischlappen erlitten. Geschlüpfte und im Schlupf befindliche Küken seien eingegangen, weil sie kein Futter mehr bekamen und die Nestwärme fehlte. Man hätte mit ansehen müssen, wie Möwen und andere Seevögel „in einem letzten Aufbäumen fliegend und jämmerlich schreiend steil in die Luft stiegen und dann wie ein Stein zu Boden schmetterten und verendeten". Auf Grund solcher Meldungen erstattete der zuständige Amtsvorsteher bei der Staatsanwaltschaft Strafanzeige wegen des Verbrechens gegen eine schutzlose Tierwelt, da hier vollzogene und nach dem Tierschutzgesetz von 1972 strafbare Handlungen zu verurteilen seien. Irgendeine Rechtfertigung für diese ungeheuerlichen Taten sei nicht ersichtlich. Nach erfolgreich praktizierten Verfahren der Küstenbewohner könne eine allzu starke Vermehrung der Möwen ohne weiteres durch weidgerechte Bejagung und durch regelmäßiges Einsammeln der Eier zuverlässig in Grenzen gehalten werden.

Der Bestand an Seehunden im schleswig-holsteinischen Wattenmeer wird alljährlich vom Flugzeug aus gezählt. Im Mittel der letzten beiden Jahrzehnte lag das Ergebnis bei 1200 bis 1500 Tieren; davon wurden jeweils etwa dreihundert zum Abschuß freigegeben. Als man zu Beginn der siebziger Jahre überdurchschnittlich viele kranke Seehunde feststellte und man über die Ursachen im dunkeln tappte, wurde der Abschuß ausschließlich auf kranke Tiere beschränkt. Die Seehundsjäger verwiesen jedoch auf die in den letzten Jahren im nordfriesischen Wattenmeer heimisch gewordene Kegelrobbe, was auf einen biologisch gesunden Raum schließen lasse. Überhaupt gäbe es hier den gesundesten Bestand an Seehunden von ganz Europa; da er zu stark wachse (1980: 1800, davon allein 300 im Bereich Norderoogsand, Japsand und Rummelloch), sollte die Jagd nicht völlig untersagt werden. Wenn die ständig wiederholte Behauptung zuträfe, daß die Seehundsjäger in Nordfriesland rücksichtslos jagen, dürfte es hier gar keine Seehunde mehr geben. Der Gegensatz zwischen Jagd und Naturschutz sei unbegründet: Von Jägern sei in Deutschland noch niemals eine Tierart ausgerottet worden.

Als Beispiel für unterschiedliche, sich sogar widersprechende Auffassungen über Schutzideen und über Schutzmethoden bei der Durchführung von Verordnungen führen Küstenbewohner und die Halligleute insbesondere nicht ohne Grund Norderoog an. Der Verein Jordsand legt Wert auf das Beweiden der Hallig, er läßt das Gras mähen und das Altgras abbrennen, jahrzehntelang ließ er die Möweneier sammeln, und er betreibt mit bemerkenswertem ideellen und materiellen Aufwand Küstenschutzarbeiten durch Bau und Unterhaltung von 33 Buschlahnungen (Abb. 149) rings um die Hallig sowie durch die Herstellung eines schweren Uferdeckwerks an der Westspitze (vgl. Fig. 16 e und Abb. 150) mit dem Erfolg, daß die Landverluste etwa ab 1970 zum Stillstand gebracht wurden und der Vogelschutz zu seinem Recht kommen kann.

Die Sturmflutserie im Winter 1973/74 und die sehr schweren Sturmfluten am 3. Januar und 21. Januar 1976 (s. Tab. 7) verursachten erhebliche Schäden an den vorwiegend von freiwilligen oder ehrenamtlichen Helfern erstellten Uferschutzanlagen. Damals hätte es beinahe die einzigen Sturmflutopfer an der Küste gegeben. Der Vogelwart hatte sich nämlich mit seiner Familie über Neujahr auf Norderoog aufgehalten. Entgegen seiner Planung kehrte er jedoch schon am 2. Januar zum Festland zurück. Am nächsten Tag wurde die Unterkunft (Abb. 151) völlig vom Wellenschlag zertrümmert.

Für Norderoog bekam das Jahr 1977 durch die Großaktion des Vereins Jordsand eine herausragende Bedeutung. An der Stelle der zerstörten Hütte wurden auf die vorbereiteten Pfähle zwei Container aufgesetzt, die man von Dagebüll hierher einflog. Seitdem verfügt die Hallig über eine optimale Unterkunft mit guten Arbeitsmöglichkeiten auch für Wissenschaftler. Nach der Brutzeit begannen freiwillige Helfer mit dem Bau des dreihundert Meter langen Uferdeckwerks. Entscheidende Hilfe und technische Unterstützung erhielt der Verein dabei durch das Amt für Land- und Wasserwirtschaft Husum.

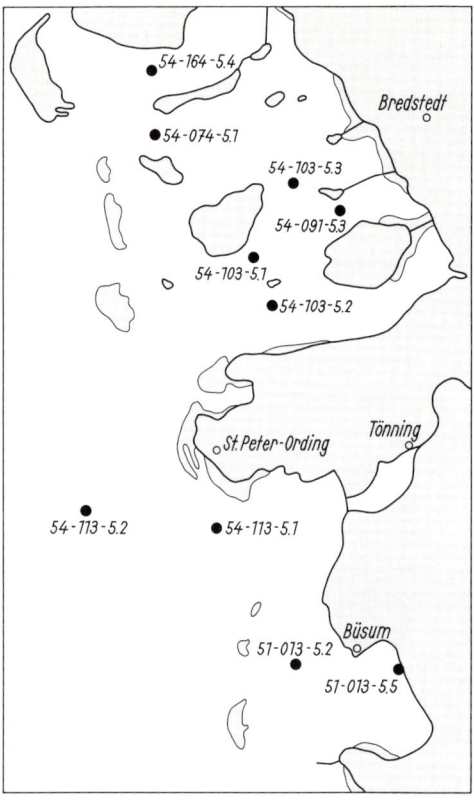

Fig. 39 Überwachungsstationen im schleswig-holsteinischen Wattenmeer

Befürworter und Gegner des Nationalparks beurteilen die Gefahren, die dem Wattenmeer von der Nordsee her drohen, gleich ernst. Trotz internationaler Abkommen wird man weiterhin mit gewissen menschlichen Unzulänglichkeiten zu rechnen haben, auch noch, nachdem die Fristen der amtlich genehmigten Verfahren abgelaufen sein werden, die das Einbringen von bestimmten flüssigen und festen Stoffen in die Nordsee zum Gegenstand haben. Maßnahmen zur erfolgreichen Abwehr und Bekämpfung von Verunreinigungen der offenen See sind keineswegs ausreichend. Sie müssen über die Staatsgrenzen hinweg (multilateral) verbessert und technologisch weiterentwickelt werden.

Als zwei Husumer Fischer im Sommer 1973 verbrennungsähnliche Hautausschläge erlitten, nachdem sie ihre Kutter auf dem Watt vor Nordstrand gestrichen hatten, wurden chemische Untersuchungen des Wattenmeerwassers in Angriff genommen. Man fand keine gefährlichen Beimengungen im Wasser, auch nicht bei der regelmäßigen Kontrolluntersuchung des Badewassers durch ein Hygieneinstitut.

Um Klarheit zu bekommen über die qualitative Belastung der Küstengewässer durch einmündende Gewässer und direkte Abwassereinleitungen, wurden im Rahmen des sogenannten Nordseeprogramms Wasserproben an diesen Stellen entnommen und analysiert. Das Landesamt für Wasserhaushalt und Küsten überwacht seit 1975 planmäßig die Wassergüte an ausgewählten Stellen; im Wattengebiet selbst zwischen

Tafel 10  Hooge. Sturmflut am 3. 1. 1976. Blick von der überschwemmten Kirchwarf mit dem „Kreuz von Golgatha" nach der Ockelützwarf

| Bezeichnung | Meßstelle | Tag | Kupfer | Zink | Cadmium | Queck-silber | Blei |
|---|---|---|---|---|---|---|---|
| | | | Cu | Zn | Cd | Hg | Pb |
| Kronenloch | 51−013−5.5 | 3 .4. 1979 | 53 | 89 | 1,1 | 1,0 | 1,7 |
| Piep, Tonne 30 | 51−013−5.2 | 12. 4. 1978 | 8,0 | 8,7 | 0,18 | 3,4 | 0,6 |
| | | 4. 4. 1979 | 5,0 | 6,5 | 0,13 | 0,3 | 1,1 |
| | | 23. 4. 1980 | 21 | 69 | 0,93 | 0,16 | 0,5 |
| Eider, Tonne 15 | 54−113−5.1 | 11. 4. 1978 | 15,5 | 6,6 | 0,16 | 3,8 | 3,1 |
| | | 5. 4. 1979 | 9,6 | 18 | 0,15 | 0,5 | 2,4 |
| Außeneider | 54−113−5.2 | 4. 4. 1978 | 6,5 | 16,5 | 0,21 | 0,6 | 0,9 |
| | | 4. 4. 1979 | 4,6 | 6,0 | 0,15 | 0,6 | 1,3 |
| Heverstrom | 54−103−5.2 | 11. 4. 1978 | 5,6 | 15,4 | 0,17 | 0,6 | 1,5 |
| | | 5. 4. 1979 | 4,3 | 8,5 | 0,13 | 1,0 | 2,5 |
| Norderhever, Tonne NH 21 | 54−103−53 | 9. 4. 1979 | 14 | 43 | 0,95 | 1,2 | 1,6 |
| | | 17. 4. 1980 | 13 | 51 | 0,39 | 0,68 | 4,0 |
| Norderhever, To. NF 7 | 54−091−5.3 | 9. 4. 1979 | 23 | 27 | 0,76 | 0,2 | 1,0 |
| Norderhever, To. NH 11 | 54−103−5.1 | 6. 4. 1978 | 5,4 | 6,5 | 0,17 | 0,9 | 0,5 |
| | | 9. 4. 1979 | 6,0 | 8,5 | 0,11 | 0,7 | 1,6 |
| Süderaue, Tonne SA 7 | 54−074−5.1 | 6. 4. 1978 | 6,0 | 6,5 | 0,10 | 0,5 | 0,7 |
| | | 9. 4. 1979 | 4,2 | 3,5 | 0,11 | 0,9 | 0,7 |
| | | 17. 4. 1980 | 12 | 57 | 1,2 | 2,2 | 1,9 |
| Norderaue, Tonne 29 | 54−164−5.4 | 5. 4. 1978 | 4,8 | 17,6 | 0,22 | 2,1 | 0,4 |
| | | 10. 4. 1979 | 9,2 | 5,0 | 0,18 | 1,0 | 1,3 |

Tabelle 28. Gehalt an Schwermetallen in Wasserproben (µg/l).
Quelle: Landesamt für Wasserhaushalt und Küsten Schleswig-Holstein.

Sylt und Eiderstedt sind es sieben, vor der Dithmarscher Küste vier Stationen (Fig. 39). Die bisherigen Ergebnisse der Gewässerschutz-Analysen zeigen im allgemeinen eine ziemlich große Streubreite, so daß man daraus noch keine Standardwerte und zulässige Grenzen ableiten kann. Sowohl der Gehalt an Schwermetallen in den Wasserproben und im Sediment (Tab. 28) als auch die beispielhaft im Anhang 2 aufgeführten Analysenwerte der Wasseruntersuchungen an fünf Stationen schwanken sowohl von Ort zu Ort, aber auch an verschiedenen Meßtagen am selben Ort erheblich. Sie zeigen im übrigen sehr deutlich, daß die Bewertung einer einzelnen Probe oder einer geringen Anzahl zu Fehlurteilen führen kann und muß. Erst wenn längere Meßreihen zur Verfügung stehen, dürfen gültige Folgerungen gezogen werden. Entsprechende Erfahrungen hat man seit vielen Jahren bei Messungen in der Natur gesammelt: bei Wasserständen, Stromgeschwindigkeiten, Feststoffbewegungen usw. Daß auch Unterschiede einzelner Tierzählungen recht groß sein können, geht aus Figur 36 hervor. Das Landeskabinett in Kiel entschied nach den Sturmfluten 1973/74 und 1976, daß es den Plan eines Nationalparks nicht weiter verfolgen wolle. In vielen Verhandlungen und besonders nach Prüfung des Gutachtens der Bundesforschungsanstalt für Naturschutz und Landschaftsökologie in Bad Godesberg war deutlich geworden, daß in einem Nationalparkgesetz weitgehende Einschränkungen verankert werden würden; mit der Naturschutzverordnung für das Wattenmeer und dem Landschaftspflegegesetz wird man andererseits den erforderlichen wirksamen Schutz gewährleisten können. Weil der Schutz des nordfriesischen Wattenmeeres durch das geltende Naturschutzrecht abgesichert ist und kaum durch eine Eintragung in die „Liste der Gewässer und Feuchtgebiete von internationaler Bedeutung" verbessert werden kann, entfällt die auf der Ramsar-Konferenz (an die Bundesregierung) empfohlene Benennung.

## Angedeichte Halligen

Seit etwa der Jahrhundertwende hat man systematisch Vorland geschaffen. Der Deichfuß lag auf langen Strecken schar. Um den Abbruch zum Halten zu bringen, wurde versucht, die Abbruchkanten mit steilen hölzernen Bohlwerken zu sichern; später wurden sie abgeschrägt und im Herbst und Frühjahr mit Stroh bestickt. Diese zeitaufwendigen Arbeiten waren mit erheblichen Material- und Lohnkosten verbunden. Deshalb ging man nach und nach dazu über, schwere Uferdeckwerke aus Ostseefindlingen und Granitbruchsteinen herzustellen. Der beabsichtigte Deichschutz wurde auf diese Weise voll erreicht. Die Uferdeckwerke waren aber auch Anlaß für die Abspülung und Vertiefung der Watten in deren Nähe.

Als man gelernt hatte, vor den Schardeichen am Festland und an den Anschlußstellen der Dämme den von der Flut mitgeführten Schlick und feinen Sand mit Hilfe von Buschlahnungen und durch Begrüppeln von Lahnungsfeldern zu fangen, wurde sichtbar, daß solche Flächen bis über das mittlere Tidehochwasser auflanden können. Es entstand grünes Vorland, und die Uferlinie rückte mit dem Anwachs seewärts vor. Wenn die Vorlandflächen eine bestimmte Größe erreicht hatten, wurden sie bedeicht. Vier Halligen, die Fr. Müller in den Halligbänden des Werkes über das Wasserwesen an der schleswig-holsteinischen Nordseeküste behandelt hat, lagen so dicht an den Festlandsdeichen und am Inseldeich von Nordstrand, daß mit entsprechender Hilfe alsbald bis zu den Halligen hin großflächige Vorländereien anwuchsen. Da dies an anderen Stellen des Gesamtwerkes und auch sonst ausführlich beschrieben worden ist, können wir auf die Literaturhinweise für die Textbeiträge im Anhang 6 verweisen. Der ursprüngliche Charakter dieser Halligen ist dabei natürlich verlorengegangen (s. Fig. 1 und Abb. 1). Wir beschränken uns aus diesem Grunde darauf, sie hier zu erwähnen und die Zeiten der Andeichungen hinzuzufügen:

Pohnshallig im Pohnshalligkoog auf Nordstrand 1920 bis 1924,
Franzosensand im Dieksander Koog 1933 bis 1934,
Finkhaus- und Padelackshallig im Finkhaushalligkoog 1934 bis 1936,
Grüne Insel im Katinger Watt (Eidermündung) 1967 bis 1973.

Das Vorland der Norder-, Buphever- und Langelandshallig, das als Rest von Alt-Nordstrand unmittelbar mit Pellworm verbunden geblieben war, wurde im Jahre 1938 als Bupheverkoog an das Deichsystem der Insel angedeicht, und zwar als erster Bauabschnitt des geplanten Verbindungsdammes nach dem Festland.

# Vielseitige Aufgaben der Halliggemeinden

Der umfangreiche Fragenbereich, den wir beschrieben oder nur angedeutet haben, berührt zum größten Teil auch die Aufgaben der verhältnismäßig kleinen politischen Gemeinden. Die bewohnten nordfriesischen Halligen verfügen meist über eigene, selbständige kommunale Einrichtungen. Die Belange der kleineren Halligen werden von Nachbargemeinden mit wahrgenommen.

Hooge bildet zusammen mit Norderoog eine Gemeinde; seit dem Jahre 1941 ist Oland ein Bestandteil der Gemeinde Langeneß; die Gemeindevertretung von Gröde nimmt auch die für Habel anfallenden Aufgaben wahr; Süderoog und Südfall sind der Inselgemeinde Pellworm zugeordnet; alle werden vom Amt Pellworm betreut.

Die Hamburger Hallig gehört zur Gemeinde Reußenköge, Nordstrandischmoor zu Nordstrand, Westerheversand zu Westerhever, Helmsand zu Elpersbüttel und Trischen zur Gemeinde Friedrichskoog. Helmsand und Trischen liegen im Kreisgebiet von Dithmarschen, die übrigen Halligen im Landkreis Nordfriesland.

Anhand einiger Beispiele kann man die mannigfaltigen Funktionen erkennen, die von der Selbstverwaltung der Halliggemeinden zu erledigen sind. Sie lassen die verschiedenen Wege ahnen, auf denen die anfallenden Fragen, Aufträge und Antworten über das Amt und über die Kreisverwaltung zu den einzelnen Ressorts der Landesregierung, zu Dienststellen der Bundesverwaltungen, zu Politikern, zu Verbänden, Organisationen und unmittelbar zu einzelnen Bürgern oder umgekehrt fließen:

Angelegenheiten wie Wahlen für die Gemeindevertretung, für den Kreistag, den Landtag und den Bundestag, Verwaltungs- und Ordnungsfragen, amtliche Zählungen, Standesamt, Ablösung der Allmende, Halligsanierung, Halligschutz, Hochwasserschutz, Katastrophenschutz, Umstrukturierung der Landwirtschaft, Programm Nord, Fremdenverkehrsentwicklung, Werbung, Kurtaxe, Veranstaltungen – u. a. Kurse in Halligfriesisch (Tab. 29), Fernwasserversorgung, Elektrifizierung, Feuerlöschwesen, Abwasser- und Müllbeseitigung, Schiffahrt und Fischerei, Wege, Brücken, Siele, Jagd, Denkmalschutz, Landschaftsschutz, Naturschutz, Vogelschutz, Nationalpark, Post, Gesundheitsdienst, Strandungswesen, Rettungsdienst, Vereinsleben, Ortskulturring, Schule, Kirche, Friedhof.

Die Halligschulen kann man kaum mit den Schulen auf dem Festland vergleichen, weil die Erziehung dort weit draußen im Wattenmeer unter außergewöhnlichen, von Ebbe und Flut abhängigen Bedingungen erfolgen muß.

Auf Süderoog ließen die früheren Besitzer ihre Kinder durch Privatlehrer unterrichten. Die schulpflichtige Tochter der gegenwärtig dort wohnenden Wasserwerkerfamilie wandert zum Wochenanfang auf dem Wattweg nach Pellworm in die Schule. Sie kehrt erst zum Wochenende zurück. Gelegentlich wird sie in einem Boot gebracht oder abgeholt.

Eine ähnliche Situation hat sich im Herbst 1980 für die einzige Schülerin auf Gröde ergeben. Hier befindet sich die kleinste Schule der Bundesrepublik Deutschland unter einem Dach mit der Halligkirche. Diese Zwergschule wurde vorübergehend (?) geschlossen, als die Lehrerin an die Schule Langeneß versetzt wurde. Auch diese Schülerin kann nur zum Wochenende nach Gröde zurückkommen, obgleich beide Schulen nur kaum acht Kilometer voneinander entfernt liegen. Die durch die

| Hooge | 1889 | 1909 | 1924 | 1972 |
|---|---|---|---|---|
| 1. Einwohner | 174 | 136 | 165 | 180 |
| 2. Haushaltungen | 45 | 36 | 47 | 49 |
| 3. Friesisch als Haussprache in Haushaltungen | 29 | 14 | 8 | 0 |
| ergibt prozentual | 64,4 % | 38,9 % | 17,0 % | 0 % |

| Nordmarsch-Langeneß | 1889 | 1909 | 1924 | 1972 |
|---|---|---|---|---|
| 1. Einwohner | 235 | 220 | 213 | 153 |
| 2. Haushaltungen | 50 | 51 | 51 | 48 |
| 3. Friesisch als Haussprache in Haushaltungen | 38 | 23 | 20 | 3 |
| ergibt prozentual | 76,0 % | 45,1 % | 39,2 % | 4,8 % |

| Oland | 1889 | 1909 | 1924 | 1972 |
|---|---|---|---|---|
| 1. Einwohner | 31 | 50 | 52 | 45 |
| 2. Haushaltungen | 11 | 12 | 13 | 14 |
| 3. Friesisch als Haussprache in Haushaltungen | 10 | 9 | 9 | 3 |
| ergibt prozentual | 91,0 % | 75,0 % | 69,2 % | 21,4 % |

| Gröde | 1889 | 1909 | 1924 | 1972 |
|---|---|---|---|---|
| 1. Einwohner | 32 | 25 | 25 | 15 |
| 2. Haushaltungen | 7 | 4 | 6 | 4 |
| 3. Friesisch als Haussprache in Haushaltungen | 6 | 4 | 4 | 0 |
| ergibt prozentual | 85,7 % | 100,0 % | 66,7 % | 0 % |

Tabelle 29. Sprachverhältnisse auf den Halligen nach Jens Lorenzen 1972.

auswärtige Unterbringung entstehenden Kosten werden den Eltern von der Hand gehalten. – Im Jahre 1951 war auf Gröde ebenfalls nur ein Kind schulpflichtig, 1952 waren es neun Kinder und 1977 wieder nur drei. Das Schulgebäude erhielt 1976 einen Anbau mit Schutzraum.

Die Schule auf Nordstrandischmoor blieb von 1898 bis 1903 und von 1910 bis 1920 geschlossen, weil es keine schulpflichtigen Kinder auf der Hallig gab. – Am 25. Juli 1907 ertrank der Lehrer im Watt auf dem Heimweg vom Festland nach der Hallig. – Während des Ersten Weltkrieges unterrichtete ein aus Hamburg stammender Halligmann mit guter Schulbildung seine Kinder selbst, wofür ihm das zuständige Ministerium eine Sondergenehmigung erteilte. Bevor der Schulbetrieb wiederaufgenommen wurde, mußte das Schulgebäude gründlich instandgesetzt werden. In der Nacht zum 2. Dezember 1932 brannte das reetgedeckte Haus (s. Abb. 22) bis auf die Grundmauern nieder. Die Lehrerfamilie rettete zwar ihr Leben, sie verarmte jedoch – infolge des Brandunglücks – völlig. Bis zum Wiederaufbau des Schulgebäudes auf der Amalienwarf im Jahre 1934 fand der Unterricht im fiskalischen Unterkunftsgebäude auf der Warf Halberweg statt. Nachdem nun Jahr auf Jahr die Lehrkräfte gewechselt hatten, schloß man die Schule abermals für die Dauer des Zweiten Weltkrieges. Bis zur planmäßigen Besetzung im Sommer 1949 übernahm eine Hilfslehrkraft von Nordstrand den Unterricht. – Die Sturmfluten im Oktober 1936, im November 1938 und vor allem die sehr schwere Sturmflut am 16./17. Februar 1962 beschädigten die niedrige Warf (s. Tab. 9) und das Schulgebäude erheblich, so daß sich die jeweilige Lehrerfamilie darin keineswegs sicher fühlte. Die Empfehlung des Küstenausschusses Nord- und Ostsee von 1957 zielte deshalb auf eine Erhöhung der Warf hin, auf flachere Warfböschungen und auf die Herstellung eines Schutzraumes. In den Jahren 1970 und 1971 wurden diese Schutz- und Sicherheitsfragen gelöst. Das neue Schulgebäude auf Nordstrandischmoor und die Schulwarf haben die bisher höchste Sturmflut am 3. Januar 1976 ohne überdurchschnittliche Schäden überstanden, während die Menschen dieses gefährliche Naturereignis gelassen vom Schutzraum aus beobachten konnten.

Die einklassige Schule auf Hooge verfügte lange Zeit nur über ein enges Klassenzimmer für dreißig bis vierzig Schüler. Die Sturmflut 1962 gab den entscheidenden Anstoß für den Bau einer neuen, größeren Schule mit Lehrerwohnung auf der Ockelützwarf (Abb. 152). Während der Bauzeit wurde in einer Baracke auf der Ockenswarf im Osten der Hallig unterrichtet. In der neuen Schule stehen ein Gruppenraum für die sogenannte Stillarbeit einzelner Jahrgänge und ein Gymnastikraum zur Verfügung. Nun kann auch unabhängig vom Wetter der Turnunterricht erteilt werden. Obgleich Hooge mit dem höchsten Halligdeich umgeben ist, wird die Hallig hin und wieder überschwemmt, so daß den Schülern dann der Schulweg versperrt wird. Bei Landunter fällt der Unterricht buchstäblich ins Wasser. Und die Kinder freuen sich über die naturbedingten Wasserferien.

Die beiden Schulen auf Langeneß sind nach Fertigstellung des geräumigen Neubaues auf der Kirchwarf im Jahr 1966 zu einer einklassigen Grund- und Hauptschule zusammengefaßt worden (Abb. 154). In dem seit 1909 auf Hilligenley vorhandenen Schulhaus befindet sich neuerdings ein Informationszentrum der Schutzstation Wattenmeer. Vorher wurden die Schulkinder im Westen der Hallig (Nordmarsch) von dem jeweiligen Lehrer in seiner Privatwohnung unterrichtet, zeitweilig auf Norderhörn, auf Süderhörn und auf Hilligenley. Als man 1894 die Kirche neu errichtete, schaffte man im östlich gelegenen Drittel des Gebäudes (Abb. 153) Platz für eine Schulklasse und darüber für eine Lehrerwohnung. Diese wurde vor etwa 60 Jahren durch ein neues Lehrerwohnhaus auf der Hunnenswarf ersetzt. — Unmittelbar nach Inbetriebnahme des neuen Schulgebäudes begann die Schule mit der Anlage einer Windschutzpflanzung auf der kahlen Warf, die in einem schleswig-holsteinischen Schulwaldwettbewerb einen zweiten Preis errang. Es sei das erste Mal, daß auf einer Hallig durch eine Schule Sträucher und Bäume angepflanzt worden seien und gepflegt würden; man beurteile dieses überzeugende Vorbild als beachtenswerte landespflegerische Maßnahme.

Der Besuch von weiterführenden Schulen (Realschule, Gymnasium, Hochschule) ist in jedem Fall mit dem Verlassen des Elternhauses und der Hallig verbunden. Für Schüler der unteren Klassen gibt der Kreis Nordfriesland Ausbildungs- und Erziehungsbeihilfen, außerdem sind das Schulgeld und die Lernmittel frei. Im Landeshaushalt stehen Mittel für die Unterbringung der Kinder auf dem Festland bereit. Im übrigen kann gesagt werden, daß Halligkinder oftmals für gute Leistungen bekannt sind.

Die Baukörper der Halligkirchen heben sich nicht wesentlich von den übrigen Hallighäusern ab. Mit ihren Reetdächern und Einrichtungen gehören sie zu den gern aufgesuchten Sehenswürdigkeiten der Halligwelt. Der Landeskonservator ließ die vier Halligkirchen in die gelbe Liste der „Kulturdenkmale von besonderer Bedeutung" des

Landesamtes für Denkmalpflege Schleswig-Holstein eintragen, wie auch das Königs-
haus auf der Hanswarf von Hooge, die Häuser Sönnichsen, Tadsen und Boysen auf
der Ketelswarf von Langeneß sowie den Fething der Peterhaitswarf/Langeneß.
Allerdings gibt es nur noch je ein Pastorat auf Hooge (s. Farbtaf. 6) und Langeneß
(s. Abb. 153). Das Amt des Pastors von Langeneß schließt die kirchliche Betreuung
von Gröde und Oland (s. Abb. 33) ein.

Im Zuge der Elektrifizierung erhielt die Kirche von Hooge im Jahre 1959 eine elektrisch
betriebene Orgel, deren Einzelteile in drei Hubschraubereinsätzen auf die Kirchwarf
gebracht wurden. Vier starke Eichenständer, die einst als Strandgut geborgen worden
sein sollen, trugen unter dem sechsseitigen Helm eine Glocke aus dem Jahre 1841; sie
wurden vor einiger Zeit erneuert. Das Pastorat aus dem Jahre 1907 wirkt größer als
die Kirche selbst. Glockenstapel befinden sich ebenfalls bei den Kirchen von Oland und
Langeneß.

Daß die immer wieder überspülten Halligfriedhöfe einer kurzen Betrachtung würdig
sind, hat bereits das Sturmflutbild von der Kirchwarf auf Hooge auf der Farbtafel 10
erkennen lassen. Der Gedenkstein für die von der Flut angespülten Namenlosen, der
Heimat für Heimatlose, ragt aus dem sturmgepeitschten Wasser als Kreuz von
Golgatha empor. Den armen Unbekannten widmete der Oberhofprediger und Gene-
ral-Superintendent Dr. Kögel (1888) diese Verse:

Wir sind ein Volk vom Sturm der Zeit                Das Vaterhaus ist immer nah,
Gespült zum Erdeneiland,                           Wie wechselnd auch die Loose,
Voll Unfall und voll Herzeleid                      Es ist das Kreuz von Golgatha,
Bis heim uns holt der Heiland.                      Heimath für Heimathlose.


Anläßlich eines Besuches im damaligen Trischenkoog wurden die in der Abbildung 155
gezeigten Seemannsgräber photographiert und wie folgt beschrieben:

*Die Gräber der Unbekannten auf Trischen*

Auf Trischenkoog, an der Düne Rand,                 Die Kränze verdorrten. Die Kreuze stehn.
Ich heute neun einsame Gräber fand.                 Wahrzeichen der Gräber im Dünenwehn.
Wer hier geborgen, kündet kein Stein.               Und dienen sonst Blumen als Grabeszier,
Neun Unbekannte senkte man ein                      Hier schmückt die Grüfte ein edeles Tier:
In den sandigen Grund ...                           Auf Trischenkoog in dem Dünensand
Neun Menschen, heimatlos angespült. —              Ich heute neun Seeschwalbennester fand.
Wo einst sie des Lebens Liebe gefühlt,              Inmitten verdorrter Kränze Rund
Wer ahnt es? Jetzt ruhen sie alle gleich           Ruht jedes auf kargen Hügels Grund
Hügel an Hügel am Inseldeich.                       Zu Füßen des Kreuzes, in einer Reih'.
Hier fanden sie vor der See Gebraus                 In jedem zwei Eier oder auch drei,
Und aller Sturmnot ein festes Haus.                 Und darüber der Alten ruhloser Schrei ...
Neun Seemänner. Schiffbrüchig. Unerkannt ...
Und dennoch fand sich die liebende Hand,            Auf den Seemannsgräbern im Trischensand
Die jedem ein Kreuz gab, ein Kränzlein wand —      Seeschwalbenleben Heimstatt fand.
                                                              (F. Müller-Kaempffer)

Aus einem Bericht über den letzten Erdenweg eines Halligbauern auf Nordstrandischmoor im Hochsommer des Jahres 1926 entnehmen wir:

> „Der Sarg mußte etwa einen km quer über das Halligland zum kleinen Friedhof hin getragen werden. Beim Ueberschreiten der langen Stege, welche über die Priele führen, mußten einige Männer, angetan mit hohen Stiefeln, den Sarg von der Prielsohle herauf abstützen, um ein Abrutschen desselben zu verhindern. Unter Anleitung des Pastors wurden einige Choralverse gesungen. Selbiges stieß aber, wegen der vielen zu umschreitenden Pfützen und Gräben auf erhebliche Schwierigkeit.
>
> Da der kleine Friedhof auf Lüttmoor zu ebener Erde angelegt ist (Abb. 156), mußte eine Person des Trauergefolges vorauseilen, um mittels Eimer die Gruft für kurze Augenblicke wasserfrei zu machen. Nach dem Hinablassen des Sarges füllt sich diese sofort wieder mit Grundwasser.
>
> Sämtliche Särge stehen hier also im Wasser. Es können auch keine Grabhügel aufgeworfen werden, da die nächste Hochflut diese abtragen würde. Einfache Platten auf den eingeebneten Grabstätten kennzeichnen die Lage der Begräbnisse. Jeglicher Grabschmuck ist hier zwecklos. Nur ein Graben trennt dieses kleine Gräberfeld von der Schafweide."                                    (M. Grünberg)

# Halligschutz — ein Dauerauftrag?

In der Halligwelt sind Natur und Mensch die gestaltenden Kräfte. Solange die Naturkräfte allein das Küstengebiet beherrschten, schritt ein Zerstörungswerk großen Umfanges ununterbrochen voran. Viele tausend Hektare des fruchtbaren Marschlandes wurden von der Nordsee verschlungen. Der Lebensraum für die Menschen engte sich mehr und mehr ein. Der Bevölkerungsschwund wurde als naturgegeben angesehen. Halliglandschaft bedeutete Abwanderungslandschaft.

Mit der Inangriffnahme des planmäßigen Halligschutzes gelang es im Laufe der letzten hundert Jahre, den Landverlust zu bremsen und schließlich so weit aufzufangen, daß nunmehr fest abgegrenzte Halligflächen sicher genutzt werden können. Der heutige Verlauf der Ufer ist also Menschenwerk.

Das Wort Halligschutz steht für die Region Halliglandschaft als umfassender Sammelbegriff im Sinne des erst seit Ende der sechziger Jahre des 20. Jahrhunderts entwickelten, weltweiten Begriffssystemes Umweltschutz. Die folgende Aufzählung in alphabetischer Reihenfolge läßt erkennen, in wie starkem Maße die schutzbedürftigen Halligen und ihre Umgebung vom Menschen betreut werden: Fischereischutz, Gewässerschutz, Heimatschutz, Hochwasserschutz, Katastrophenschutz, Küstenschutz, Lärmschutz, Landschaftsschutz, Naturschutz, Personenschutz, Tierschutz, Uferschutz, Vogelschutz.

Alle Schutzfunktionen haben ihren Ursprung vorwiegend in ideellen Gründen gehabt. Sie verkörpern jede für sich ihr eigenes Gewicht; teils sind sie für die Sicherung der Halligsubstanz notwendig; teils wurden sie von der Nutzung her erforderlich; seit einigen Jahren wird auch eine überregionale ökologische Bedeutung ins Feld geführt.

Bei der Abwägung der vielfältigen Schutzvorkehrungen im einzelnen kann und darf eine einseitige Verlagerung oder Bevorzugung nicht gelten. Fachliche und parteipolitische Einseitigkeit wird zwangsläufig zu Fehlentscheidungen in der Halligschutzpolitik führen. Die mannigfachen, neuerdings auch konkurrierenden Interessenbereiche auf den Halligen und in dem sie umgebenden Halligmeer regten zu umfangreichen wissenschaftlichen Aktivitäten an (s. Schriftenverzeichnis) durch Agrarwissenschaftler, Biographen, Bodenkundler, Botaniker, Chemiker, Denkmalpfleger, Geodäten, Geographen, Geologen, Gewässerkundler, Historiker, Hydrographen, Küsteningenieure, Mathematiker, Mediziner, Meereskundler, Meteorologen, Ökologen, Ornithologen, Physiker, Soziologen, Statistiker, Verkehrswissenschaftler, Volkswirtschaftler, Vor- und Frühgeschichtler, Zoologen der entsprechenden Institute an den Universitäten in Kiel, Hamburg und Hannover, an der Technischen Universität Braunschweig, der Pädagogischen Hochschule Flensburg, durch Wissenschaftler und Praktiker der beteiligten staatlichen und kommunalen Dienststellen, durch Verbände und sonstige Organisationen.

Neue theoretische Erkenntnisse bestätigten im allgemeinen die Richtigkeit der in vielen Jahrzehnten aus der Praxis heraus entwickelten Halligschutzmethoden. Andere Bewertungen stellten in jüngster Zeit die unter der dänischen Verwaltung und der anschließenden preußischen und kaiserlichen Regierung sehr gründlich geprüften Schutzmaßnahmen in Frage, die auch in der Weimarer Republik, in der nationalsozialistischen Diktatur und in den ersten beiden Jahrzehnten der Bundesrepublik Deutschland für gut und richtig erkannt worden waren. Nirgendwo hatte man grundsätzliche Fehler beobachtet oder nachgewiesen. Deshalb gab es keinen ersichtlichen Grund, von der praktisch bewährten Konzeption abzurücken.

Im Gegenteil — die durch Sturmfluten ausgelösten, umfangreichen und kostenaufwendigen Sanierungsarbeiten auf den Halligen hatten sich als dringend notwendig erwiesen; sie zwangen zum schnellen Handeln. Über den Grundsatz, die Wirksamkeit der Halligen als feste Stützpunkte des Küstenschutzsystems im Wattenmeer müsse gewährleistet sein, war man sich generell und ohne Ausnahme einig. Die Erhaltung der Halligen als Orte der Ruhe für Mensch und Tier setzt jedoch voraus, daß die Halligbewohner ihre Heimat nicht verlassen.

Den überregionalen ökologischen Wert der Halliglandschaft versucht man mit der Hypothese zu begründen, daß das nordfriesische Wattenmeer eine Naturlandschaft sei. Ist es dies wirklich? Wie würde die Landschaft heute aussehen, wenn die festen Schranken gegen das Meer in Form von Dämmen, Deichen und Uferschutzwerken nicht vom Menschen errichtet worden wären? Die Antwort kann nur lauten: Dann hätte das natürliche Zerstörungswerk der Nordsee hier eine völlig verwilderte, nicht bewohnbare Landschaft entstehen lassen.

Erst durch die anthropogenen Schutzmaßnahmen ist es den Bewohnern unter unvorstellbaren Opfern im Laufe der Zeit gelungen, diese einmalige, reizvolle und deshalb so interessante Kulturlandschaft bis in die Gegenwart hinein zu retten.

Die Halligen, Inseln und Watten bedecken Siedlungs- und Wirtschaftshorizonte, die hier und dort als Zeugen untergegangener Kulturen von den Fluten freigespült wurden und werden. Von einer Naturlandschaft konnte hier schon zur damaligen Zeit nicht die Rede sein.

Weil das Halligmeer keine Naturlandschaft im eigentlichen Sinne ist, sondern stark von Menschenhand — anthropogen — geprägt worden ist und wird, verwickelte man sich bei den Erörterungen über bestimmte Schutzaufgaben verständlicherweise in mancherlei Widersprüche, nicht zuletzt wegen der unterschiedlichen Sachkenntnisse und Zielvorstellungen.

Vertreter des Vogelschutzes fordern zum Beispiel die „Vorfahrt" für die Ringelgänse auf den Halligen, obwohl eine sprunghafte Vermehrung dieser Wildgansart feststeht. Man wird die Gänseflut sehr genau überwachen müssen, um den durch die Massentierduldung entstehenden Schaden in vertretbaren Grenzen halten zu können.
Die Halligleute betrachten diese Entwicklung mit großer Sorge. Die Gänseplage stellt nämlich ihr Verbleiben auf der Hallig in Frage. Sie empfinden den Trend so, als wären ihnen Plätze auf Schleudersitzen zugewiesen und als sollten sie auf Druck von außerhalb praktisch enteignet und so aus ihrer Heimat vertrieben werden.
Als Gänseweiden können die Halligen nur genutzt werden, wenn der Halligrasen in der Zwischenzeit von etwa Mitte Juni bis September von Schafen und Rindern kurz gehalten wird. Da unter solchen Bedingungen die benötigte Heuernte auf der Hallig nicht mehr möglich ist, muß Futter für die nun auch noch verlängerte Stallzeit hinzugekauft werden; die landwirtschaftliche Betriebsführung wird auf diese Weise uninteressant, sie lohnt sich nicht, und der Halligbauer sieht sich gezwungen aufzugeben.

Gegen das gesteuerte Vordringen der Gänse sind die Halligleute wehrlos, weil sie wegen der kleinen Zahl und als Minderheit nicht über eine kräftige Lobby verfügen. Deshalb sollten die Spannungen alsbald entschärft werden. Dabei dürfte zu prüfen sein, ob die Seegras-(Zostera-)Bestände auf den Watten für die Ernährung der Ringelgänse — wie ehedem — noch oder wieder ausreichen, ob man die Bestände durch geeignete Maßnahmen vergrößern kann, wie beispielsweise Muschelkulturen, oder ob man aus der Verhaltensweise der Gänse auf andere Ausweichmöglichkeiten schließen kann. Ferner können Verfahren der Bestandsregelung und das Scheuchen in Frage kommen, damit die Nutzviehweide auf den Halligen wieder möglich wird.
Die Versuche zur Dezimierung der räuberischen Silbermöwen machen deutlich, daß äußerste Vorsicht bei der Anwendung von Giften — erst recht in Naturschutzgebieten — geboten ist. Vielleicht könnte man wieder zum regelmäßigen Absammeln der Eier zurückkehren nach der Erfahrung mit dieser Methode der Bestandsregelung. Es wäre wohl noch nachzuweisen, ob die Möwen sich dann tatsächlich um so viel aggressiver verhalten, daß auch das kontrollierte Eiersammeln nicht zu verantworten wäre.

Ein Widerspruch besteht ferner darin, daß auf der einen Seite möglichst große Flächen an Salzweide, andererseits möglichst ausgedehnte Wattflächen gewünscht werden, die als Kinderstube der Jungfische für die Fischereiwirtschaft und für die Ernährung der Seehunde wichtig sind. Dabei ist zu bedenken, daß die Salzweiden künstlich durch systematische Feldarbeit geschaffen wurden und ausgeweitet werden können.
Gelegentlich werden bei Untersuchungen unterschiedliche statistische Angaben, zum Beispiel über Flächengrößen, benutzt. Wenn dann in der Öffentlichkeit mit Prozentzahlen argumentiert wird, die in Wirklichkeit nicht miteinander vergleichbar sind,

führen gegensätzliche und sachlich irreführende Ergebnisse leicht zu Spannungen und unnötigen Streitdialogen wegen der einseitigen Wertungen.

Die Bemühungen, die Attraktivität der Halliglandschaft zu erhöhen, damit Menschen hier unter Wahrung des eigentümlichen Landschaftscharakters arbeiten, wohnen und sich erholen können, hatte einen wachsenden Zustrom von Besuchern, darunter außergewöhnlich viele Tagesgäste, zur Folge. Zeitweise artete der Menschenstrom bereits zum Massentourismus aus (Abb. 157) und wurde damit zu einer Gefahr für die Natur.

Ohne Zweifel stellen die natürlichen Gegebenheiten das Grundkapital für die Erholung dar, das kaum vermehrbar ist, aber zunehmend in Anspruch genommen und verbraucht wird. Um erträgliche Grenzen gegen solche Menschenfluten ziehen zu können, sollte man Kriterien für die Tragfähigkeit der Halliglandschaft und der einzelnen Halligen ermitteln und planende Regelungen in den Raumordnungsplan und in den Regionalplan einführen.

Wir haben an den aufgeführten Beispielen zu zeigen versucht, daß der künftige Halligschutz als umfassende Aufgabe zu verstehen ist. Er ist allerdings mit einer Reihe ungeklärter Fragen behaftet, die erst in den letzten Jahren auftauchten. Da sie aus ideellen, ideologischen, parteipolitischen oder anderen Beweggründen vorgetragen und wahrscheinlich zu frühzeitig in Forderungen umgewandelt wurden, mußte dies die Halligleute beunruhigen und verunsichern. Angst wurde hervorgerufen.

Es scheint dringend erforderlich zu sein, den Halligschutz in ganzer Breite und Tiefe behutsam und ohne Zeitdruck zu behandeln. Die an der Küste tätigen Wissenschaftler haben noch ein großes Arbeitspensum zu bewältigen, um mehr Klarheit zu schaffen. Wenn alle dazu bereit wären, über das eigene Fachgebiet hinaus in multidisziplinärer Zusammenarbeit die Ergebnisse anderer Fachrichtungen wie auch bewährte, überlieferte Verfahren zu verwerten, dürfte sich das über den Halligen schwebende Spannungsfeld bald auflösen lassen.

Die Schutzfunktionen dürften nach sachlicher Abwägung aller unterschiedlichen Gesichtspunkte nicht mehr als Streitobjekte in Erscheinung treten, sondern sie sollten sich vernünftigerweise ergänzen. Insofern sehen wir den Halligschutz als Dauerauftrag, so wie den Umweltschutz als Daueraufgabe in unserem politischen Gesamtbild:

„Wir müssen die wahren Bedürfnisse zu erkennen trachten und vernünftige Kompromisse finden. Mit einem ‚Alles oder Nichts‘ werden wir die Zukunftsprobleme nicht lösen, sondern sie vergrößern. Eine einseitige Vertretung der einen oder anderen Zielsetzung ist keine Politik, sondern dogmatische Rechthaberei. In dem Erkennen der Zielkonflikte und ihrer Überwindung durch ausgewogene Entscheidungen nach aufgeschlossener demokratischer Diskussion liegt die Kunst politischen Handelns" (U. Barschel 1979).

# Anhang

Anhang 1. Schiffsstrandungen auf Süderoog-Sand von 1798 bis 1922
        (Eintragungen im Originaltext)

1798  Am 1./2. Oktober eine Koff von Norwegen.

1804  Peter Jens Klein aus Königsberg in Preussen mit Rocken, Hanf und Linnen beladen.

1811  Am 25ten December Daniel Breiser von Schweden mit Holz beladen, 5 Mann kamen glücklich nach Süderoog und 3 Mann erfroren auf dem Sande.

1812  Im Sommer strandete bei der SW Ecke vom Sande ein Sonderburger Schiff. 10 Mann von der Besatzung ertranken und 2 kamen mit einem kleinen Boot bei der Hallig an.

1834  Kam eine Jacht von Fanö mit Steinholz von England beladen auf dem Strande. Die Mannschaft ertrank, doch liegen der Capt. und dessen Bruder hier auf der Hallig begraben.

1834  Am 23ten Oktober Johann Heinrich Länger von Pappenburg mit Hafer beladen.

1836  Im Frühjahr kam Tapp von Pekela. Die Besatzung 4 Mann nebst Frau und Kinder kamen nach Süderoog.

1839  Strandete das Brieg Schiff Forster von England ohne Masten und Manschaft.

1842  Im Sommer kam eine Holländische Koff auf dem Sande. Der Kapitän, Steuermann und ein Matrose wollten mit dem Boot den Anker ausbringen, wobei das Boot kenterte und alle drei ertranken. Des Kapitäns Frau und drei Kinder sowie ein Matrose kamen hier nach Hause worauf das Schiff nach Föhr gebracht wurde. Das Schiff war von der Insel Ameland.

1842  Im Herbst John Kutteford von England mit Steinkohlen beladen. Die Besatzung 8 Mann kamen hier in 2 Booten an.

1843  Im Frühjahr Peter Carstensen aus Friedrichstadt von Bremen kommend mit Steine beladen.

1843  Im Herbst Heinrich Knabe aus Husum von England mit Steinkohlen beladen. Das Schiff wurde nach einiger Zeit wieder flott.

1845  Am 24ten Juni kam der Engländer James Keitey mit Holz nach Husum beladen auf dem Strande.

1845  Am 21ten Oktober die Brieg Hermine aus Rostock mit Holz. Die Manschaft 10 Mann wurde geborgen. Capt. Jakob Müller.

1847  Am 29ten April kam ein gekändertes Koff Schiff mit Holz beladen. Die Manschaft verunglückte.
      Abschrift eines hier in einer Botellie (Flasche) angetriebenen Briefes.
      „Das preussische Brieg Schiff Auguste Christina von Stettin geführt von Capt. Eduard Sherlan ist, nachdem selbiges vorher den Fockmast und Raah verloren hatte, nach Cuxhaven abgehalten wobei der Wind aber den 20ten November aus WSW in Orkan zu wehen anfing so dass wir anjetzt unserm Todt wohl gegen 6 Uhr Abends entgegen sehen können.
      Der ehrliche Finder dieser Flasche wollte gefülligst die Anzeige davon machen.
                                                                    Capt. Eduard Sherlan
      Hamburger Bucht zwischen Helgoland und Eider Feuerschiff den 20ten November 1848, 4 Uhr Abends."
      Das Schiff strandete auf der inneren Quage SSW von Süderoog.

1854 Im Herbst kam ein Helgolander Schalogge hier an welcher Hans Carsten Dreijer derselbst gehörte.

1854 Den 2ten November kamen hier 8 grosse Tonnen Malageur Wein, 1 Tonne Oel, Weintrauben, Mandeln und eine ungeheure Menge Zitronen.

1855 Kam Daniel Franz von Helgoland seine Schalogge hier an.

1856 Den 10ten Mai strandete Andreas Lorenzen von Langenes von Altona mit Felssteine beladen hier. Das Schiff hiess Carolin Amalia.

1856 Den 26ten August ein Holländer Koff mit Ballast, die Manschaft 4 Seeleute und 2 Frauenpersonen worden nach Süderoog geborgen.

1858 Im Januar kam eine große Apfelsinenmenge.

1859 14 Tage vor Ostern strandeten wir ein ganzes Takellage nebst Wracken einer englischen Barke.

1859 14 Tage vor dem föhringer Herbst Markte strandete zwischen Süderoog und Norderoog ein französisher Shoner mit Wein, Oel, Champagner, weisses Leder, Congnogs und Sardellen. Die Mannschaft kam nach Pellworm.

1860 Den 17ten October strandete dicht bei den Sande eine englische Brieg mit Steinkohlen beladen. Die Mannschaft ertrunk, der Captain und 3 seiner Leute lagen des anderen Tags todt auf dem Sande.

1861 Den 10ten August fanden wir hier bei der Hallig den am 28ten Juli bei Helgoland ertrunkenen Baron Alexander von Müller aus Deutschland mit 1.750 GmK Geld bei sich.

1861 Den 5ten December strandeten wir nahe bei der Huntje an der Hever unser Schiff Johanna, dasselbe war von Carolinensiehl in Oldenburg und war in ein fürchterlicher Sturm vor der Elbe gekantert.

1863 Im December strandete das Hollänische Koffshiff Maria Chathrina von Norwegen mit Holz beladen. Der Captain hiess Dirk Krammer, der Steuermann Iacob Laurus De Fries war der Sohn des im Sommer 1842 gestrandeten und ertrunkenen Captains.

1864 Den 31ten December strandete die Hannoveraner Galliote Gesiner von West Rauderfehn von England mit Steinkohlen beladen.

1866 Den 31ten October strandete ein ganz neuer Schoner mit Eichenholz beladen NW von Sande. Das Schiff trieb nach einigen Tagen von da wegs zwischen Carsten und Bergenwarfs Lai woselbst wir die Ladung nach Pellworm brachten. Das Schiff war von Barth aus Pommern und hiess S & R. Der Captain Johann Casten.

1868 Den 5ten Februar kam die gekennterte Brieg Julie von Arendal in Norwegen mit Holz nach Sunderland beladen hier an. Die Ladung brachten wir mit unser Schiff hier nach der Hallig.

1868 Im April strandete auf den aussen Quagegrund 1 Meilo N. W. von der anseglungs Tonne das englische Wollschiff Elisabeth Cathe von Lima mit Guano und 98 ballen Baumwolle beladen. Auf diesem Schiffe waren wir die ersten an Bord und borgen viele Sachen; selbigen Sommer war hier auf Süderoog 2 Tage Auction von circa 3000 Balken, 12 Ballen Baumwolle, 2 Piepen Oel, 2 grosse Trossen, 7 Seekisten mit Kleidungsstücke, 7 Säcke mit Kleider, einige Pakete neuer Röcke und Hemden, Seekarten, Compassen, 18 Flaggen, Kochgeräthschaften, 1 Kiste Zucker, 2 Kisten Bananen und Melonen Saft, 1 Kiste mit chinesische Elfenbein-Arbeiten und Bücher, 1 Kiste mit Uhren und Uhrmachergerathschaften, 30 Tollt Bretter, 500 Pfd Kopfer, 5 Wracken u. d. sonstige Sachen.

1870 Zwischen den 13ten und 14ten November strandete hier eine englische Brieg mit Ballast. Die Mannschaft wurde geborgen, das Schiff hiess London derri, der Capt. William Evereth. Bergelohn 30 Pfd Sterling.

1870 Den 15ten November strandete das Hamburger Vollschiff Ornen auf dem Quagegrund mit Manufakturwaren, das Schiff kapte die Masten zwischen den 13ten und 14ten October und lag bis zum 15ten 7 Uhr morgens vor seine Anker. 6 von der Mannschaft und 3 Passagiere kamen hier mit den Boote an und 13 ertranken an Bord. Von diesem Schiffe erhielten wir für unsern Anteil 7500 Pfd.

1870 Den 22ten December strandete hier eine ganz neue Spanische eiserne Barke. Die Manschaft bargen wir den 26ten mit grosser Mühe wegen des vielen Eises, und war dieselbe hier reichlich 10 Wochen. Die Manschaft war 12 Mann und hatte das Schiff noch keine Ladung eingehabt. Das Schiff hiess Ulpiano, der Capt. hiess Soforino Prieta und war von Rivquedo in Spanien. Kostgeld für die Manschaft 1250 Mk. Bargelohn 1000 Mk.

1876 strandeten wir 108 Ballen Tabak.

1876 Im September strandeten wir eine Masse Enden Planken. Bargelohn 240 Mk.

1877 Im Februar strandeten wir eine Tonne Wein, eine Tonne Oel, 3 Tonnen Fette, 1 Tonne Talg, und 1 Block Nosbaumholz. Bargelohn 195 M.

1882 Den 8ten November strandeten hier ein Husumer Galiote Maria von England mit Steinkohlen beladen. Die Manschaft rettete sich in dem Schiffsboot nach Pellworm.

1895 Den 6ten December strandete hier beim Westen an der Hallig der Ewer Preciosa Schiffer Jungklaus aus Geverdorf an der Oste. Das Schiff trieb den Abend über die Hallig nach Süden von dort wieder weiter nach Oster-Hever. Die Manschaft bestehend aus 2 Mann waren hier bis zu 9 December und brachte ich dieselben mit dem Boote nach Pellworm.

1897 Den 18ten November strandete auf Engelsand der Dampfer Riga aus Stettin mit Kohlen von Sunderland nach Stolpmünde beladen. Die Besatzung aus 13 Mann bestehend kam in 2 Booten nach Amrum.

1899 Den 27ten September strandete hier der Schleppdampfer Hendricka aus Emden. Die Besatzung bestehend aus 6 Mann rettete sich in die Süderoog-Bake und kam von dort nach Süderoog.

1900 Am 22ten November 1900 12 Uhr strandete hier der Dampfer Kong Trygol von Christiania Capt. Dahl nach Hamburg bestimmt derselbe wurde nach 8 Tagen wieder flott.

1902 Im November 1902 strandete auf der Platte ein großer Spanischer Dampfer welcher nach einigen Tagen durch Schlepper wieder abgebracht wurde.

1904 Am 29ten März 1904 strandete hier die Calliasse Anna von Gotenburg/Kap Berntsson/ nach Husum mit Holz beladen die Mannschaft 5 Mann rettete sich nachhier.

1904 Am 6ten October 1904 strandete auf Engelsand der Russische Shooner Maria aus Libau. Das mit Kohlen beladene Schiff wurde total wrack. Die Mannschaft ertrank.

1907 Am 26ten Januar 1907 strandete hier der Dampfer Kostin aus Norwegen mit Steinkohlen nach Brunsbüttel beladen. Selbiger wurde am 27ten Januar durch Schlepper wieder abgebracht und an sein Bestimmungsort gebracht.

1911 Am 18ten Mai 1911 strandete an dem Engelssand der Motorschoner „Ida" aus Flensburg. Das Schiff war mit Fettwaren von Esberg nach Hamburg beladen. Nachts 11 Uhr geriet das Schiff in Brand durch eine Petroleumlampe. Der Kapitän seine Frau und 1 Kind konnten nur mit grösste Schwierigkeit ihr Leben retten. Von einem Fischerkutter wurden Sie und die Besatzung nach Helgoland gebracht. Dem Kapitän sind ca. 750 Mark verbrannt. Wir bargen 26 Vässer Fett und die Segel des Schiffes.

1916 Im Jahre 1916, am 18ten October strandete hier auf Engelssand der Minendampfer „M 55". Das Schiff hatte bei Helgoland Maschinenhaverie bekommen, und trieb am Sturm hierher. 1 Matrose lag mit mehreren Kopfwunden tod am Bord im Mannschaftsraum. Nach ungefähr 4−5 Wochen wurde „M 55" wieder abgebracht, ist aber nach einigen Tagen ungefährt 500 M draussen vor dem Sand gesunken. Die Besatzung des Schiffes war teils gerettet teils ertrunken.

1918 Am 26ten Dez. 1918 strandete auf dem Süderooger-Sand, dicht bei der Rettungsbake eine eigene Schute von Helgoland mit Felsen beladen Mannschaft nicht an Bord.

1919 Am 5. Febr. 1919 strandete auf dem Süderoog-Sand unweit Blaubach das Wasserflugzeug „II 18" ohne Besatzung, d. Flzg. wurde nach 8 Tagen wieder von Helgoland aus, wo es hingehörte abgeholt.

1919 Am 10ten Dez. 1919 strandete auf dem Süderooger Sand eine grosse eiserne Pontonbrücke, von Helgoland abgetrieben. Da die Brücke schon sehr leck, ist ein Abbringen nicht mehr möglich.

1920 Am 8ten Januar 1920 strandete auf dem Süderooger Sand der Seeleichter „W 38" aus Emden mit Steinkohlen beladen nach Wilhelmshafen bestimmt. Die Besatzung, der Schiffsführer und 2 Matrosen, wurden am andern Tag von uns mit dem Wagen geborgen. „W 38" war nach Aussagen der Leute, unweit von Norderney vom Schlepper, (welcher Maschinenhaverie hatte) am 8ten Morgens 9 Uhr losgeworfen und hat den ganzen Tag getrieben, bis er abends 8½ Uhr zum erstenmal auf Grund stiess, und um 9 Uhr fest sass. Die Mannschaft zeigte sofort Licht welches wir sahen. Unter anderem hatte der Seeleichter (ein neues Schiff erst 4 Jahre alt) 4 elektrische Kräne an Bord. Gewicht der Ladung 285 000 kg.

1922 Am 14ten Dez. abends gegen 9 Uhr strandete auf dem Süderooger Sand etwa ½ Stunde Weges nördlich der Bake der schwedische Dreimasterschoner „Sjöfägeln". Das Schiff war in Malmö beheimatet und befand sich unterwegs mit eine Ladung Salz von Liverpool nach Kopenhagen. Die Besatzung, 9 Mann, wurde von Adolf Hellmann auf Pellworm geborgen. In dem Schiff befand sich ein sehr starker Motor von 140 PS. Das Schiff war erst 3 Jahre alt und hatte schon auf der ersten Fahrt alle 3 Masten kappen müssen. Der Kapitän hiess J. P. Nyberg und war aus Limhamn bei Malmö. Wir bargen 4 Segel, Tauwerk, Blöcke, 1 Anker, 1 Pumpe, 1 Wasserbassin und einige Kleinigkeiten."

## Anhang 2. Wasseruntersuchungen in der Süderaue, Norderhever und in der Piep

Untersuchung von Wasserproben
  in der Süderaue, Tonne SA 7, Meßstelle 54-074-5.1
  in der Norderhever, Tonne NH 21, Meßstelle 54-103-5.3
  in der Piep, Tonne 30, Meßstelle 51-013-5.2

Entnahmetiefe 1 m.
Quelle: Landesamt für Wasserhaushalt und Küsten SH

Erläuterungen:

| | |
|---|---|
| pH-Wert | = Maßzahl für die Wasserstoffionen-Konzentration zur Kennzeichnung der Reaktion eines Wassers. |
| $BSB_5$ | = biochemischer Sauerstoffbedarf; die Sauerstoffmenge, welche die in einer Wasserprobe enthaltenen biochemisch oxidierbaren Stoffe in 5 Tagen unter festgelegten Bedingungen zu ihrer Oxidation verbrauchen. |
| $KMnO_4$ − V. | = Kaliumpermanganat − Verbrauch |
| C | = Kohlenstoff |
| Glühverlust der ungelösten Stoffe | = Differenz von Gehalt an ungelösten Stoffen und Glührückstand der ungelösten Stoffe. |
| $NH_4$-N | = Ammonium-Stickstoff |
| $NO_3$-N | = Nitrat-Stickstoff |
| $NO_2$-N | = Nitrit-Stickstoff |
| $PO_4$-P | = als Hydrogen-Phosphat vorliegender Phosphoranteil |
| Ges. Stickst. | = Ammonium-Stickstoff, Nitrat-Stickstoff, Nitrit-Stickstoff und organischer Stickstoff |

Die Werte $BSB_5$, $KMnO_4$, $C_{org}$, Ges. Stickstoff und Ges. Phosphor — alle unfiltriert — wurden aus der unfiltrierten Probe gewonnen. Die Ergebnisse sind deutlich mitbestimmt von den ungelösten Stoffen, die zu wesentlichen Anteilen aus organischem Material bestehen.

174

Untersuchung von Wasserproben in der Süderaue bei Tonne SA 7, Meßstelle 54-074-5.1

| | Einheit | 1978 | | 1979 | | | | 1980 | | | |
|---|---|---|---|---|---|---|---|---|---|---|---|
| | | 17. 8. | 19. 10. | 9. 4. | 23. 8. | 4. 10. | 6. 12. | 28. 2. | 17. 4. | 28. 7. | 15. 10. |
| Lufttemperatur | °C | 16,0 | 11,6 | 6,5 | 13,5 | 7,0 | 7,0 | 1,0 | 8,0 | 20,0 | 6,0 |
| Wassertemperatur | °C | 17,5 | 11,6 | 4,7 | 16,8 | 10,6 | 6,6 | 0,9 | 8,8 | 19,6 | 9,8 |
| Tidezustand | Std. nach | 5,5 Tnw | 0 Tnw | 5,5 Thw | 4,5 Thw | 4 Tnw | 0 Tnw | 5,5 Tnw | 3,5 Thw | 4,5 Thw | 2,5 Thw |
| pH-Wert | | 8,2 | 8,0 | 8,0 | 8,0 | 8,0 | 8,0 | 7,8 | 8,1 | 8,0 | 7,8 |
| Leitfähigkeit | µS·cm−1 | 36 110 | 47 700 | 41 150 | 38 950 | 36 000 | 40 400 | 33 450 | 39 200 | 41 600 | 38 300 |
| ungel. Stoffe | mg/l | 31 | 57 | 32 | 54 | 33 | 38 | 42 | 131 | 50 | 41 |
| Glühverlust | mg/l | 19 | 12 | 4 | 7 | 13 | 27 | 10 | 10 | 9 | 11 |
| Sauerstoff | mg/l | 10,0 | 10,1 | 12,0 | 8,6 | 9,5 | 11,3 | 14,4 | 11,9 | 9,1 | 10,9 |
| Sauerstoffindex | % | 108 | 96 | 105 | 91 | 88 | 95 | 104 | 106 | 102 | 99 |
| BSB5 unfiltriert | mg/l | 3 | 2 | 2 | 1 | 1 | 2 | 1 | 2 | 1 | 1 |
| KMnO4-V. unfiltr. | mg/l | 13 | 16 | 12 | 17 | 11 | 17 | 16 | 11 | 23 | 10 |
| KMnO4-V. filtriert | mg/l | 12 | 13 | 10 | 9,5 | 10 | 9,5 | 9 | 10 | 14 | 9 |
| Corg. unfiltriert | mg/l | 2 | 15 | 77 | 13 | 2 | 8 | 8 | 13 | 17 | 15 |
| Canorg. unfiltriert | mg/l | 13 | 25 | 23 | 28 | 11 | 17 | 20 | 7 | 15 | 14 |
| Ges. Stickst. unfiltr. | mg/l | 1,0 | 1,78 | 1,8 | 0,40 | 0,30 | 0,53 | 0,22 | 2,2 | 0,29 | 0,15 |
| NH4-N | mg/l | 0 | 0,08 | 1,0 | 0,07 | 0,18 | 0,19 | 0,05 | 0,03 | 0,20 | 0,12 |
| NO3-N | mg/l | 0 | 0 | 0,15 | 0,01 | 0,04 | 0,06 | 0,02 | 0,02 | 0,01 | 0,01 |
| NO2-N | mg/l | 0 | 0 | | 0 | 0 | 0 | 0 | 1,0 | 0 | 0 |
| Ges. Phosphor unfiltr. | mg/l | 0,10 | 0,11 | 0,11 | 0,15 | 0,03 | 0,11 | 0,10 | 0,13 | 0,09 | 0,16 |
| PO4-P | mg/l | 0,04 | 0,03 | 0,06 | 0,05 | 0,02 | 0,10 | 0,08 | 0,07 | 0,06 | 0,04 |
| Chlorid | mg/l | 14 920 | 16 790 | 15 180 | 14 510 | 17 380 | 15 650 | 14 500 | 14 400 | 16 000 | 16 530 |

Untersuchung von Wasserproben in der Norderhever bei Tonne NH 21, Meßstelle 54-103-5.3

| | Einheit | 1979 | | | | 1980 | | | |
|---|---|---|---|---|---|---|---|---|---|
| | | 9. 4. | 23. 8. | 4. 10. | 4. 12. | 28. 2. | 17. 4. | 28. 7. | 15. 10. |
| Lufttemperatur | °C | 6,5 | 14,0 | 8,0 | 7,5 | 0,5 | 8,0 | 22,0 | 7,0 |
| Wassertemperatur | °C | 4,7 | 16,4 | 11,2 | 6,8 | 1,2 | 8,6 | 18,5 | 10,4 |
| Tidezustand | Std. nach | 3,5 Thw | 5,5 Thw | 5 Tnw | 1,5 Thw | 0,5 Thw | 6 Tnw | 3 Thw | 3 Thw |
| pH-Wert | | 8,0 | 7,9 | 7,9 | 8,1 | 7,9 | 8,1 | 8,1 | 8,0 |
| Leitfähigkeit | µS·cm−1 | 42 450 | 40 100 | 43 300 | 35 200 | 36 600 | 38 700 | 42 200 | 38 150 |
| ungelöste Stoffe | mg/l | 35 | 75 | 71 | 29 | 37 | 48 | 33 | 65 |
| Glühverlust | mg/l | 7 | 16 | 20 | 11 | 9 | 10 | 10 | 12 |
| Sauerstoff | mg/l | 12,2 | 7,9 | 9,6 | 11,9 | 12,3 | 12,6 | 10,2 | 9,9 |
| Sauerstoffindex | % | 106 | 83 | 90 | 101 | 90 | 112 | 112 | 92 |
| BSB5 unfiltriert | mg/l | 3 | 2 | 1 | 2 | 1 | 2 | 1 | 1 |
| KMnO4-V. unfiltr. | mg/l | 13 | 15 | 11 | 9,9 | 11 | 15 | 12 | 16 |
| KMnO4-V. filtriert | mg/l | 10 | 13 | 8 | 7,6 | 9 | 11 | 9 | 10 |
| Corg. unfiltriert | mg/l | 57 | 12 | 9 | 8 | 6 | 16 | 24 | 16 |
| Canorg. unfiltriert | mg/l | 25 | 21 | 19 | 13 | 19 | 10 | 19 | 14 |
| Ges. Stickst. unfiltr. | mg/l | 0,78 | 0,42 | 0,31 | 0,39 | 0,24 | 0,60 | 0,53 | 0,14 |
| NH4-N | mg/l | 0,39 | | | | 0,05 | 0,02 | 0,16 | 0,14 |
| NO3-N | mg/l | 0,10 | | | | 0,02 | 0,02 | 0,01 | 0,01 |
| NO2-N | mg/l | | | | | 0 | 0 | 0 | 0 |
| Ges.-Phosphor unfiltr. | mg/l | 0,10 | 0,34 | 0,15 | 0,10 | 0,11 | 0,11 | 0,06 | 0,53 |
| PO4-P | mg/l | 0,03 | 0,18 | 0,09 | 0,09 | 0,10 | 0,05 | 0,06 | 0,39 |
| Chlorid | mg/l | 15 350 | 15 280 | 16 690 | 13 130 | 14 710 | 13 850 | 16 610 | 16 230 |

Untersuchung von Wasserproben in der Piep bei Tonne 30, Meßstelle 51-013-5.2

| | Einheit | 1978 | | 1979 | | | | | | 1980 | |
|---|---|---|---|---|---|---|---|---|---|---|---|
| | | 10. 8. | 11. 10. | 4. 4. | 30. 8. | 26. 9. | 27. 11. | 16. 1. | 23. 4. | 23. 7. | 1. 10. |
| Lufttemperatur | °C | 18,0 | 16,0 | 4,0 | 16,5 | 13,5 | 6,5 | −3,0 | 8,0 | 25,0 | 15,0 |
| Wassertemperatur | °C | 18,6 | 13,3 | 3,7 | 15,6 | 13,2 | 4,9 | −0,6 | 8,5 | 16,6 | 14,1 |
| Tidezustand | Std. nach | 0 Tnw | 2,5 Tnw | 4,5 Thw | 4,5 Thw | 4 Tnw | 2 Tnw | 5,5 Tnw | 0,5 Tnw | 0 Tnw | 0 Tnw |
| pH-Wert | | 8,5 | 7,9 | 8,9 | 7,8 | 7,8 | 7,9 | 7,7 | 8,5 | 8,0 | 7,8 |
| Leitfähigkeit | $\mu S \cdot cm^{-1}$ | 35 000 | 38 000 | 31 800 | 39 800 | 39 950 | 37 150 | 33 000 | 39 100 | 34 750 | 35 350 |
| ungelöste Stoffe | mg/l | 41 | 23 | 64 | 25 | 47 | 34 | 58 | 41 | 22 | 71 |
| Glühverlust | mg/l | 21 | 3 | 12 | 2 | 18 | 12 | 13 | 14 | 6 | 14 |
| Sauerstoff | mg/h | 10,6 | 10,1 | 11,6 | 8,4 | 11,6 | 13,0 | 14,2 | 14,1 | 10,4 | 15,2 |
| Sauerstoffindex | % | 117 | 100 | 98 | 87 | 114 | 105 | 100 | 124 | 110 | 153 |
| $BSB_5$ unfiltriert | mg/l | 3 | 4 | 3 | 1 | 1 | 2 | 1 | 4 | 2 | 1 |
| $KMn_4$-V. unfiltriert | mg/l | 21 | 25 | 18 | 12 | 12 | 13 | 19 | 19 | 29 | 14 |
| $KMn_4$-V. filtriert | mg/l | 19 | 21 | 16 | 12 | 6 | 11 | 15 | 14 | 21 | 12 |
| $C_{org}$ unfiltriert | mg/l | 4 | 20 | 71 | 14 | 6 | 8 | 11 | 8 | 11 | 25 |
| $C_{anorg}$ unfiltriert | mg/l | 16 | 26 | 23 | 20 | 22 | 21 | 9 | 12 | 19 | 15 |
| Ges. Stickst. unfiltr. | mg/l | 0,6 | 0,56 | 1,2 | 0,37 | 0,29 | 0,28 | 0,43 | 0,31 | 0,39 | 0,66 |
| $NH_4$-N | mg/l | 0 | 0,16 | 1,0 | 0,22 | 0,22 | 0,20 | 0,21 | 0,03 | 0,36 | 0,33 |
| $NO_3$-N | mg/l | 0 | 0 | 0,11 | 0,03 | 0,05 | 0,06 | 0,04 | 0,02 | 0,03 | 0,08 |
| $NO_2$-N | mg/l | 0 | 0 | | 0 | 0 | 0 | 0 | 0 | 0 | 0,18 |
| Ges. Phosphor unfiltr. | mg/l | 0,20 | 0,11 | 0,21 | 0,09 | 0,16 | 0,12 | 0,22 | 0,08 | 0,12 | 0,21 |
| $PO_4$-P | mg/l | 0,08 | 0,07 | 0,14 | 0,05 | 0,11 | 0,10 | 0,15 | 0,03 | 0,07 | 0,07 |
| Chlorid | mg/l | 14 920 | 13 170 | 11 570 | 14 650 | 15 120 | 14 250 | 12 600 | 14 360 | 12 990 | 14 790 |

## Anhang 3. Hallig-Siele

### Von Werner Kambeck

#### 1. Allgemeines

Soweit feststellbar, gibt es Hallig-Siele seit weniger als 80 Jahren in Nordfriesland. Zwar ist der Schutz der Halligen bereits 1711 und wieder 1805 angesprochen worden[1], jedoch ist hierbei von Abdämmungen und dadurch notwendigen Sielen nicht die Rede. Erst nach der Sturmflut von 1825 hat Deichinspektor Krebs die Halligsicherung erneut vorgeschlagen und festgestellt, „die zweckmäßige Abdämmung der zahllosen Spranten (Priele) und Ableitung derselben und der Sicken würde bald allen Halligen ein verändertes Ansehen geben und dem Lande zu barem Nutzen gereichen"[2]. Auch hier werden Hallig-Siele nicht erwähnt. Offensichtlich war nur daran gedacht, die Zahl der Priele zu verringern, zumal die Spranten für die Halligschiffe als Liegeplätze und auch für den Heutransport

Ein Siel ist nach DIN 4049, Teil 1 — Hydrologie, Begriffe, quantitativ —, ein „Bauwerk mit Verschlußvorrichtung zum Durchleiten eines oberirdischen Gewässers durch einen Deich". Nach Fr. Karl Freiherr von Richthofen: Altfriesisches Wörterbuch, Göttingen 1840, Neudruck 1961, ist „sil" Maskulinum. Dieser Artikel ist z. T. noch heute an der Küste im Gebrauch (Niederelbe). Das Neutrum hat G. von Hagen: Wasserbaukunst — das Meer, Berlin 1863/64, benutzt und damit als „Altmeister" der preußischen Wasserbau-Verwaltung die Anwendung des Maskulinums verdrängt. Die Halligen kennen nur das Neutrum: dat sil, de sile in Jens Lorenzen, Deutsch—Halligfriesisch, Nordfriisk Instituut, Bredstedt 1977.

[1] Müller, Friedrich: Die Halligen, Bd. I, Berlin 1917, S. 300/301.
[2] Müller, a.a.O., S. 308.

benötigt wurden. Trotz vielfacher weiterer Bemühungen um den Halligschutz ist es zu der Abdämmung mit eingebauten Sielen in Prielen erst auf Grund des allgemeinen Bauplans für die Halligen von 1894 gekommen. 1898 wurde ein erstes Projekt, umfassend Steindecke, Buschlahnungen und Prielabschlüsse für die Hallig Nordmarsch-Langeneß-Butwehl aufgestellt, dessen Ausführung in den Jahren 1901 bis 1904 erfolgte. Nachträglich waren noch Ergänzungsarbeiten genehmigt worden, die im Jahre 1909 abgeschlossen wurden. Mit dem Bau der Prielabschlüsse auf Nordmarsch-Langeneß-Butwehl beginnt 1902 der Bau der Hallig-Siele im nordfriesischen Wattenmeer. Heute haben alle großen Halligen – Langeneß, Oland, Gröde, Hooge und Nordstrandischmoor – Siele, die eigene, von den Festlandsielen abweichende Lösungen zeigen.

## 2. Entwicklung der Hallig-Siele

In weniger als 80 Jahren haben die Hallig-Siele fast die ganze Sielbaugeschichte auf kleinem Raum wiederholt. Auf Nordmarsch-Langeneß begann man noch mit Holzsielen, als etwa gleichzeitig das Nüstersiel am Halbmond in der Husumer Südermarsch[3] als letztes größeres Holzsiel in Nordfriesland gebaut wurde. Es folgten Steinsiele verschiedener Art und schließlich nach dem 2. Weltkrieg die Betonsiele.

### 2.1 Baukonstruktion

Folgende Konstruktionen der Hallig-Siele sind festzustellen: gedeckte Siele, offene Siele, Stöpensiele.

### 2.1.1 Gedeckte Siele

Die größte Vielfalt zeigen die Konstruktionen der gedeckten Siele. Die Unterschiede ergeben sich weitgehend aus dem Konstruktionsmaterial. Man kann unterscheiden:

#### 2.1.1.1 Holzsiele

Es sind einfache Bohlensiele, die 1902 bis 1909 auf Nordmarsch-Langeneß gebaut wurden. Ähnliche Holzsiele sind ab 1935 bei der Sicherung der Hallig Nordstrandischmoor hergestellt worden; letztere bestehen heute noch. Sie haben alle rechteckige Querschnitte.

#### 2.1.1.2 Steinsiele auf Bohlrost

Diese Siele haben nach unten gewölbte, preußische Kappen als Sohle, seitliche Steinwände und aus Steinen gewölbte Decken mit:
Halbbogen ohne Verstärkungen – Tonnengewölbe (Westersiel auf Hooge, 1913).
Preußische Kappen, wobei der Rücken der Wölbung über die Seitenwände weiterläuft (Ostersiel auf Hooge, 1914). Sie haben alle oben und unten abgerundete Querschnitte.

#### 2.1.1.3 Steinsiele auf Betonsohle

Auf die mit Rundstahl bewehrte Betonsohle werden durch nach unten wirkende preußische Kappen die Wandlasten übertragen und die Betonsohle gegen Seewasser geschützt, Seitenwände in Klinkermauerwerk. Darüber sind Steinbogengewölbe aus Klinkern als Abdeckung angeordnet mit in Beton ausgefüllten Zwickeln (Ostersiel auf Hooge 1940, s. Abb. 66). Auch dieser Querschnitt ist abgerundet.

#### 2.1.1.4 Mischbauweisen aus Stein und Beton

Diese Mischbauweisen wurden nach dem 1. Weltkrieg entwickelt. Sie haben alle rechteckige Durchflußquerschnitte. Dabei bestehen die Sohlen aus Stahlbeton z. T. mit „Rollschichtschutz", die Wände aus Klinker- oder Hartbrandmauerwerk und die Decken aus Stahlbeton. Man kann unterscheiden:
Decken mit Profilstahleinlagen. Sohlen mit Klinkerrollschicht (Westerwehl 1926, Jelf 1928, Ridd-Nordmarsch 1928, Osterwehl 1929, Ridd-Langeneß 1930, Gröde 1930).

---

[3] Kambeck, Werner: Die Husumer Südermarsch, Nordfriisk Instituut, Bredstedt 1973, S. 23.

Decken in Stahlbeton, Sohle mit Klinkerrollschicht (Osterwehl 1950, Nordstrandischmoor, Entwurf 1952).

### 2.1.1.5 Betonsiele

Die Betonbauweise der Siele hat sich nach dem 2. Weltkrieg wie auf dem Festland auch auf den Halligen durchgesetzt:

Betonsiele in Ortbeton: Bootsloot-Siel Oland 1951, Gröde 1951, Nordersiel und Südersiel auf Oland 1962.

Betonsiele mit Fertigteilen: Binnensiel Hooge 1975, Leye-Siel auf Langeneß 1980.

Betonsiel mit Stahlspundwänden als Flügel: Niederloch-Siel auf Nordstrandischmoor 1955. Die Bauweise kommt wegen der Korrosion der Stahlwände nur einmal vor.

### 2.1.1.6 Rohrsiele

Schon früh sind neben den Holzsielen Rohrsiele mit Klappen gebaut worden (Binnensiel Hooge 1936 mit $2 \times$ DN 1000, Nordstrandischmoor: DN 100, DN 300).

### 2.1.2 Offene Siele

Für die Küstenschiffahrt waren sichere Liegeplätze immer von besonderer Bedeutung. Ihre Verbindung mit Sielbauten ist daher in den Marschen mit dem Beginn des Sielbaues anzusetzen. Auch bei den Hallig-Sielen war ein sicherer Liegeplatz der Halligschiffer für die Lage und Anordnung der Siele mitbestimmend. Es ist bezeichnend, daß die am höchsten eingedeichte Hallig Hooge für sichere Liegeplätze ein offenes Siel mit 5,0 m Breite baute, 1914 in Stein, 1954 in Beton. Aber auch auf Nordstrandischmoor hat man nach dem 2. Weltkrieg mit 2,60 m Breite im Nieloch ein offenes Siel hergestellt. Das ist bemerkenswert, weil im Gegensatz zu West- und Ostfriesland offene Siele in Nordfriesland nur 1858 in Husum und 1860 in Hoyer – heute Dänemark – gebaut und später erneuert worden sind.

### 2.1.3 Stöpensiele

In den Entwürfen der Hallig-Siele wird immer wieder betont, daß spätestens in 2 Tiden das Überflutungswasser abgelaufen sein soll. Dafür sind nicht unbedingt nur Siele mit einer Sohlenlage unter der Geländehöhe der Hallig geeignet. Schon der Deich der Hallig Hooge erhielt eine Überlaufstrecke von 5,17 bis 5,52 km im Osten der Hallig; sie hat keine beweglichen Teile.

Später sind dann auf Oland wie bei dem bedeichten Vorland des Festlandes Stöpensiele (s. Abb. 73) gebaut worden, das sind mit Klappen ausgerüstete Siele, deren Sohle etwa in Höhe des Geländes liegt[4].

### 2.2 Gründungen

„Um Kosten für die Fundierung der Siele zu vermeiden, sollen diese seitlich des gegenwärtig bestehenden Tiefes der Priele . . . in festem Boden gebettet werden"[5], steht im Entwurf für die Holzsiele auf Langeneß von 1903. Bohrergebnisse für diese Siele liegen nicht vor. Sie haben keine Pfahlgründung; die massiven Siele auf Hooge stehen alle auf Pfählen. Nur für das offene Siel auf Hooge ist eine Bohrung durchgeführt worden.

Für die massiven Siele auf Langeneß, die als Ersatz der abgängigen Holzsiele gebaut wurden, liegen Bodenuntersuchungen vor. Alle sind in dem anstehenden Klei flach gegründet (Westerwehl 1926, Ridd-Nordmarsch 1928, Jelf 1928, Osterwehl 1929). Dazu am 2. Juni 1925: „Der Untergrund besteht aus festgelagertem Klai. In die Baugrube soll eine 10 cm starke Sandschicht eingebracht werden als Unterlage für die 50 cm starke, durch Eiseneinlagen verstärkte Fundamentplatte. Der

---

[4]  z. B. Hinrichs, W.: Nordsee-Deiche, Küstenschutz und Landgewinnung, Husum 1931, S. 33.

[5]  Königliche Regierung zu Schleswig – Wasserbauinspektion Husum, Regierungsbaumeister Timm: Entwurf und Kostenüberschlag für die in den Prieldurchdämmungen der Hallig Langeneß-Nordmarsch herzustellenden Siele v. 15. 2. 1903, Plankammer (Plk.) des Amtes für Land- u. Wasserwirtschaft (ALW) Husum 36/1. Erläuterungsbericht (Erl. Ber.) S. 8.

Bodendruck beträgt bei gefülltem Siel etwa 0,3 kg/cm²"[6]. Diese Sätze wiederholen sich in allen Sielentwürfen 1925/28 für Langeneß. Nur im Entwurf für Osterwehl und Ridd-Langeneß vom 8. 3. 1928 wird die Bodenpressung auf Grund einer früheren Prüfungsbemerkung vorgerechnet mit 0,3 bzw. 0,27 kg/cm².

Wenn es auch in den späteren Entwürfen nicht gesagt wird, so ist doch sehr wahrscheinlich, daß die relativ schnelle Zerstörung der massiven Hallig-Siele von Langeneß-Nordmarsch auf die fehlende Pfahlgründung mit zurückzuführen ist. Die 1913 und 1914 auf Pfählen gegründeten Hooger Steinsiele (Ostersiel und Westersiel) stehen heute noch.

Alle größeren Hallig-Siele sind nach 1930 mit Pfahlgründung gebaut worden.

### 2.3 Sielkörper

Im Abschnitt 2.1 ist auf die unterschiedlichen Konstruktionen bereits hingewiesen worden. Ohne Zweifel ist die monolithische Bauweise in Rüttelbeton für die Hallig-Siele besonders vorteilhaft; das Fertigteilsiel auf Hooge liegt nicht unmittelbar am Wattenmeer. Kleinstsiele mit weniger als etwa 0,5 m² Querschnitt wird man wohl weiter aus Holz – heute Bongossi – bzw. rund aus Beton-, Asbestzement- oder Kunststoffrohren bauen.

### 2.4 Quer- und Umfassungswände

Gegen Unterläufigkeit und Beiläufigkeit hatten schon die Holzsiele auf Langeneß einen „Kragen"[7], das ist eine Bohlwand um die „Drumme" unter der Deichkrone, die bei allen Sielgrößen um 0,60 m oben und unten sowie um 0,80 m an den Seiten auskragt[8]. Gleich große untere und seitliche Querwände waren am Ein- und Auslauf angeordnet.

Die gedeckten Deichsiele haben nur je zwei Querwände – außen und innen, während das offene Siel drei Querwände hat. Seit den Entwürfen der zwanziger Jahre für Langeneß haben alle Siele drei Querwände. Dabei wurde die mittlere Querwand gemäß einer Abänderung des preußischen Ministeriums für Landwirtschaft, Domänen und Forsten von 2,0 m Auskragung seitlich auf 3,50 m Auskragung verlängert.

Relativ spät – nach 1940 – fand auch der Bau von Umfassungswänden Eingang im Hallig-Sielbau[9], auf dem Festland war schon 1908 damit begonnen worden (Tetenbüllspieker 1908[10] und Südwesthörn 1909[11]).

### 2.5 Sielverschlüsse

Alle Holzsiele der ersten Generation auf Langeneß hatten rechteckige Holzklappen. In den meisten Fällen waren sie innen auch mit einem Schütz ausgerüstet. „Die Bedienung der Klappen erfolgt im allgemeinen von Laufstegen aus mittels Ketten; die Klappen können durch einen Mann angehoben und an den Laufstegen aufgehängt werden; ..." Dazu die Prüfungsbemerkung: „Die Klappen bedürfen nur dann der Bedienung, wenn ausnahmsweise Wasser eingelassen werden soll ..."[12]

Die drei Hooger Siele wurden gleich mit Toren ausgerüstet. Die kleinen Siele – Ostersiel und Westersiel – erhielten einflügelige Anschlagtore, die ohne Stich auf einem im Mauerwerk verankerten

---

[6] a) Reg. Bezirk Schleswig, Wasserbauamt Husum, Regierungsbaurat Eilmann: „Kostenanschlag betreffend Bau eines massiven Sieles im Westerwehl..." v. 23. 5. 1925. Plk. ALW 36/2.
   b) derselbe v. 28. 2. 1927, Siel Ridd-Nordmarsch – 36/3.
   c) derselbe v. 24. 5. 1927, Siel Jelf – 36/3.
   d) derselbe v. 8. 3. 1928, Siel Osterwehl und Ridd-Langeneß – 36/3.
[7] Wie Anm. 5, Massenberechnung.
[8] Wie Anm. 1, Bd. II, S. 111.
[9] Lüpkes/Snuis: „Kostenanschlag... des Sieles im Osterwehl" v. 30. 4. 1942, Bl. 3 – Plk. ALW 36/4.
[10] Fischer, Otto: Das Festland, Bd. 3, Eiderstedt, Berlin 1956, S. 301.
[11] Kambeck, Werner: Die Wasserlösung Südwesthörn, Nordfriisk Instituut, Bredstedt 1977, S. 47.
[12] a.a.O., Anm. 5, Erl. Ber., S. 9.

10 cm starken Torrahmen aufschlugen. Das offene Siel wurde zunächst mit genieteten eisernen Toren ausgerüstet, die in der über das Siel führenden, im geschlossenen Zustand festgelegten Rollbrücke für Fußgänger einen oberen Drempel hatten. Diese Tore mußten trotz Verstärkungen 1919 durch hölzerne ersetzt werden. Seitdem sind, ausgenommen das offene Siel der Husumer Schiffahrtsschleuse, Stahltore für Siele in Nordfriesland nicht wieder gebaut worden.

Das massive Westerwehl-Siel von 1926 mit 3 Öffnungen 2,50 × 1,80 m erhielt „selbsttätig wirkende eichene Klappen, die nach Bedarf durch oberhalb aufgestellte kleine Winden auch bei steigendem Wasser offengehalten werden können"[13]. Die späteren Siele der zwanziger Jahre: Ridd-Nordmarsch, Jelf, Osterwehl und Ridd-Langeneß haben alle – bei Öffnungen von 2,50 × 1,80 m – Tore mit Werksteinnischen und Anschlägen erhalten[14]. Keines dieser Siele hat Schützenverschlüsse.

Die Bauweise und Anordnung der Verschlüsse sind seitdem beigehalten worden. Nach den guten Erfahrungen beim offenen Siel von 1953 auf Hooge mit Tornischen und -anschlägen ohne Werksteine[15] sind diese heute allgemein gültig. Bei dem Binnensiel Hooge sind für Spülzwecke als Ausnahme Schützen angeordnet (s. Farbtaf. 6). Dieses Siel hat auch Anschlagtore ohne Dükersche Steuerklappen erhalten. Das Konstruktionsmaterial der Verschlüsse war ursprünglich Eichenholz. Für das Siel Ridd-Nordmarsch wurde 1957 Greenhart, das besonders widerstandsfähig gegen den Bohrwurm ist, vorgesehen. Auch die Entwürfe Westerwehl (1958) und Treuberg-Siel (1967) sehen Greenhart vor. Das Binnensiel auf Hallig Hooge ist mit Bongossi-Toren ausgerüstet[16].

### 2.6 Vorsiele

„Von der Anlage einer Sohlenbefestigung vor den Sielklappen ist gemäß Verfügung des Herrn Regierungspräsidenten vom 24ten April 1902 . . . vorläufig abgesehen worden; die Anlage einer solchen wird jedoch voraussichtlich an mehreren Stellen nicht zu umgehen sein."[17] Die Verfügung dürfte sich auf die vorweg genehmigten ersten Siele, insbesondere am Jelf bezogen haben. Dazu die Bemerkung der Regierung Schleswig am Rande: „Von Sohlenbefestigungen ist bisher bei ähnlichen Anlagen stets abgesehen, es ist aber auch der Bau von Vorsielen vermieden, sondern es sind die Siele so lang gemacht, daß sie etwas über die normale Böschung der Dämme hinausragen." Dazu dann die Abteilung für das Bauwesen im Ministerium der öffentlichen Arbeiten: „Ob an einzelnen Stellen eine Sohlenüberdeckung auszuführen ist, kann der Erfahrung überlassen bleiben." Es geht bei den Holzsielen nur um die Frage der Sohlenbefestigung im Auslauf. Bohlwerke als Flügelwände sind bei allen Sielen vorgesehen. Gerade letztere werden außen unter Fäulnis in der Wasserwechselzone ebenso wie unter dem Bohrwurm gelitten haben. Auf die Gefahr des Bohrwurmes hat schon die Abteilung für das Bauwesen bei der Prüfung des Entwurfs von 1903 hingewiesen: „Da auf den benachbarten Inseln der Bohrwurm auftritt, so empfiehlt sich für die großen Siele, eine massive Konstruktion in Aussicht zu nehmen, sofern diese bei günstigen Untergrundverhältnissen ohne große Mehrkosten ausgeführt werden kann." Die Siele mit den „Kragen" wurden 1902/1910 alle in Eichenholz gebaut.

Wahrscheinlich waren die Erfahrungen ohne Vorsiele nicht gut, denn die Hooger Siele 1913/1914 erhielten alle Vorsiele und davorliegende Sohlensicherungen in Naturstein auf Busch (außen) und Kies (innen)[18]. Ab 1925 haben alle Siele eine auch unter den Vorsielen durchlaufende Betonsohle und davor außen und innen Pflasterungen. Die Betonsohle wurde lange durch Klinkerrollschichten gegen Sandreibung und Seewasser geschützt, bis sich auch hier die Entwicklung wie auf dem Festland zum reinen Rüttelbetonsiel durchsetzte.

13  a.a.O., Anm. 6, a, S. 5/6.
14  a.a.O., Anm. 6, b, c, d.
15  Plk. d. Verf.
16  Plk. ALW 36/9, 36/10 u. 36/15.
17  a.a.O., Anm. 5, Erl. Ber., S. 8.
18  a.a.O., Anm. 1, Bd. II, S. 294 u. S. 296.

180

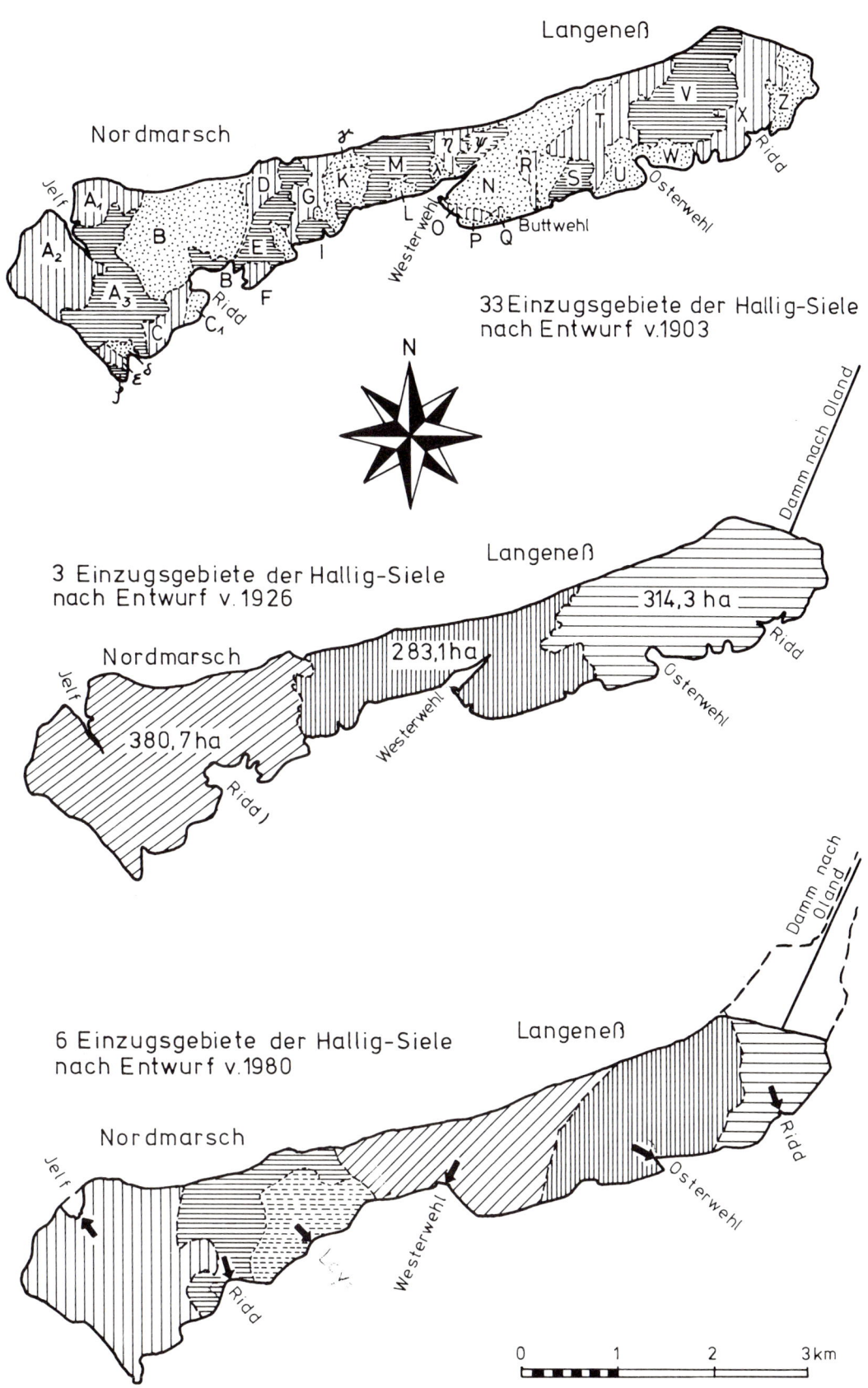

Fig. 40  Hallig Langeneß – Entwässerungsgebiete. a) 1903, b) 1926, c) 1980

## 3. Wassertechnische Berechnungen

### 3.1 Die ersten Hallig-Siele auf Langeneß

„Da die Halligbewohner fortgesetzt darauf hinweisen, daß der Graswuchs schwer geschädigt wird, wenn das Gras längere Zeit dem Seewasser ausgesetzt ist, ist die Berechnung der Sielweiten auch hier, wie bei den zur Ausführung bereits genehmigten Sielen, unter der Voraussetzung erfolgt, daß das Wasser in einer Tide abgeführt werden soll; hierbei ist der für die Berechnung günstigste Fall angenommen, daß auf eine erste Flut, die die Halligkante ganz überflutet hätte, eine zweite Flut folgt, welche die Halligkante nicht mehr erreicht.

Bei mehreren aufeinander folgenden höheren Fluten werden die Siele allerdings nicht ausreichen, das Land in einer Tide trockenzulegen; dieser Fall tritt jedoch in den Sommermonaten nur selten ein."[19] Zu diesen Ausführungen im Erläuterungsbericht des Entwurfes vom 15. 2. 1903 stellt der Sachbearbeiter des Regierungspräsidenten fest: „Die Forderung, daß das Wasser in einer Tide bis zur Terrainhöhe abgeführt werden soll, ist sehr scharf. Dieselbe bedingt die erhebliche Erhöhung der Kosten gegen den superrevidierten Kostenanschlag" vom 13. 3. 1899. Dazu meint das Ministerium: „Es empfiehlt sich, für einzelne, in sich abgeschlossene Gebiete die Sielöffnung versuchsweise in 2 Tiden zu bemessen. Es sind jedoch nur solche Stellen hierzu auszuwählen, an denen erforderlichen Falls ein zweites Siel ohne Schwierigkeiten und ohne große Mehrkosten nachträglich ausgeführt werden kann."

Offensichtlich ist der ministeriellen Prüfungsbemerkung gefolgt worden. Auf der Tafel XII bei Fr. Müller sind für die Dämme mit mehr als einem Siel weniger Siele verzeichnet als in dem Entwurf. Hierüber berichtet Fr. Müller[20], um schließlich festzustellen: „Es wurden dann in der Folge noch eine Anzahl Ergänzungsdämme und Siele angelegt."

In den Entwürfen für die neuen massiven Siele ab 1925 zeigen die Pläne für die Holzsiele Unterschiede gegen den Entwurf von 1903, die schließlich bei dem Entwurf für das Jelfsiel vom 24. 5. 1927 in dem „Verzeichnis der abgängigen 33 hölzernen Siele auf Hallig Nordmarsch-Langeneß"[21] aufgeführt sind (Tab. 30 und Fig. 40).

Die Tabelle 30 zeigt einmal, daß Siele in Dämmen mit mehr als einer Öffnung trotz des Zwischenraumes von 0,50 m zwischen den Sielen als ein Siel gerechnet worden sind. Die 33 Siele haben nach der Aufrechnung insgesamt 51 Öffnungen gehabt. Die Tabelle 30 gibt weiterhin darüber Auskunft, welche Sielquerschnitte auf das Einzugsgebiet bezogen sich aus der nicht mehr auffindbaren wassertechnischen Berechnung ergeben haben. Daraus können nachstehende Folgerungen gezogen werden:

1. Mit 3,3 ha/m$^2$ hat das Siel R das relativ kleinste Einzugsgebiet.

2. Mit 100,6 ha/m$^2$ hat das Siel η ein für diese Hallig-Siele ungewöhnlich großes Einzugsgebiet; das Siel M mit 46,1 ha/m$^2$ an zweiter Stelle der Siele mit großen Einzugsgebieten hat bereits weniger als die Hälfte der Hektare je Quadratmeter zu entwässern.

3. Bei der Zusammenfassung der Siele entsprechend den Einzugsgebieten im 1. Entwurf für die massiven Siele auf Nordmarsch-Langeneß von 1926 ergeben sich folgende mittlere Größen:

$$
\begin{aligned}
\text{Jelf-Gebiet} &= 26,3 \text{ ha/m}^2 \ (117\,\%) \\
\text{Westerwehl-Gebiet} &= 29,1 \text{ ha/m}^2 \ (130\,\%) \\
\text{Osterwehl-Gebiet} &= 22,5 \text{ ha/m}^2 \ (100\,\%) \\
\text{Mittel Nordmarsch-Langeneß} & \\
F^1{}_{NL} &= 26,3 \text{ ha/m}^2
\end{aligned}
$$

Der Größenunterschied ist nicht erheblich.

---

[19] a.a.O., Anm. 5, Erl. Ber., S. 7.
[20] a.a.O., Anm. 1, Bd. II, S. 111/113.
[21] a.a.O., Anm. 6, c.

182

| Entwässerungs-gebiet | Gebietsgröße | Siele | | | | | Siellänge | Höhen | | Klappe | Stauschott | Bed.-Stege | Bemerkungen |
|---|---|---|---|---|---|---|---|---|---|---|---|---|---|
| | | Anzahl | Breite | Höhe | Fläche | | | Sohle | Deich | | | | |
| | ha | | m | m | m² | ha/m² | m | NNm | NNm | | | | |
| **1. Jelf-Gebiet** | | | | | | | | | | | | | |
| $A_1$ | 21,7 | 1 | 1,0 | 1,0 | 1,00 | 21,7 | | −0,30 | | × | × | × | Die Siele $A_1$−D wurden 1902 |
| $A_2$ | 53,1 | 2 | 1,0 | 1,0 | 2,00 | 26,6 | | −0,20 | | × | × | × | genehmigt, Unterlagen fehlen |
| $A_3$ | 77,2 | 3 | 1,0 | 1,0 | 3,00 | 29,1 | | −0,40 | | × | × | × | |
| δ | 6,3 | 1 | 0,5 | 0,5 | 0,25 | 25,2 | | +0,10 | | × | ? | ? | |
| ε | 7,3 | 1 | 0,4 | 0,4 | 0,16 | 45,6 | | +0,50 | | × | ? | ? | |
| ζ | 4,0 | 1 | 0,4 | 0,4 | 0,16 | 25,0 | | +0,65 | | × | ? | ? | |
| B | 102,1 | 4 | 1,0 | 1,0 | 4,00 | 25,5 | | −0,40 | | × | × | × | 1 Stück Siel mehr als Entwurf |
| $B_1$ | 3,9 | 1 | 0,4 | 0,4 | 0,16 | 24,4 | | +0,10 | | × | ? | ? | |
| C | 20,6 | 1 | 1,0 | 1,0 | 1,00 | 20,6 | | −0,35 | | × | × | × | |
| $C_1$ | 6,8 | 1 | 0,5 | 0,5 | 0,25 | 27,2 | | +0,15 | | × | ? | ? | |
| D | 9,6 | 1 | 0,5 | 0,5 | 0,25 | 38,4 | | +0,10 | | × | ? | ? | |
| E | 43,7 | 1 | 1,0 | 1,0 | 1,00 | 43,7 | 8,90 | −0,35 | +1,90 | × | × | × | |
| F | 11,9 | 1 | 0,6 | 0,6 | 0,36 | 33,1 | 8,71 | +0,25 | +1,90 | × | × | × | gepl. Sohle +0,10 |
| $G_1$ | 2,5 | 1 | 0,7 | 0,7 | 0,49 | 5,1 | 6,71 | −0,30 | +1,90 | × | × | × | gepl. Sohle +0,10 |
| $\Sigma A_1$-$G_1$ | 370,7 | 20 | | | 14,08 | 26,3 | | | | | | | |
| **2. Westerwehl-Gebiet** | | | | | | | | | | | | | |
| $G_2$ | 15,2 | 1 | 0,7 | 0,7 | 0,49 | 31,0 | 6,71 | −0,30 | +1,90 | × | × | × | gepl. Sohle +0,10 |
| H | 5,9 | 1 | 0,6 | 0,6 | 0,36 | 16,4 | 6,96 | +0,35 | +1,90 | × | | | gepl. Sohle +0,40 |
| J | 2,1 | 1 | 0,4 | 0,4 | 0,16 | 13,1 | 8,05 | +0,40 | +1,90 | × | | | |
| K | 44,2 | 1 | 1,0 | 1,0 | 1,00 | 44,2 | 5,65 | +0,30 | +2,00 | × | × | × | gepl. Sohle +0,40 |
| L | 2,9 | 1 | 0,4 | 0,4 | 0,16 | 13,1 | 8,56 | +0,40 | +2,00 | × | × | × | |
| M | 46,1 | 1 | 1,0 | 1,0 | 1,00 | 46,1 | 5,65 | +0,40 | +2,00 | × | × | × | gepl. 2 Siele |
| λ | 5,7 | 1 | 0,4 | 0,4 | 0,16 | 35,6 | 10,05 | +0,15 | +2,00 | × | | | gepl. Sohle +0,10 |
| η | 16,1 | 1 | 0,4 | 0,4 | 0,16 | 100,6 | 8,80 | +0,10 | +2,00 | × | × | × | gepl. Sohle +0,35 |
| N | 118,5 | 4 | 1,0 | 1,0 | 4,00 | 29,6 | 8,75 | −0,20 | +2,00 | | | | Gebietsgröße einschl. Fläche ψ gepl. 5 Siele, 1903 nur 3 Siele |
| O | 5,6 | 1 | 0,5 | 0,5 | 0,25 | 22,4 | 9,51 | +0,20 | +2,00 | × | × | × | gepl. Sohle +0,15 |
| P | 7,8 | 1 | 0,5 | 0,5 | 0,25 | 31,2 | 7,85 | +0,45 | +2,00 | × | | | |
| Q | 2,3 | 1 | 0,5 | 0,5 | 0,25 | 9,2 | 6,95 | +0,65 | +2,00 | × | × | × | gepl. Sohle +0,75 |
| R | 3,3 | 1 | 1,0 | 1,0 | 1,00 | 3,3 | 9,01 | +0,25 | +2,00 | × | × | × | gepl. Sohle +0,75 |
| S | 7,3 | 1 | 0,7 | 0,7 | 0,49 | 14,9 | 8,42 | +0,25 | +2,00 | × | × | × | |
| $\Sigma G_2$-S | 283,1 | 17 | | | 9,73 | 29,1 | | | | | | | |
| **3. Osterwehl-Gebiet** | | | | | | | | | | | | | |
| T | 65,8 | 3 | 1,0 | 1,0 | 3,00 | 21,9 | 9,90 | −0,35 | +2,00 | × | × | × | zunächst 2 Siele |
| U | 28,5 | 1 | 1,0 | 1,0 | 1,00 | 28,5 | 7,90 | −0,05 | +2,00 | × | × | × | |
| V | 112,2 | 4 | 1,0 | 1,0 | 4,00 | 28,1 | 9,90 | −0,35 | +2,00 | × | × | × | Entw. 3 Siele, gepl. Sohle −0,45 |
| W | 23,2 | 2,0 | 1,0 | 1,0 | 2,00 | 11,6 | 7,15 | ±0,00 | +2,00 | × | × | × | Entw. 1 Siel, gepl. Sohle +0,10 |
| X | 66,7 | 2 | 1,0 | 1,0 | 2,00 | 33,4 | 8,15 | −0,30 | +2,00 | × | × | × | Entw. 3 Siele, gepl. Sohle −0,30 |
| Y | 18,1 | 2 | 0,7 | 0,7 | 0,98 | 9,1 | 9,17 | −0,10 | +2,00 | × | × | × | Entw. 1 Siel, gepl. Sohle ±0,00 |
| $\Sigma$T-Y | 314,3 | 14 | | | 12,98 | 24,2 | | | | | | | |
| $\Sigma A_1$-Y | 968,1 | 51 | | | 36,79 | 26,3 | | | | | | | |
| Ridd | 10,0 | | | | | | | | | | | | |
| | 978,1 | | | | | | | | | | | | |

Tabelle 30. Entwässerungssiele auf Langeneß 1903

183

Mit diesen Werten weichen die Hallig-Siele mit ihren Querschnitten entscheidend von allen Erfahrungen für Festlandsiele ab! Dort geht man davon aus, daß 1 m² Sielquerschnitt für 300 bis 400 ha notwendig ist[22]. Die Höhenlage der Sielsohlen und damit auch der Oberkanten der Siele ist hierbei nicht berücksichtigt. Diese lagen bei den Holzsielen alle so tief, daß der Abfluß bis zum Ende des Landunters den ganzen Sielquerschnitt zur Verfügung hatte.

### 3.2 Die Hallig-Siele auf Hooge

Für Hooge wurden bei der Eindeichung 1913/14 gebaut:

| | | | |
|---|---|---|---|
| Westersiel | $F_W$ | = | 1,4 m² |
| Ostersiel | $F_O$ | = | 1,4 m² |
| Offenes Siel $(+2,25 + 1,75) \cdot 5,00$ | $F_{OS}$ | = | 20,0 m² |
| | $F$ | = | 22,8 m² |

Das sind bei 570 ha bedeichter Fläche

$$F_H^1 = 570 \text{ ha}/22,8 \text{ m}^2 = 25,0 \text{ ha/m}^2$$

Der Wert weicht vom Mittel der Holzsiele auf Langeneß nur um 1,3 ha/m² geringfügig ab.

Über NN + 2,25 m führt die 350 m lange Überlaufdeichstrecke das Wasser schnell ab mit sinkender Tide. Das offene Siel wurde daher nur für Wasserstände unter NN + 2,25 m gerechnet. Mit fallender Tide wird der Abflußquerschnitt kleiner. Die mittlere Geländehöhe der Hallig liegt bei NN + 1,50 m.[23] Bei absinkendem Wasserspiegel verringert sich demnach der Abflußquerschnitt um $(2,25 \cdot 1,50) \cdot 5,00 = 3,75$ m² und damit auf $22,80 - 3,75 = 19,05$ m². Dafür wird $F_H^2 = 29,9$ ha/m².

Eine wassertechnische Berechnung für die ersten Siele auf Hooge ist nicht bekannt. Der Abflußquerschnitt erwies sich als unzureichend, so daß im Jahre 1940 neben dem alten Ostersiel ein neues Doppelsiel – ein Nüsternsiel, wie man früher in Nordfriesland die hölzernen Doppelsiele nannte – gebaut wurde (s. Abb. 66). Mit $2 \times 1,75$ m² = 3,50 m² vergrößerte sich der Abflußquerschnitt auf $22,8 + 3,5 = 26,3$ m² bzw. $19,05 + 3,50 = 22,55$ m².

Damit werden die Sielquerschnitte für Hooge ($F_H$):

$$F_H^3 = 570/26,3 \quad = 21,67 \text{ ha/m}^2 \text{ und}$$
$$F_H^4 = 570/22,55 = 25,28 \text{ ha/m}^2$$

Trotz dieser Verbesserung werden die günstigen Werte von Langeneß nicht erreicht. Weitere Sielbauten erscheinen daher notwendig. Zwar sind inzwischen mehrere Sielentwürfe mit umfangreichen hydraulischen Untersuchungen aufgestellt worden[23]; man hat bisher aber nur das Binnensiel hinter dem offenen Siel (1975) vergrößert.

### 3.3 Wassertechnische Berechnungen für Siele auf Langeneß

Die erste zusammenhängende wassertechnische Berechnung liegt im Entwurf vom 12. 3. 1926 vor. Hierin werden von Regierungsbaumeister Lüpkes, dem später ersten Amtsvorstand des Marschenbauamtes Husum, zunächst für 3 massive Siele folgende Einzugsgebiete (Fig. 40) errechnet mit den nach Landunter abzuführenden Wassermengen für Deiche auf GHW + 1,20 m = NN + 1,94 m.

In der Berechnung werden folgende Größen angesetzt:

| | | | |
|---|---|---|---|
| Jelfsiel | 380,7 ha | mit | 3 048 000 m³ |
| Siel Westerwehl | 283,1 ha | mit | 1 930 000 m³ |
| Siel Osterwehl | 314,3 ha | mit | 2 074 000 m³ |

Die Aufteilung in Einzugsgebiete überrascht, denn Wasserscheiden in Höhe NN + 1,94 m gibt es auf der Hallig nicht.

---

[22] O. Verf.: Deiche und Bauwerke an der Westküste Schleswig-Holsteins, aufgestellt: Tönning, Februar 1931 (Lichtpausen geheftet).

[23] Marschenbauamt Husum: Entwurf für den Neubau des Nordersiels und für die Erweiterung des Ostersieles auf der Hallig Hooge, 24. 10. 1969, Plk. F. 38/14. H 2. S. 1.

Die vorgeschlagenen Siele haben alle die gleiche Breite von 3 × 2,50 m = 7,50 m. Die Sohle des Jelf-Sieles ist mit GHW −1,30 m = NN − 0,46 m um 0,20 m tiefer als bei den Sielen Osterwehl und Westerwehl. Es sollte auf diese Weise wohl dem um rd. 50 % größeren Einzugsgebiet des Jelf-Sieles Rechnung getragen werden. Dabei legte das Ministerium die Sielsohlen Westerwehl und Osterwehl auf GHW −1,30 m fest, die vom Wasserbauamt Husum mit GHW −0,70 m vorgeschlagen worden waren. Für letztere Höhe hat man auch die wassertechnische Berechnung durchgeführt, deren Ergebnisse auf Fig. 41 und 42 aufgetragen sind. Ergänzend zeigen Fig. 43 und 44 die mittleren Geschwindigkeiten $v_m$ und den Sielzug[24]; $v_m$ wurde neu errechnet.

In der wassertechnischen Berechnung entsprechen die Formeln dem Standardwerk der Hydraulik nach dem 1. Weltkrieg von Weyrauch-Strobel[25], wobei die Zu- und Ablaufgeschwindigkeiten mit 0 angesetzt wurden. Der Wert μ ist mit 0,80 für die geplanten Sielbauwerke eindeutig zu hoch angesetzt worden. Stumpfe Pfeilerköpfe widersprechen den Versuchen von Rehbock[26]. Nach Kambeck[27] kann dann nur mit μ = 0,7 gerechnet werden. Das Ministerium hat zwar im Entwurf vom 12. 3. 1926, Bl. 5, spitz zulaufende Pfeilerköpfe eingetragen, aber die Hydraulik wegen der vorgeschriebenen Änderungen der Sohlenhöhen nicht geprüft. In den folgenden Entwürfen[28] sind dann spitze Pfeilerköpfe eingeplant worden.

Die wassertechnische Berechnung geht nicht auf die anschließenden Wasserläufe ein. Das Ministerium hatte dazu 1926 bemerkt: „Es kann zweifelhaft erscheinen, ob die vorgesehenen drei Siele ausreichen werden, um die Entwässerung der Hallig in der vorgesehenen Zeit sicherzustellen. Gegf. kommt die Herstellung eines vierten Sieles im Ridd auf Nordmarsch in Frage . . .“ Es verweist dann auf die wohl zu günstige Annahme, wonach „der Zufluß zum Siel in dem gleichen Maße erfolgt, wie der Abfluß aus demselben[28].“ Schon 1928 wurde im Ridd-Nordmarsch ein neues Siel gebaut (!).

Rechnet man die drei Siele von je 3 × 2,50 × 1,80 = 13,5 m² der Planung von 1926 auf ein Einzugsgebiet von 978,1 ha um, so ergeben sich:
$$F_{NL}^2 = 978,1 (3 \cdot 13,5) = 24,15 \text{ ha/m}^2.$$
Das ist schon weniger als für die Holzsiele von 1903 mit
$$F_{NL}^1 = 26,3 \text{ ha/m}^2.$$
Mit dem Bau des Sieles Ridd-Nordmarsch vergrößert sich der Abflußquerschnitt auf 4 × 13,5 = 54,0 m². Damit wird
$$F_{NL}^3 = 978,1/54,0 = 18,11 \text{ ha/m}^2.$$
Nachdem 1930 dann noch zusätzlich ein weiteres Siel im Ridd-Langeneß mit 2 × 2,50 × 1,75 = 8,75 m² gebaut worden war, vergrößerte sich der Gesamtabflußquerschnitt auf 62,75 m² und damit
$$F_{NL}^4 = 978,1/62,75 = 15,69 \text{ ha/m}^2.$$
Alle Siele auf Langeneß wurden nach dem 2. Weltkrieg durch Betonbauwerke ersetzt[29]. Die Abmessungen im Querschnitt blieben unverändert, weil die bisherigen Querschnitte ausreichten. Schließlich wurde 1980 das Leye-Siel mit 3,0 × 1,0 = 3,0 m² hinzugefügt[30]. Damit ist heute
$$F_{NL}^5 = 978,1/65,75 = 14,88 \text{ ha/m}^2.$$
Dieses Leye-Siel hat eine besondere Bedeutung. Zum ersten Male ist auf den Halligen ein zusätzliches Siel aus den Gegebenheiten von Geländehöhen auf einer Hallig gebaut worden. Mit der Flurberei-

24 Kambeck, Werner: Künstliche Vorflut, im Taschenbuch der Wasserwirtschaft, 1970, Hamburg, 5. Aufl., S. 665.

25 Weyrauch-Strobel, 1930: Hydraulisches Rechnen, Stuttgart, 6. Aufl., S. 180/181.

26 Rehbock, Theodor, 1919: Zur Frage des Brückenstaues, Zentralbl. d. Bauverw.

27 Kambeck, Ziff. 23, S. 663.

28 Siehe Anm. 6, a, Erl. Ber., S. 4 u. 7.

29 Marschenbauamt Husum, Entwürfe: Siel Osterwehl v. 17. 8. 1949 − Plk. 3616; Siel Jelf v. 31. 7. 1952 − Plk. 36/7; Siel Ridd-Langeneß v. 16. 7. 1957 − Plk. 36/8; Siel Ridd-Nordmarsch v. 23. 12. 1957 − Plk. 36/9 und Siel Westerwehl v. 19. 12. 1958 − Plk. 36/10.

30 ALW Husum: 1. Nachtrag zum Kostenanschlag Herstellung eines Entwässerungssieles zwischen Treuberg und Ketelswarf auf der Hallig Langeneß v. 20. 7. 1979, Erl. Ber. S. 1.

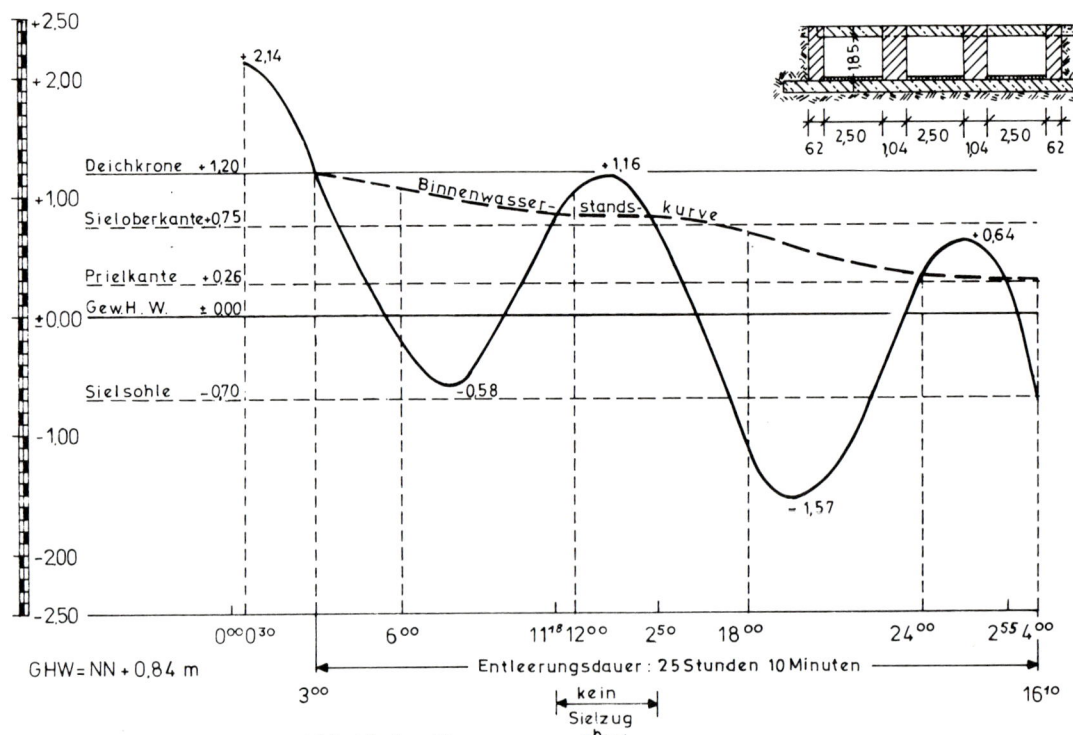

Fig. 41 Sielzug im Westerwehl bei hoher Flut

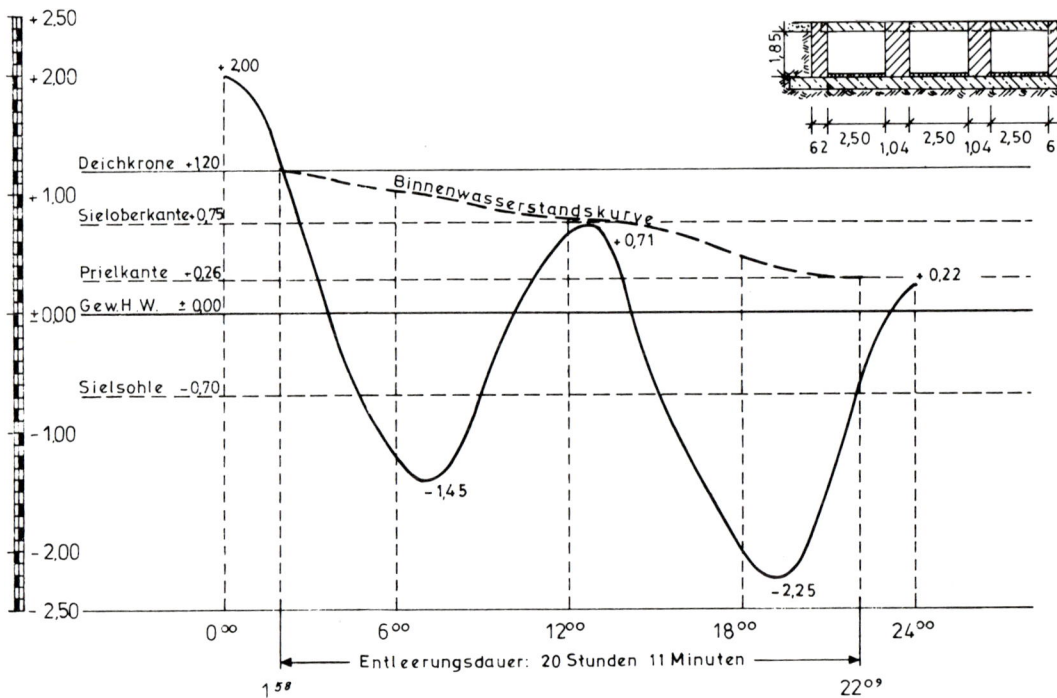

Fig. 42 Sielzug im Osterwehl bei mittelhoher Flut

186

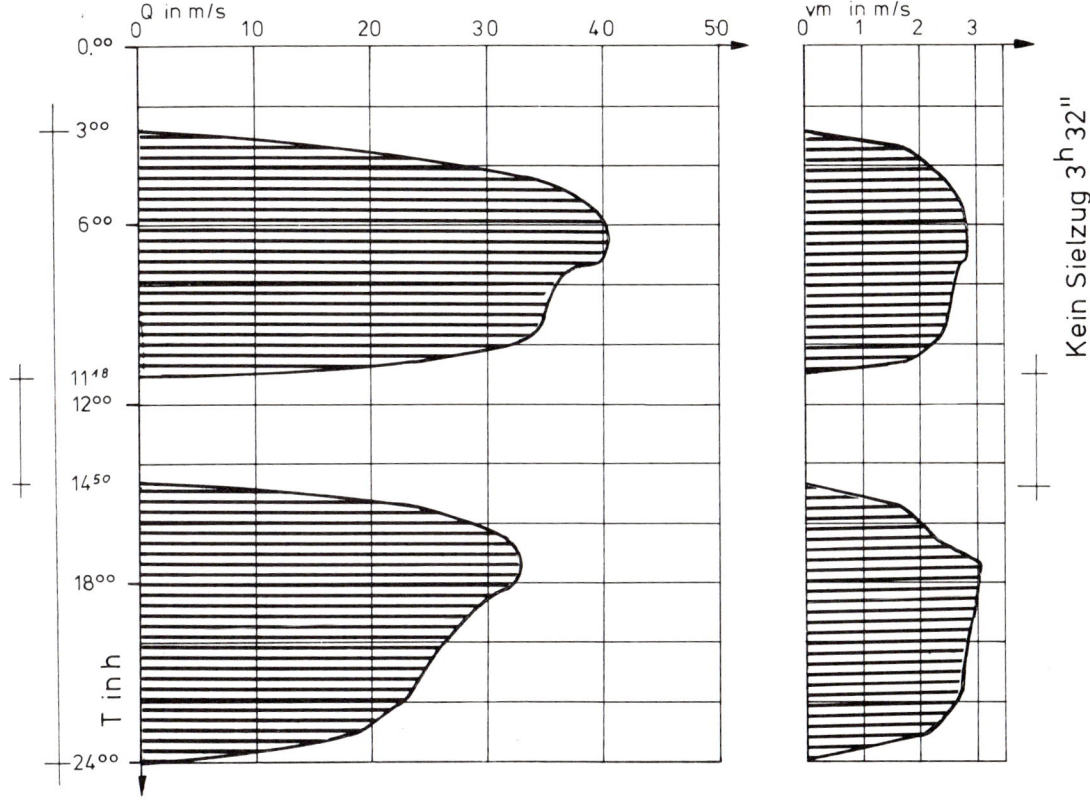

Fig. 43 Sielzug Westerwehl-Langeneß

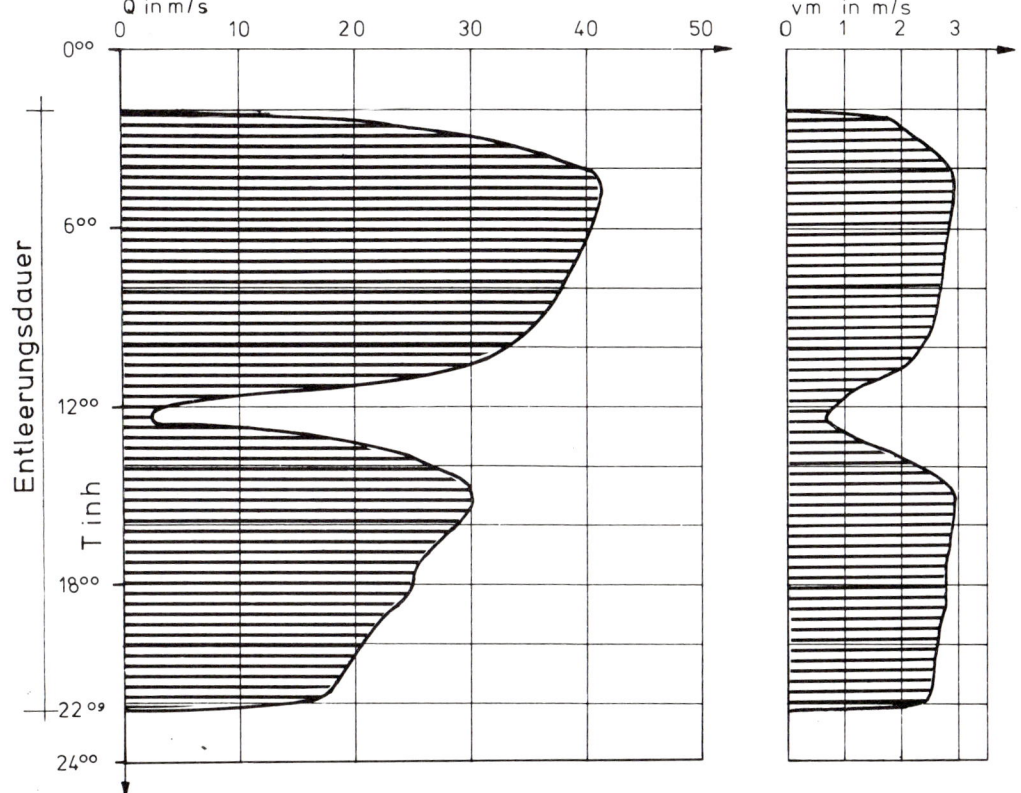

Fig. 44 Sielzug Osterwehl-Langeneß

nigung auf Langeneß hat der Kreis Husum eine von Osten nach Westen durchgehende Kreisstraße gebaut. Hierfür ergab sich folgender im Entwurf für das Leye-Siel beschriebener Mißstand: „Bedingt durch die kesselförmige Ausbildung der Niederung" zwischen Ketelswarf und Treuberg gibt es noch Schwierigkeiten in der Entwässerung, weil „der Abfluß zu dem angrenzenden Ridd-Siel im Westen und dem Westerwehl-Siel im Osten stark verzögert wird. Die Folge ist, daß die Hauptverkehrsverbindung zwischen dem Ost- und Westteil der Hallig auf einer Länge von etwa 600 m für 14 Std. und länger unterbrochen ist." Schulbus, An- und Abfahrt nach dem Hauptfähranleger, Feuerwehr und Krankentransport sind behindert oder unterbrochen. Für das zur Entlastung gebaute Leye-Siel ist eine hydraulische Berechnung aufgestellt worden. Eine bei diesem Siel durchgeführte Nachberechnung ergab, daß das Siel stundenlang schießenden Abfluß hat, der konstruktiv zwar gemildert, aber nicht ganz verhindert werden kann. Die Beobachtung der Halligbewohner bestätigt den bei schießendem Abfluß auftretenden Wechselsprung. Die regelmäßige Überwachung des Sieles ist erforderlich, um eventuelle Schäden rechtzeitig feststellen und beheben zu können.

Im Hinblick auf ihre Lage sind die Hallig-Siele teilweise der Entwicklung zur Konzentration gefolgt. Das soll am Beispiel Osterwehl-Siel auf Langeneß gezeigt werden.

Die Figur 45 a zeigt den Osterwehl auf Langeneß mit den 1903 bis 1910 gebauten Holzsielen. Gegenüber den Angaben bei Müller wurde in der Abdämmung bei Peterswarf ein 4. Durchlaß mit $1,0 \times 1,0$ m = 1,0 m² Querschnitt verlegt. Wie in den Anfängen des Sielbaues liegen die Siele auch hier alle „weit" zurück. Damit sind sie dem Einfluß des Wellenganges der normalen und überhöhten Tiden weitgehend entzogen. Zum anderen aber wurden die einzelnen Siele nicht zu groß. Der Abflußquerschnitt beträgt für

Siel T = $3 \times 1,00$ m $\times 1,00$ m = 3,00 m² mit 65,8 ha
Siel U = $1 \times 1,00$ m $\times 1,00$ m = 1,00 m² mit 28,5 ha
Siel V = $4 \times 1,00$ m $\times 1,00$ m = 4,00 m² mit 112,2 ha

zusammen                   8,00 m² mit 206,5 ha

Schon allein die Zusammenfassung dieses Querschnitts an einer Stelle in Sielöffnungen war beim ersten Bau technisch nicht vertretbar. Dazu spielte ohne Zweifel noch eine andere Überlegung mit. Die Befestigung der Halligufer begann gerade erst. Mit den zurückgezogenen Sielen wurde ein „Steindeich" durch die Mündung des Osterwehls erspart, eine Befestigung der Ufer des Osterwehls war noch nicht akut; der Bau der Uferverwallungen war verhältnismäßig billig.

Am Ende des Ersten Weltkrieges zeigte sich, daß die Holzsiele auf Dauer nicht vor dem Verfall zu retten waren. Da sich die Steinsiele auf Hooge besser gehalten hatten, wurden die alten Holzsiele auf Langeneß nach der Inflation durch nur noch 5 — nunmehr vorverlegte — Steinsiele ersetzt. Das Osterwehl-Siel von 1929 erhielt einen Querschnitt von

$$Q_{OW} = 3 \times 2,5 \text{ m} \times 1,8 \text{ m} = 13,5 \text{ m}^2$$

Der Querschnitt des neuen Sieles war also 70 % größer. Das theoretische Einzugsgebiet wurde gleichzeitig auf 314,3 ha oder um 52 % vergrößert.

Im Querschnitt ist trotzdem eine merkbare Verbesserung festzustellen, wegen der langen Fließwege aus dem Osten stellten sich dann aber Unzuträglichkeiten ein. Mit dem Siel Ridd-Nordmarsch wurde dem schon 1928 Rechnung getragen. Das Siel bekam eine Zuwegung und einen Anlieger, es war auch 1928 etwas zurückgezogen gebaut worden, so daß ein Schutz für die Halligschiffe hinter dem abbiegenden niedrigen Deich vorhanden war.

Das Steinsiel zeigte nach dem 2. Weltkrieg so schwere Schäden, daß es als erstes Siel auf Langeneß durch ein Stahlbetonsiel ersetzt wurde (s. Abb. 69). In der Abb. 45 b ist auch für dieses Siel der Lageplan des heutigen Zustandes beigefügt. Ein Vergleich mit der Abb. 45 a zeigt, daß eine ganze Reihe der alten Sprantenverrohrungen geregelte Vorflut in den Osterwehl erhalten haben.

Das Siel ist etwas weiter nach Westen gerückt und der Anleger auf die Westseite verlegt worden.

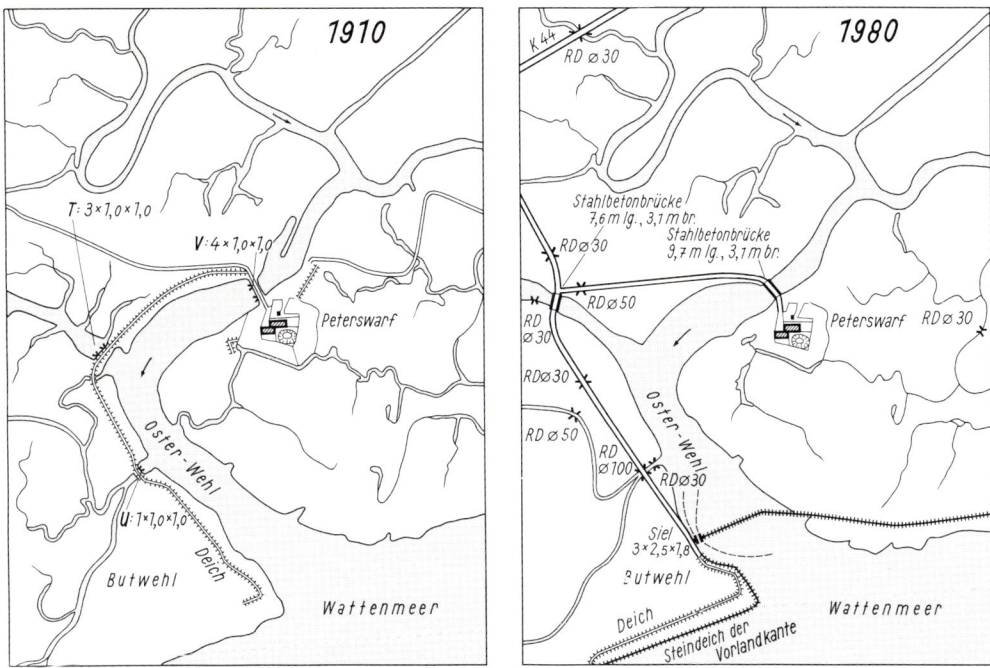

Fig. 45 Langeneß-Osterwehl a) 1910, b) 1980

### 3.4 Siele der kleinen Halligen

Von den kleineren Halligen haben nur Oland, Gröde und Nordstrandischmoor noch Hallig-Siele als Folge ihres Schutzes gegen überhöhte Tidehochwasserstände. Auch diese Siele dienen dazu, die Anzahl der „Landunter" im Jahr zu vermindern.

Für das 1953 auf Oland gebaute Boot-Sloot-Siel in Stahlbeton ist keine wassertechnische Berechnung aufgestellt worden. 1) Die Formgebung entspricht denen der Siele auf Langeneß, wobei jedoch Vorsiele und Flügelwände länger und damit hydraulisch etwas günstiger gestaltet worden sind. Die Hallig Oland hat dann 1962 zwei weitere Siele erhalten. Für ihre Formgebung gilt das zum Boot-Sloot-Siel gesagte. Später sind zusätzlich noch 2 Siel-Stöpen von je 5,00 m Breite une eine weitere von 3×2,50 m Breite gebaut worden.

Bei NN +2,30 m steht nach Landunter an Abflußquerschnitt zur Verfügung:

| | | |
|---|---|---|
| Boot-Sloot-Siel | $1,50 \text{ m} \times 1,60 \text{ m} =$ | $2,40 \text{ m}^2$ |
| Nordersiel und Südersiel | $2 \times 1,10 \text{ m} \times 1,60 \text{ m} =$ | $3,52 \text{ m}^2$ |
| zwei Stöpensiele | $2 \times 5,00 \text{ m} \times 1,00 \text{ m} =$ | $10,00 \text{ m}^2$ |
| großer Stöpensiel | $7,50 \text{ m} \times 1,00 \text{ m} =$ | $7,50 \text{ m}^2$ |
| | | $F = 23,42 \text{ m}^2$ |

Größe der bedeichten Hallig ca. 100 ha, womit $F_O = 100/23,42 = 4,27 \text{ ha/m}^2$.

Die Hallig Oland hat damit eine außerordentlich gute Entwässerung nach Landunter.

Das 1951 in Beton und ohne hydraulischen Nachweis[32] gebaute Deichsiel auf Gröde ist das einzige Hallig-Siel, welches im Westen einer Hallig liegt (s. Abb. 70 und 72). Mit $3,00 \text{ m} \times 1,80 \text{ m} = 5,40 \text{ m}^2$ auf 211 ha Verbandsfläche wird

$$F_{Gr} = 211/5,4 = 39,07 \text{ ha/m}^2$$

Damit hat Gröde relativ den geringsten Abflußquerschnitt.

Auf Nordstrandischmoor gibt es keinen Deich. Siele in den Prielabdämmungen verhindern eine vorzeitige Überflutung der tiefgelegenen Innenhallig; sie sind seit 1935 mit der Steindecke im Osten der Hallig gebaut worden. Es liegt die Bestandszeichnung vor für ein Holzsiel im Steindeich nordwestlich des Bootsanlegers, wo ein großes Loch in die Hallig gerissen war, jedoch keine hydraulische Berechnung. Die Bauweise entspricht weitgehend der der Bohlensiele von 1903. Später ist eine Querspundwand in Dammitte gebaut worden. Vorsiele sind angeordnet. Wahrscheinlich hat man damals mehrere solcher Siele hergestellt, denn der Bestandslageplan weist folgende „alten" Kastensiele auf:

$$
\begin{array}{ll}
5{,}0 \ \times 0{,}5 \times 0{,}5 & = 0{,}25 \ \text{m}^2 \\
5{,}0 \ \times 1{,}0 \times 0{,}5 & = 0{,}50 \ \text{m}^2 \\
5{,}0 \ \times 0{,}3 \times 0{,}3 & = 0{,}09 \ \text{m}^2 \\
5{,}0 \ \times 1{,}0 \times 0{,}5 & = 0{,}50 \ \text{m}^2 \\
4{,}85 \times 0{,}5 \times 0{,}5 & = 0{,}25 \ \text{m}^2 \\
\hline
\text{zusammen} & 1{,}59 \ \text{m}^2
\end{array}
$$

Erst 1952 wurde der Entwurf für ein geschlossenes Siel im Nieloch vorgelegt. Zur hydraulischen Berechnung sagt der Erläuterungsbericht[33]: „Die nach einer Überflutung zum Abfluß zu bringende Wassermenge für die 146 ha große Hallig beträgt: $1\,460\,000 \cdot 0{,}24 = 350\,400 \ \text{m}^3$. Die Überflutungsdauer darf höchstens 20 Stunden betragen, sodaß im Mittel in einer Sekunde

$$\frac{350\,400}{20 \cdot 60 \cdot 60} = 4{,}87 \ \text{m}^3$$

abfließen müssen. Bei einer mittleren Geschwindigkeit von 1,30 m/sec, die innerhalb der Gesamtabflußzeit etwa der Wirklichkeit entsprechen dürfte, wäre ein Gesamtquerschnitt von $4{,}87/1{,}30 = 3{,}75$ m² erforderlich. Gewählt wird ein Siel mit einem Querschnitt von $1{,}75 \cdot 2{,}40 = 4{,}20$ m²."

Der Sielquerschnitt entspräche einem

$$\text{vorh. } v_m = 4{,}87/4{,}20 = 1{,}16 \ \text{m/s.}$$

Dieser Wert liegt merkbar unter $v_m$ in Figur 42 und 43, mehr noch gegenüber dem Leye-Siel. Das Nieloch-Siel ist 1955 jedoch als offenes Siel mit b = 2,60 m gebaut worden. In den Abdämmungen der anderen beiden Hauptpriele Wehle und Feddersgraben sowie des Bruchdammsgrabens wurden Holzsiele mit einem Querschnitt $0{,}50 \times 0{,}50 = 0{,}25$ m² eingelegt.

Das nach Landunter durch die Siele abzuführende Wasser liegt unter NN $+2{,}17$ m.[34] Bei einer Sohlenlage auf NN $+0{,}20$ m ergibt sich dann

$$
\begin{array}{lll}
\text{Nieloch-Siel} & 1{,}97 \times 2{,}60 & = 5{,}12 \ \text{m}^2 \\
\text{Dammsiele} & 2 \ \ \times 0{,}25 & = 0{,}50 \ \text{m}^2 \\
\text{Alte Siele} & & = 1{,}59 \ \text{m}^2 \\
\text{Kleine Rohrsiele (gesch.)} & & = 0{,}29 \ \text{m}^2 \\
\hline
\text{zusammen} & & 7{,}50 \ \text{m}^2
\end{array}
$$

Für 146 ha sind das an Sielquerschnitt

$$F_{Nm} = 146/7{,}5 = 19{,}5 \ \text{ha/m}^2$$

---

[31] Marschenbauamt Husum: Kostenanschlag betreffend Sielbau auf Hallig Oland v. 10. 8. 1951 — Plk. 41/9.
[32] Marschenbauamt Husum: Kostenanschlag betreffend Neubau eines Sieles auf Hallig Gröde v. 18. 8. 1949 — Plk. 40/24.
[33] Marschenbauamt Husum: Kostenanschlag betreffend Neubau eines Sieles im Nieloch auf der Hallig Nordstrandischmoor v. 1. 8. 1952 — Plk. 39/7.
[34] Wie Anm. 33.

| lfd. Nr. | Hallig | Größe ha | Baujahr der Siele | Sielquerschnitt ha/m² |
|---|---|---|---|---|
| 1 | Nordmarsch- | | 1903 | 26,30 |
| 2 | Langeneß | 978,1 | 1926 | 24,15 |
| 3 | | 978,1 | 1928 | 18,11 |
| 4 | | 978,1 | 1930 | 15,69 |
| 5 | | 978,1 | 1980 | 14,88 |
| 6 | Hooge | 570 | 1913 | 25,0 |
| | | | | 29,9 |
| 7 | | 570 | 1940 | 21,67 |
| | | | | 25,28 |
| 8 | Oland | 100 | 1953 | 41,67 |
| 9 | | 100 | 1962 | 16,89 |
| 10 | | 100 | 1978 | 4,27 |
| | | | | 16,89 |
| 11 | Gröde | 211 | 1951 | 39,07 |
| 12 | Nordstrandischmoor | 154 | 1955 | 19,50 |
| | Zusammen | 2005,1 | | |

Tabelle 31: Sielquerschnitte auf ha bezogen

### 4. Zusammenfassung

Wir stellen fest, daß die Anforderungen an die Entwässerung auf den Halligen wie auf dem Festland laufend zunehmen. Das führt zu immer größeren Abflußquerschnitten durch Vermehrung der Sielöffnungen und der Siele. Die vielfach an der Festlandsküste gewählte Endlösung − das Schöpfwerk − ist auf den Halligen nicht zu finden. Großes Abflußvermögen ist nur nach Landunter notwendig. Für den Abfluß des Niederschlages allein sind die Siele ohnehin zu groß (Tab. 31). In der Größe der Einzugsgebiete unterscheiden sich die Hallig-Siele wesentlich von denen des Festlandes. Auf den Halligen liegen also insgesamt etwa 2000 ha geschützt gegen zu frühes „Landunter". Sie verfügen dafür über rund 125 m² Sielquerschnitt, das sind

$$F_{HS} = 16 \text{ ha/m}^2$$

Mit dem ersten Sielentwurf beginnt die Abgrenzung von Einzugsgebieten, die tatsächlich erst voll zu Wirkung kommt, wenn „Landunter" vorüber ist.

Wie stark sich die rechnerischen Einzugsgebiete der Siele im Laufe der 80 Jahre des 20. Jh. geändert haben, zeigt die Figur 40. Der erste Entwurf mit Holzsielen weist für Langeneß 33 Einzugsgebiete mit entsprechender Zahl der Siele auf. Im Entwurf von 1926 ist der Versuch gemacht, mit drei Sielen, dafür etwas geringerem Einzugsgebiet je Quadratmeter Sielquerschnitt auszukommen. Während sich auf dem Festland eine Ablaufkonzentration bis heute fortsetzt, mußte sie auf Langeneß scheitern. Die Sielkonzentration wird mit der Vereinfachung der Wartung und mit der Deichsicherheit begründet − denn jedes Siel ist eine Gefahrenstelle im Deich. Auf den Halligen ist eine Überflutung normal, so daß Gründe der Deichsicherheit nicht zu einer starken Konzentration anregen.

Seit 1926 ist die Zahl der Siele für Langeneß auf 6 angestiegen. Zuletzt wurde 1980 ein zusätzliches Siel gebaut, das zum ersten Male ein Einzugsgebiet zugewiesen bekam, das nach Höhenlinien abgegrenzt wurde. Das Siel hat seinen Zweck, den alten Kessel zwischen Nordmarsch und Langeneß[35] nach Landunter zu leeren, voll erfüllt.

---

[35] Leye ist nach Mensing (Schleswig-Holsteinisches Wörterbuch, Neumünster 1931, Bd. III, Sp. 447) eine kleinere Rinne im Watt. Die Leye verläuft genau auf der alten Grenze zwischen Nordmarsch und Langeneß, liegt als solche also tiefer.

## 4. Zeittafel

| | |
|---|---|
| 16. 1. 1362 | Die Marcellusflut bricht in Alt-Nordstrand ein, Untergang des Ortes Rungholt. |
| 11. 10. 1634 | Zweite Mandränke zerstört Alt-Nordstrand; Nordstrand und Pellworm sowie Nordstrandischmoor und ehemalige Vorländereien bleiben als Reste bestehen. |
| 24./25. 12. 1717 | Weihnachtsflut. |
| 1804–1807 | Vermessung der nordfriesischen Halligen. |
| 3./4. 2. 1825 | „Halligflut". Norderoog wird von nun an nicht mehr ganzjährig bewohnt. Die Halligschutzfrage — für oder gegen Schutzmaßnahmen — wird jahrzehntelang beraten und von der dänischen Landgewinnungskommission geprüft. |
| 1864–1866 | Übergang von der dänischen zur preußisch-deutschen Verwaltung. Die Halligschutzfrage wird von der Kommission für Schleswig-Holsteinische Wasserbauangelegenheiten weiter behandelt. Dr. Eugen Träger schaltet sich in die Erörterung über die Halligschutzfrage ein. |
| 1874–1875 | Bau des Verbindungsdammes Festland—Hamburger Hallig als Versuchsanlage. |
| 9. 4. 1878 | Die Hamburger Hallig geht in das Eigentum des Preußischen Staates über. |
| 1880–1883 | Sicherung des Westufers der Hamburger Hallig durch ein Steindeckwerk. |
| 1. 10. 1882 | Bildung der Wasserbauinspektionen Husum und Rendsburg, letztere u. a. für den Dithmarscher Küstenbereich. — Amtsbl. S. 433–434. |
| 1891–1894 | Sturmflutserie mit schweren Schäden und starken Landverlusten. |
| 1894 | Der Halligschutzplan wird verbindliche Richtlinie für die Halligschutzarbeiten. |
| 1896–1899 | Bau der Verbindungsdämme Festland—Oland und Oland—Langeneß. |
| 1898 | Einrichtung des Domänenrent- und Bauamtes in Husum. Beginn der systematischen Landgewinnungsarbeiten. |
| 1902 | Einrichtung des Leuchtturmes Nordmarsch/Langeneß. |
| 1906 | Bau des Verbindungsdammes Festland—Pohnshallig—Nordstrand. — Die Leuchttürme Westerheversand und Pellworm werden in Betrieb genommen. |
| 6. 5. 1909 | Der „Verein Jordsand zur Begründung von Vogelfreistätten an deutschen Küsten e. V." wird Eigentümer von Norderoog. |
| 1910 | Professor Friedrich Müller übergibt das Manuskript des I. Teils „Die Halligen" des zweibändigen Quellenwerkes: Das Wasserwesen an der schleswig-holsteinischen Nordseeküste (hrsg. 1917). |
| 1911–1914 | Bau des Sommerdeiches und des Uferdeckwerkes auf Hooge. |
| 1914–1918 | Erster Weltkrieg. Alle Halligschutzarbeiten ruhen. |
| 16. 2. 1916 | Schwere Sturmflut. |
| 1919–1923 | Inflation. |
| 1920–1924 | Andeichung der Pohnshallig an Nordstrand: Pohnshalligkoog. |
| 1921 | Jordsand kommt infolge Grenzverlegung zu Dänemark. |
| 1. 4. 1921 | Staatsvertrag betreffend Übergang der Wasserstraßen von den Ländern auf das Reich. — RGBl. S. 962–980. |

| | |
|---|---|
| 1923 | Der Trischenkoog (78 ha) ist bedeicht. — Hermann Newton Paulsen eröffnet das internationale Ferienlager auf Süderoog und macht dieses zur „Hallig der Jungs". |
| 1927 | Großeindeichung des nordfriesischen Wattenmeeres vorgeschlagen: Dix-Plan. |
| Dez. 1928 – 23. 3. 1929 | Eiswinter. Beginn des Luftverkehrs für die Halligen. |
| 16. 4. 1930 | Die Hamburger Hallig wird Vogelschutzgebiet. — Amtsbl. S. 158. |
| 22. 8. 1931 | Polizeiverordnung zum Schutz der Meeresufer und der Küstenschiffahrt. — Amtsbl. S. 271–275. |
| 1931 u. 1932 | Erste und Zweite Denkschrift des Marschenverbandes mit Vorschlägen für Küstenschutz, -forschung und Halligschutz. |
| 1932 | Fertigstellung des Ijsselmeer-Dammes in den Niederlanden, der 370 000 ha von der Nordsee abriegelt. |
| 1933–1935 | Andeichung des Franzosensandes: Dieksander Koog. |
| 1934–1935 | Gründung der Forschungsstellen Westküste in Büsum und Husum. — Bau des Verbindungsdammes Festland–Nordstrandischmoor. — Der Nordstrander Damm wird zum hochwasserfreien Straßendamm erweitert. — Andeichung der Finkhaus- und Padelackhallig: Finkhaushalligkoog. |
| 22. 6. 1936 | Gründung der Marschenbauämter Husum und Heide. Das Wasserbauamt Tönning übernimmt die Aufgaben der Schiffahrt an der Westküste zwischen der dänisch-deutschen Grenze und der Elbmündung. — Amtsbl. S. 208–209 u. S. 253. |
| 18. u. 27. 10. 1936, 24. 11. 1938 | Schwere Sturmfluten. |
| 1937 | Bau des „Schafberges" südlich des Dammes nach der Hamburger Hallig. |
| 1938 | Andeichung der Norder-, Buphever- und der Langelandhallig (Bupheverkoog) als erster Bauabschnitt des geplanten Verbindungsdammes zum Festland. — Auf Hooge Wege- und Brückenbau, Landaufteilung nach Ablösung der Allmende. |
| 22. 3. 1939 | Das Wasserbauamt Tönning wird umbenannt in Wasserstraßenamt. — Amtsbl. S. 107. |
| 1. 7. 1939 | Norderoog wird Naturschutzgebiet. — Amtsbl. S. 208. |
| 1. 9. 1939 – 8. 5. 1945 | Zweiter Weltkrieg. Alle Halligschutzarbeiten ruhen. |
| 21. 5. 1941 | Dem Wasserstraßenamt Tönning werden u. a. die Strandämter Bredstedt, Pellworm, Nordstrand, Meldorf, Marne unterstellt. |
| 17. 5. 1943 | Polizeiverordnung zum Schutze der Küstengewässer und des Meeresstrandes. — Amtsbl. S. 67–69. |
| 15. 11. 1943 | Der Trischenkoog muß aufgegeben werden. |
| 20. 6. 1948 | Währungsreform. |
| 16. 2. 1951 | Gründung der Vereinigung Deutscher Gewässerschutz e. V. (VDG). |
| 31. 1.–1. 2. 1953 | Holland-Sturmflut, rund 1800 Todesopfer. Danach Abriegelung des Rhein-Mündungsgebietes nach dem Deltaplan. |
| 1953 | Programm Nord gegründet, um Landentwicklung zu fördern. |

| | |
|---|---|
| 1954 | Fernwasserleitung vom Wasserwerk Dreiharden bei Leck nach Oland und Langeneß verlegt. Ebenfalls Anschluß an das Stromnetz der SCHLESWAG hergestellt. |
| | Geplante Bedeichung der Groninger Watten (Niederlande): Rottumeroog — Schiermonnikoog — Lauwerzee, 33 000 ha. |
| 1. 4. 1956 | Halliggutachten des Küstenausschusses Nord- und Ostsee. |
| Jan. 1957 | Der „Verein Naturschutzpark e. V." veranstaltet Werbeabend in Kiel. |
| 1957 | Land Schleswig-Holstein kauft Südfall. — Der erste Schutzraum wird in das „Neue Haus" auf Süderoog eingebaut. |
| 27. 7. 1957 | Wasserhaushaltsgesetz (WHG). — BGBl. I S. 1110—1120. |
| 1958 | Denkmalschutzgesetz SH. |
| 21. 1. 1959 | Südfall wird Naturschutzgebiet. — GVOBl. SH S. 1. |
| 28. 10. 1959 | Trischen wird Naturschutzgebiet. — GVOBl. SH S. 206. — Bestandsaufnahme der Halligwarfen. |
| 25. 2. 1960 | Landeswassergesetz (LWG). — GVOBl. SH S. 327. |
| 1961 | Beginn der Halligsanierung im Rahmen des Programms Nord: Erhöhung der Warfen, Abflachung der Warfböschungen, Gebäudesanierung, Bau von Schutzräumen, Wegen, Brücken. |
| 5. 7. 1961 | Landesplanungsgesetz (LaplaG). — GVOBl. SH S. 119. |
| 1961—1969 | Bedeichung der Lauwerzee-Bucht im Norden der Niederlande (9000 ha). |
| 16./17. 2. 1962 | Sehr schwere Sturmflut mit Schäden an fast allen Halligwarfen und -gebäuden. |
| 1962 | Gründung der Naturschutzgesellschaft Schutzstation Wattenmeer. |
| 1963 | Eiswinter. |
| 20. 12. 1963 | Generalplan Deichverstärkung, Deichverkürzung und Küstenschutz in Schleswig-Holstein. |
| 1964 | Fernwasserleitung von Frörup bei Flensburg über die Hamburger Hallig nach Pellworm. |
| 8. 4. 1965 | Gründung der holländischen „Arbeitsgruppe Wattenmeer" durch Wissenschaftler der dortigen Naturschutzorganisationen und der Königl.-Niederländischen Akademie für Natur- und Geisteswissenschaften. — Der Ministerausschuß des Europarates empfiehlt die Annahme der Europäischen Wasser-Charta. |
| 10. 4. 1967 | Raumordnungsprogramm für das Land Schleswig-Holstein. — Amtsbl. SH S. 151. |
| 12. 1967 | Der Fremdenverkehrsverband Schleswig-Holstein nimmt seine Arbeit auf. |
| 25. 3. 1968 | Nordfriesische Außensande unter Naturschutz gestellt. — Fernwasserversorgung über Pellworm nach Hooge. |
| 4. 1969 | Wattenplan Dänemark: Dammbau von Röm—Manö—Fanö bis Esbjerg. |
| 16. 5. 1969 | Landesraumordnungsplan, Neufassung. Amtsbl. SH S. 315—335. |
| 11. 6. 1969 | Zeltplatzverordnung. |
| 29. 10. 1969 | Regierungserklärung der Bundesregierung, hier: Umweltschutz. |
| 1. 12. 1969 | Resolution der Internationalen Union für Naturschutz (IUCN) über Begriffsbestimmung für Nationalparke. |
| 3. 1970 | Land Schleswig-Holstein kauft Süderoog. |

| | |
|---|---|
| 23. 7. 1970 | Errichtung des Landesamtes für Wasserhaushalt und Küsten Schleswig-Holstein als Landesoberbehörde. — GVOBl. SH S. 212. |
| 15. 1. 1971 | Generalplan Abwasser und Gewässerschutz in Schleswig-Holstein. |
| 20. 1.—3. 2. 1971 | Internationale Konferenz (IUCN, IRV u. IRWB) über Feuchtgebiete, insbesondere als Lebensräume für Wat- und Wasservögel, in Ramsar (Iran). |
| 22. 2. 1971 | Einstweilige Sicherstellung der Watten und Sände im Bereich des Nordfriesischen Wattenmeeres und der Halligen. — Amtsbl. SH S. 55. |
| 13. 4. 1971 | Gesetz über die Landesplanung. — GVOBl. SH S. 152. |
| 17. 6. 1971 | Landeswassergesetz (LWG). — GVOBl. SH S. 327. |
| 14. 10. 1971 | Verabschiedung des Umweltprogrammes der Bundesregierung. — Bundestags-Drucksache VI/2710. |
| 30. 5. 1972 | Deutscher Naturschutztag in Husum. |
| 6. 1972 | UNO-Umweltkonferenz in Stockholm. |
| 8. 6. 1972 | Der Kreistag Nordfriesland lehnt Nationalpark Nordfriesisches Wattenmeer ab und gibt dem Naturschutz den Vorzug. — Abfallbeseitigungsgesetz des Bundes. |
| 1972 | Tiertragödie der Hallig Süderoog. |
| 24. 7. 1972 | Tierschutzgesetz. |
| 13. 1. 1973 | Gründung der „Schutzgemeinschaft Nordseeküste e. V." in Cuxhaven mit der Aufgabe, die Nordseeküste, insbesondere das Wattenmeer, als eine Erholungslandschaft von überregionaler Bedeutung zu schützen. |
| 24. 2. 1973 | Ämter für Land- und Wasserwirtschaft (ALW) in Husum und Heide gegründet. — GVOBl. SH S. 67—71. — Hooge ist als Erholungsort anerkannt. |
| 16. 4. 1973 | Gesetz für Naturschutz und Landschaftspflege (LPflegG). — GVOBl. SH S. 122. |
| 25. 4. 1973 | Zweite Änderung des Landesraumordnungsplanes. „Fremdenverkehr, Erholung". — Amtsbl. SH S. 345—349. |
| 1. 5. 1973 | Gründung des Landesamtes für Naturschutz und Landschaftspflege Schleswig-Holstein. |
| 5. 1973 | Generalplan Wassergewinnung und Wasserversorgung in Schleswig-Holstein. |
| 26. 11. 1973 | Landesgesetz zur Ausführung des Abfallbeseitigungsgesetzes. — GVOBl. SH S. 407. |
| 6. 11.— 17. 12. 1973 | Sturmflutserie. |
| 11. 12. 1973 | Gesetz über Grundsätze zur Entwicklung des Landes. — GVOBl. S. 426. |
| 22. 1. 1974 | Naturschutzverordnung „Nordfriesisches Wattenmeer". — GVOBl. SH S. 44. — Generalplan Abfallbeseitigung in Schleswig-Holstein. |
| 8. 3. 1974 | Landesküstenverordnung. — GVOBl. S. 86—87. |
| 1974 | Kreisentwicklungsplan NF. |
| 22. 4. 1974 | Regionalplan für den Planungsraum V bis 1985; betrifft u. a. Nordfriesland und enthält die „Kleine Lösung" für die Nordstrander Bucht. — Amtsbl. SH S. 529—584. |
| 13. 5. 1974 | Landesplanungsgesetz. — GVOBl. S. 128. |

| | |
|---|---|
| 15. 11. 1974 | Raumordnungsbericht der Landesregierung SH. – Drucksache 7/1151. |
| 9. 12. 1974 | Katastrophenschutzgesetz SH. |
| 1974–1975 | Bestandsregulierung der Silbermöwen auf Trischen und Süderoog. |
| 1975 | Das Landesamt für Wasserhaushalt und Küsten richtet Wasserkontrollstationen im Wattengebiet ein für die Überwachung der Wasserqualität. |
| 3. 1. 1976 | Höchste bisher überhaupt beobachtete Sturmflut im Halligmeer. |
| 31. 3. 1976 | Novelle zum Landesplanungsgesetz von 1971. |
| 5. 1976 | Kabinettsbeschluß der schleswig-holsteinischen Landesregierung, den Plan eines Nationalparks Nordfriesisches Wattenmeer nicht weiter zu verfolgen. |
| 25. 6. 1976 | Ramsar-Konvention wird ratifiziert. |
| 20. 8. 1976 | Gröde ist an das Fernwasserversorgungsnetz und an das Stromnetz des Festlandes angeschlossen. |
| 16. 10. 1976 | Neufassung des Wasserhaushaltsgesetzes. – GVOBl. I S. 3017. |
| 20. 12. 1976 | Bundesnaturschutzgesetz (BNatSchG). |
| 28. 7. 1977 | Süderoog wird Naturschutzgebiet. – GVOBl. SH S. 206. |
| 8. 1977 | Der Internationale Rat für Vogelschutz gibt dem Nordfriesischen Wattenmeer (140 000 ha) den Status eines „Europareservats". |
| 29. 11. 1977 | Fortschreibung des Generalplans Deichverstärkung, Deichverkürzung und Küstenschutz in Schleswig-Holstein vom 20. 12. 1963. |
| 11. 7. 1979 | Neufassung des Landesraumordnungsplanes (LROPl). |
| 7. 5. 1979 | Zweites Gesetz zur Änderung des Landeswassergesetzes. – GVOBl. SH S. 328. |

## Anhang 5. Schriftenverzeichnis

1 Abrahamse, J. u. a., 1977: Wattenmeer. Ein Naturraum der Niederlande, Deutschlands und Dänemarks. – Neumünster.

2 Andersen, H. C., 1916: Über Plantago maritima L. – Physikalks oeconomisk og medico chirurgisk bibliothek København.

3 Andersen, M., 1964: Sudenpflücken auf Buphever. – In: 25 Jahre Bupheverkoog (M. Petersen, Kiel).

4 Andresen, F. H., 1968: Die Trinkwasserleitung durch das nordfriesische Wattenmeer vom Festland nach der Insel Pellworm und der Hallig Hooge. – Wasser u. Boden, S. 139–142.

5 – 1976: Die Sturmflut vom 3. Januar 1976 an der nordfriesischen Küste. – Nordfriesland, H. 35/36, S. 119–132.

6 Andresen, F. H. u. Zühlsdorff, R., 1973: Deichbau und Küstenschutz und Wasserwirtschaft in Nordfriesland im Wandel der Zeit. – Hus. Nachr. v. 20. November.

7 Andresen, H., 1965: Ferien auf der Hallig Habel. – Schl.-Holst., S. 180–181.

8 Andresen, H. G., 1979: Baupflege u. Heimatschutz in Nordfriesland. – Schr. d. Kreisarchivs NF, 3.

9 Andresen, L., 1937: Kulturspuren im Watt bei der Hallig Langeneß-Nordmarsch. – Föhrer Heimatbücher, H. 22.

10 Annutsch, R., 1979: Wasserstandsvorhersage und Sturmflutwarnung. – Der Wetterlotse Nr. 393/394, S. 122.

11 Baedeker, K., 1949, 1963: Schleswig-Holstein und Hamburg, Reisehandbuch. – Hamburg.

12 Bamberger, W., 1972: Maler Nordfrieslands. – Die Heimat, S. 269–276.

13 Bantelmann, A., 1939: Das nordfriesische Wattenmeer, eine Kulturlandschaft der Vergangenheit. – Westküste II, H. 1.

14 – 1960: Forschungsergebnisse der Marschenarchäologie zur Frage der Niveauänderung an der schleswig-holsteinischen Westküste. – Die Küste, S. 45–65.

15 – 1964: Aus der Vorgeschichte des Bupheverkooges. – In: 25 Jahre Bupheverkoog (M. Petersen), Kiel.

16 – 1966/67: Die Landschaftsentwicklung an der schleswig-holsteinischen Westküste. – Die Küste, Jg. 14, Heft 2, und Offa-Bücher, Bd. 21, Neumünster.

17 – 1970: Die Meeresspiegelschwankungen. – Schleswig-Holstein, ein geographisch-landeskundlicher Exkursionsführer. – F. Hirt Verlag, Kiel.

18 – 1975: Die frühgeschichtliche Marschensiedlung beim Elisenhof in Eiderstedt, Bd. 1, Landschaftsgeschichte u. Baubefunde. – Bern, Frankfurt/M.

19 Barschel, U., 1979: Umweltschutz bei qualitätsorientiertem Wachstum. – Schl.-Holst., H. 8, S. 9–10.

20 Becker, F.: Daheim auf Inseln und Halligen. – Flensburg.

21 Becker, W., 1949: Der Pohnshalligkoog – die Zeit der Verpachtung der Koogsländereien. – In: 25 Jahre Pohnshalligkoog 1924–1949. – Husum.

22 Beeck-Spersdiek, H., 1968: Wurten und Warften. – Die Heimat, Jg. 75, H. 6, S. 163–165.

23 Behne, G., 1934: Die Post nach den Halligen. – Die Heimat, Jg. 44, H. 5.

24 Bielfeldt, C., 1953: Aufgaben und Zielsetzungen des Programm Nord. – Informationsdienst der Landesregierung Schleswig-Holstein, Jg. 1.

25 – 1962: Der Umkreis des Programm Nord. – Eine Betrachtung über die benachteiligten Naturräume des Landes Schleswig-Holstein. – Schleswig-Holsteinischer Heimatkalender.

26 – 1968: Die Probleme der Landentwicklung. Dargestellt am Beispiel des Programm Nord in Schleswig-Holstein. – Kulturtechnik und Flurbereinigung, Jg. 9, H. 3.

27 Biernatzki, J. Chr., (1835): Die Hallig oder die Schiffbrüchigen auf dem Eiland in der Nordsee. – Leipzig–Wien.

28 – 1901: Die Halligen. Das Vaterland – Lesebuch für die Nordmarken. – Kiel.

29 Boelke, S. u. Relotius, P. C., 1974: Über die wellenerzeugten Druckschlagbelastungen von Seedeichen zwischen 1:4 und 1:6. – Mitt. Leichweiß-Inst. Braunschweig, H. 42, S. 357–388.

30 Boetius, M., 1931–1933: Denkwürdigkeiten von Sturmfluten, welche Nordstrand betroffen haben. – Jahrbuch des Nordfriesischen Vereins, Nr. 18/1931, S. 69–98, Nr. 19/1932, S. 74–104, Nr. 20, 1933, S. 94–119.

31 Börsting, H., 1965: Steine reden. Die Kirchen des Mittelalters auf den nordfriesischen Inseln. – München.

32 Borzikowsky, R., 1960: Probleme der Halligen im Kreise Husum. – Zw. Eider u. Wiedau, S. 116–120.

33 – 1963: Betrachtungen über die Sturmflut vom 16./17. Februar 1962. – Zw. Eider u. Wiedau, S. 49–60.

34 – 1965: Der Aufbau der Halligen. – In: 20 Beiträge auf Gemeinschaftskurs im Programm Nord, Kiel.

35 – 1975: Halligen in Gefahr. – NF-Chronik 1974/75.

36 Bothmann, W., 1941: Die Bedeutung der Landgewinnungsarbeiten für den Küstenschutz an der Nordsee. – Landwirtschaftlicher Wasserbau, H. 6–8.

37 Boysen, K., 1967: Das Nordstrander Landrecht von 1572. – Neumünster.

38 Bracker, H. H., 1978: „Greed"-Grasnarben vor den Deichen. – Nordfriesland 45/46, S. 27–34.

39 Brandt, Erik, 1980: Belastung der Nordsee im schleswig-holsteinischen Küstengebiet. – Vom Wasser, S. 243–254.

40  Brandt, E. R. O., 1901: Sturmflut auf Langeneß. – Hamb. Nachr.

41  Brandt, H., 1937: Die Geschichte der Kirche auf Hallig Hooge. – Selbstverlag.

42  – 1938: Die Hooger Flut 1825. – Die Heimat, H. 2.

43  – 1938: Warftenbau vor 100 Jahren. – Die Heimat, H. 1.

44  – 1938: Freud und Leid im Halligbrauchtum. – Die Heimat, Jg. 48, H. 1.

45  – 1938: Von alten Flächenmaßen auf der Hallig. – Die Heimat, S. 116–117.

46  – 1939: Auf den Spuren untergegangener Warften um Hallig Hooge. – Geologie d. Meere u. Binnengewässer, Bd. 3.

47  – 1950: Der Königspesel auf Hooge.

48  – 1950: Letzte Spuren der Fedder-Bandix-Warft. Untergegangen am 3.–4. Februar 1825. – Die Heimat, S. 37–39.

49  – 1951: Die Bockmühle auf Hallig Hooge. – Die Heimat, S. 284–285.

50  – 1954: Dr. Samuel Friedrich Koch, der Halligpastor. – Die Heimat, S. 259–262.

51  – 1955: Hallig Hooge vor dem Umlegungsverfahren. – Nordelbingen, Bd. 23.

52  – 1957: Festegüter in der Halligwelt. – Die Heimat, S. 294–297.

53  – 1957: Erste Telegraphenstation auf Hallig Hooge. – Die Heimat, S. 231–233.

54  – 1962: Wenn der Himmel keinen Regen spendet. – Trinkwasserverhältnisse auf den Halligen. – Die Heimat, S. 21–23.

55  – 1966: Rätsel um das Landessiegel der Hallig Hooge. – Die Heimat, S. 9–10.

56  – 1969: Ein Nordfriese griff ins Rad der Weltgeschichte. Dichtung und Wahrheit um den Hooger Kapitän Haye Lorenzen. – Die Heimat, S. 364/366.

57  – 1971: Das Haus der Metje Swers auf Hooge. – Die Heimat, S. 190–191.

58  – 1975: Jens Wandt – Konig von Norderoog. – Hus. Nachr. v. 5. Juni.

59  Bressau, S. u. Schmidt, R., 1979: Ergebnisse einer Auswertung von Bohrungen zur Frage der Sandbewegung an der Westküste Schleswig-Holsteins. – In: Sandbewegung im Küstenraum, Boppard, S. 64–79.

60  Brinkmann, G., 1961: Die Grünen Augen der Nordsee. – Marian, 14. Jg., H. 3, S. 58–63.

61  Brockmann, Chr., 1937: Küstennahe und küstenferne Sedimente in der Nordsee. – Naturwiss. Ver. Bremen XXX, 1/2.

62  Brockmann, Chr., 1950: Die Watt-Diatomeen der schleswig-holsteinischen Westküste. – Senckenberg'sche Naturforschungs-Ges., Nr. 478.

63  Bülow, K. v., 1964: Geologie für Jedermann. – Kosmos-Ges. d. Naturfreunde, Stuttgart.

64  Büsching, F., 1974: Über Orbitalgeschwindigkeiten irregulärer Brandungswellen. – Mitt. Leichtweiß-Inst. Braunschweig, H. 42, S. 1–256.

65  – 1979: Anomale Dispersion zur Darstellung der küstennahen Wellenverformung. – Die Küste, H. 34, S. 159–183.

66  Bundesminister für Bildung und Wissenschaft, 1971: Untersuchungsprogramm zur Küstenforschung. – Schriftenreihe Meeresforschung 1, 30 S.

67  Bundesregierung 1972: Das Umweltprogramm der Bundesregierung. – Stuttgart, Berlin, Köln, Mainz.

68  Busch, A., 1934: Ein Sturmfluterlebnis am 16. Februar 1916. (Bericht des Zimmermanns Boy Reinhold, Nordstrand-Süden). – Die Heimat, S. 285–287.

69  – 1936: Neue Gesichtspunkte zur Kartographie des mittelalterlichen Nordfriesland. – JbNfV., H. 23, S. 11–71.

70  – 1937: Bilder von und nach den Sturmfluten von Oktober 1936. – Die Heimat, S. 1–10.

71  – 1957: Die heutige Hallig Südfall und die letzten Spuren Rungholts. – Die Heimat, S. 212–216.

72  – 1962: Liliencrons Dichtung und die Rungholtforschung. – Die Heimat, S. 4–8.

73  – 1963: Das Südfallgebiet um 1633 (nach Berentz), darin eingetragen Ergebnisse der Rungholtforschung. – Die Heimat, S. 209.

198

74 – 1971: 50 Jahre Rungholtforschung. – Die Heimat, S. 153–160.

75 Busch, G., 1977: Gänse im Westen Schleswig-Holsteins. – Die Heimat, S. 340–349.

76 Busch, R. u. a., 1977: Aus dem Nachlaß von Andreas Busch. – Husum.

77 Carstens, G., 1962/63: Sturmflut und Küstenschutz. – Nordfries. Inst., Bd. 8.

78 Carstensen, Hans, 1970: Das Europäische Naturschutzjahr. – SH, S. 73.

79 – 1975/76: Tore zu den Inseln und Halligen. – Die Bedeutung der Häfen im Kreis Nordfriesland. – NF-Chronik 1975/76.

80 – 1977: 2. Halligsanierungsprogramm kostet 8,5 Millionen DM. – Hus. Nachr. v. 6. Januar.

81 – 1977: Halligsanierung. Aufgabe der Gemeinschaft. – Hus. Nachr. v. 22. Januar.

82 – 1977: Norderoog darf wieder hoffen. – NF-Chronik 1977/78, S. 37–41.

83 Christiansen, W., 1926: Die Flora der Halligen. – Schr. d. Naturw. Ver. f. SH.

84 – 1927: Die Außendeichsvegetation von Schleswig-Holstein mit besonderer Berücksichtigung von Föhr. – In: 25 Jahre Friesen-Museum auf Föhr. – Wyk, S. 26–52.

85 – 1957: Wir brauchen Naturschutzparke. – Die Heimat, S. 78 (1. die Halligen).

86 – 1962: Häberlin u. Lobsien – zwei Gräber in Nordfriesland. – Die Heimat, S. 313, 361.

87 Coltzau. J., 1974: 50 Jahre Pohnshalligkoog 1924–1974. – Husum.

88 Cordes, F., 1970–1972: Eiderdamm Hundeknöll – Vollerwiek. – Die Bautechnik, 1970, H. 11 u. 12; 1971, H. 9, 10 u. 11; 1972, H. 7 u. 8.

89 – 1972: Eiderdamm. – Natur und Technik. – Hamburg.

90 Dechend, W., 1950: Sedimentpetrologische Untersuchungen zur Frage der Sandumlagerungen im Watt Nordfrieslands. – DHZ 3, H. 5/6, S. 294–303.

91 Dekker, P., 1971: Drei Hooger Kommandeure auf holländischer Walfangfahrt im 18. Jhdt. – SH, S. 127–130.

92 Delff, Chr., 1924: Krabben und Muscheln an unseren heimischen Küsten. Ein Hinweis auf ihre volkswirtschaftliche Bedeutung. – JbNfV, 11, S. 79–82.

93 – 1933: Woher stammt der auflandende Boden im Wattenmeer? – JbNfV, H. 20, S. 120–122.

94 – Nordfriesland. Werden und Vergehen. – Nordelbingen, Bd. 10, Teil 1/2.

95 – 1934: Aus Nordfrieslands Watt und Marsch. – JbNfV, 21, S. 153–162.

96 – 1936: Gestaltwandel der nordfriesischen Marsch u. seine Bedingungen. – JbNfV, 23, S. 72–87.

97 – 1938: Vom Haushalt des Meeres. – JbNfV, 25, S. 62–66.

98 – 1938: Fata morgana an unserer Küste. – JbNfV, 25, S. 67–68.

99 Demoll, R., 1954: Ketten für Prometheus. – Gegen die Natur oder mit ihr? – München.

100 Dethlefsen, E. A., 1970: Die Hallig Südfall und ihre Bedeutung in unserer Zeit. – Zwischen Eider u. Wiedau, S. 77–80.

101 Dethlefsen, N., 1972: Auf Hallig Oland ruht Wilhelm Lobsien. – Die Heimat, S. 278–279.

102 Deutsche Sektion im Internationalen Rat für Vogelschutz DS–IRV, 1973: Wattenmeer – Nationalpark schon 1974 Wirklichkeit? – Die Heimat, S. 206.

103 Deutsche Gesellschaft zur Rettung Schiffbrüchiger, 1979: Jahrbuch- und Tätigkeitsbericht 1978. – Bremen, S. 12 u. 16–19.

104 Deutsches Gewässerkundliches Jahrbuch – Küstengebiet der Nord- u. Ostsee 1940 ff., Kiel.

105 Deutsches Hydrographisches Institut 1962 u. 1976: Hoch- u. Niedrigwasserzeiten für die Deutsche Bucht u. deren Flußgebiete. – Hamburg.

106 – 1975 (1979): Nordsee-Handbuch, Östlicher Teil. – Hamburg.

107 Dietrich, F., 1908: Die Vogelwelt der deutschen Küsten u. die Bestrebungen des Vereins Jordsand zur Schaffung von Vogelfreistätten. – Die Heimat, S. 16–22 u. 38–43.

108 – 1909: Bericht über die Generalversammlung des Vereins Jordsand auf Jordsand. – Die Heimat, S. 43–46 u. 68–71.

109 – 1911: Bericht über die Brutergebnisse des Jahres 1910 auf Jordsand, Ellenbogen, Norderoog u. a. m. – Orn. Monatsschrift XXXVI, Nr. 1.

110 Dietz, C., 1953: Erläuterungen zu den Blättern Bredstedt u. Ockholm mit einem bodenkundlichen Beitrag von H. E. Stremme. – Kiel.

111 DIN 4047, Landwirtschaftlicher Wasserbau, Begriffe, Blatt 2: Hochwasserschutz, Küstenschutz, Schöpfwerke, 1973.

112 – Blatt 3: Boden, 1971.

113 DIN 4049, Gewässerkunde, Fachausdrücke und Begriffsbestimmungen, Teil I: quantitativ, 1979.

114 – Teil II: qualitativ, 1979.

115 Dircksen, R., 1932: Die Biologie des Austernfischers, der Brandseeschwalbe und der Küstenseeschwalbe nach den Beobachtungen und Untersuchungen auf Norderoog. – Journal f. Ornithologen, Jg. 80.

116 – 1932: Die Lachseeschwalbe 1931. Brutvogel auf Norderoog. – Orn. Mbr. 40, S. 133–136.

117 – 1938: Die Insel der Vögel. – Essen, Gütersloh.

118 – 1959: Das Wattenmeer. Landschaft ewigen Wandels. 4. Aufl. – München.

119 – 1961: Vogelhallig Norderoog. – Merian „Nordfriesische Inseln".

120 – 1968: Die Brutvögel der Vogelfreistätte Trischen im Jahre 1966. – Natur u. Heimat, Bd. 28, H. 3.

121 – 1968: Die wichtigsten Pflanzengesellschaften der Insel Trischen. – Natur u. Heimat, Bd. 28, H. 4.

122 Dittmer, E., 1939: Zur Verbreitung altinterglazialer Meeresablagerungen in Nordfriesland. – Westküste 2, H. 1, S. 123–127.

123 – 1953: Zur Geologie u. Bedeichungsgeschichte der Finkhaushallig. – Die Küste, H. 1.

124 – 1954: Zur Geschichte der Landschaft und der Warften Nordfrieslands. – Jaarverslag Vereenig. Terpenderzoek, Groningen.

125 – 1954: Der Mensch als geologischer Faktor. – Eiszeitalter u. Gegenwart, H. 4/5.

126 – 1956: Die Versalzung des Grundwassers an der schleswig-holsteinischen Westküste. – Die Küste, Jg. 5.

127 – 1960: Neue Beobachtungen u. kritische Bemerkungen zur Frage der Küstensenkung. – Die Küste, H. 8.

128 – 1961: Zur Siedlungs- und Bedeichungsgeschichte Nordfrieslands. – Grenzfriedensheft Nr. 2 (Ausgabe A/3B 3340 F), S. 67–73.

129 Dolata, L. F. u. Engel, M., 1979: Sturmflutvorhersagen mit mathematisch-physikalischen Modellen. – Die Küste, H. 34, S. 203–225.

130 Dolezal, R., 1952: Grundkarten der Wattaufnahme an der Westküste Schleswig-Holsteins. – Allgem. Vermessungsnachr. Nr. 11.

131 – 1960: Untersuchungen über die Standfestigkeit von Rohrfestpunkten im Küstengebiet. – In: Gronwald, W., S. 38–47.

132 – 1966: Das Luftbild im Dienste wasserwirtschaftlicher Maßnahmen. – Deutsche Gewässerkundl. Mitt. Jg. 10, H. 6.

133 – 1972: Photogrammetrie der Westküste Schleswig-Holsteins. – Die Küste, H. 22, S. 1–28.

134 Domzig, H., 1955: Wellendruck u. druckerzeugender Seegang. – Mitt. Franzius-Inst. Hannover, H. 8.

135 Eigner, J. u. Rüger, A., 1976: Zur Frage der Kriterien für die Ausweisung von Naturschutzgebieten in Schleswig-Holstein. – Die Heimat, S. 209–214.

136 Eckert, G., 1974: Nordfriesische Inseln und Küstenbadeorte. – Umschauverlag.

137 Eltzdorf, E., 1913: Die Kirche auf Hallig Hooge. – Kiel.

138 Emeis, W., 1929: Die Vogelfreistätte Jordsand unter dänischer Oberhoheit. – Die Heimat, S. 280–281.

139 Engel, H., 1963: Über die Landgewinnung im Wattengebiet. – Mitt. d. Franzius-Inst., Hannover, H. 22.

140 Engelbrecht-Greve, E., 1979: Naturschutz in Schleswig-Holstein. – SH, S. 4–6.

141 Engler, M., u. Kruse, J., 1978: Landschaften in Schleswig-Holstein. – Neumünster, S. 13 u. Bild 190–193, 198.

142 Erchinger, H. F., 1976: Deichschutzwerke. – Seedeichbau, Theorie u. Praxis; Hamburg, S. 485–493.

143 Erfurt, H. J., 1963: Die Vogelhallig Norderoog in Atlasbildern. – Abh. u. Verh. Naturwiss. Ver. Hamburg, Bd. VII.

144 Erz, W., 1970: Was heißt heute Naturschutz? Zum Europäischen Naturschutzjahr 1970. – Nordfriesland, H. 13/14, S. 52–58.

145 – 1972: Nationalpark Wattenmeer. – Hamburg, Berlin.

146 – 1975: Eine Lanze für den Nationalpark. – NF-Chronik 1974/75.

147 Feddersen, B. H., 1973: Das Notgeld nordfriesischer Gemeinden in den Jahren 1917 bis 1923. – Nordfriesland, H. 27, Beilage.

148 Fiedler, W., 1972: Nationalpark in Nordfriesland geplant. – Die Heimat, S. 252–257.

149 – 1974: Nationalpark Nordfriesisches Wattenmeer u. Halligen. – Natur u. Landschaft, H. 47.

150 Fink, H. H., 1970: Der Finkhaushalligkoog. – Zw. Eider u. Wiedau.

151 Fischer, F. u. Bantelmann, A., 1977/78: Alt-Nordstrand um 1634. – ZSHG 102/103, S. 97–110.

152 Fiß, H. J., (1979): Strom für Inseln und Halligen. – Schr. d. SCHLESWAG, H. 2, 3. Aufl., Rendsburg.

153 Flügel, H., 1965: Seezeichen an der schleswig-holsteinischen Westküste. – Zw. Eider u. Wiedau, S. 60–70.

154 Franke, E., 1976: Die Standsicherheit der Böschungsabdeckung von Seedeichen. – Die Küste, H. 29, S. 8–22.

155 Franzius, L., 1965: Wirkung u. Wirtschaftlichkeit von Rauhdeckwerken im Hinblick auf den Wellenauflauf. – In: Mitt. Franzius-Inst. Hannover, H. 25.

156 Franzius, O., 1932: Landgewinnung u. Küstenströmung. – In: Zweite Denkschr. d. Marschenverbandes Schl.-Holst. Husum, S. 19–21.

157 Frenssen, G., 1905: Hilligenlei. – Berlin.

158 Friedrich, G., 1951: Hallig Hooge. – Wyk.

159 Fröbe, A., 1962: Inhalt u. Leistung des Programm Nord, 1953–62. – In: Landentwicklung als gesellschaftl. Aufgabe Programm Nord, Hannover, S. 111–113.

160 – 1965: Das Programm Nord nach 10 Baujahren. – In: Gemeinschaftskurs im Programm Nord, Kiel.

161 – 1970: Bericht über den Stand des Programm Nord u. über die Wirkung der bisherigen Wirkungen. – Zw. Eider u. Wiedau.

162 Führböter, A., 1966: Der Druckschlag durch Brecher auf Deichböschungen. – Mitt. Franzius-Inst. Hannover, H. 28.

163 – 1967: Zur Mechanik der Strömungsriffel. Ein Ansatz zur Berechnung der Höhe der Transportkörper und ihres Einflusses auf den Feststofftransport. – Mitt. Franzius-Inst. Hannover, H. 29, 35 S.

164 – 1974: Küstenschutz auf neuen Wegen. – VDI-Zeitung 116, Nr. 8.

165 – 1974: Eine Bemerkung über den Gischtwasseranteil in der Luft auf die Windbelastung von Seebauten. – Mitt. Leichtweiß-Inst. Braunschweig, H. 40.

166 – 1974: Einige Ergebnisse aus Naturversuchen in Brandungszonen. – Mitt. Leichtweiß-Inst. Braunschweig, H. 40.

167 – 1976: Äußere Belastung d. Seedeiche. – In: Seedeichbau, Theorie u. Praxis – Hamburg, S. 14–79.

168 – 1976: Über zeitliche Änderungen der Wahrscheinlichkeit von Extremsturmfluten an der deutschen Nordseeküste. – Mitt. Leichtweiß-Inst. Braunschweig, H. 51.

169 – 1979: Sandbewegung im Küstenraum. Rückschau, Ergebnisse, Ausblick. – Boppard, DFG-Forschungsbericht.

170 Genscher, H.-D., 1972: Umweltpolitik in der Bundesrepublik Deutschland. – Stuttgart. Berlin. Köln. Mainz.

171 Gessner, F., 1957: Meer u. Strand. – VEB Deutscher Verlag d. Wissensch. Berlin.

172 Gieseler, K.-E., Hänsch, W., Kornagel, M., 1980: Aufnahme der Ringelgans (Branta bernicla bernicla). Schäden auf den Halligen im Mai 1979. – Die Heimat, S. 30–35.

173 Göhren, H., 1968: Triftströmungen im Wattenmeer. – Mitt. Franzius-Inst. Hannover, H. 30.

174 Göhren, H. u. Laucht, H., 1979: Geräteentwicklung und Naturmessungen zur Erforschung des Materialtransportes im Wattenmeer. – In: Sandbewegung im Küstenraum, Boppard, S. 112–122.

175 Gökcesu, S. M. u. Kaldenhoff, H., 1979: Bemessungskriterien für Deiche bei Berücksichtigung von Wellenspektren. – Die Küste, H. 34, S. 21–28.

176 Golinski, E., 1963: Ein Besuch auf Hallig Gröde. – SH, S. 206–207.

177 Gottschalk, F., 1954: Der heutige Stand der Bienenzucht und ihre Bedeutung für die Land- und Volkswirtschaft. – Die Heimat, S. 105–108.

178 Graeser, K., 1966: Uferschutzarbeiten auf Norderoog im Sommer 1964 u. Sommer 1965. – Jordsand-Mitt. H. 1/2, S. 20–24.

179 Freier, R. v., 1979: Eingriffe in die Landschaft und ihr Ausgleich. – AFZ, S. 930–931.

180 Grieben, 1978: Reiseführer Schleswig-Holstein West. Bd. 237, München.

181 Grimm, H., 1935: Der Dammbau Festland-Nordstrand. – Die Heimat, H. 7.

182 Gripp, K., 1964: Erdgeschichte Schleswig-Holsteins. – Neumünster.

183 Gripp, K. u. Dittmer, E., 1941: Die Entstehung Nordfrieslands. – Die Naturwissenschaft., H. 30, Berlin.

184 Gronwald, W., 1960: Welche Erkenntnisse zur Frage der vermuteten neuzeitlichen Nordseeküstensenkung hat die Wiederholung des deutschen Nordseeküsten-Nivellements gebracht? – Die Küste, S. 66–82.

185 – 1960: Die Wiederholung des deutschen Nordseeküsten-Nivellements in den Jahren 1949–1955 (1959) u. der Vergleich mit der ersten Messung in den Jahren 1928–1931 (1937). – Hannover.

186 Grube, F. u. Richter, G., 1979: Die deutsche Küste. – Frankfurt/M.

187 Grund, E., 1940: Dr. Eugen Traeger – ein Vorkämpfer für die Erhaltung der Halligen. – Westküste, Jg. 2, H. 2/3, S. 182–186.

188 Grzimek, B., 1971: Internationale Kriterien für einen Nationalpark Nordfriesisches Wattenmeer. – Natur u. Landschaft Jg. 46.

189 – 1971: Ankauf der Hallig Süderoog als Naturschutzinsel. – Die Heimat, S. 60.

190 Gutachten des Erdbaulaboratoriums Dr.-Ing. Karl Steinfeld in Hamburg-Altona, „Warftabflachung Halligen, Wechselwirkung zwischen Warfterhöhung bzw. -abflachung und Bauwerken" vom 23. 6. 1964.

191 Gutachten der Landesvereinigung für Milchwirtschaft über „Die Milchverwertung auf den Halligen".

192 Gutachten über die Möglichkeiten zur Verbesserung der landwirtschaftlichen Verhältnisse auf den Halligen von Diplomlandwirt Hans Peter Hadenfeldt, Juni 1960.

193 Haak, Gertrud, 1978: Hubert Koch. Ein Fotograf der Halligen. – SH, H. 7, S. 9/10.

194 Haar, U. de, 1974: Beitrag zur Frage der wissenschaftssystematischen Einordnung und Gliederung der Wasserforschung. – Beiträge zur Hydrologie, H. 2, S. 85–150.

195 Haas, H., 1914: Die Friesischen Inseln und die Halligen. – In: H. Krumm u. Fr. Stoltenberg (Hrsg.) Unsere meerumschlungene Nordmark. – Das Land. Kiel, S. 154–178.

196 Haberstroh, E. G., 1938: Forschungsarbeiten im dithmarscher Wattenmeer. – Westküste, Jg. 1, H. 2, S. 16–51.

197 Häberlin, C., 1910: Die Halligen. Leipzig.

198 – 1912: Die Halligwohnstätte. – Z. d. Ver. f. Volkskunde, Jg. 22.

199 – 1934: Die nordfriesischen Salzsiedler. – Föhrer Heimatbücher, Nr. 18.

200 – 1949: Die Nordfriesischen Seebäder. – Die Heimat, S. 129–131.

201 Hagel, J., 1962: Sturmfluten. – Kosmos-Bibliothek Stuttgart.

202 Hansen, G., 1884: Die Halligen. – In: Agrarhistorische Abhandlungen, 2 Bd. – Leipzig, S. 372–402.

203 Hansen, H., 1902: Eine Fahrt nach Süderoogsand. – Die Heimat, Jg. 12, H. 7.

204 Hansen, K., 1961: Dreimastbark „Ulfiano". – Schl.-Holst. Heimatkalender.

205. – 1963: Halligpostbote Heinrich Liermann. – Zw. Eider u. Wiedau, S. 27–28.

206 Hansen, N., 1814 (1979): Eine Beschreibung der Hallig Gröde (Veröffentl. v. Jens Lorenzen). – Reprint Nordfriisk-Inst. Bredstedt.

207 Hansen, R., 1902: Eugen Träger. – Die Heimat, S. 49.

208 Hansen, R., 1922: Friedrich Müller. Das Wasserwesen an der schleswig-holsteinischen Nordseeküste. I. Teil, die Halligen. – ZSHG, 51, S. 239.

209 Hansen, W., 1975: Nationalparkidee unausgereift. – NF-Chronik 1974/75.

210 – 1975: Kein Gleichheitsprinzip im Gesundheitsdienst für die Bewohner der nordfriesischen Halligen. – Hus. Nachr. v. 6. Juni.

211 – 1975: Extremer Vogelschutz auf Süderoog führt zu einer Gefährdung der Hallig. – Hus. Nachr. v. 20. August.

212 – 1975: Falsch verstandener Natur- und Landschaftsschutz am Beispiel Süderoog. – Hus. Nachr. v. 22. September.

213 – 1976: Lüttmoors Schritt in die Neuzeit. Nordstrandischmoor erhielt Strom u. Wasser vom Festland. – NF-Chronik 1975/76.

214 – 1976: Sturmflug 1976 – Insel Nordstrand. Hallig Nordstrandischmoor. – Husum.

215 Hart, W. u. Karff, F., 1966: Die Hallig. – Inst. f. Film u. Bild in Wissenschaft u. Unterricht. München.

216 Hartmann, P., 1972: Ein wichtiger Wattfund aus dem „Rungholtwatt". – Die Heimat, S. 339–340.

217 Hassel, K. U. v., 1962: Die Sturmflut vom 16./17. Februar 1962 und ihre Folgen. – Ber. d. Landesreg. Schl. Holst. vor dem Schl.-Holst. Landtag, 12. März.

218 Hassenpflug, W., 1978: Schleswig-Holstein im Satellitenbild. – Die Heimat, S. 141–148 u. 300–317.

219 Hartz, O., 1933: Die Rungholtsage bei den nordfriesischen Chronisten. – JbNfV 20, S. 80–86.

220 – 1934: Heimreichs Nordfresische Chronik quellenkritisch beleuchtet. – JbNfV 21, S. 109–127.

221 Heck, H. L., 1936: Küstensenkungen und Erdgeschichte Nordfrieslands. – JbNfV., 23, S. 1–6.

222 – 1951: Erläuterungen zu den Blättern Wobbenbüll, Hattstedt, Viöl u. Jübeck mit einem bodenkundlichen Beitrag von K. Ihnen, Kiel, 55 S.

223 Hecker, E., 1954: Trischen, ein sterbendes Eiland. – Die Heimat, S. 248–249.

224 Hedemann, H. v., 1929: Vogelzug im Herbst auf Trischen. – Die Heimat, S. 82–85.

225 – 1933: Zur Herbstzeit in Trischen. – Die Heimat, S. 196–199.

226 Heinrich, Chr. u. Jacobs, A., 1962: Landunter – Die Sturmflutkatastrophe auf den Halligen im Februar 1962. – Breklum, 80 S.

227 Hensen, W., 1952: Untersuchungen der Standfestigkeit von Rohrfestpunkten. – Mitt. Franzius-Inst., Hannover, H. 2.

228 – 1954: Modellversuche über den Wellenauflauf an Seedeichen im Wattengebiet. – Franzius-Inst., Hannover, H. 5.

229 – 1955: Modellversuche zur Bestimmung des Einflusses der Form eines Seedeiches auf die Höhe des Wellenauflaufes. – Mitt. Franzius-Inst., Hannover, H. 7.

230 – 1966: Bericht der Arbeitsgruppe „Sturmfluten" im Küstenausschuß Nord- und Ostsee. – Die Küste, Jg. 14, H. 1, S. 63–70.

231 Herrmann, F., 1943: Über den physikalischen und chemischen Aufbau von Marschböden u. Watten verschiedenen Alters. – Westküste, S. 72–119.

232 Heydemann, B. u. Müller-Karch, J., 1980: Biologischer Atlas Schleswig-Holstein. – Neumünster.

233 Higelke, B., 1978: Morphodynamik und Materialbilanz im Küstenvorfeld zwischen Hever und Elbe. Ergebnisse quantitativer Kartenanalysen für die Zeit von 1936 bis 1969. – Regensburg, 167 S.

234 Higelke, B., Hoffmann, D., Kühn, H. J. u. Müller-Wille, M., 1979: Geowissenschaftlich-archäologische Untersuchungen zur Landschafts- und Siedlungsgeschichte von Nordfriesland. Zwischenbericht über ein fachübergreifendes Forschungsvorhaben. – Archäolog. Korrespondenzbl. 9, S. 223–239.

235 Hinrichs, W., 1931: Nordsee, Deiche, Küstenschutz und Landgewinnung. – Husum.

236 – 1949: Die Bedeichung des Pohnshalligkooges. – 25 Jahre Pohnshalligkoog 1925–1949, Husum.

237 Hinrichsen, H., 1906: Die Landverteilung auf den Halligen. – Globus, Bd. X c, Nr. 8.

238 – 1907: Die Herstellung des Brennmaterials auf den Halligen. – Die Heimat, S. 72.

239 – 1911: Uferschutz u. Landgewinnung an der Schleswigschen Westküste in 50 Jahren. – Die Heimat, S. 129, 174.

240 – 1921: Die Flurverfassung einer Werftgenossenschaft auf den Halligen. – Die Heimat, S. 129–135, 151–157.

241 – 1935: Zum Abschluß der Uferbauten (Schutzbauten) auf den Halligen. – Die Heimat, S. 224.

242 – 1935: Veränderungen in der Pflanzenwelt der Halligen. – Die Heimat, S. 229–232.

243 – 1935: Aus dem Fennen- und Meedebuch der Honkenswarf auf Hallig Langeneß. – JbNfV 22, S. 82–93.

244 – 1936: Hallig Langeneß vor 130 Jahren. – Die Heimat, S. 304–310.

245 – 1940: Aus der Vergangenheit der Halliggruppe Langeneß, Oland, Gröde und Habel. – Die Heimat, S. 5–11, 17–22, 37–43.

246 Hingst, Kl. u. Muuß, U., 1978: Landschaftswandel in Schleswig-Holstein. – Neumünster.

247 Höfer, E., 1887: Küstenfahrten an der Nord- und Ostsee. – Stuttgart.

248 Holander, R. K., 1972: Vereinigung zum Schutz des Wattenmeeres in der Bundesrepublik Deutschland. – Informationsschrift d. Schutzstat. Wattenmeer, H. 10.

249 – 1979: Was bedeutet der Landesraumordnungsplan für Nordfriesland? – Nordfriesland, H. 47–49, S. 28–36 u. 102–109.

250 Holdt, J. v., 1962: Jens de Wandt. – Zw. Eider u. Wiedau, S. 116–118.

251 Holdt, H. v., 1973: Hallig Hooge – einst und jetzt, 2. Aufl. Husum.

252 Holtorf, H., 1965: Willy Graba u. die Hallig. – SH, S. 182–183.

253 Horstmann, K., 1970: Ein Beitrag zur Kenntnis der Ichneumonidenfauna der Halligen (Hymenoptera). – Faun.-ökol. Mitt. 3, S. 308–311.

254 Hübner, H., 1949: Verkehr und Post nach den Nordfriesischen Inseln. – Die Heimat, S. 148–152.

255 Hundt, Cl., 1954: Maßgebende Sturmfluthöhen für das Deichbestick der schleswig-holsteinischen Westküste. – Die Küste, S. 96–152.

256 – 1957: Wellenauflauf an Deichen und Deckwerken. – Wasser u. Boden, H. 2.

257 – 1962: Beitrag zur Frage des maßgebenden Sturmflutseeganges vor einem Deich am Watt – Beispiel Büsum. – Die Küste, H. 2.

258 – 1962: Der maßgebende Sturmflutseegang und Wellenauflauf für das Deichbestick der deutschen Nordseeküste aufgrund der Sturmflut vom 16./17. Februar 1962. – Die Küste, H. 2, S. 146–152.

259 – 1968: Sturmflut-Ursachen, Vorhersage, Abwehr. – Dithmarschen, H. 3.

260 Husum Druck- u. Verlagsges. 1976: Die großen Sturmfluten 1962 und 1976 an der schleswig-holsteinischen Westküste. Husum.

261 Ide, W., 1970: Gesundheit durch die Nordsee. – Münsterdorf.

262 Iwersen, J., 1943: Zur bodenkundlichen Kartierung des nordfriesischen Wattgebietes. – Westküste, S. 47–71.

263 Jacoby, G., 1931: Der Inselname Trischen. – Petermanns Mitt. Nr. 77.

264 Janus, H., 1978: Das Watt. – 4. Aufl., Stuttgart.

265 Jakobsen, B. u. a., 1963: Landwindingen i det Sydvestjyske Vadehav. – Folia Geographica Dania, Tom. VIII. No. 1, København.

266 Jannsen, H., 1960: Friesische Heimatabende auf der Hallig Langeneß. – Zw. Eider u. Wiedau, S. 161–162.

267 Jensen, Chr., (1900): Vom Dünenstrand der Nordsee und vom Wattenmeer. – Schleswig (Schriftenverz. für die Uthlande u. Halligen: etwa 200).

268 – 1902: Winterliche Wattfahrten. – Wandern u. Reisen.

269 – 1902: Märchen aus Nordfriesland. – Die Heimat, S. 263.

270 – 1902: Weihnachten auf der Hallig. – Die Heimat, S. 19–22.

271 – (1893) 1927: Die nordfriesischen Inseln Sylt, Föhr, Amrum, Helgoland u. die Halligen vormals und jetzt. – Lübeck, S. 89–113.

272 Jepsen, P. U., 1979: „Jordsand". Vogelinsel im Wattenmeer. Geschichte und Natur Dänemarks einziger Hallig. – Esbjerg.

273 Jespersen, M. u. Rasmussen, E., 1976: Jordsand, Erosion u. Akkumulation einer Hallig. – Geografisk Tidskrift 75, København.

274 Jessel, U., 1970: Das Institut für Bioklimatologie und Meeresheilkunde. 40 Jahre medizinische Universitätsforschung an der See. – Nordfriesland, H. 13/14, S. 59–64.

275 Jørgensen, P., 1947: Hallig. – Acta Philologica Skandinavia 19.

276 Junge, W., 1977: Früher lieferte der Wind den Strom. – NF-Chronik 1977/78, S. 29–34.

277 Kahlfuß, H.-J., 1969: Landesaufnahme und Flurvermessung in den Herzogtümern Schleswig, Holstein u. Lauenburg vor 1864. – Neumünster.

278 Kalhorn, H., 1975: Zehn Jahre friesisches Familienmuseum auf Hallig Langeneß. – SH, S. 275.

279 Kambeck, W., 1968: Die Bedeichung der Nordstrander Bucht – eine Aufgabe komplexer Landschaftsentwicklung. – Nordfriesland, H. 7, S. 188–203.

280 – 1969/70: Verkehr für Nordfriesland. II. Schiffsverkehr. – Nordfriesland, H. 12–14.

281 – 1972: Verkehr für Nordfriesland. IV. Post, Telefon, Telegraph (PTT). – Nordfriesland, H. 21, S. 36–55; VI. Luftverkehr, H. 23/24, S. 221–229; VIII. PLANUNGEN, Planungen, planungen, 1976, H. 35–36, S. 154–179.

282 – 1971: Siele. – Taschenbuch d. Wasserwirtschaft, 5. Aufl., S. 661–670, Hamburg.

283 – 1980: Küstenschutz der Marschen in Nordfriesland. – Allgem. Bauzeitung v. 12. Sept., 3. u. 17. Okt.

284 Kammerhoff, E., 1911: Wilhelm Lobsien. – Die Heimat, S. 225–232 u. 252–256.

285 Kamphausen, A. u. Philipp, H., 1973: Nordfriesland. Landschaft u. Bauten von der Eider bis zur Wiedau. – 3. erw. Aufl., S. 99–106.

286 – 1979: Bauernstuben. – Neumünster, S. 41/42.

287 Karff, F., 1954: Segelfahrt durch die Welt der Halligen. – Rendsburg.

288 – 1959: Aus der Geschichte der Hamburger Hallig. – Schl.-Holst. Tagespost v. 16. Juni.

289 – 1960: Aus der Chronik der Hallig Nordstrandischmoor. – Rendsburg.

290 – 1963, 1964: Die Familien der Hallig Nordstrandischmoor. – Familienkundl. Jb. Schl.-Holst., S. 10–21 u. 48–57.

291 – 1968: Nordstrand – Geschichte einer Nordfriesischen Insel. – Flensburg.

292 Kaufmann, G., 1967: Probleme des Strukturwandels in ländlichen Gebieten Schl.-Holst. – Kiel, Geogr. Inst. d. Univ.

293 Kelch, R.-E., 1977: Nordfriesisches Wattenmeer. Naturschutz und Küstenschutz im Konflikt? – NF-Chronik 1977/78, S. 21–25.

294 Kerr, A., 1920: Gesammelte Schriften, 2 Bde – Berlin.

295 Ketels, 1950: Die Halligen, die Hallig, das Boel u. das Eigentum an der Hallig. – 200 Jahre Schl.-Holst. Anzeigen, Justizministeralbl. f. Schl.-Holst., Teil A, Nr. 5, v. 4. Mai.

296 Klose, O., 1964: Handbuch der historischen Stätten Deutschlands, Schleswig-Holstein und Hamburg, 2. Aufl. – Stuttgart.

297 Knop, F., 1961: Untersuchungen über die Gezeitenbewegungen im nordfriesischen Wattgebiet einschließlich der morphologischen Veränderungen als Vorarbeiten für Dammbauten. – Mitt. Leichtweiß-Inst. Braunschweig, H. 1.

298 – 1963: Küsten- u. Wattveränderungen Nordfrieslands – Methoden und Ergebnisse ihrer Überwachung. – Die Küste, H. 11, S. 1–33.

299 Koch, H., 1956: Hallig. Heimat im Meer. Ein Halligführer. – Hamburg.

300 Koch, M., 1979: Zur Kenterpunktbestimmung bei Dauerstrommessungen – Forsch.-Stelle f. Insel- u. Küstenschutz, Bd. 30, S. 55–70.

301 Koehn, H., 1939: Die Nordfriesischen Inseln. – Hamburg.

302 König, D., 1938: Verhalten ziehender Landvögel im Gebiet des Wattenmeeres. – Der Vogelzug, 9, Nr. 3, S. 155.

303 – 1948: Spartina Townsendii an der Westküste Schleswig-Holsteins. – Planta, Bd. 36, S. 34–70.

304 – 1949: Eine Herbstwanderung nach Norderoog. – Die Heimat, S. 152–157.

305 – 1956: Naturkundliches über die Hallig Südfall, a) Landschaft und Halligvegetation, b) Die Tierwelt. – Die Heimat, S. 193–196 u. 269–273.

306 – 1957: Die Pflanzenwelt von Norderoog. – 50 Jahre Seevogelschutz-Verein Jordsand, S. 118–124. Hamburg.

307 – 1960: Beiträge zur Kenntnis der deutschen Salicornien. – Mitt. d. Florist.-Soziolog. Arb. Gem. NF, H. 8, S. 5–58, Stolzenau/Weser.

308 – 1964: Über den Bupheverkoog auf Pellworm als Naturlandschaft. – In: 25 Jahre Bupheverkoog (M. Petersen, Kiel), S. 52–80.

309 – 1970/1972: Diatom Investigations of the West Coast of Schleswig-Holstein. – Beihefte zur Nova Hedwigia, H. 39, (Proceed. First Sympos. on recent and fossil marine diatoms, Bremerhaven 1970).

310 – 1972: Deutung von Luftbildern des schleswig-holsteinischen Wattenmeeres. Beispiel und Probleme (mit Bildmappe). – Die Küste, H. 22, S. 29–74.

311 Körner, B., 1955: Die Sinkstoffe der Küstengewässer. – Die Küste, S. 5–51.

312 Kohlhase, S. u. Daemrich, K.-F., 1980: Seegangsforschungsprogramme im Franzius-Institut innerhalb des Sonderforschungsbereichs 79. – Mitt. Franzius-Inst. Hannover, H. 50, 35 S.

313 Klug, H., 1972: Die Bevölkerung der Gemeinden in Schleswig-Holstein 1867−1970 (Historisches Gemeindeverzeichnis). − Statist. Landesamt Schl.-Holst., Kiel.

314 Kommerzium Husum, 1904: Die wirtschaftliche Schädigung Husums durch den geplanten Dammbau Pohnsbucht-Festland, Husum.

315 Korfsmeier, K., 1979: Die generellen Erholungsfaktoren einer Landschaft und die Erholungswerte des friesischen Raumes. − Nordfriesland, H. 50/51, S. 79−89.

316 Kraft, H., 1970 u. 1971: Fährschiffverbindungen zwischen dem Festland, den Inseln und Halligen in alter und neuer Zeit. − Zw. Eider u. Wiedau, S. 67−76 u. 136−145.

317 Kraft, H. u. Andresen, G., 1971: Nordseeschiffahrt. − Schiffahrt u. Häfen, Flensburg.

318 Kramer, J., 1976: Entwurf des Deichprofils. − Seedeichbau, Theorie u. Praxis. Hamburg, S. 237−243.

319 Krause, G., 1979: Strömung und Bodenreibung in küstennahen Oberflächenwellen. − In: Sandbewegung im Küstenraum, Boppard, S. 169−181.

320 Krey, H. D., 1918: Das Wattengebiet, die Marschen und Halligen an der schleswig-holsteinischen Nordseeküste. − Zentralbl. d. Bauverw., H. 89, 93 u. 96.

321 − 1922: Die nordfriesischen Halligen und Marschen in Vergangenheit, Gegenwart u. Zukunft. In: NF, Hamburg, Flensburg, Kiel, S. 24−33.

322 Krogmann, W., 1948: Hallig. − Niederdeutsche Mitt. Nr. 4.

323 Krüger, H., 1970: Hallig Langeneß im Wandel der Zeit. − SH, S. 76/77.

324 Kuckuck, P., 1953: Der Strandwanderer. − München.

325 Kühn, H. J., 1972: Hallig Hooge: eine Hallig im Wandel. − Die Heimat, S. 257−260.

326 Kühn, M., 1975: Das Schicksal der Halligbewohner. − Hus. Nachr. v. 20. Februar.

327 − 1977: Landwirtschaft auf den Halligen − bald nur noch Geschichte? − Hus. Nachr. v. 30. Juli.

328 Kühnast, G., 1967: Singvogelzug und Singvogelfang auf der Hallig Oland. − Zw. Eider u. Wiedau, S. 94−99.

329 Kümpel, H.-J. u. Zschau, J., 1979: Das Gezeitenvertikalpendel in der Sturmflutvorhersage. − Wasser u. Boden, S. 284−287.

330 Küstenausschuß Nord- u. Ostsee, 1955: Allgemeine Empfehlungen für den deutschen Küstenschutz. − Die Küste, S. 125−135.

331 − 1957: Gutachtliche Stellungnahme zur Anpassung der Warfen auf den nordfriesischen Halligen an die heute möglichen Sturmfluthöhen. − Die Küste, H. 1, S. 125−135.

332 − 1962: Empfehlungen für den Deichschutz nach der Februarsturmflut 1962. − Die Küste, H. 1, S. 113−130.

333 − 1962: Der maßgebende Sturmflutseegang und Wellenauflauf an den Deichen. − Die Küste, H. 2, S. 135−145.

334 − 1970: Nachtrag zu den Empfehlungen für den Deichschutz nach der Sturmflut 1962. − Die Küste, H. 20, S. 45−61.

335 Lamprecht, H.-O., 1966: Uferschutz mit Betonfertigteilen. − Mitt. Franzius-Inst. Hannover, H. 27.

336 Landesamt für Wasserhaushalt und Küsten, 1980: Gewässerüberwachung, 1. Halbjahr 1979, S. 9 u. 45−56, Kiel.

337 Landesregierung Schl.-Holst., MELF, 1962: Die Sturmflut v. 16./17. Februar 1962 an der schleswig-holsteinischen Westküste. − Die Küste, H. 1, S. 55−80.

338 Landwirtschaftskammer Schl.-Holst. 1973: Vorplanungen für die Halligen Hooge u. Langeneß, Kreis Nordfriesland; Strukturanalyse. − Unveröff.

339 Lang, A. W., 1961: Die „Seekarte der Watt- und Außenfahrt" des Mathurin Guitet (1708−10). − Fries. Jb., S. 9−38.

340 – 1965: Entwicklung, Aufbau und Verwaltung des Seezeichenwesen an der deutschen Nordseeküste bis zur Mitte des 19. Jahrhunderts. – Bonn.

341 – 1975: Untersuchungen zur morphologischen Entwicklung des Dithmarscher Watts von der Mitte des 16. Jahrhunderts bis zur Gegenwart. – Hamb. Küstenforsch., H. 31.

342 – 1969–1980: Historisches Seekartenwerk der Deutschen Bucht. – Neumünster.

343 Lassen, U., 1949: Auf der Hallig. – Merian, 2. Jg., 5, S. 49–56.

344 Laucht, H., 1963: Von den Eigenschaften des Eises. – Mitt. Franzius-Inst. Hannover.

345 – 1976: Die Entwicklung des Küstenausschusses Nord- und Ostsee zum Kuratorium für Forschung im Küsteningenieurwesen. – Die Küste, H. 29, S. 1–7.

346 Laur, W., 1952/53: Die Ortsnamen Nordfrieslands. – JbNfV., S. 186–196.

347 – 1960: Die Ortsnamen in Schleswig-Holstein. – Gottorfer Schriften VI.

348 – 1967: Historische Ortsnamen – Lexikon von Schleswig-Holstein. – Schleswig.

349 Lehmann, O., 1927: Das Bauernhaus in Schleswig-Holstein. – Altona.

350 Leistner, W., 1949: Das Heilklima der Nordfriesischen Inseln. – Die Heimat, S. 125–129.

351 – 1960: Meeresklima. – In: Das Buch von Föhr, Leck, S. 106–127.

352 – 1961: Witterung und Klima der Nordfriesischen Inseln. – Die Heimat, S. 16–20.

353 – 1963: Die kalten Winter in Nordfriesland. – Die Heimat, S. 77–79.

354 – 1969: Beobachtungen und Forschungen. – In: Wyk auf Föhr, S. 109–120.

355 – 1973: Das Bioklima der deutschen Nordseeküste und die heilklimatischen Faktoren bestimmter Witterungsperioden. – Nordfriesland, H. 26, S. 83–92.

356 Lemke, H., 1965: Tendenzen wirtschaftlicher Entwicklung im nördlichen Landesteil. – In: 20 Beiträge auf Gemeinschaftskurs im Programm Nord. – Kiel, S. 1–3.

357 Liliencron, D. v., (1886): Die Könige von Norderoog und Süderoog. Trutz, Blanke Hans. – Ausgewählte Werke, Hrsg. H. Stern, Hamburg.

358 Lobsien, W., 1962, 1975: Der Halligpastor. – Heide/Holst.

359 Lorenzen, Jens, 1972: Die Sprachverhältnisse auf den Halligen. – Nordfriesland, H. 23/24.

360 – 1980: Die Hallig Nordmarsch – Langeneß in alten Bildern. – Hamburg.

361 Lorenzen, J. M., 1936: Die Wattforschung als Grundlage der Landgewinnung. – JbNfV, H. 23, S. 137–141.

362 – 1938: Planung und Forschung im Gebiet der schleswig-holsteinischen Westküste. – Westküste, H. 1, S. 12–23.

363 – 1941: Vorarbeiten für Seebauten. – Jb. d. Hafenbautechn. Ges., Bd. 18, 1939–1940, S. 64–90.

364 – 1941: Aufgaben und Wege der Wattenmeerforschung. – Landwirtsch. Wasserbau, Nr. 1, S. 41–48.

365 – 1955: 100 Jahre Küstenschutz an der Nordsee. – Die Küste, 3, S. 18–32.

366 – 1956: Gedanken zur Generalplanung im nordfriesischen Wattenmeer. – Die Küste, S. 9–48.

367 – 1958/1959: Landgewinnung u. Landerhaltung in Schleswig-Holstein, Gedanken zum Werk von Müller-Fischer über das „Wasserwesen an der schleswig-holsteinischen Nordseeküste". – Die Küste, S. 20–35.

368 – 1960: 25 Jahre Forschung im Dienste des Küstenschutzes. – Die Küste, S. 7–28.

369 – 1963: Jens Iwersen – sein Weg u. sein Werk. – Marschenverband Schl.-Holst. e. V.

370 – 1964: Der Bupheverkoog und der Pellwormer Damm. – In: 25 Jahre Bupheverkoog (M. Petersen), Kiel.

371 – 1966: Über Aufgaben und Organisation des Küstenausschusses Nord- und Ostsee. – Die Küste, 14, H. 2, S. 1–4.

372 – 1969: Das Programm des Küstenausschusses zur Erfassung der Naturvorgänge im deutschen Küstenvorfeld. – Die Küste, H. 18, S. 31–39.

373 – 1973: Krey, H. D. – Wasserbauing., Leiter der Preußischen Versuchsanstalt für Wasserbau und Schiffbau, Prof. an der Technischen Hochschule Charlottenburg. – Schl.-Holst. Biographisches Lexikon, Bd. 3, S. 174–176.

374 Lorenzen, J., (1750): Genaue Beschreibung der wunderbaren Insel Nordmarsch. – JbNfV, H. 14, S. 151–171 (1927), H. 15, S. 7–36 (1928), H. 16, S. 23–49 (1929).

375 Lüders, K.: Veröffentlichungen über die Februarsturmflut 1962. – Die Küste, S. 131–132 (1962) und S. 85–93 (1966).

376 Lüders, K. u. Luck, G., 1976: Kleines Küstenlexikon, 3. Aufl. – Hildesheim.

377 Lund, K., (1971): Das Papiernotgeld von Schleswig-Holstein und Hamburg 1914–1923. – Schriftenreihe: Die Münze, Bd. 28.

378 Lux, H., 1971: Die Bedeutung der wichtigsten Naturschutzgebiete im geplanten Nationalpark Nordfriesisches Wattenmeer und ihre Probleme. – Natur u. Landschaft.

379 Magens, C., 1958: Seegang und Brandung als Grundlage für Planung u. Entwurf im Seebau und Küstenschutz. – Mitt. Franzius-Inst. Hannover, H. 14.

380 Maletzke, E., 1959: Die „schwimmenden Träume" liegen nicht im Paradies. Vom Leben der Menschen auf den Halligen. – SH Heimatkalender, S. 16–22.

381 Mantzel, J., 1961: Die St. Johanniskirche auf Hallig Hooge und ihre Geschichte.

382 Marcussen, G., 1955 u. 1963: Von Nordstrand nach Südfall. In: „Junge Joarn op Nordstrand". – Scharbeutz, S. 28/29, Die Heimat, S. 182.

383 Marcussen, N. R., 1976: Suden ist selten geworden, fast eine vergessene Delikatesse. – Zw. Eider u. Wiedau, S. 197–202.

384 Marschenverband Schl.-Holst. 1931: Die Landgewinnung u. ihre wirtschaftliche Bedeutung für Küstenschutz, Siedlung u. Arbeitsbeschaffung an der schleswig-holsteinischen Westküste. – Husum.

385 – 1932: Die Bedeutung der Ausführung landeskultureller Aufgaben in den Marschen Schleswig-Holsteins, 2. Denkschrift. – Heide.

386 Martens, J., 1936: Ferientage auf Hallig Hooge. Im Großelternhause vor 45 Jahren. – JbNfV 23, S. 118–123.

387 Masius, H., 1868: Naturstudien, 2. Bd. Leipzig.

388 Matthies, K., 1967: Leben auf der „Grünen Insel" an der Eidermündung. – SH, S. 211–214.

389 Meier, O. G., 1956: Die Wandlungen der Brutvogelwelt Trischens. – Schr. z. Natursch. in Dithm., H. 1, 35 S.

390 – 1956: Trischen, eine neue Brandseeschwalben-Brutstätte. – Die Heimat, S. 102–104.

391 – 1962: Trischen, die wandernde Insel. – Heide.

392 Meise, W., 1957: 50 Jahre Seevogelschutz. – Festschr. d. Ver. Jordsand, Hamburg.

393 Minister für Ernährung, Landwirtschaft und Forsten SH, 1971: Generalplan Abwasser und Gewässerschutz in Schleswig-Holstein. – Kiel.

394 – 1973: Generalplan Wassergewinnung und Wasserversorgung in Schleswig-Holstein. – Kiel.

395 – 1974: Generalplan Abfallbeseitigung in Schleswig-Holstein. – Kiel.

396 – 1977: Generalplan Deichverstärkung, Deichverkürzung und Küstenschutz in Schleswig-Holstein vom 20. 12. 1963. Fortschreibung. – Kiel.

397 – 1980: Handbuch des Naturschutzes in Schleswig-Holstein. – Kiel.

398 Möller, Th., 1918: Ein Werk über die Halligen. – Die Heimat, S. 107–110.

399 – 1922: Habel, das Bild einer dem Untergang geweihten Hallig. – In: Nordfriesland, SH-Jb. Kunstkalender, S. 50–53.

400 – 1924: Die Welt der Halligen. – Kiel.

401 Momsen, J. E., 1974: Die allgemeinen Volkszählungen in Schleswig-Holstein in dänischer Zeit (1789–1860). – QuFGSH, 66.

402 Moritz, E., 1905: Die Hallig Jordsand. – Globus.

403 Müllenhoff, L., 1895: Die Insel Trischen. – Frederik VII. Koog.

404 Müller, F. u. Fischer, O., 1917–1958: Das Wasserwesen an der schleswig-holsteinischen Nordseeküste. Berlin. I. Teil, Die Halligen, Bd. 1 u. 2 mit Kartenmappe, 1917.

405 II. Teil, Die Inseln, Bd. 2, Alt-Nordstrand, 1936.

406 – Bd. 3, Nordstrand, 1936.

407 – Bd. 4, Pellworm, 1936.

408 III. Teil, Das Festland mit Kartenmappe, Bd. 1, Sonderprobleme, 1955.

409 – Bd. 2, Nordfriesland, 1955.

410 – Bd. 3, Eiderstedt, 1956.

411 – Bd. 5, Dithmarschen, 1957.

412 – Bd. 7, Hydrographie, 1955.

413 Müller-Kaempffer, F., 1951: Die Gräber der Unbekannten auf Trischen. – SH, S. 152 u. Die Heimat, 1955, S. 13.

414 Müller, W., 1965: Als Vogelwart auf der Hamburger Hallig. – Zw. Eider u. Wiedau, S. 146–150.

415 Muuss, R., 1927: Rungholt. – Itzehoe u. Berlin.

416 – 1928: Aus meinem Halligtagebuch – Hallig Habel. – JbNfV, H. 15, S. 80–84.

417 – 1929: Die letzten Rungholt-Urkunden. 3 Abb. – JbNfV 17, S. 53–57.

418 Muuss, U., 1970: Gröde u. Habel – zwei Halligen im nordfriesischen Wattenmeer. – Schl.-Holst., ein geogr.-landeskundl. Exkursionsführer, Kiel.

419 Muuss, U. u. Petersen, M., 1971: Die Küsten Schleswig-Holsteins. – Neumünster.

420 Nasner, H., 1974: Über das Verhalten von Transportkörpern im Tidegebiet. – Mitt. Franzius-Inst. Hannover, H. 40, 149 S.

421 – 1979: Anpassungszeit von Großriffeln bei instationären Strömungen. – Die Küste, H. 34, S. 10–20.

422 Neumann, K. H., 1971: Die Nordseeküste – ein Führer für Sportfischer, Teil 1: Elbe bis Sylt. – Berlin u. Bielefeld.

423 Neumann, R., 1972: Nordseeküste u. Inseln, Polyglott-Reiseführer – München.

424 Niemeyer, H. D., 1974: Wellenerzeugte Strömungen und Sedimenttransport. – Mitt. Franzius-Inst. Hannover, H. 41, 133 S.

425 Nissen, N. R., 1973: Parken u. Wandern an der Westküste Schleswig-Holsteins. – LN-Touristikführer 46. – Lübeck.

426 Nortier, A., Wouters, H. Zoest, J. v. u. Zonderland, H., 1974: Im Faltboot von Den Helder nach Esbjerg. Streifbilder aus dem nordfriesischen Wattenmeer. – Nordfriesland, H. 30, S. 73–81.

427 Oebius, H. U. u. Fenner, H., 1979: Studie über den derzeitigen Stand der Wissenschaft bezüglich Berechnung des durch reine Wasserströmung, Wellenbewegung und Perkolation hervorgerufenen Sedimenttransports. – In: Sandbewegung im Küstenraum, Boppard, S. 252–258.

428 Oetken, G., 1971: Aufgaben des privaten Naturschutzes im Nationalpark Nordfriesisches Wattenmeer. – Natur u. Landschaft, 46.

429 Olschowy, G., 1971: Nordseehallig Süderoog. – Aus „Deutscher Rat für Landespflege". – Natur u. Landschaft, 46.

430 Ostendorff, E., 1943: Die Grund- und Bodenverhältnisse der Watten zwischen Sylt u. Eiderstedt. – Westküste, S. 1–6.

431 Oven, I. v., 1970: Die Bedeutung des Seevogelgebietes Grüne Insel in der Eidermündung. – Zw. Eider u. Wiedau, S. 110–116.

432 – 1971: „Grüne Insel" – Campingplatz oder Vogelschutzgebiet. – SH, S. 253–255.

433 – 1977: „Grüne Insel" verlorenes Vogelbrutgebiet? – NF-Chronik 1977/78, S. 45–52.

434 Partenscky, H.-W., 1972: Entwicklungstendenzen in der Wasserbauforschung. – Mitt. Franzius-Inst. Hannover, H. 37.

435 – 1980: Neue Erkenntnisse über das Stabilitätsverhalten und den Sedimenttransport in Watt-Prielsystemen. – Mitt. Franzius-Inst. Hannover, H. 50, S. 59–74.

436 Paulsen, F., 1905: Aus den Lebenserinnerungen des auf Ludenswarf am Buthweel auf Langeneß 1725 geb. Grönlandfahrers u. Schiffers Paul Frercksen. – ZSHG, 25.

437 Paulsen, H. N., o. J.: Die Hallig der Jungs. – Selbstverlag, Süderoog.

438 Peters, G., 1973: Schutz der Nordseeküste. Ansprache zur Gründung der „Schutzgemeinschaft Nordseeküste". – Nordfriesland, H. 25, S. 15–20.

439 Peters, L. C., 1926: Die Flutkatastrophe von 1825 in Nordfriesland. – JbNfV, H. 13, S. 87–100.

440 – 1929: Nordfriesland. Heimatbuch für die Kreise Husum und Südtondern (Hrsg.). – Husum.

441 – 1932: Neues vom schwindenden Rungholt. – Die Heimat, H. 12.

442 Petersen, Karl u. Raabe, W., 1978: Küstenschutzarbeiten auf der Hallig Norderoog. – Wasser u. Boden, S. 329–330.

443 Petersen, Kl., 1973: Der Plan des Naturschutzgebietes Wattenmeer. – Zw. Eider u. Wiedau, S. 125–129.

444 – 1977: Wenn der „blanke Hans" in den Häusern steht. Rückblick auf die Sturmflut im Januar 1976. – SH, S. 58/59.

445 Petersen, Marcus, 1952: Der Verkehr zwischen der Insel Pellworm und dem Festland im Eiswinter 1946/47. – Die Heimat, S. 5–7.

446 1954: Der Bupheverkoog auf der Insel Pellworm. – Wasser u. Boden, H. 9.

447 – 1955: Über die Bemessungsgrundlagen der schleswig-holsteinischen Landesschutzdeiche. – Die Küste, Jg. 3, H. 1/2.

448 – 1956: Der nordfriesische Inselbereich, Natur u. Mensch als gestaltende Kräfte. – Ber. z. Landeskunde 17, 2.

449 – 1956: Das Wasserwesen an unserer Nordseeküste. – Die Heimat, S. 13–15.

450 – 1957: Die Wohndichte auf den Warfen der Halligen. – Die Heimat, S. 59–60.

451 – 1959: Die topographische Wattkarte und ihre Bedeutung für den Küstenschutz. – Die Wasserwirtschaft, S. 62–65.

452 – 1966: Über die Erhaltung und Pflege der Fethinge auf den Halligen. – Zw. Eider u. Wiedau, S. 108–111.

453 – 1967: Sturmflut 1962 – Wasserstände an den Küsten der Nordsee. – Die Küste, H. 15, S. 1–123.

454 – 1973: Arnold Amsinck, Kaufmann und Deichbauunternehmer, Hamburg u. Hamburger Hallig. – SH Biogr. Lexikon, Bd. 3, S. 33–34.

455 – 1973: Forschung Westküste – zum Tode von Johann M. Lorenzen. – Nordfriesland, H. 25, S. 8–14.

456 – 1973: Müller, Friedrich Gottfried Hubert Maria. – SH Biogr. Lexikon, Bd. 3, S. 197.

457 – 1976: Fischer, Otto – Regierungs- u. Baurat, Dr.-Ing. – SH Biogr. Lexikon, Bd. 4, S. 70–71.

458 – 1977: Probleme des Küstenschutzes in Nordfriesland. Landverluste im Einzugsbereich der Hever. – In: Schl.-Holst., Materialsammlung der ASG Nr. 133, Göttingen, Kiel, S. 72–75.

459 – 1978: Inseln vor der östlichen Nordseeküste. – Die Küste, 32, S. 92–109.

460 – 1979: Der Heverstrom, Schicksalsstrom Nordfrieslands. – Nordfries. Jb. 1978, S. 13–44.

461 Petersen, M., u. Rohde, H., 1977: Sturmfluten an den Küsten Schleswig-Holsteins und in der Elbe. – Neumünster.

462 Petersen, Markus, o. J.: Kapitän Petersens Halligfahrt. – Husum-Rosendahl.

463 Pfleiderer, H., 1971: Die Heilkräfte des Meeres u. des Meeresklimas. – Sylter Beiträge 3, Münsterdorf.

464 Piebenga, T. J., 1979: Einflüsse der Erholung auf die Landschaft in Friesland. – Nordfriesland, H. 50/51, S. 91–93.

465 Prange, W., 1967: Über die Beziehungen zwischen Schichtfolge und Meeresspiegelanstieg im Holozän der Nordseemarschen. – Geolog. Rundschau, S. 709–726.

466 Prokosch, P., 1979: Ringelgänse zwischen Arktis und Wattenmeer. Bestandssituation, Schutz und Forschung. – Natur u. Landschaft, S. 213–217.

467 – 1979 u. 1980: Ringelgans-Rundbriefe 8–11, Kiel.

468 Quedens, G., 1963: Ein Besuch auf der Seevogel-Hallig Norderoog. – Kosmos, H. 9.

469 – 1972: Das Ziel ist ein „Nationalpark". – Naturschutz im nordfriesischen Wattenmeer. – SH, S. 99–100.

470 – 1976: Die Halligen. – Breklum, 2. Aufl.

471 – 1975: Innerhalb weniger Jahre veränderte sich das Leben auf den Halligen völlig. – Hus. Nachr. v. Juni.

472 – 1975: Hallig-Kirchen. – SH, S. 8–10.

473 – 1976: Abgeschlossen von der übrigen Welt. Aus dem alten Halligleben. Erst ab 1954 begann die Technik, den Alltag zu verändern. – SH, S. 196–200.

474 – 1977: Nordstrand. – Breklum.

475 – 1979: Feuer und Wasser, zwei wesentliche Probleme im alten Halligleben. – SH, H. 1, S. 7–9.

476 Raabe, H., 1961: Die Strandung des griechischen Dampfers „Konstantin Lemos" auf Westerheversand. – Zw. Eider u. Wiedau, S. 106–108.

477 – 1962: Westerheversand, eine interessante Sandbank. – Zw. Eider u. Wiedau, S. 30–32.

478 Ragutzki, G., 1979: Zur Frage der biogenen Festigkeit von Wattsedimenten nach bodenphysikalischen Kriterien. – Forsch.-Stelle f. Insel- u. Küstenschutz, Norderney, Bd. 30, S. 117–140.

479 Rathje, Chr., 1975: Schafe u. Ringelgänse auf der Hallig Süderoog. – Hus. Nachr. v. 12. September.

480 Reineck, H.-E., 1978: Die Watten der deutschen Nordseeküste. – Die Küste, 32, S. 64–83.

481 Reinersdorff, A. v., 1966: Die Halligen – ihre Gesamterschließung im Programm Nord. – Schl.-Holst. Heimatkalender.

482 – 1970: Die Sanierung der Halligen. Zum Abschluß der Maßnahmen im Programm Nord. – Nordfriesland, 13/14, S. 45–51.

483 – 1977: Die Halligen werden erhalten. – Schl.-Holst. 1977 „Klaar Kimming", Agrarsoz. Ges. Göttingen.

484 – 1979: Planmäßige Halligsanierung im Rahmen des Programms Nord. – Natur u. Landschaft, S. 273–276.

485 Renger, E., 1974: Untersuchungen von Watteinzugsgebieten. – Mitt. Franzius-Inst. Hannover, H. 40, 12 S.

486 – 1976: Quantitative Analyse der Morphologie von Watteinzugsgebieten und Tidebecken. – Mitt. Franzius-Inst. Hannover, H. 43, 160 S.

487 – 1976: Grundzüge der Analyse und Berechnung von morphologischen Veränderungen in Wattengebieten. – Mitt. Franzius-Inst. Hannover, H. 44, 22 S.

488 – 1979: Zweidimensionale Stabilitätsanalyse von Tidebecken und Watteinzugsgebieten größerer Ausdehnung. – Die Küste, H. 34, S. 226–239.

489 Renger-Patzsch, A., 1927: Die Halligen. – Berlin. Geleitwort von Johann Johannsen.

490 Riediger, H. u. Thies, W., 1961: Die Halligen u. ihre Bewohner (Handbücherei des exemplarischen Lehrens), 2. Aufl. – Frankfurt/M.

491 Riewerts, B., 1963: Schiffsstrandungen auf Süderoog. – Hus. Monatshefte Nr. 6.

492 Rodloff, W., 1970: Über Wattwasserläufe. – Mitt. Franzius-Inst. Hannover, H. 34.

493 Roeloffs, B. 1976: Katinger Watt – Erschließungs- und Aufbaumaßnahmen nach der Eiderabdämmung. – Zw. Eider u. Wiedau, S. 148–151.

494 Rohde, H., 1964: Die Häufigkeit hoher Wasserstände an der Westküste von Schleswig-Holstein. – Die Küste, 12, S. 86–112.

495 – 1973: Die Küstenforschung im Gesamtprogramm Meeresforschung und Meerestechnik in der Bundesrepublik Deutschland. – Jb. HTG, Bd. 33.

496 –1977: Sturmfluten und säkularer Wasserstandsanstieg an der deutschen Nordseeküste. – Die Küste, 30, S. 52–143.

497 – 1979: Strömungsmessungen im Bereich der deutschen Nordseeküste 1948–1973. – In: Sandbewegung im Küstenraum, Boppard, S. 299–306.

498 Rohweder, H., 1903/04: Norderoog. Ein nordfriesisches Vogelheim. – JbNfV, H. 1, S. 129–138.

499 Rose, D., 1960: Über die quantitative Ermittlung der Gezeiten und Gezeitenströme in Flachwassergebieten mit dem Differenzverfahren. – Mitt. Franzius-Inst. Hannover, H. 18, 159 S.

500 Rüger, A. u. a., 1976: Über Naturschutzgebiete in Schl.-Holst. – Die Heimat, S. 215–220.

501 – 1976: In Schleswig-Holstein gefährdete sowie seltene Vogelarten und deren Lebensräume – „Rote Liste". – Die Heimat, S. 303–308.

502 Ruthke, P., 1975: Westerhever-Sand und seine Brutvögel. – Corax, Veröff. Ornithol. AG Schleswig-Holstein. 5. S. 130–135.

503 Sauermann, E., 1939: Die Kunstdenkmäler der Provinz Schleswig-Holstein. Kreis Husum-Berlin.

504 Schade, 1929: Die Seezeichen an unserer Küste. – NF, (Hrsg. L. C. Peters). – Husum, S. 698–700.

505 Scherenberg, R., 1978: Die Fortschreibung des Generalplanes „Deichverstärkung, Deichverkürzung und Küstenschutz in Schleswig-Holstein" vom 20. 12. 1963. – Wasser u. Boden, S. 271–275.

506 Scherenberg, R. u. Carow, U., 1979: Die Sturmfluten vom 3. und 21. Januar 1976 an den Küsten Schleswig-Holsteins. – Die Küste, H. 33, S. 71–100.

507 Schijf, J. B., 1969: Über den Stand der Küstenforschung. – Die Küste, H. 18, S. 24–30.

508 Schiller, H. Th., 1959: Kleines Halligbuch. – Breklum.

509 Schirrmacher, G., 1971: Strukturwandel der Halligen, aufgezeigt am Beispiel Hooge. – SH, S. 147–149.

510 – 1972: Aus der Schulchronik der Hallig Hooge. Zur Sturmflut vor 10 Jahren. – SH, S. 37/38.

511 – 1973: Hallig Hooge. – Breklum.

512 Schlee, E., 1958: Volkstümliche Schnitzereien von der Hallig Hooge. – Nordelbingen, Bd. 26.

513 Schlenker, R., 1966: Die Brut- und Gastvögel in den Schutzgebieten des Vereins Jordsand. 1963 u. 1964. – Jordsand-Mitt., 2. Bd., H 1/2, S. 43–50.

514 Schmid, E., 1923: Die Halliginseln. – Bremen–Wilhelmshaven.

515 Schmidl, D., 1966: Norderoog-Winterbericht 17. 11.–10. 12. 1965. – Jordsand-Mitt. 2. Jg., H 1/2, S. 30–33.

516 Schmidt, G. A. J., 1970: Ein vogelkundlicher Bericht über 5 Jahre Schutzarbeit (1965–1969) in sieben Reservaten des Vereins Jordsand. – Jordsand-Mitt., 5. Jg., H 1–4.

517 – 1976: Aktuelles vom Seevogelschutz an der Nord- und Ostseeküste. – Die Heimat, S. 224–230.

518 Schmidt, G. A. J. u. Brehm, K., 1974: Vogelleben zwischen Nord- und Ostsee. – Neumünster.

519 Schmidt, H., 1948: Trischen und das nahe Wattenmeer im Jahre 1752. – ZSHG 8.

520 Schönian, E., 1976: Asphaltbeton, Asphaltverguß. – In: Seedeichbau, Theorie u. Praxis, Hamburg, S. 298–306.

521 Schünke, E., 1924: Die Seevogelfreistätte Trischen. – NE, 3, S. 30–38.

522 – 1973: Das Winterhalbjahr der Nonnengänse aus schleswig-holsteinischer Sicht. – Die Heimat, S. 289–295.

523 Schütte, H., 1927: Tagebuchblätter der nordfriesischen Marsch. – JbNfV, 14, S. 172–180.

524 Schüttrumpf, R., 1973: Über die Bestimmung von Bemessungswellen für den Seebau am Beispiel der südlichen Nordsee. – Mitt. Franzius-Inst. Hannover, H. 39.

525 Schulz-Bauerhin, R., 1970: Entwicklung und Wandlung einer Landschaft, aufgezeigt am Beispiel der Hallig Hooge, unter besonderer Berücksichtigung der Hanswarf. – Heidelberg, unveröff.

526 Schultze, E.-G., 1960: Meeresheilkunde. – In: Das Buch von Föhr, Leck, S. 128–140.

527 Schulz, H., 1946: Beschreibung der Hallig Hooge und der benachbarten Vogelinsel Norderoog. – Hamburg.

528 – 1957: Norderoog. Geschichte, Schicksal und Verwaltung. 58 Jahre Seevogelschutz. – Festschr. Ver. Jordsand, Hamburg.

529 Schwabe, A., 1972: Vegetationsuntersuchungen in den Salzwiesen der Nordseeinsel Trischen. – Abh. d. Landesmuseums (Naturkunde) Münster/Westf., Bd. 34.

530 Schwarthoff, H., 1965: Neubau auf Norderoog. – Jordsand-Mitt., Jg. 1, H. 1/2.

531 – 1968: Hallig Südfall. Jordsand-Schutzgebiet im historischen Rungholtwatt. – Ver. Jordsand, Hamburg.

532 Schwarz, J., 1970: Treibeisdruck auf Pfähle. – Mitt. Franzius-Inst. Hannover, H. 34.

533 – 1968: Über die physikalischen Vorgänge beim Eisdruck. – Mitt. Franzius-Inst. Hannover, H. 31, 8 S.

534 Schwarze, H., 1966: Modellversuche zur Ermittlung der Einflüsse von baulichen Maßnahmen im Tidegebiet auf die Tide. – Mitt. Franzius-Inst. Hannover, H. 66, 23 S.

535 Siefert, W., 1974: Über den Seegang in Flachwassergebieten. – Mitt. Leichtweiß-Inst. Braunschweig, H. 40.

536 – 1979: Sturmflutanalyse und -vorhersage über die Windstaukurven. – Die Küste, H. 34, S. 87–101.

537 Sievers, K. D., 1963: Schleswig-Holsteinische Bauernstuben. – Heide/Holst.

538 Simon, W. G., 1941: Der voralluviale Untergrund des nordfriesischen Wattenmeeres. – Kieler Meeresforsch. 5, H. 1, S. 146–168.

539 Sindern, J., 1978: Küsteningenieurwesen und Verwaltung. – Die Küste, 32, S. 138–156.

540 Sindern, J. u. Göhren, H., 1979: Die Sturmfluten im Januar 1976. Wasserstände und Tidekurven. – Die Küste, H. 33, S. 214–225.

541 Skautrup, P., 1924: Hallig. Danske Studier.

542 Snuis, H., 1966: Die Küstenschutzarbeiten an der Westküste Schleswig-Holsteins nach der schweren Sturmflut vom 16./17. Februar 1962. – Die WaWi, 56, H. 12, S. 389–395.

543 Sönnichsen, K., 1934: Die Hamburger Hallig. – Die Heimat, S. 125–128.

544 Spanjer, G., 1957: Floristische Fundangaben von Langeneß und Föhr. – Die Heimat, S. 254.

545 – 1961: Im Königspesel (Gedicht). – Zw. Eider u. Wiedau, S. 48.

546 – 1962: Drei Bilder aus der Pflanzenwelt. – Zw. Eider u. Wiedau, S. 103–105.

547 – 1970: Auf Nordstrandischmoor (Gedicht) – SH, S. 228.

548 Statistisches Landesamt SH, 1972: Historisches Gemeindeverzeichnis über die Bevölkerung der Gemeinden in Schleswig-Holstein in der Zeit von 1867 bis 1870.

549 – 1974: Das Flüchtlingsgeschehen in Schleswig-Holstein infolge des 2. Weltkrieges im Spiegel der amtlichen Statistik.

550 – 1979: Die Bevölkerung der Gemeinden in Schleswig-Holstein am 31. Dezember 1978.

551 – 1979: Agrarstruktur in Schleswig-Holstein 1977, Teil 1: Betriebsgrößen, Bodennutzung und Viehhaltung in den Gemeinden. Ergebnisse der Agrarberichterstattung.

552 – 1980: Bevölkerung der Gemeinden in Schleswig-Holstein am 31. Dezember 1979.

553 Stephan, H.-J., 1978: Verfahren zur Voraussage der kennzeichnenden Größen des Seeganges. – Mitt. Leichtweiß-Inst. Braunschweig, H. 63, S. 219–270.

554 Stock, W., 1960: Heimatbuch Dieksander Koog. 1935 bis 1960. – Friedrichskoog.

555 Storm, Th., (1931): Eine Halligfahrt. – Ges. Werke, Bd. I, Berlin, S. 351–354, Meeresstrand, S. 6.

556 Strenzke, K., 1953: Oribatiden von der Hamburger Hallig. – Faun.-ökolog. Mitt. 1 (3), S. 3–4.

557 Suhr, H., 1964: Generalplan Deichverstärkung, Deichverkürzung und Küstenschutz in Schleswig-Holstein vom 20. Dezember 1963. – Wasser u. Boden, H. 16.

558 Thiele, H. u. Ratschko, H., 1954: Über Trinkwasser aus Zisternen u. Gräben. – Z. f. Hygiene, Bd. 138.

559 Thran, P., 1965: Über das Klima u. Agro-Klima im Gebiet des Programm Nord. – 20 Beiträge auf Gemeinschaftskurs im Programm Nord. – Kiel, S. 12–18.

560 Töwe, J., 1975: Zum Tode von Heinrich Liermann u. Lorenz Ebsen. – Zw. Eider u. Wiedau, S. 27–28.

561 – 1978: Es blinkt u. blitzt an Schleswig-Holsteins Küsten. – SH, H. 5, S. 5/6.

562 Ulrich, J., 1973: Die Verbreitung submariner Riesen- u. Großrippeln in der Deutschen Bucht. – Ergänzungsheft z. DHZ, Reihe B (4), Nr. 14, Hamburg.

563 – 1979: Bodenrippeln als Indikatoren für Sandbewegung. – In: Sandbewegung im Küstenraum, Boppard, S. 333–350.

564 Voigt, F., 1964: Theorie der regionalen Verkehrsplanung. – Schr. Inst. f. Verkehrswiss. Univers. Hamburg, Bd. 10, S. 26.

565 Voigt, Th., 1973: Die zehn Halligen in Wort und Bild. – Kollmar über Elmshorn.

566 Waschinski, M., 1963: Das Wattenmeer gab ein Geheimnis preis. – Die Heimat, S. 61.

567 Weber, K., 1931: Zur Rechtsgeschichte der Wiesengemeinschaften auf der Hallig Hooge. – Leipzig.

568 Weckmann-Wittenberg, P. F., 1931: Norderoog, ein deutsches Vogelparadies.

569 Wedemeyer, M., 1966: Anmerkungen zur Hallig-Literatur. – Die Heimat, S. 123–124.

570 Weigand, K., 1970: Programm Nord, Wandel der Landschaft in Schleswig-Holstein. Wegweiser für die Lehrerbildung. 2. Aufl. – Kiel.

571 – 1971: Sozialgeographische Analyse der Hallig Hooge. – Pädagog. Hochsch. Flensburg.

572 – 1972: Sozialgeographische Analyse der Hallig Langeneß. – Pädagog. Hochsch. Flensburg.

573 – 1974: Fremdenverkehrsanalyse für die Halligen Hooge und Langeneß. – Pädagog. Hochsch. Flensburg.

574 Weigand, K. u. Riecken, G., 1977: Strukturwandel der nordfriesischen Halligen mit besonderer Berücksichtigung der Hallig Hooge. – Agrarsoz. Ges. e. V., Göttingen.

575 Weiske, M., 1959: Wie wir Heimatvertriebene die uns fremde Landschaft Nordfrieslands erleben. – Zw. Eider u. Wiedau, S. 48/49.

576 Wergin, J., 1979: Ein Friesenschmuck von Hallig Langeneß. – Die Heimat, S. 307–308.

577 – 1979: Das Silber in dem Museum „Friesenstube" auf Langeneß. – Die Heimat, S. 11–15.

578 – 1980: Notgeld von Hallig Oland. – Die Heimat, S. 38–39.

579 – 1980: Über die Halligmalerin Hanna Sönnichsen. – Die Heimat, S. 85–88.

580 Wetzel, W., 1924: Trischen, eine Studie zur Geologie der Gegenwart. – Nordelbingen, Bd. 3.

581 Wiborg, W., 1969: Naverslüd. – NDR-Hörfunk am 10. November.

582 Wieland, P., 1966: Vorläufiges Ergebnis der Untersuchungen über die Möglichkeiten des Schutzes der Hallig Norderoog. – Jordsand-Mitt., 2. Jg., H. 1/2, S. 25–29.

583 Wilckens, J., 1980: 20 Jahre Nordfriesischer Verein Langeneß/Oland. – Zw. Eider u. Wiedau, S. 42–46.

584 Witt, W., 1960: Deutscher Planungsatlas, III. Bd. Schleswig-Holstein. – Bremen-Horn.

585 Wohlenberg, E., 1931: Die Grüne Insel in der Eidermündung. – Archiv der Deutschen Seewarte, Bd. 50, H. 2, Hamburg.

586 – 1936: Biologische Forschung u. Praxis an der Westküste. – JbNfV, S. 147–150.

587 – 1939: Unsere jungen Köge. – Dr. L. Meyns Schleswig-Holsteinischer Hauskalender, S. 61–76.

588 – 1947: Entstehung u. Untergang der Insel Trischen. – Geogr. Ges. Hamburg.

589 – 1962: Die Trinkwasserversorgung der Halligen nach der Sturmflut im Februar 1962. – Die Küste, Jg. 10, H. 2, S. 86–134.

590 – 1969: Die Halligen Nordfrieslands. – Heide.

591 Wolf, W., 1938: Das Wasserwesen der Nordfriesischen Inseln. – Z. Ges. Erdk., 7/8, S. 297–299.

592 – 1961: Hallig und Mensch. – Schl.-Holst., S. 150–154.

593 – 1961: Landschaftsschutz für die Halligen. – Husumer Nachr., 8 Folgen.

594 Wolfsteller, V., 1970: Das Projekt Uthlande. – Nordfriesland 13/14, S. 42–44.

595 Wollatz, 1968: Neue Sahneverwertung auf den Halligen. – Hus. Nachr. v. 9. Oktober.

596 Wrage, W., 1948: Faltbootfahrten im Wattenmeer. – Hamburg.

597 Zachi, U., 1979: Wie war der Winter 1978/79? – Die Heimat, S. 153–154.

598 Zanke, U., 1976: Über die Naturähnlichkeit von Geschiebeversuchen bei einer Gewässersohle mit Transportkörpern. – Mitt. Franzius-Inst. Hannover.

599 – 1977: Neuer Ansatz zur Berechnung des Transportbeginns von Sedimenten unter Strömungs-einfluß. – Mitt. Franzius-Inst. Hannover, S. 157–178.

600 – 1977: Berechnung der Sinkgeschwindigkeiten von Sedimenten. – Mitt. Franzius-Inst. Hannover, S. 230–245.

601 – 1978: Zusammenhänge zwischen Strömung und Sedimenttransport. Teil 1: Berechnung des Sedimenttransports – allgemeiner Fall. – Mitt. Franzius-Inst. Hannover, H. 47, S. 214–345.

602 – 1978: wie vor Teil 2: Berechnung des Sedimenttransports hinter befestigten Sohlenstrecken – Sonderfall zweidimensionaler Kolk. – Mitt. Franzius-Inst. Hannover, H. 48, S. 1–95.

603 – 1979: Über die Abhängigkeit der Größe des turbulenten Diffusionsaustausches von suspendierten Sedimenten. – Mitt. Franzius-Inst. Hannover, H. 49, S. 244–255.

604 – 1979: Über die Anwendbarkeit der klassischen Suspensionsverteilungsgleichung über Transportkörpern. – Mitt. Franzius-Inst. Hannover, H. 49, S. 256–263.

605. – 1979: Konzentrationsverteilung und Kornzusammensetzung der Suspensionsfracht in offenen Gerinnen. – Mitt. Franzius-Inst. Hannover, H. 49, S. 264–282.

606 Zitscher, F. F., 1957: Möglichkeiten u. Grenzen in der konstruktiven Anwendung von Asphaltbauweisen bei Küstenschutzbauwerken. – Mitt. d. Franzius-Inst., Hannover, H. 12.

607 – 1960: Erfahrungen mit Deckwerksteinen aus Beton. – Beton 10, S. 477–482.

608 – 1962: Analyse zur Bemessung von Außenböschungen scharliegender Seedeiche gegen Wellenbeanspruchungen. – Wasser u. Boden, S. 337–349.

609 – 1964: Konstruktive Maßnahmen zur Sicherung von Deichen u. Dämmen. – VDI-Z., S. 1344–1347.

610 – 1971: Kunststoffe für den Wasserbau. – Bauingenieur-Praxis, H. 125. Berlin, München, Düsseldorf, 225 S.

611 – 1976: Natursteine u. Vermörtelung, Deichfußsicherungen, Seedeichbau. – In: Theorie u. Praxis, Hamburg, S. 292–297 u. S. 399–407.

612 – 1978: Das Kuratorium für Forschung im Küsten-Ingenieurwesen (KFKI). – Hansa, S. 1268.

613 – 1978: Schadensursachen an Küstenschutzanlagen herkömmlicher Art während der Sturmflut vom 3. 1. 1976 an der schleswig-holsteinischen Westküste. – Mitt. Franzius-Inst. Hannover, H. 47, S. 180–195.

614 Zschau, J., Kümpel, H.-J., Meissner, R. u. Carow, U., 1979: Eine neue geophysikalische Methode zur Vorhersage von Sturmfluten. – Die Küste, H. 34, S. 71–78.

*Nachträge:*

615 Becker-Birk, J., 1979: Verbände helfen Natur zu schützen. – AFZ, 35, S. 947–948.

616 Carlsen, C., 1979: Das Schleswig-Holsteinische Landschaftspflegegesetz in der Anpassung. – AFZ, 35, S. 923–924.

617 Eigner, J., 1979: Artenschutz für Pflanzen durch Schutz ihrer Lebensräume in Schleswig-Holstein. – AFZ, 35, S. 944–946.

618 Figge, K., Köster, R., Thiel, H. u. Wieland, P., 1980: Schlickuntersuchungen im Wattenmeer der Deutschen Bucht – Zwischenbericht über ein Forschungsprojekt des KFKI. – Die Küste, H. 35, S. 187–204.

619 Heiser, H., 1933: Landerhaltung und Landgewinnung an der deutschen Nordseeküste. – Die Bautechnik, H. 13 u. 17.

620 Höhne, H.-E., 1979: Schwerpunkte aus dem Arbeitsprogramm des Landesamtes für Naturschutz und Landschaftspflege in Schleswig-Holstein. – AFZ, 35, S. 940.

621 Holz, K.-P. u. Wundes, R.-D., 1980: Hybride Modelle – Ein neuer Weg im wasserbaulichen Versuchswesen. – Die Küste, H. 35, S. 52–56.

622 Jepsen, P. U., 1977: Jordsand, Vogelinsel im Wattenmeer. Geschichte und Natur Dänemarks einziger Hallig. – Esbjerg, 59 S.

623 Kelch, R. E., 1979: Verbesserungsmöglichkeiten des Naturschutzes und der Landschaftspflege aus der Sicht einer unteren Landschaftspflegebehörde. – AFZ, 35, S. 946–947.

624 Luck, G. u. Schäfer, P., 1980: Hydrodynamisch-numerische Modelle des Kuratoriums für Forschung im Küsteningenieurwesen (KFKI). – Die Küste, H. 35, S. 1–25.

625 Lux, H., 1979: Besonderheiten schleswig-holsteinischer Naturschutzgebiete. – AFZ, 35, S. 937.

626 Mehl, U., 1979: Biotopkartierung – eine Inventur ökologisch wertvoller Lebensräume. – AFZ, 35, S. 941–943.

627 Menke, A., 1979: Erholungsmöglichkeiten in der schleswig-holsteinischen Landschaft. – AFZ, 35, S. 928–929.

628 Sandelmann, H., 1978: Vogelhallig Norderoog. – Naturschutz u. Naturparke, 89, Nr. 2, S. 39–46.

629 Scharrel, U., 1979: Landschaftsrahmenplanung in Schleswig-Holstein. – AFZ, 35, S. 925.

630 Schmidt, L., 1979: Die Hallig Norderoog. – Schützt die Natur, Impressionen aus unserer Heimat. Freiburg, Basel, Wien, S. 15–25.

631 Schröder, K., 1979: Gemeindliche Landschaftsplanung. – AFZ, 35, S. 926–927.

632 Siefert, W., Fahse, H., Miessner, F., Richter, H.-H., Taubert, A., Wieland, P., 1980: Die Strömungsverhältnisse vor der Westküste Schleswig-Holsteins – Ergebnisse eines KFKI-Meßprogramms. – Die Küste, H. 35, S. 147–186.

633 Volquardts, G., 1979: Naturschutz und Landschaftspflege in Schleswig-Holstein. – AFZ, 35, S. 922–923.

634 Zehnhoff, A.Am, 1980: Sylt, Helgoland, Amrum, Föhr mit den Halligen, Pellworm und Nordstrand. – Du Mont-Dokumente, Landschaftsführer. Köln, 314 S.

Programm Nord 24—26, 159—161, 292, 325, 356, 481, 483, 509, 570—572, 574.

Halligsanierung 34, 325, 338, 471, 482, 484, 525.

2. Halligsanierungsprogramm 80, 81.

Versorgung mit elektrischer Energie 49, 152, 213, 276.

Fernwasserversorgung 4, 54, 152, 213, 267, 299, 394, 452, 471, 527, 558, 559, 589, 590.

Abwasser, Abfall, Gewässerschutz 39, 114, 126, 336, 393, 395.

Halligwege 34, 159—161, 481—484, 509, 511.

Wattwege 118, 250, 299, 445, 470, 508, 560.

Postverbindungen 23, 53, 205, 254, 281, 360, 404, 470, 508, 511, 560.

Luftverkehr 132, 133, 218, 254, 281, 310, 473, 509, 511.

Schiffsverkehr 56, 79, 91, 254, 280, 317, 461.

Seekarten 339, 341, 342.

Strandungen 204, 461, 476, 491.

Seezeichen 106, 153, 340, 504, 561.

Seenotrettungsdienst 103.

Sportboote 287, 426, 433, 596.

Fähren 144, 148, 254, 280, 316, 564.

Nutzungsarten 35, 509, 564.

Landwirtschaft 145, 177, 191, 192, 251, 327, 338, 470, 481—484, 509, 511, 525, 595.

Fremdenverkehr 180, 193, 200, 251, 299, 315, 325, 464, 481, 545, 573, 594, 627.

Dauergäste 7, 9, 13, 32, 47, 136, 338, 386, 436, 443, 473, 509, 511, 574.

Jugendgruppen 291, 437.

Naturschutz 58, 78, 82, 85, 99, 100, 102, 135, 138, 140, 143—146, 149, 179, 188, 189, 209, 211, 212, 248, 250, 378, 392, 397, 414, 428, 429, 431—433, 438, 443, 500—502, 516, 517, 521, 528, 530, 531, 615, 617, 623, 625, 626, 628, 630.

Angedeichte Halligen 3, 15, 21, 87, 88, 89, 123, 150, 235, 236, 246, 293, 308, 310, 314, 370, 388, 406, 407, 409—411, 413, 419, 432, 446, 447, 493, 554, 585, 587.

Aufgaben der Halliggemeinden 31, 41, 50, 86, 101, 137, 176, 215, 299, 359, 381, 413, 472, 503, 510, 512, 539, 583.

Halligschutz – ein Dauerauftrag 1, 8, 19, 67, 170, 249, 281, 285, 292, 326, 362, 366, 396, 448, 503, 505, 557, 564, 592—594, 616, 620, 629, 631, 633.


## Anhang 7. In Anspruch genommene Archive

Amt für Land- und Wasserwirtschaft Flensburg

Amt für Land- und Wasserwirtschaft Heide

Amt für Land- und Wasserwirtschaft Husum

Amtsverwaltung Pellworm

Bauunternehmung H. Brandt, Rendsburg

Buchhandlung C. F. Delff, Husum

Deutsches Hydrographisches Institut, Hamburg

Fernmeldeamt Heide

Franzius-Institut der Universität Hannover

Gemeinde Gröde

Gemeinde Hooge

Gemeinde Langeneß

Geologisches Landesamt, Kiel

Ingenieurbüro Dipl.-Ing. W. Kambeck, Husum

Kreisverwaltung Nordfriesland, Husum
Kuratorium für Küsteningenieurwesen, Kiel
Landesamt für Wasserhaushalt und Küsten Schleswig-Holstein, Kiel
Landesamt für Denkmalpflege Schleswig-Holstein, Kiel
Landesbildstelle Schleswig-Holstein, Kiel
Landschaftliches Archiv Norderdithmarschen, Heide
Landwirtschaftskammer Schleswig-Holstein, Kiel
Leichtweiß-Institut der Technischen Universität Braunschweig
Ministerium für Ernährung, Landwirtschaft und Forsten, Kiel
Nissenhaus Husum
Nordmark-Film, Kiel
Postamt Husum
Programm Nord, Kiel
St. Theresien, Nordstrand
SCHLESWAG, Rendsburg
Stadtbibliothek Hamburg
Statistisches Landesamt, Kiel
Universität Kiel: Institut für Meereskunde
Verein Jordsand e. V., Hamburg
Vermessungsbüro N. Rüpke, Hamburg
Wetteramt Schleswig

## Anhang 8. Abkürzungen

| | | | |
|---|---|---|---|
| AFZ | Allgemeine Forstzeitung | IRWB | Internationales Büro für Vogelforschung |
| AGN | Aktionsgemeinschaft Nordseewatten | IUCN | Internationale Union für Naturschutz |
| ALW | Amt für Land- und Wasserwirtschaft | JbNfV | Jahrbuch des Nordfriesischen Vereins |
| ASAG | Amrumer Schiffahrts-Aktien-Gesellschaft | KFKI | Kuratorium für Forschung im Küsteningenieurswesen |
| BGBl. | Bundesgesetzblatt | LN | Lübecker Nachrichten |
| BMFT | Bundesminister für Forschung und Technologie | LWG | Landeswassergesetz |
| DFG | Deutsche Forschungsgemeinschaft | MELF | Minister für Ernährung, Landwirtschaft u. Forsten |
| DGM | Deutsche Gewässerkundliche Mitteilungen | MSpTnw | Mittleres Springtideniedrigwasser |
| DGzRS | Deutsche Gesellschaft zur Rettung Schiffbrüchiger | MThw | Mittleres Tidehochwasser |
| DHI | Deutsches Hydrographisches Institut | NDR | Norddeutscher Rundfunk |
| | | NE | Nordelbingen |
| DHZ | Deutsche Hydrographische Zeitschrift | NF | Nordfriesland oder Neue Folge |
| DIN | Deutsche Industrie-Norm | NKN | Nordseeküsten-Nivellement |
| E(W)G | Europäische (Wirtschafts-)Gemeinschaft | NN | Normal-Null, Landeshorizont |
| | | NpThw | Nipptidehochwasser |
| EWK | Ein-Waben-Kästchen | NpTnw | Nipptideniedrigwasser |
| GVOBl. | Gesetz- und Verordnungsblatt | NSG | Naturschutzgebiet |
| IRV | Internationaler Rat für Vogelschutz | PE | Polyäthylen |
| | | Plk. | Plankammer des Amtes für Land- u. Wasserwirtschaft |

## Anhang 9. Verzeichnis der Figuren, Farbtafeln und Abbildungen

### Figuren

1 Übersichtsplan

2 Halligschutzprojekt von 1894 (Wasserwesen I 1, S. 345).

3 Ausschnitt aus „Die schleswigsche Westküste und das Wattenmeer. Mit skizzierten Dammbauten. Gezeichnet von Christian Jensen". Die seit 1640 am Festland gewonnenen bzw. bedeichten Marschen sind in der Karte schraffiert dargestellt. Die in Fuß angegebenen ungefähren Tiefenzahlen beziehen sich auf niedrigste Ebbe (1 m = 3½ Fuß). C. Jensen (1900) S. 59.

4 Einen 32 km langen Deich von Sylt nach Amrum, über Hooge nach Pellworm und von dort über Südfall nach Eiderstedt schlug Prof. Dix vor, um die verlorengegangenen Wattgebiete wiederzugewinnen (Welt am Sonntag Nr. 10, 6. 3. 1949, S. 31).

5 Auszüge aus der Planskizze zur Denkschrift der freien Arbeitsgemeinschaft der Deichverbände an der schleswig-holsteinischen Westküste (1931). a) Nordfriesisches Halliggebiet, b) Wattengebiet Süderdithmarschen.

6 Der jährliche Gang des Niederschlages, der Bewölkung und der Windgeschwindigkeit in Wyk auf Föhr nach 50jährigen Beobachtungen von 1888 − 1937. W. Leistner 1960.

7 Zunahme der Windgeschwindigkeit mit der Höhe über Flutsaum (MThw) am Südstrand der Insel Föhr. Nach täglichen Windmessungen in der Zeit von Mai bis Oktober 1961. W. Leistner 1969.

8 Anzahl der Sommertage für die Jahre 1888 bis 1968. W. Leistner 1969.

9 Die Kältesummen der Winter 1887/88 bis 1978/79 (Leistner 1969 und Wetteramt Schleswig).

10 Schreibpegel im Wattenmeer Schleswig-Holsteins.

11 Nordseeküsten-Nivellements nach Gronwald 1960.

12 Tidekurven und Staufläche vom 15. bis 18. Februar 1962 am Pegel Husum nach M. Petersen 1967.

13 Linien gleichen Höchstwasserstandes der Sturmflut am 16./17. Februar 1962. Quelle: ALW Husum.

14 Riesen- und Großrippelgebiete in den Wattströmen des nordfriesischen Halligmeeres nach J. Ulrich 1979.

15 Alt-Nordstrand um 1635. In: E. Fischer und A. Bantelmann 1977/78.

16 Querschnitte von Uferdeckwerken.

17 Siel Osterwehl auf Langeneß nach Bestandszeichnung ALW Husum.

18  Neubau des Hauses von Melf Boysen auf Ketelswarf/Langeneß mit Schutzraum und Keller. 1964.

19  Bohrprofile von Langeneß; links Neuwarf, rechts Hilligenlei.

20  Überdämmung des Altfelder Priels vor der Friedrichskoogspitze in Richtung Trischen, nach H. Pfeiffer 1938.

21  Damm vom Festland nach Helmsand, Bauzeit 1933−1936, nach H. Pfeiffer 1938.

22  Das 20 0000-Volt-Netz der SCHLESWAG im Nordfriesischen Halligmeer.

23  Im Nahbereich Husum können die Fernsprechkunden nun im Selbstwählbetrieb billiger telefonieren als bislang.

24  Ausschnitt aus der Seekarte der Commerzdeputation Hamburg, 1762. − A. W. Lang, Historisches Seekartenwerk der Deutschen Bucht, Nr. 30, Neumünster.

25  Ausschnitt aus der Seekarte von H. F. Rosencrantz, Husum, 1776. − A. W. Lang, Historisches Seekartenwerk der Deutschen Bucht, Nr. 32, Neumünster.

26  Ausschnitt aus der Seekarte von J. D. Trock, Altona, 1778. − A. W. Lang, Historisches Seekartenwerk der Deutschen Bucht, Nr. 35, Neumünster.

27  Ausschnitt aus der Seekarte von C. C. Zahrtmann, Kopenhagen, 1841. − A. W. Lang, Historisches Seekartenwerk der Deutschen Bucht, Nr. 58, Neumünster.

28  Ausschnitt aus der Seekarte von S. C. Zimmermann und J. O. Hasenbank, Hamburg, 1721. − A. W. Lang, Historisches Seekartenwerk der Deutschen Bucht, Nr. 27, Neumünster.

29  Ausschnitt aus der Seekarte von J. T. Reinke und J. A. Lange, Hamburg, 1787. − A. W. Lang, Historisches Seekartenwerk der Deutschen Bucht, Nr. 37, Neumünster.

30  Ausschnitt aus der Seekarte von E. Abendroth, Hamburg, 1846. − A. W. Lang, Historisches Seekartenwerk der Deutschen Bucht, Nr. 61, Neumünster.

31  Ausschnitt aus dem Seeatlas von H. Koehler, Berlin, 1859. − A. W. Lang, Historisches Seekartenwerk der Deutschen Bucht Nr. 69, Neumünster.

32  Ausschnitt aus der Seekarte von F. A. Meyer, Hamburg, 1868. − A. W. Lang, Historisches Seekartenwerk der Deutschen Bucht, Nr. 75, Neumünster.

33  Ausschnitt aus der Seekarte von F. A. Meyer, Hamburg, 1875. − A. W. Lang, Historisches Seekartenwerk der Deutschen Bucht Nr. 81, Neumünster.

34  Ausschnitt aus den Seekarten „Hever und Schmaltief" Nr. 106 D und „Vortrapptief, Norder- und Süderau" Nr. 107 D, 1979, Hamburg.

35  Übernachtungen auf Hooge (1955 bis 1980). Quelle: Schulz-Bauerhin (1970) und Tabelle 24/25.

36  Anzahl der Brutpaare auf Norderoog 1909−1980.

37  Zone der bestandsbildenden Arten auf den Halligen und auf dem niedrigen Vorland. Nach J. Abrahamse u. a. 1977, Abb. 234.

38  Aufnahme der Ringelgans-Schäden im Mai 1979 nach K.-E. Gieseler, W. Hänsch u. M. Kornagel, 1980 a) Nordstrandischmoor, b) Gröde, c) Hooge, d) Langeneß.

39  Überwachungsstationen im schleswig-holsteinischen Wattenmeer. Quelle: Landesamt für Wasserhaushalt und Küsten SH.

40  Hallig Langeneß − Entwässerungsgebiete. a) 1903, b) 1926, c) 1980.

41  Sielzug im Westerwehl bei hoher Flut.

42  Sielzug im Osterwehl bei mittelhoher Flut.

43  Sielzug Westerwehl-Langeneß (Entwurf v. 12. 3. 1926).

44  Sielzug Osterwehl-Langeneß (Entwurf v. 12. 3. 1926).

45  Langeneß-Osterwehl a) 1910, b) 1980.

*Farbtafeln*

1  Hallig Hooge. Foto: G. Quedens.

2  An wolkenlosen Sommertagen scheinen die Warfen in der Luft zu schweben, wie hier die Westerwarf auf Hooge. Foto: M. Engler.

222

3  Mit Schlick bedeckter Halligrasen von Gröde nach mehreren Überflutungen im Winter. Foto: U. Muuß. Freigeg.: SH 757-151.

4  Gröde im Sommer während der Sanierung der Knudtswarf. Links im Bild die Kirch- und Schulwarf. Aufnahme: U. Muuß. Freigeg.: SH 99-151.

5  Blühende Bondestave (Statice limonium L.). Foto: H. Hoffmann.

6  Hooge. Kirchwarf, abgedämmter Halligpriel, Binnensiel, Hafenbecken und Schleuse. Foto: Schöning. Freigeg. SH 1-42392.

7  Warf Norderhörn auf Langeneß nach der Sturmflut 1962. Alte und neue Gebäude mit ungleicher Firsthöhe. Freigespülte und beschädigte obere Warfböschung, darauf Heustapel. Fething ohne Wasser. Sommerdeich mit Uferdeckwerk, als feste Grenze zwischen Hallig und Wattenmeer. Archiv: MELF.

8  Wattwanderung bei aufziehendem Gewitter, 27. 5. 1962. Foto: D. König.

9  Blick über Hallig Oland — mit kleinem Sielhafen — nach Langeneß. Aufnahme: U. Muuß. Freigeg.: SH 2149-151.

10  Hooge. Sturmflut am 3. 1. 1976. Blick von der überschwemmten Kirchwarf mit dem „Kreuz von Golgatha" nach der Ockelützwarf. Foto: B. Speck.


*Abbildungen*

1  Luftbildplan 1958. Aufnahme bei Tideniedrigwasser (Tnw). N. Rüpke, Hamburg. Freigeg.: LAH 700077

2  Hallig Süderoog. „In den Horizont trat jetzt ein grauer Punkt, der sich allmählich in die Breite streckte; und endlich stieg ein grünes Eiland vor uns auf" (Theodor Storm). Foto: U. Mack, 1971

3  Eine geflügelte Wache scheint die Hallig Süderoog zu umgeben. 1971. Foto: U. Mack

4  Hilligenley auf Langeneß. Uferabbruch, Buschlahnung und steiles Uferdeckwerk an der äußeren Warfkante. Schule Nordmarsch im Gebäude links. 1914. Foto: T. Möller

5  Hilligenley. Die Uferschutzanlage verhindert den weiteren Landverlust. 1930. Foto: T. Möller

6–8  Notgeldscheine von Hallig Langeneß-Nordmarsch. 1921

9  Der vorherrschende Westwind formt die Baumkronen und drückt selbst die Baumstämme nach Osten. Foto: H. Koch

10  Wasserschöpferin am Sod. 1937. Foto: T. Möller

11  Die ringbedeichte Warf von Oland während der Sturmflut am 3. Januar 1976 um 12.00 Uhr. Foto: ALW Husum

12  Meist führt ein breiter Priel zur Halligwarf wie hier auf Süderoog. 1971. Foto: U. Mack

13  Sturmflut auf Ockenswarf, Hallig Hooge. Foto: T. Schneemann

14  Löschen eines Halligbootes auf Langeneß um 1900. Foto: O. Gerstand

15  Ohne Deich liegt die Marsch der Hallig ausgebreitet mit abgebröckelten Rändern. An den frischen Kantenbrüchen die übereinandergelagerten Sturmflutschichten. 1930. Foto: T. Möller

16  Hauswarf- und Brunnenrest des 1362 untergegangenen Hafenortes Rungholt. Foto: Th. Möller, 1924

17  Fußspuren im Schlickwatt. Unter Schlick versteht man schluffig-tonige, kalkhaltige oder kalkfreie, organische Stoffe enthaltende, nicht entwässerte Ablagerungen im Salz- und Brackwasserbereich. Foto: U. Mack

18  Schlickwatt bei ablaufendem Wasser. Foto: U. Mack

19  Blick von Südosten auf die Norderwarf der Hallig Nordstrandischmoor. Rechts der Dunghaufen auf der Warfböschung. Foto: T. Möller

20  Vereistes Wattengebiet am 29. Januar 1963 südlich von Langeneß, Blick nach Osten. „Nur wo die unsichtbaren Wattströme sich darunter drängten, hob und senkte die Eisfläche sich in

stromartigen Linien" (Th. Storm, Der Schimmelreiter). Archiv: Landesamt für Wasserhaushalt und Küsten Schleswig-Holstein.

21 Sechs Wochen war Hallig Hooge durch Eis isoliert, als ein SW-Sturm in wenigen Minuten am Südufer eine Eisbarriere aufschob von 5 km Länge und acht Meter Höhe. Rechts die Postwarf (Ockenswarf). Februar 1955. Foto: T. Schneemann

22 Schulwarf auf Nordstrandischmoor im Winter 1929. Foto: A. Johannsen

23 Hooge. Bis zwei Meter hohe Schneewehen auf der Warf. Januar 1979. Foto: H. Ebert

24 Landunter auf Hallig Süderoog. Schafe und Rinder weiden an der Halligwarf. 1936. Foto: W. Menck

25 Die Wellen schwappen über das Uferdeckwerk auf die Hallig. Foto: D. König

26 Schüttsteindecke im Osten von Hooge, Fischkutter am Anleger Landsende. Im Hintergrund Insel Pellworm mit Turmruine der Alten Kirche. Im Schlickwatt haben sich Queller und Spartina angesiedelt. Foto: G. Knechties

27 Süderoog. Terra-Haus, Neues Haus, Gehöft (Gaard); Weißdorn, Holunder und Obstbäume bieten Windschutz. 1931. Foto: H. N. Paulsen.

28 Oland. Fething und Gärten auf der Warf. Der alte Baum wurde vom Winde „geschoren" (Windschur). 1914. Foto T. Möller

29 Möwen und Seeschwalben begleiten einen Fischkutter und stürzen sich auf den Beifang, der dem Gewässer zurückgegeben wird. Foto U. Mack

30 Küstenseeschwalbe (Sterna paradisea) auf Norderoog 16. 6. 1971. Foto: D. König

31 Süderoog. Limicolen-Schwarm, 18. 9. 1975. Foto: D. König

32 Dunkelbäuchige Ringelgänse in ihrem marinen Lebensraum. Durch das Beweiden der Zwergseegrasbestände auf den Watten sowie des Hallig- und Vorlandgrases werden im Frühjahr die für den weiten Flug zum Brutplatz erforderlichen Fettreserven angelegt. Foto: P. Prokosch

33 Kirche Oland. Foto: U. Mack

34 Auf der Hans-Warf/Hooge. Links das Haus mit dem Königspesel. Foto: Nordmark-Film

35 Ausschnitt aus der Karte von Golowin, 1813. Landesarchiv in Schleswig

36 Jakob Alberts: Königspesel auf Hallig Hooge (1892). Landesmuseum in Schleswig

37 Sensen-Mahd, 1937. Foto: T. Möller

38 Dengeln der Sense. Das trockene Heu wurde mit dem Holzrechen zusammengeharkt und in Ruken gestapelt. 1910. Foto: T. Möller

39 Oft ist wochenlange Bearbeitung des gemähten Grases erforderlich, bevor es als „reifes" Heu eingebracht werden kann. 1939. Foto: H. N. Paulsen

40 Das kurze Heu wird in Laken gebündelt und auf dem Kopf nach Hause getragen. Archiv Programm Nord.

41 Heutransport im Boot prielaufwärts. 1908. Foto: T. Möller

42 Die „Bünne" werden über eine Leiter durch die Dachluke auf den Heuboden gehoben. 1937. Foto: T. Möller

43 Das Vieh wird vor dem auflaufenden Hochwasser in Sicherheit gebracht. Abgestützte Heudiemen (Klampen), Fahrzeuge, Geräte, Fässer auf der Warfböschung sind Zeichen einer zu kleinen Wirtschaftsfläche. Foto: E. Jacobsen

44 Pferde werdem nach der Heuernte auf das Halligboot Hilligenley verladen. Foto: H. Koch

45 Die Mähmaschine auf Hallig Hooge. 1937. Foto: T. Möller

46 Schafschur. 1914. Foto: T. Möller

47 Schafschur mit der Schere. Foto: Nordmark-Film

48 Halligbäuerin beim Melken auf dem gepflasterten Platz vor der Stalltür. 1937. Foto: T. Möller

49 „Ditten", aus Kuhmist in Wällen zum Trocknen aufgesetzt, werden als Feuerung benutzt. 1924. Foto: T. Möller

50 Bienen auf Langeneß um 1900. Foto: O. Gerstand

51 Königinnen-Belegstation auf Ockenswarf/Hooge der Bienenzuchtrichtung Carnika 65. 1964. Foto: M. Petersen

52 Frauen gehen mit Netz und Korb zum „Porrenstrieken", d. h. zum Krabbenfischen

53 Hamburger Hallig, Aalreusen. 1934. Foto: T. Möller

54 Vor dem neuen Uferdeckwerk spült die tägliche Flut bald alle verbliebenen Landreste fort. Die Sturmflutschichten werden deutlich sichtbar. Foto: Nordmark-Film

55 Bau des Steindeckwerks auf Nordstrandischmoor 1931, links Baugrubenaushub aus schwarzem Moorboden. Foto: M. Petersen

56 Nordstrandischmoor. Versuchsstrecke für ein Uferschutzwerk mit Bauelementen aus Beton. 1924. Foto T. Möller

57 Ein Uferdeckwerk wird um die Hinterpflasterung erweitert. 1930. Foto T. Möller

58 Granitsteindecke zum Schutze der Hallig Habel mit Fußsicherung durch Schüttsteine und Hinterpflasterung mit einem Rauhstreifen. Im Hintergrund Warf mit Haus. Archiv ALW Husum

59 Tief abgespültes Watt im Westen der Hamburger Hallig. Schüttsteinbuhnen weisen die Längsströmung vom Fuß des Deckwerks ab. Hinter dem Kamm (Knete) des Deckwerks Verbreiterung der Pflasterung durch Asphalteingußdecke und Rauhstreifen aus Betonsteinen. Foto: M. Petersen

60 Hooge. Deich mit Uferdeckwerk aus Basaltsteinen an der NO-Seite, 17. 7. 1974 bei Tidehochwasser. Foto: D. König

61 Basaltsteindeckwerk am Nordufer von Hooge mit Schüttsteinbewurf zur Fußsicherung bei Niedrigwasser. Der dunkle Streifen kennzeichnet die Spritzwasserzone bei Tidehochwasser. Foto: H. Hoffmann

62 Uferdeckwerk vor Habel. Im Vordergrund durch Rost zerstörte Stahlspundwandbuhne. Foto: HH. Fink

63 Sandwall an der Ostseite von Südfall. Blick nach Westen. 8. August 1975. Foto: D. König

64 Gepflasterter Deich auf Langeneß 1937. Foto: T. Möller

65 Nach der Sturmflut steht das Meerwasser noch längere Zeit auf Hallig Langeneß. Im Vordergrund der Sommerdeich 1975. Foto: P. Prokosch

66 Ostersiel auf Hooge, links Baujahr 1913, rechts 1940. Foto: HH. Fink

67 Das erweiterte Binnensiel auf Hooge. Foto: ALW Husum

68 Abbruchkante, Uferdeckwerk, Sommerdeich, Ridd-Siel/Nordmarsch. 1930. Foto: T. Möller

69 Siel Osterwehl auf Langeneß. Foto: W. Kambeck

70 Sielbau auf Gröde 1951. Foto: ALW Husum

71 Oland. Boot-Sloot-Siel und Schreibpegel. Foto: W. Kambeck

72 Das Entwässerungssiel auf Gröde mit Sielhafen und Postbootanleger. Foto: HH. Fink

73 Stöpensiel im Sommerdeich auf Gröde. Foto: HH. Fink

74 Zerstörtes Wohn- und Stallgebäude auf der Hayenswarf an der Nordwestseite von Langeneß. Februar 1962. Foto: Archiv MELF

75 Durch Wellen und Orkan zerstörtes Hallighaus. Foto: Archiv MELF

76 Sturmflut am 3. 1. 1976. Wellen schwappen über den Fethingwall auf Hilligenley/Langeneß. Foto: P. Prokosch

77 Hamburger Hallig. Blick von Westen gegen den Schirmdeich. Davor Pfahl mit Sturmflutmarken. 1979. Foto: M. Petersen

78 Mit dem Pferdegespann wird Strandgut auf die Warf von Süderoog gebracht. Ostansicht des „Neuen Hauses". Der Schutzraum wurde über dem Querbalken des unteren Geschosses eingebaut. 1971. Foto: U. Mack

79 Schutzraum: Stahlbetonrahmen auf Bohrpfählen während der Bauausführung. Archiv Programm Nord

80 Der fertiggestellte Schutzraum befindet sich im neuen Hallighaus auf der Warf Süderhörn-Langeneß. Der First des Nachbarhauses (oben rechts) hat noch nicht die neue Höhe. Archiv Programm Nord

81 Der Altfelder Priel drängte gegen die Friedrichskoogspitze. Buhnen halten den Vorgang auf. Der Priel wird tiefer. Aufnahme Nordmark-Film

82 Der Verbindungsdamm Oland-Langeneß 1914 ohne Gleis. Foto: T. Möller

83 Nach Verstärkung des Dammes mit Transportgleis. 1930. Foto: T. Möller

84 Baustelle Helmsander Damm. Auf einer Förderbrücke werden die Baustoffe mit der Feldbahn herantransportiert, hier Kleisoden. Der Boden für den Erdkern wird mit der Schiebkarre aus dem Watt geholt und in den Damm geschüttet. Foto: Buck

85 Der Damm Festland-Nordstrandischmoor ist durch Granitschüttsteinbewurf eissicher hergestellt worden. 1977. Archiv ALW Husum

86 Der durch die Eisflut vom 1. März 1956 zerstörte Damm Festland-Hallig Nordstrandischmoor (Bauzeit 1933/34). Foto: HH. Fink

87 Käpt'n Magda Matthiessen von Oland mit ihrer Segellore auf Fahrt nach Dagebüll. Foto: H. Hoffmann

88 Landunter für den Lorendamm nach Nordstrandischmoor. Foto: H. J. Fiß

89 Nordansicht der Neuwarf auf Nordstrandischmoor, 1960. Foto: H. Hoffmann

90 Die Neuwarf auf Nordstrandischmoor nach der Sanierung, 1962. Foto: H. Hoffmann

91 Knudtswarf auf Gröde um 1900. Foto: O. Gerstand

92 Die Knudtswarf auf Gröde nach der Sanierung. Foto: H. Hoffmann

93 Die erhöhte Honkenswarf auf Langeneß. Die Warfböschungen wurden abgeflacht, die Wege befestigt, die Gehöfte saniert. Foto: H. Hoffmann

94 Ein moderner Viehstall mit Futtergang auf der Honkenswarf, Langeneß. Foto: H. Hoffmann

95 Nach der Sturmflut am 3. 1. 1976 in der Kirche von Gröde. Archiv MELF.

96 Sturmflutschäden auf Nordstrandischmoor. 1976. Archiv MELF

97 Fething und Bockmühle, 1906. Foto: T. Möller

98 Hallighaus auf Südfall mit Fething und blühenden Holundersträuchern. 1914. Foto: T. Möller

99 Oland. Von den Schäden der Januarüberflutung ist im August 1976 nichts mehr zu sehen. Der Fething prägt das charakteristische Bild der Halligwarf. Archiv Landesamt für Wasserhaushalt und Küsten

100 Auf der Hamburger Hallig 1956. Foto: Landesbildstelle SH

101 Ein Fething ist mit hellem Wattsand frisch verfüllt worden. Dahinter modernisierte Wohn- und Wirtschaftsgebäude. Foto: Nordmark-Film

102 Wohn- und Wirtschaftsgebäude mit Windrad im Trischen-Koog. Foto: E. Jacobsen

103 Einpflügen des 20-kV-Kabels nach Hallig Gröde-Appelland

104 Montage der Verbindungsmuffen auf einem hochwassersicheren Gerät. Foto: H. J. Fiß

105 Nordstrandischmoor im Maßstab ca. 1:35 000. Flughöhe 5280 m. Oben rechts bindet der Damm vom Festland an die Halligen an. 21. 3. 1969. Aufnahme: N. Rüpke. Freigeg.: LAH 286/69

106 Der Priel neben der Norderwarf ist bei Tidehochwasser mit Halligbooten zu befahren. 1937. Foto: T. Möller

107 Knudtswarf auf Gröde. 1930. Foto: T. Möller

108 Oland. Der Stock (Bohlensteg) kreuzt einen Halligpriel. Das schräggestellte Holz versperrt dem Weidevieh den freien Übergang. 1930. Foto: T. Möller

109 Knudtswarf auf Gröde nach der Sanierung. Ein Ringdeich umschließt die Häusergruppe – wieder mit Reetdächern. Die Wege sind befestigt. Ein Feuerlöscher wird geprüft. 1971. Foto: U. Mack

110 Schmale Holzbrücke über einen Halligpriel. Foto: Schöning

111 Hooge aus 4000 m Höhe am 18. 8. 1958. Aufnahme: N. Rüpke. Freigeg.: LAH 700077

112 Ketelswarf auf Langeneß mit betonierten Ringwegen und Rampen, den „Acks", die zu den einzelnen Betrieben auf die Warf führen, wo alte und neue Gebäude nebeneinander stehen. Dazwischen befinden sich 2 Fethinge, Heustapel, Futtersilo, Vorgärten. Das stark zergliederte Prielsystem ist erhalten geblieben. Sommerdeich und Uferdeckwerk links oben. Aufnahme: D. König. Freigeg.: SH 55−168

113 Sonntagsgäste auf Süderoog. Das befestigte „Ack", die Rampe auf der Warfböschung. 1971. Foto: U. Mack.

114 Warf Süderhörn auf Nordmarsch-Langeneß mit befestigter Rampe. Das Niveau der Neubauten liegt etwa 1 m höher als das des alten Gebäudeteils (vgl. Fenster- u. Firsthöhen). Der Schutzraum befindet sich im Giebel. Foto: HH. Fink

115 Hauptverbindungsweg auf Langeneß mit Stahlbetonbrücke aus Fertigbetonteilen. Foto: HH. Fink

116 Landunter auch auf der Halligstraße von Nordstrandischmoor. Im Hintergrund die Schul- und Norderwarf. Foto: H. J. Fiß

117 Auf dem Wattweg zwischen Pellworm und Süderoog. Die Flut kommt schnell. Die Pferde ziehen den mit Gästen, Post und Waren beladenen Wagen ruhig durch einen bereits ausgeuferten Priel. 1935. Foto: H. N. Paulsen

118 Versorgung der Hallig mit Schiff und Pferdefuhrwerk. 1938. Foto: W. Menck

119 Wanderung von Hooge über das Watt nach Norderoog. Foto: U. Mack

120 Übergabe der Halligpost um 1910. Archiv Buchhandlung C. F. Delff

121 Trotz Nebel und schwerem Eistreiben erreichte das Rettungsboot „Rickmer Bock" der Gesellschaft zur Rettung Schiffbrüchiger die Hallig Hooge im Februar 1954, um Medikamente, Post und Lebensmittel zu bringen und zwei Kranke zu holen. Die Fahrzeit durch das Eis und über See bis nach Nordstrand dauerte 2½ Tage; von Hooge nach Nordstrand fährt das Rettungsboot normal zwei Stunden. Die Hallig war bereits 100 Tage isoliert. Foto: T. Schneemann

122 Freudig wird „Rescue" begrüßt; aus Dank für die eingeflogene Post kredenzten Halligbewohner Friesengebäck (Knerken, Fottjes, Smernöt) und „Seehundsmilch", ein Likör, auch Halligwunder genannt. 1947. Foto: T. Schneemann

123 Hooge. Postbote auf einem Dreirad am Fuße der Westerwarf. Archiv Landesamt für Wasserhaushalt und Küsten.

124 Oland am 21. 3. 1969 aus 5280 m Höhe gesehen. Die einzige Warf liegt im Westen der Hallig. Deckwerke und stromabweisende Buhnen sichern den Bestand, der Sommerdeich bietet Schutz gegen Überflutungen während der Heuernte. Anwachs im Osten beiderseits des Verbindungsdammes. Aufnahme: N. Rüpke. Freigeg.: LAH 286/69

125 Gröde aus 4000 m Höhe am 4. 9. 1958. Aufnahme: N. Rüpke. Freigeg.: LAH 700077

126 Süderoog aus 4000 m Höhe am 18. 8. 1958. Aufnahme: N. Rüpke. Freigeg.: LAH 700077

127 Langeneß am 21. 3. 1969 aus 5280 m Höhe bei Niedrigwasser. Sandbänke in der Süderau (unten) und in der Norderau (oben) stellen gefährliche Hindernisse für die Schiffahrt dar. Aufnahme: N. Rüpke. Freigeg.: LAH 186/69

128 Heutransport, etwa 1930. Foto: H. Koch

129 Verladen eines Rindes. Heutransport in Laken am Uferschutzwerk von Langeneß. Foto: H. Koch

130 Auf Süderoog und Südfall diente das Pferdefuhrwerk lange Zeit als Versorgungsfahrzeug und zum Transport von Strandgut. 1971. Foto: U. Mack

131 Gröde im Hallighorizont unter dem hohen Wolkenhimmel. Die weit gespannte Linie verbindet das flache Land mit der Unendlichkeit des Meeres. Foto: H. Hoffmann

132 Buschsand-Bake auf Trischen seit 1951 mit Zufluchtsraum für Schiffbrüchige. Archiv Wasser- und Schiffahrtsamt Tönning

133 Nordmarsch-Leuchtturm auf Langeneß 1979. Archiv Landesamt für Denkmalpflege SH

## 10. Fotonachweis

## 11. Verzeichnis der Tabellen

# 12. Register

## *Sachregister*

Asphalt 62, 63, 76, 100
astronomisch 36, 45
Atmosphäre 26, 39, 131
Atmung 30
aufbauende Kräfte 7, 46, 162
Auffahrtsrampe 69, 73, 100
Aufnahmegrenze 140
Aufsichtsboot 130
— pflicht 150
Auge 31
Ausbildungsbeihilfe 165
ausbooten 135
Ausflugsverkehr, — unternehmen 110, 155
Ausgleichszulage 134
Aushubboden 57
Ausländer 140
Ausnahmeschicksal 132
Ausschuß f. Untersuch. an der SH Westküste 81
Außensand 25, 29, 51, 111, 112, 124, 141
Austernfischer 53, 156
ausufern 41
Ausweichmöglichkeiten 169
Auswüchse 153, 154
Auto, PKW 103, 105, 137, 141
— fähre 7, 103, 105, 130
Automatisierung 128

Backofen 134
Bad, baden, Nordseebad 26, 87, 151
Badewasser 31, 160
Bäckerei 134
Baggerung 99
Bake 112, 125, 126
Bakenstandort 126, 127
— stecker 125
— tonne 128
Balkanabstammung 59
balneologisch 31
Bandwurm 94
Baracke 165
Barium 32
Bastler 91
Bauelement 62
— grund 68, 74
— maschine 74, 86
— meister 7
— rat 16
baureif 86
Bauschäden 62, 68
— stelle 86
— stoff 62, 63, 68, 74, 86
— verwaltung 16
— weise 26, 62, 64, 66, 77, 82, 100
— werksgewicht 75

— zeit 64, 87
Baumbestand 54, 165
bedeichen, Deichbau 20, 66, 77, 152, 153, 162
Bedenken 154, 155
Beerensträucher 50
Begriff Hallig 66
begrüppeln 57, 76, 85, 162
Behörden 102, 152
Beifang 60
Bekanntmachung 15, 19, 89
Belastungsfähigkeit, — grenze 74, 85, 140, 160
Bemessungswasserstand 23, 43, 88
Beobachtungsliste 26, 33, 45
Beratungsring 86
Bereisung 25, 137
Berggebiete 134
Bergung, Bergungsmanöver 124, 129, 135
Besiedlungsgeschichte, Siedlung, — shorizont 18, 80, 82, 152, 168
Besonnenheit 37
Besonnungsdauer 30
Bestandsaufnahme 24, 70, 80, 81, 86, 156
— dezimierung 154, 156, 169
— lenkung, — regelung 156, 169
Bestick, Sollabmessung 23
Bestickung, Strohbestickung 162
Besucherstrom, Tagesgäste, — touristen 141, 142, 170
Beton 62, 76, 100
— decke 86
— mast 91
— rahmen 86
— stein 62
Betriebsausflug 141
— fläche 7
— führung, — weise, — wirtschaft 74, 85, 86, 133, 169
Bett 139, 140
Beurteilung 20, 68, 106, 153, 160
Bevölkerungszahlen 24
Bevormundung 155
Bewährung 23, 79, 129
Bewohnbarkeit d. Halligen 7, 23, 71, 131, 144, 168
Bezugsfläche 33
Bibliothek 15
Bicarbonat 32
Bienenzucht 59
Bilegger-Ofen 20
Bindemittel 63
Biograph 168
bioklimatisch 30
Biologie, Biomasse 51, 80, 152, 153, 154, 159
Birke 125

232

246

## Personenregister

Reinersdorff, A. v. 86
Renger-Patzsch, A. 18
Rohweder 144
Ruhts, A. 18

Sönnichsen, H. 18, 166
Schijf, J. B. 83
Schnoor, E. 7
Schönleber, G. 15
Schulz, H. 150
Stephan, H. v. 106

Stoltenberg, Fr. 18
Storm, Th. 12, 101, 137

Träger, E. 15, 16, 137

Voigt, F. 131
Volquardsen/Hamb. Hallig 20

Wand, J. S. 150
Wattenberg, Prof. 32
Weigand, K. 140
Weinreich/Husum 16

## Ortsregister

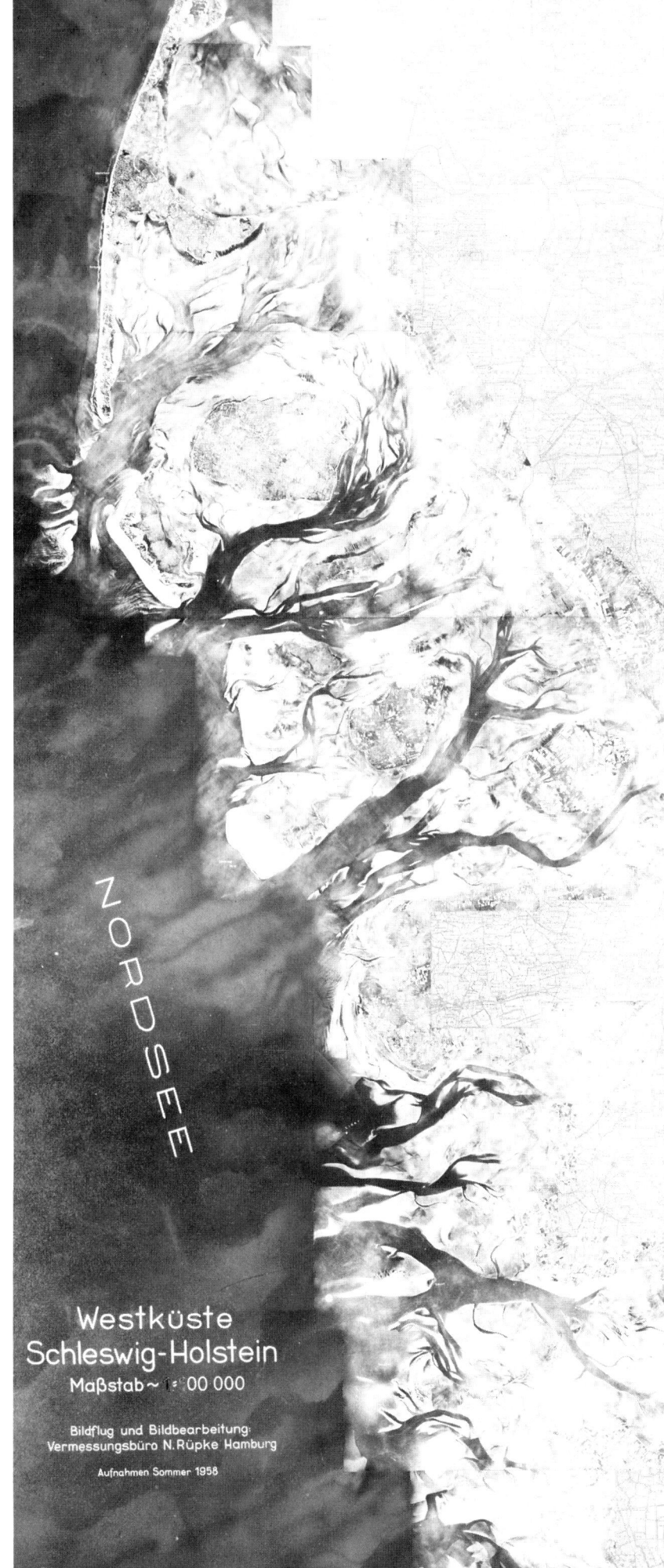

Abb. 1 Luftbildplan 1958. Aufnahme bei Tideniedrigwasser (Tnw)

NORDSEE

Westküste
Schleswig-Holstein
Maßstab ~ 1 : 00 000

Bildflug und Bildbearbeitung
Vermessungsbüro N. Rüpke Hamburg

Aufnahmen Sommer 1958

Abb. 2  Hallig Süderoog. „In den Horizont trat jetzt ein grauer Punkt, der sich allmählich in die Breite streckte; und endlich stieg ein grünes Eiland vor uns auf" (Theodor Storm)

Abb. 3 Eine geflügelte Wache scheint die Hallig Süderoog zu umgeben. 1971

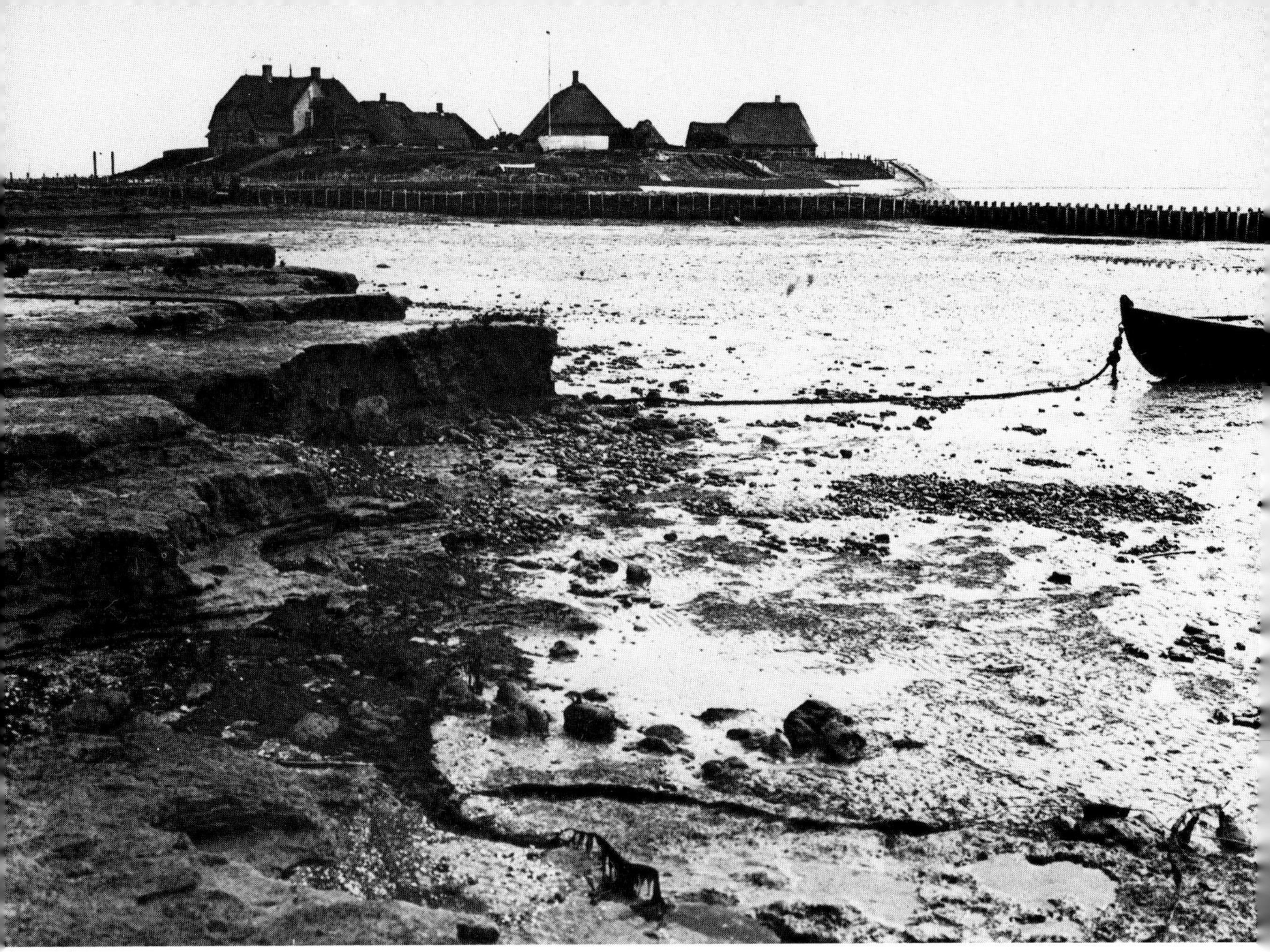

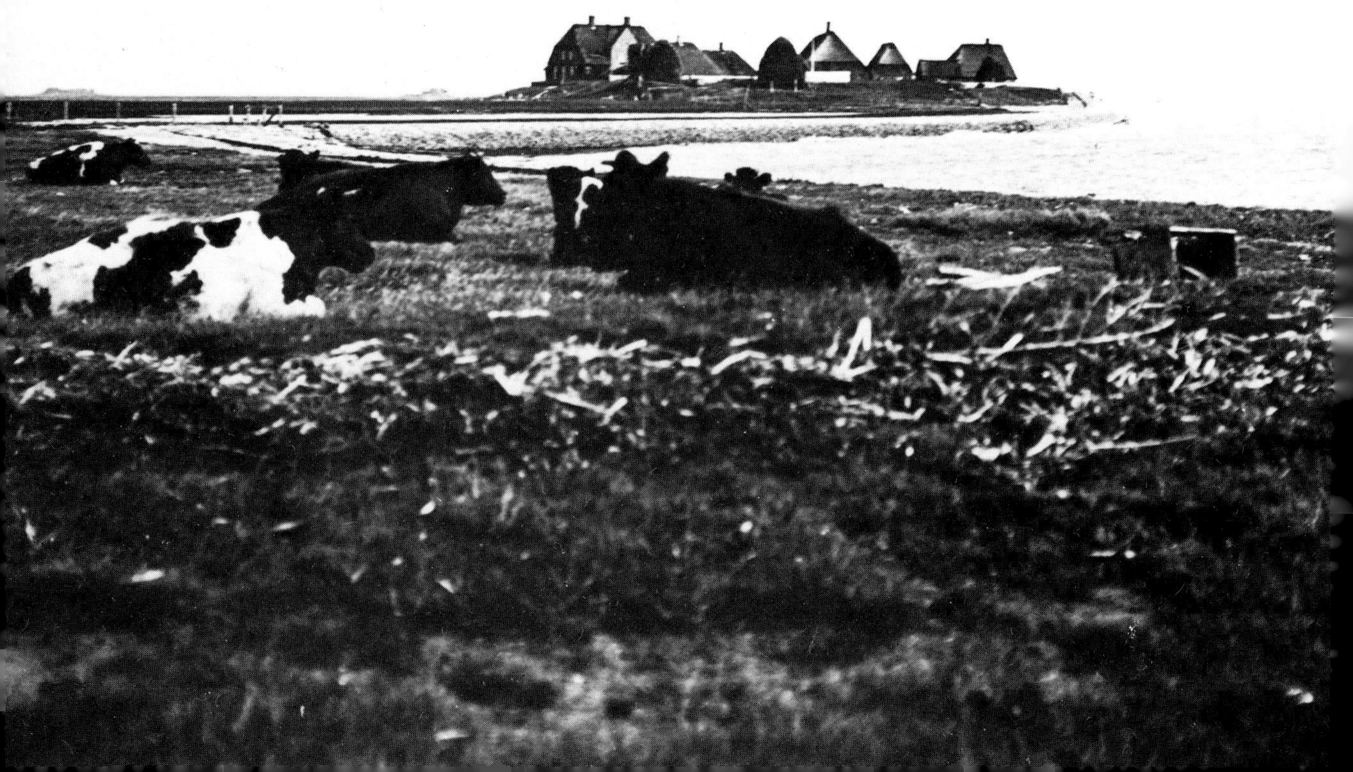

Abb. 6 – 8 Notgeldscheine
von Hallig Langeneß-
Nordmarsch. 1921

Zerstörende Wirkung einer Mine.

Diddenfabrikation.

HALLIG - LANGENESS - NORDMARSCH

Dieser Gutschein verliert seine Gültigkeit
4 Wochen nach Bekanntmachung in den
„Husumer Nachrichten"
Langeneß-Nordmarsch, 1. September 1921

Der Gemeindevorsteher

Der Gemeindevorsteher

„Dü liewe God,
bewohre üs hüss in Störm un Noud!

◁  Abb. 4  Hilligenley auf Langeneß. Uferabbruch, Buschlahnung und steiles Uferdeckwerk an der äußeren
Warfkante. Schule Nordmarsch im Gebäude links. 1914

Abb. 5  Hilligenley. Die Uferschutzanlage verhindert den weiteren Landverlust. 1930

Abb. 9  Der vorherrschende Westwind formt die Baumkronen und drückt selbst die Baumstämme nach Osten  ▷

Abb. 10  Wasserschöpferin am
Sod. 1937

Abb. 11  Die ringbedeichte Warf von Oland während der Sturmflut am 3. Januar 1976 um 12.00 Uhr  ▷

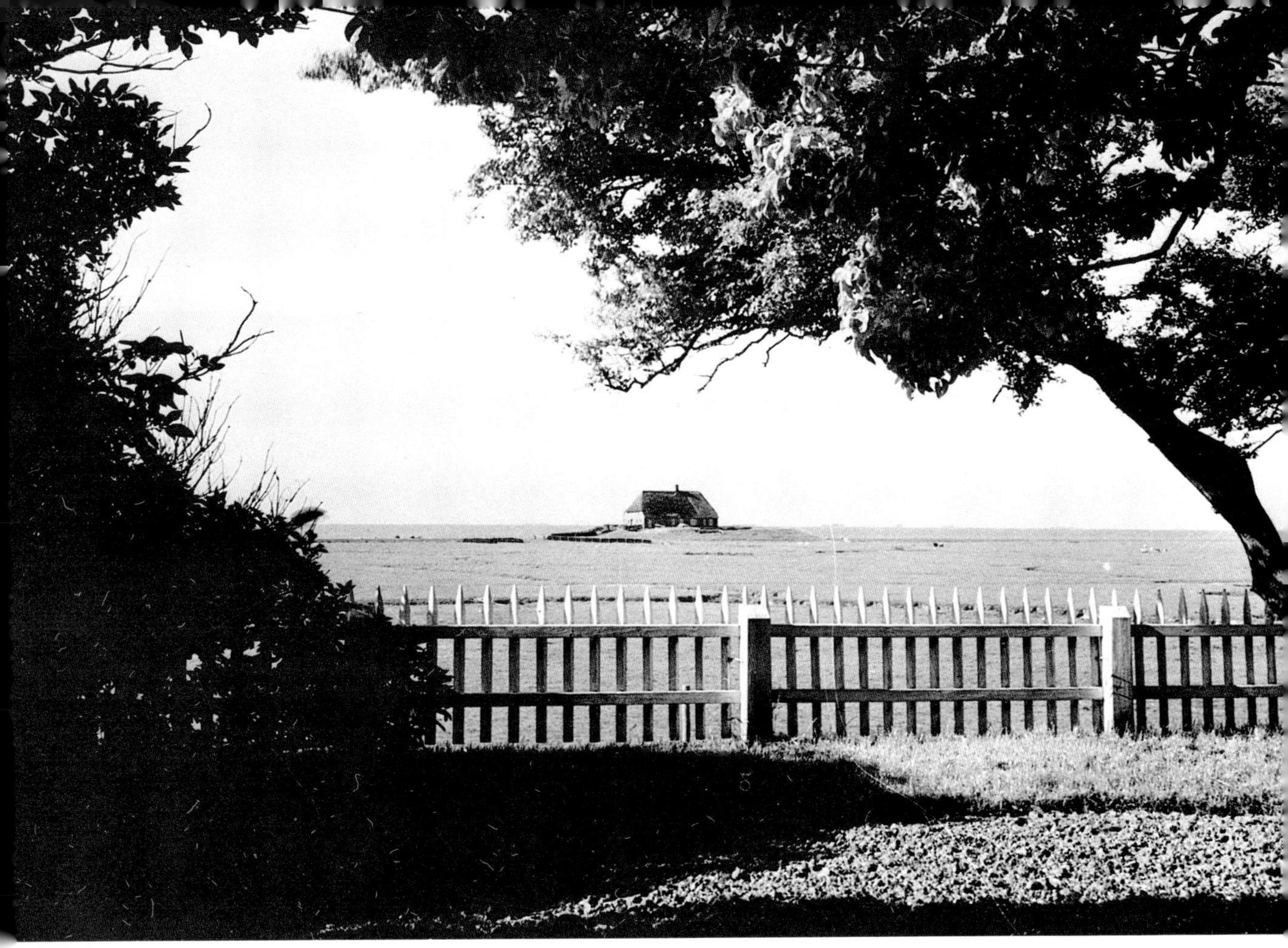

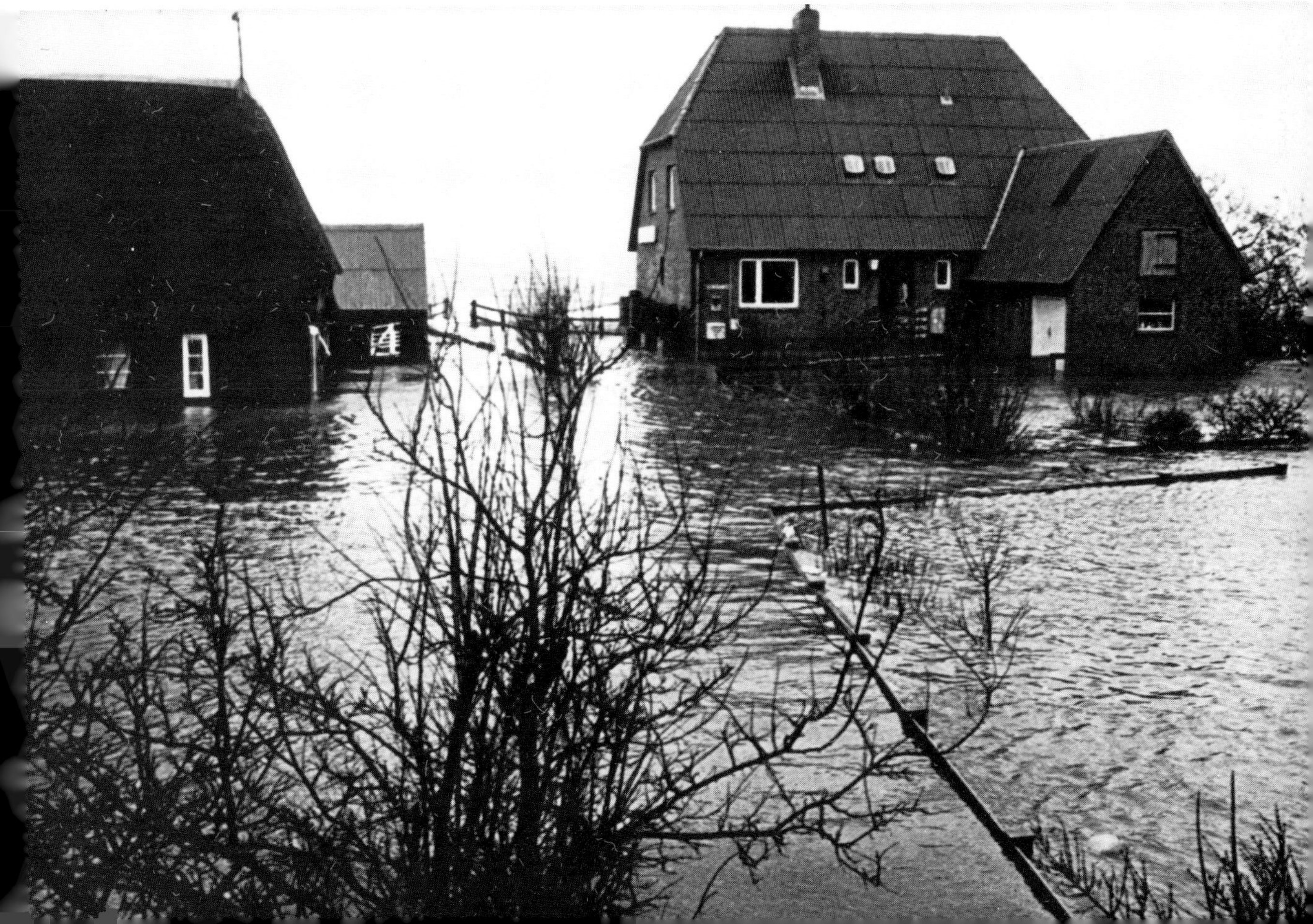

Abb. 12  Meist führt ein breiter Priel zur Halligwarf wie hier auf Süderoog. 1971

Abb. 13  Sturmflut auf Ockenswarf, Hallig Hooge  ▷
Abb. 14  Löschen eines Halligbootes auf Langeneß um 1900

Abb. 17 Fußspuren im Schlickwatt. Unter Schlick versteht man schluffig-tonige, kalkhaltige oder kalkfreie, organische Stoffe enthaltende, nicht entwässerte Ablagerungen im Salz- und Brackwasserbereich

◁ Abb. 15 Ohne Deich liegt die Marsch der Hallig ausgebreitet mit abgebröckelten Rändern. An den frischen Kantenbrüchen die übereinandergelagerten Sturmflutschichten. 1930

Abb. 16 Hauswarf- und Brunnenrest des 1362 untergegangenen Hafenortes Rungholt

Abb. 18  Schlickwatt bei ablaufendem Wasser

Abb. 19 Blick von Südosten auf die Norderwarf der Hallig Nordstrandischmoor. Rechts der Dunghaufen auf der Warfböschung

Abb. 20  Vereistes Wattengebiet am 29. Januar 1963 südlich von Langeneß, Blick nach Osten. „Nur wo die unsichtbaren Wattströme sich darunter drängten, hob und senkte die Eisfläche sich in stromartigen Linien" (Th. Storm, Der Schimmelreiter)

Abb. 21 Sechs Wochen war Hallig Hooge durch Eis isoliert, als ein SW-Sturm in wenigen Minuten am Südufer eine Eisbarriere aufschob von 5 km Länge und acht Meter Höhe. Rechts die Postwarf (Ockenswarf). Februar 1955

Abb. 22 Schulwarf auf Nordstrandischmoor im Winter 1929

Abb. 23 Hooge. Bis zwei Meter hohe Schneewehen auf der Warf. Januar 1979

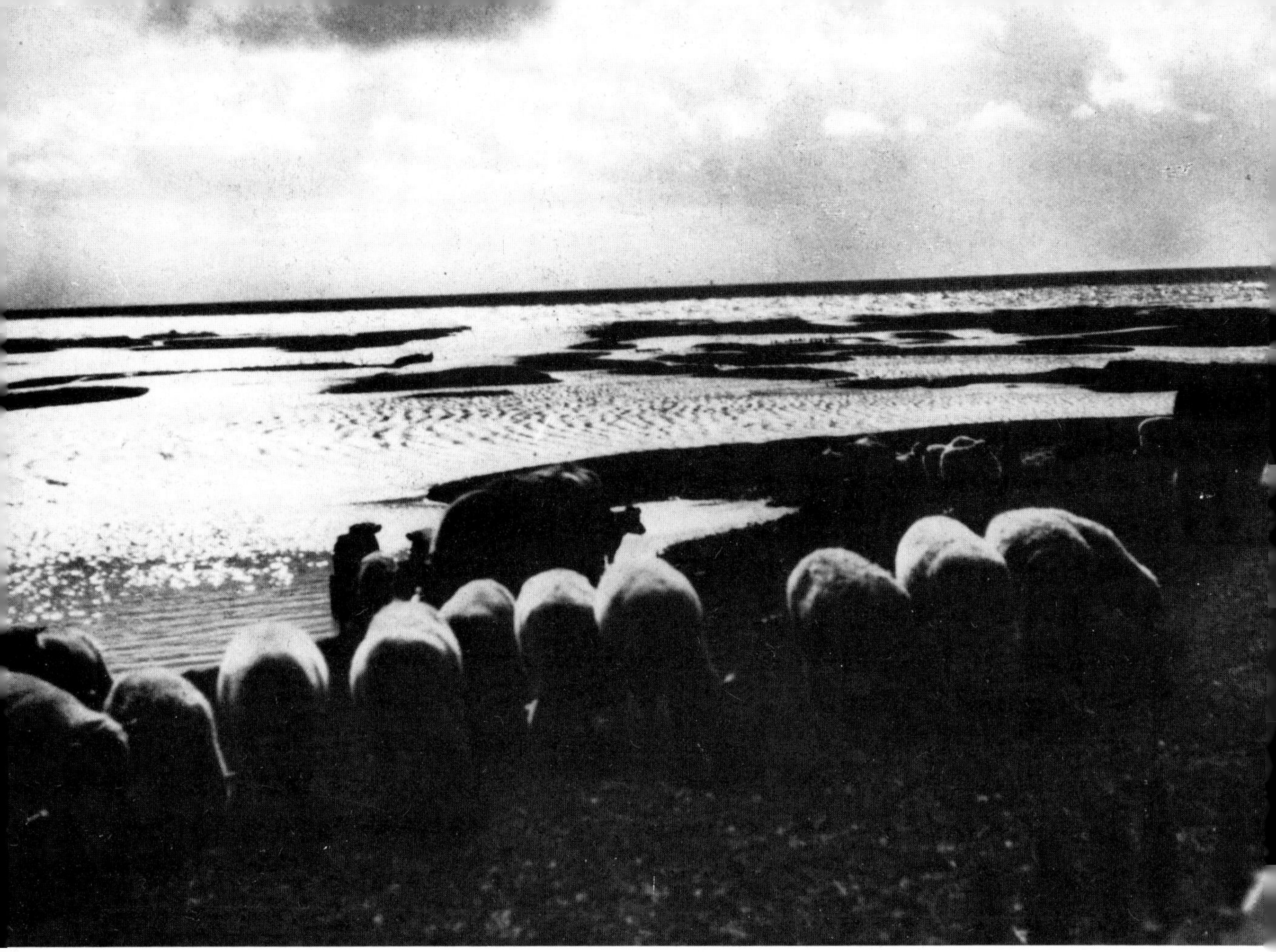

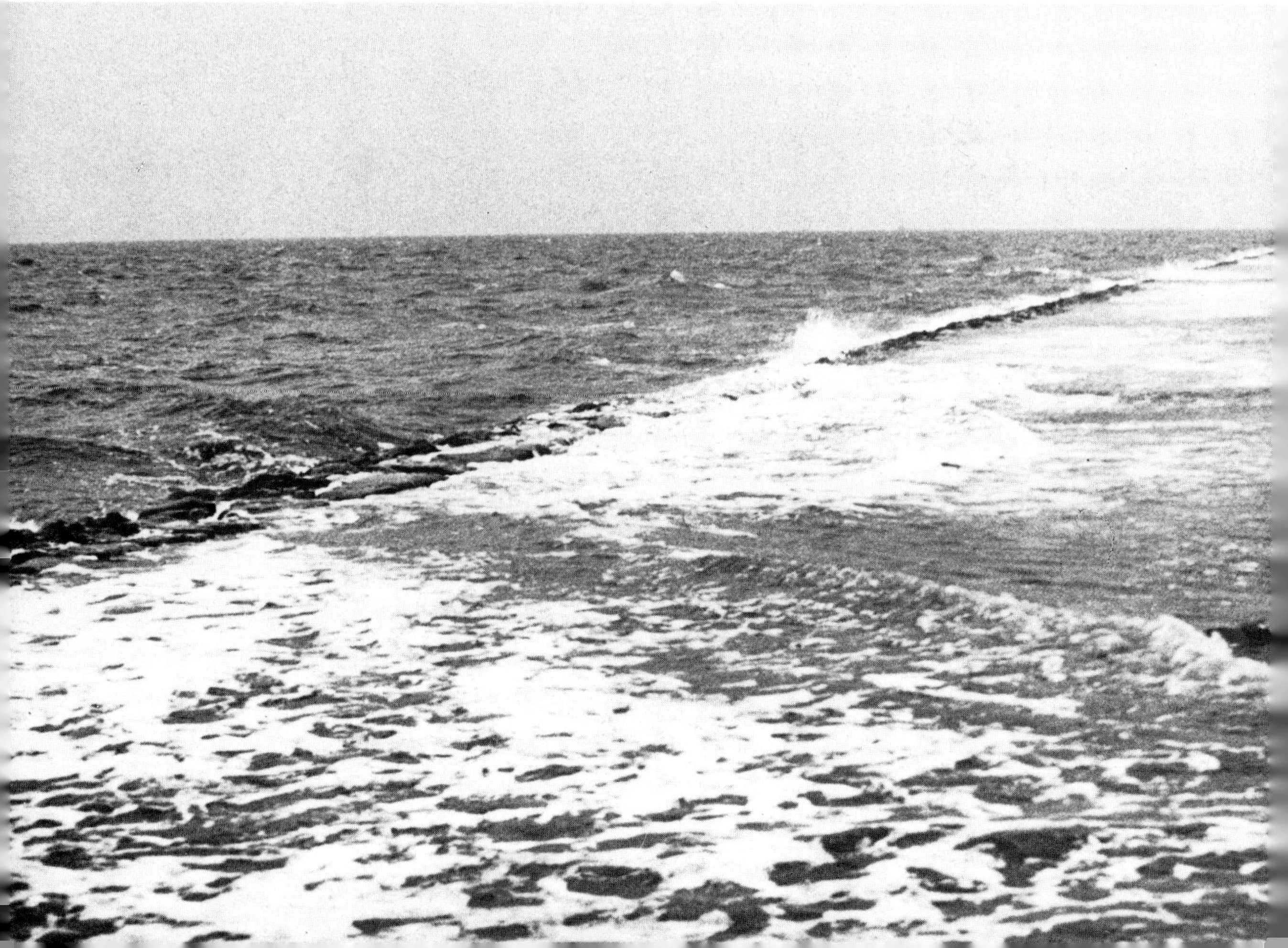

Abb. 26 Schüttsteindecke im Osten von Hooge, Fischkutter am Anleger Landsende. Im Hintergrund Insel Pellworm mit Turmruine der alten Kirche. Im Schlickwatt haben sich Queller und Spartina angesiedelt

◁ Abb. 24 Landunter auf Hallig Süderoog. Schafe und Rinder weiden an der Halligwarf. 1936

Abb. 25 Die Wellen schwappen über das Uferdeckwerk auf die Hallig

Abb. 27  Süderoog. Terra-Haus, Neues Haus, Gehöft (Gaard); Weißdorn, Holunder und Obstbäume
bieten Windschutz. 1931

Abb. 28 Oland. Fething und Gärten auf der Warf. Der alte Baum wurde vom Winde „geschoren"
(Windschur). 1914

Abb. 29 Möwen und See-
schwalben begleiten einen
Fischkutter und stürzen
sich auf den Beifang, der
dem Gewässer zurückge-
geben wird

Abb. 30 Küstensee-
schwalbe (Sterna paradi-
sea) auf Norderoog 16. 6.
1971

Abb. 31 Süderoog.
Limicolen-Schwarm,
18. 9. 1975

Abb. 32 Dunkelbäuchige Ringelgänse in ihrem marinen Lebensraum. Durch das Beweiden der Zwergseegrasbestände auf den Watten sowie des Hallig- und Vorlandgrases werden im Frühjahr die für den weiten Flug zum Brutplatz erforderlichen Fettreserven angelegt. 1976

Abb. 33  Kirche Oland

Abb. 34  Auf der Hans-Warf/Hooge. Links das Haus mit dem Königspesel

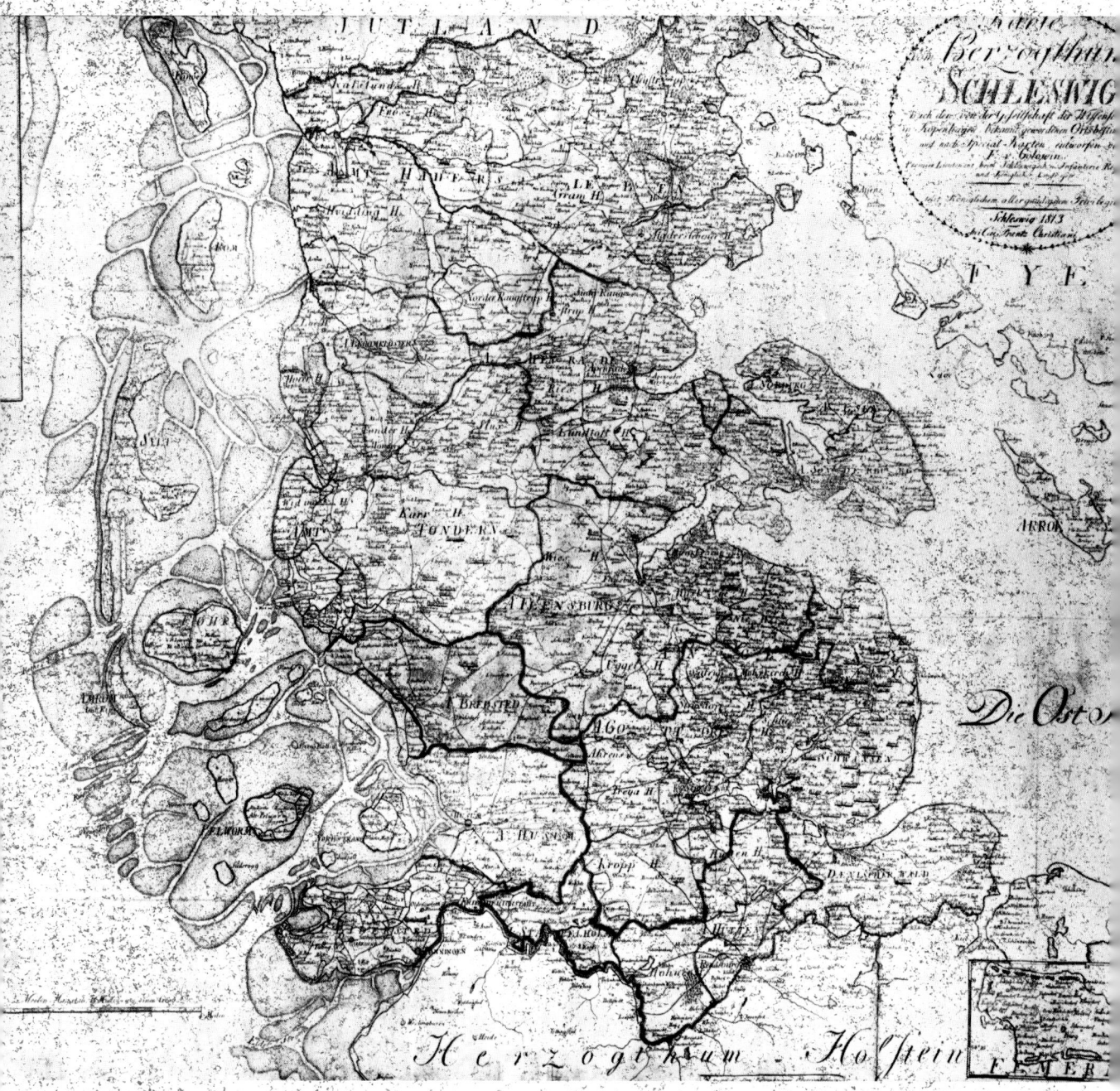

Abb. 35 Ausschnitt aus der Karte von Golowin, 1813

Abb. 36  Jakob Alberts: Königspesel auf Hallig Hooge (1892)

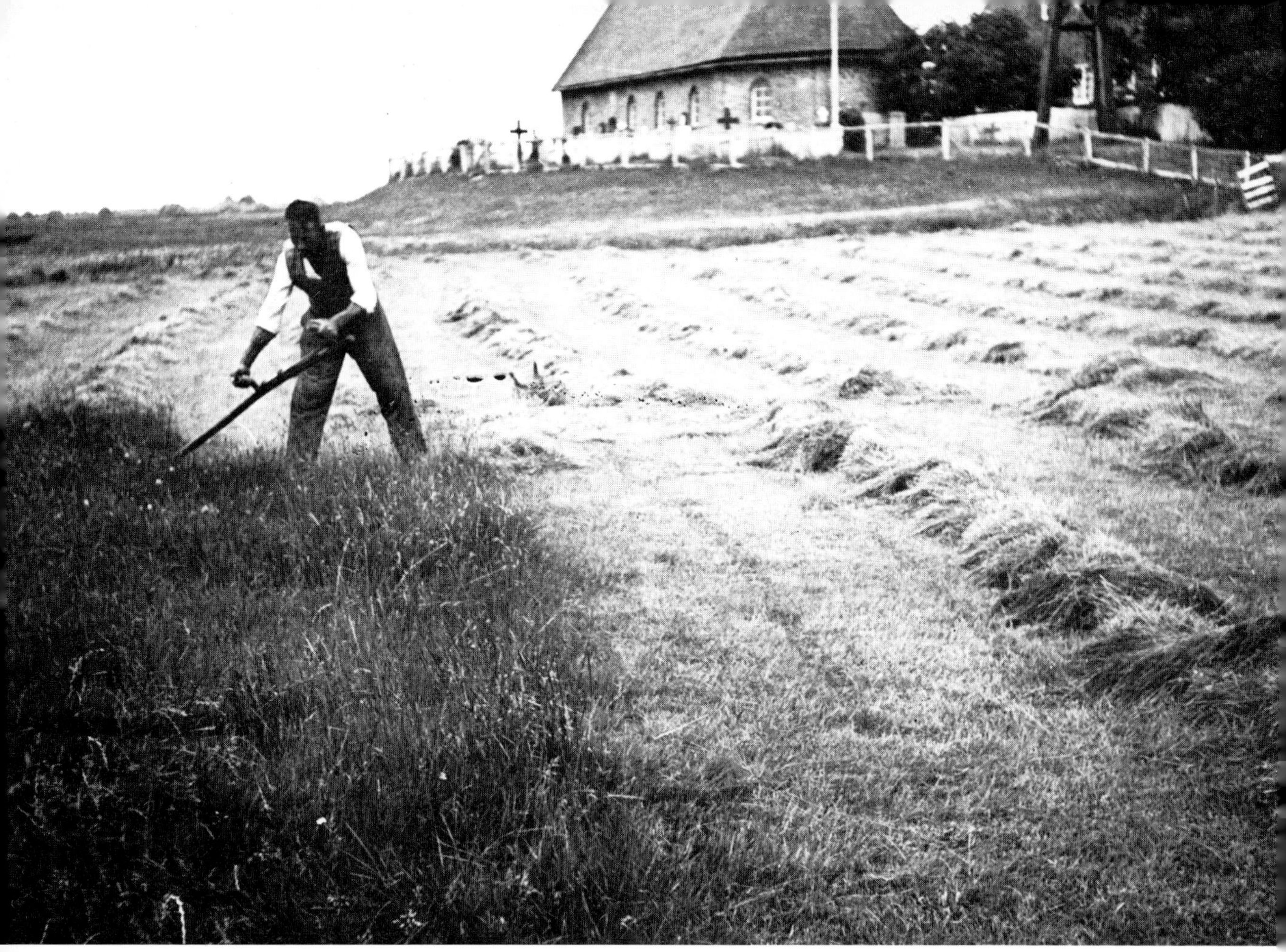

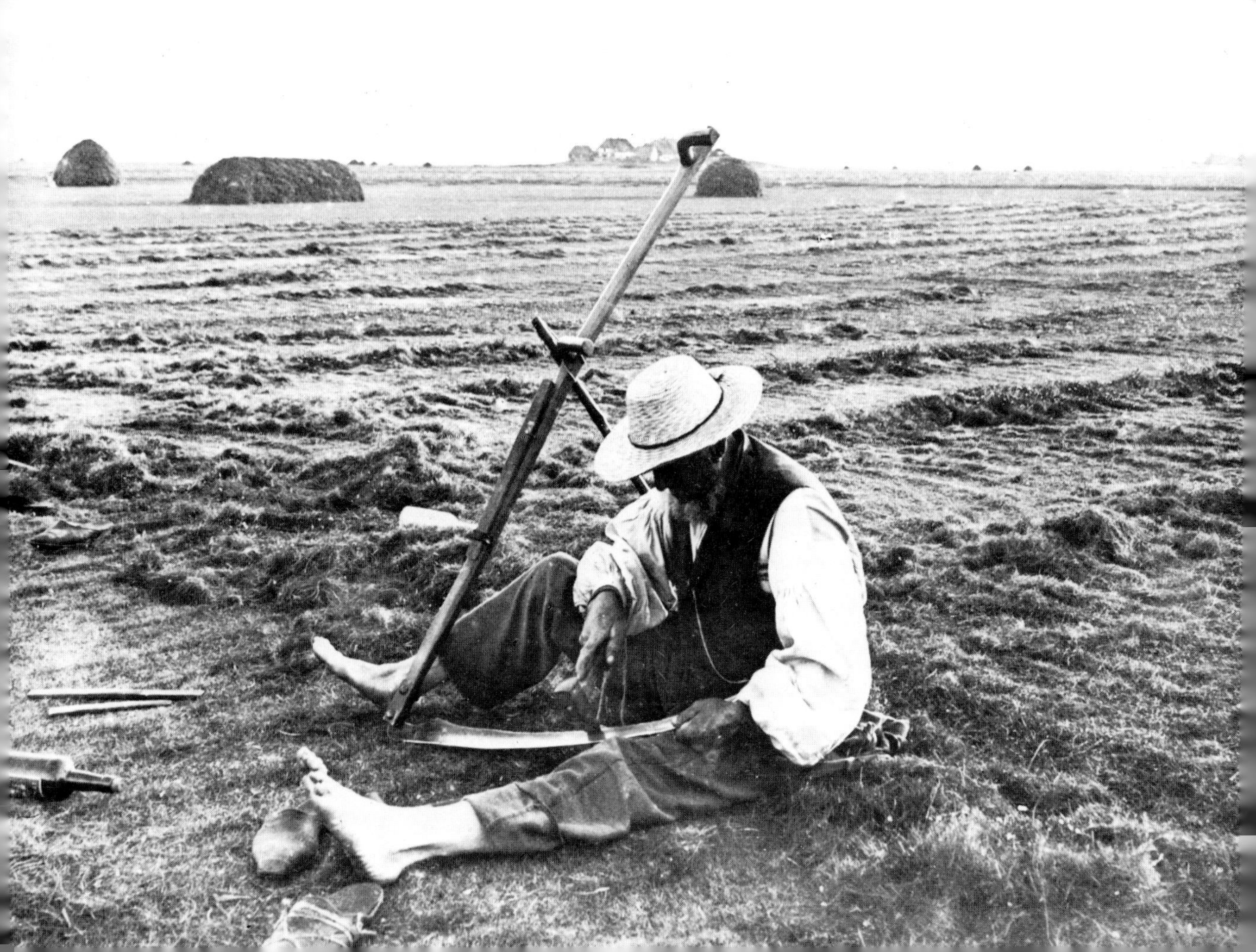

Abb. 39 Oft ist wochenlange Bearbeitung des gemähten Grases erforderlich, bevor es als „reifes" Heu eingebracht werden kann. 1939

◁ Abb. 37 Sensen-Mahd, 1937

Abb. 38 Dengeln der Sense. Das trockene Heu wurde mit dem Holzrechen zusammengeharkt und in Ruken gestapelt. 1910

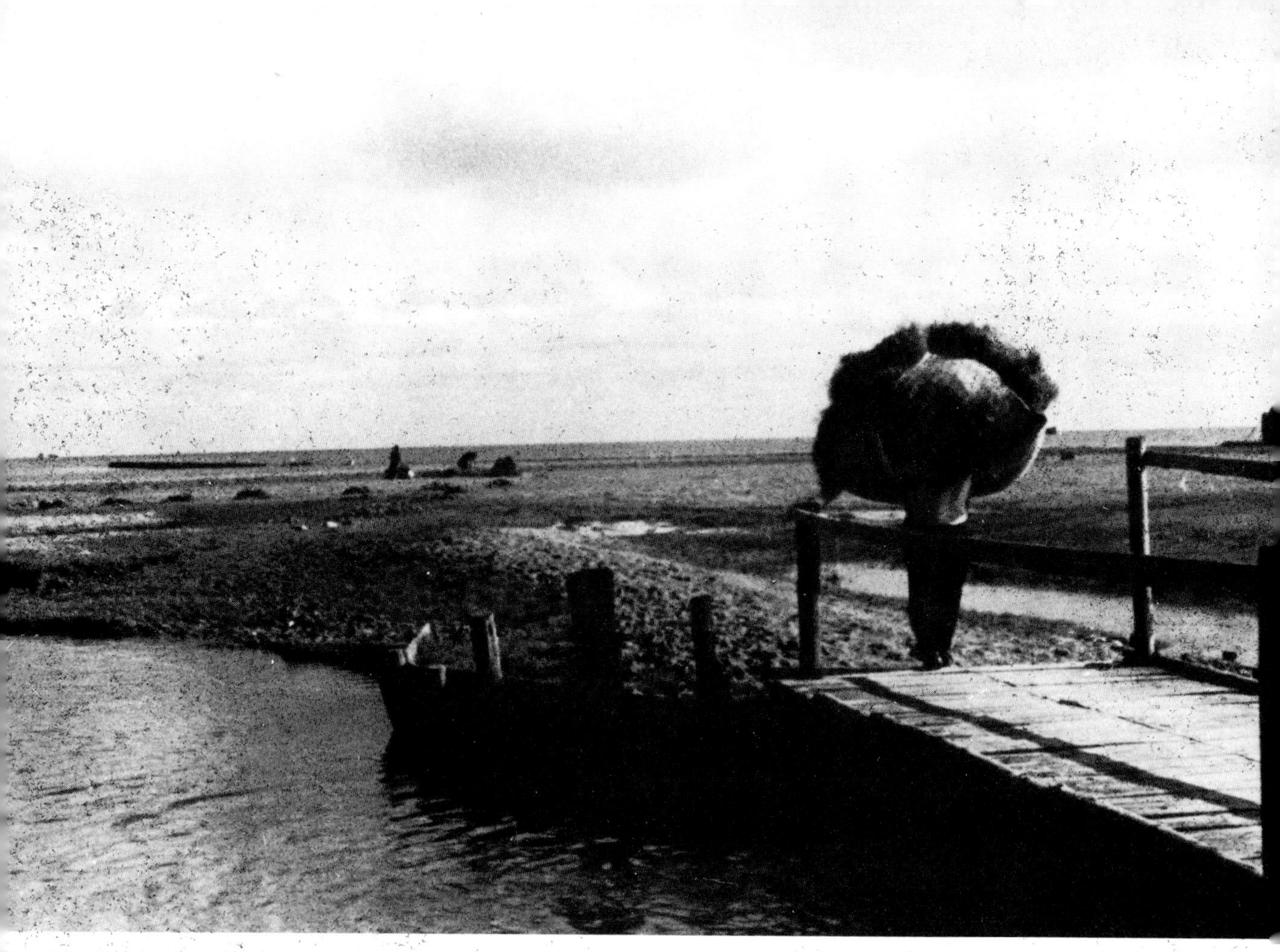

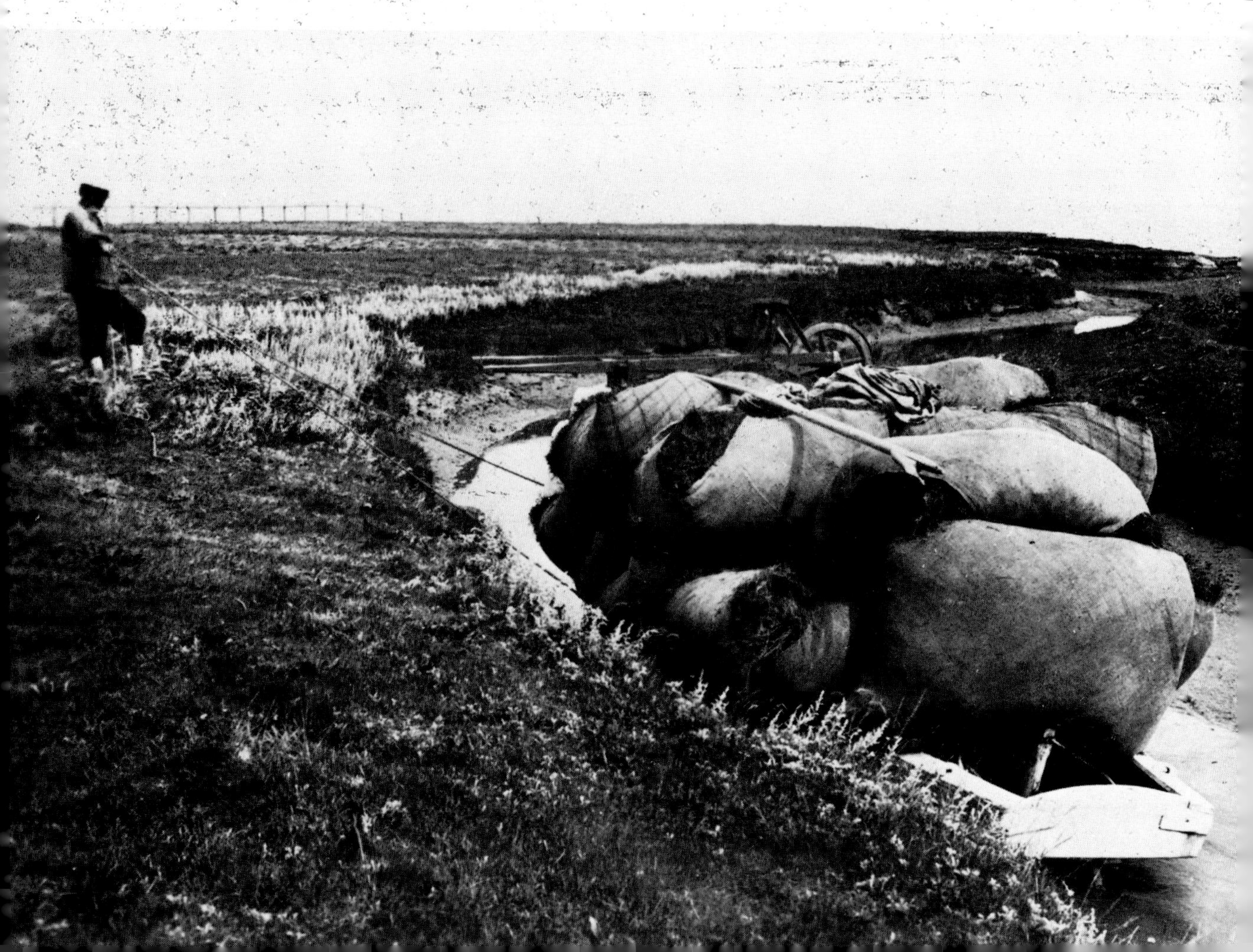

Abb. 42 Die „Bünne" werden über eine Leiter durch die Dachluke auf den Heuboden gehoben. 1937

◁  Abb. 40 Das kurze Heu wird in Laken gebündelt und auf dem Kopf nach Hause getragen

Abb. 41 Heutransport im Boot prielaufwärts. 1908

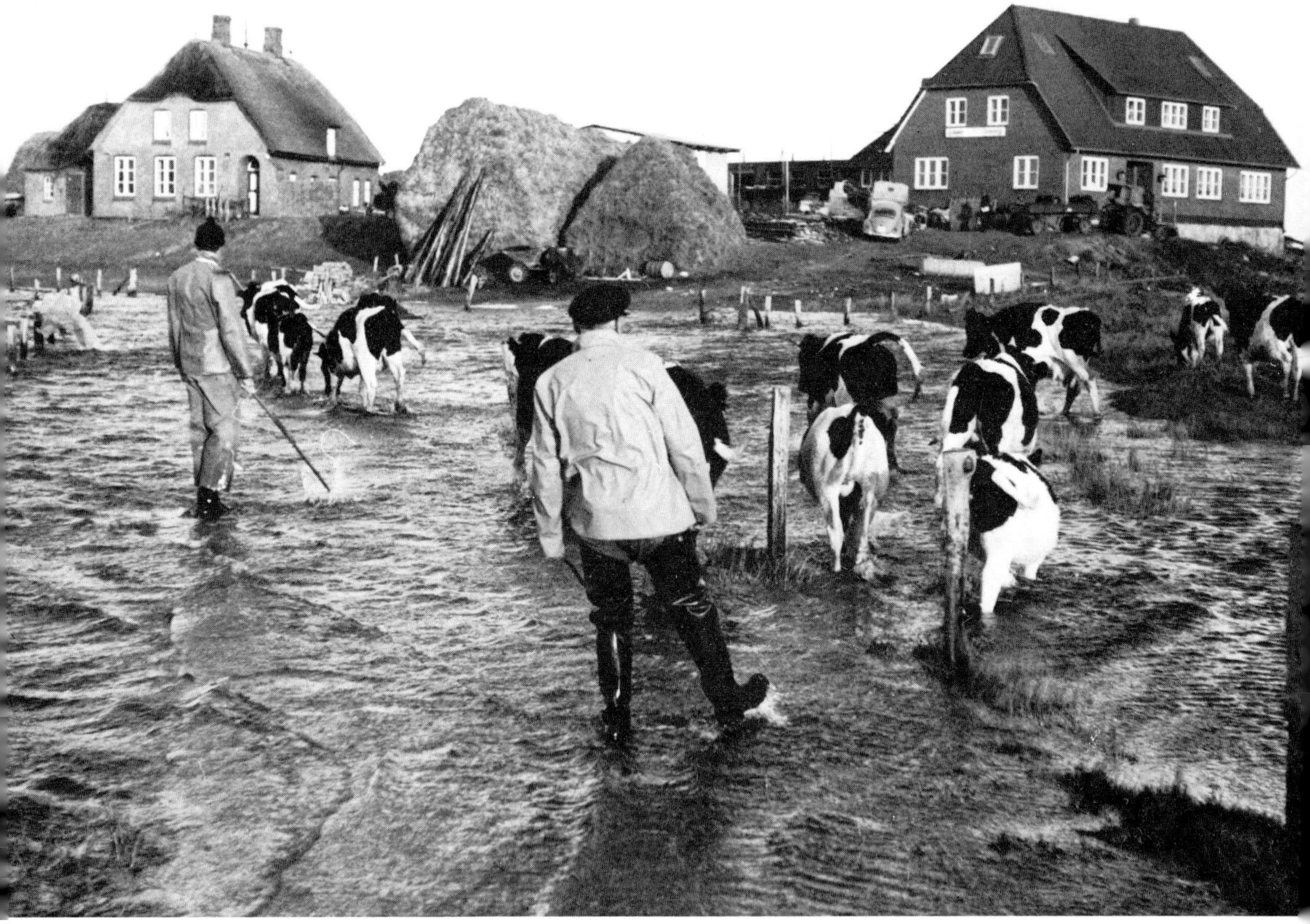

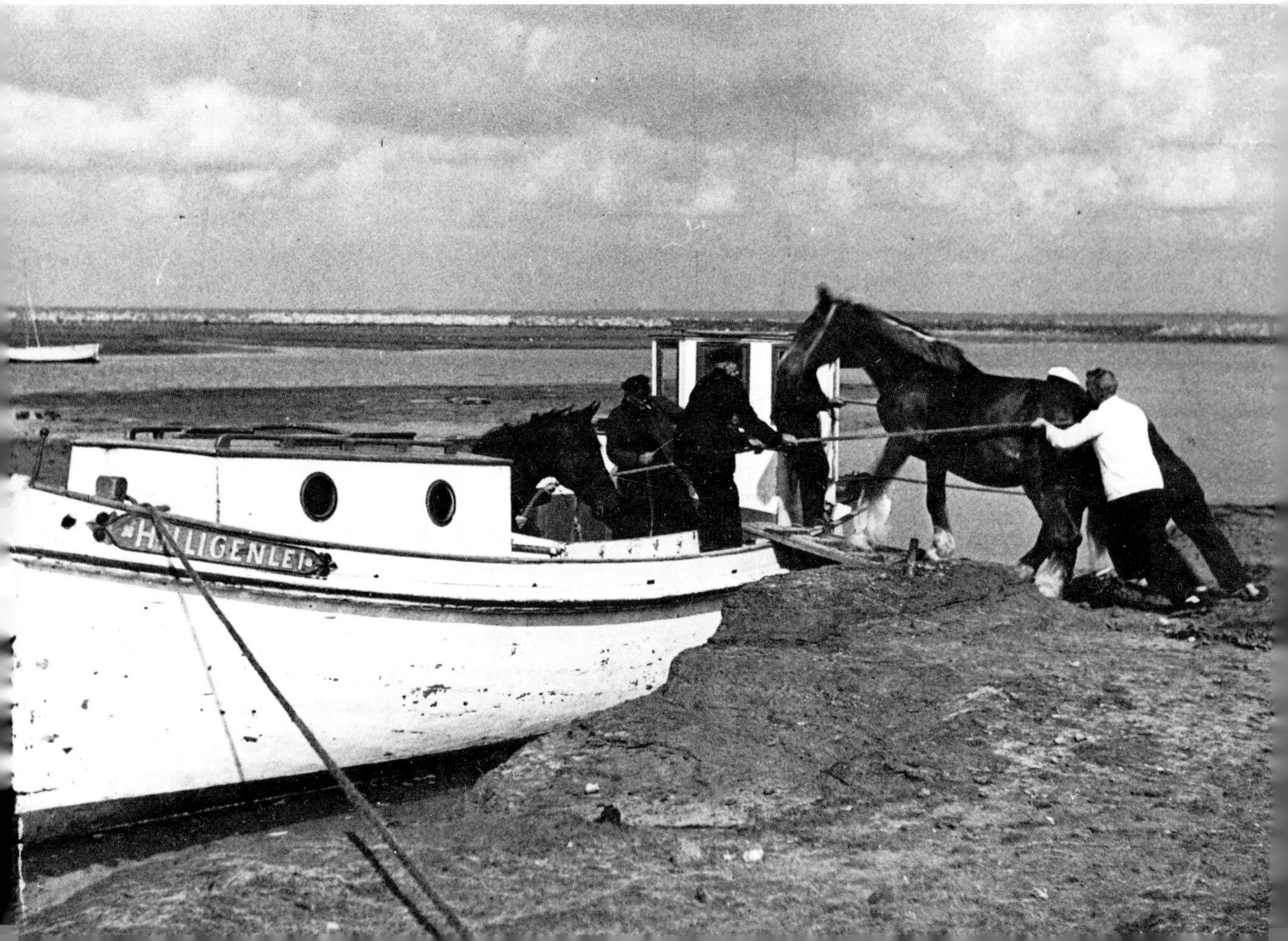

Abb. 45  Die Mähmaschine auf Hallig Hooge. 1937

◁　Abb. 43  Das Vieh wird vor dem auflaufenden Hochwasser in Sicherheit gebracht. Abgestützte Heudiemen (Klampen), Fahrzeuge, Geräte, Fässer auf der Warfböschung sind Zeichen einer zu kleinen Wirtschaftsfläche

　Abb. 44 Pferde werden nach der Heuernte auf das Halligboot Hilligenlei verladen

Abb. 46 Schafschur. 1914

Abb. 47 Schafschur mit der Schere

Abb. 48 Halligbäuerin beim Melken auf dem gepflasterten ▷
Platz vor der Stalltür. 1937

Abb. 49 „Ditten", aus Kuhmist in Wällen zum Trocknen
aufgesetzt, werden als Feuerung benutzt. 1924

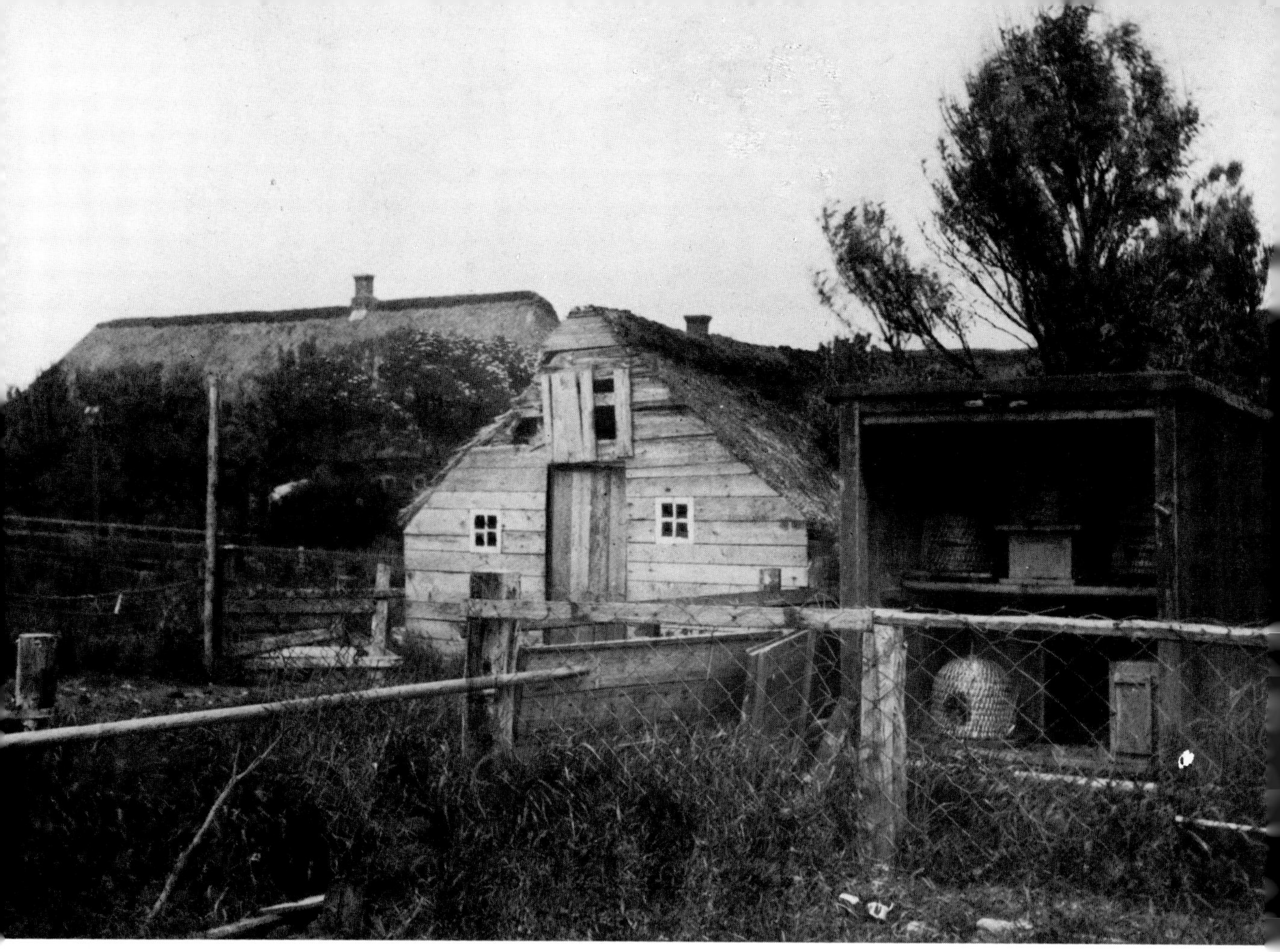

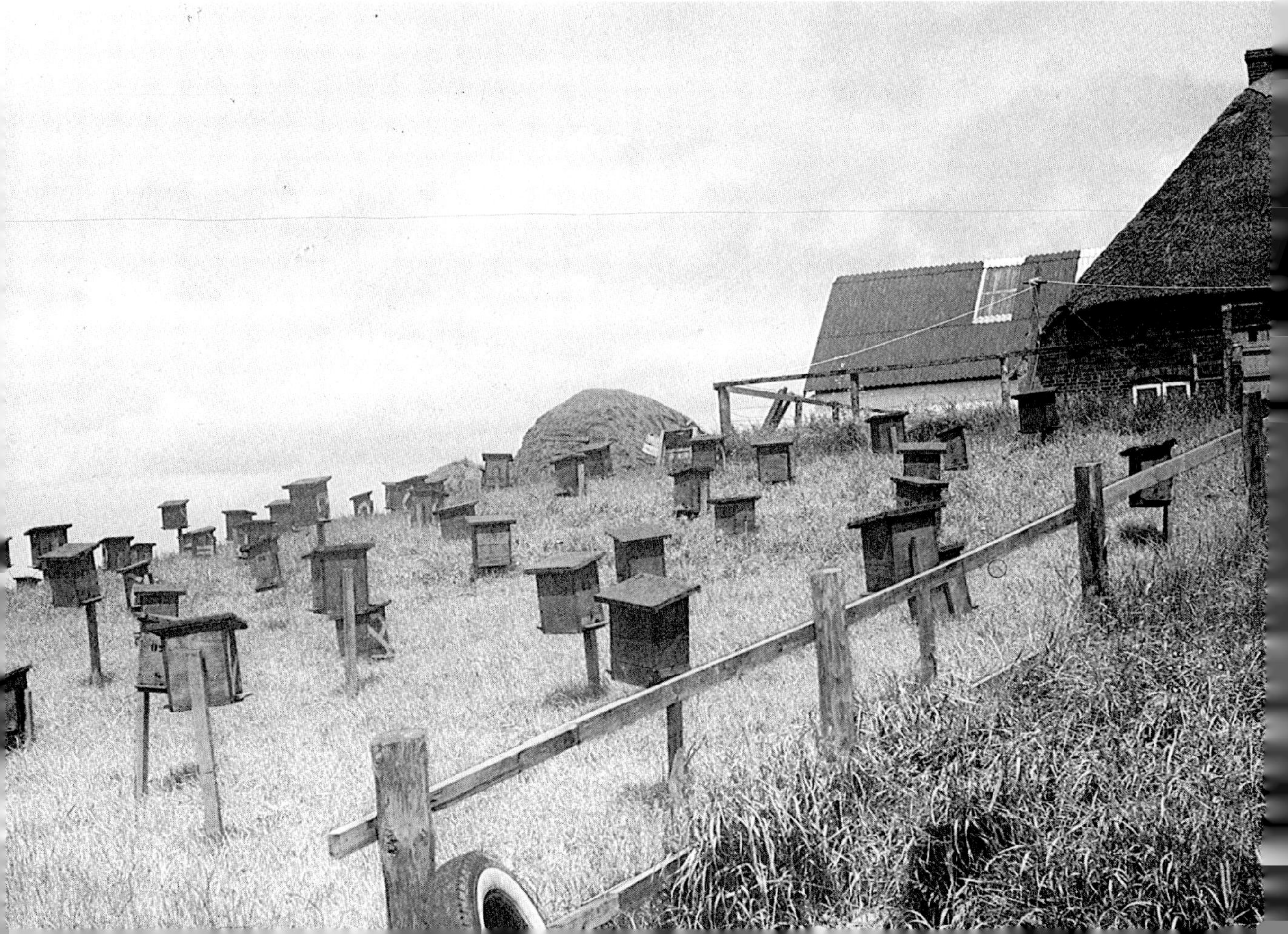

◁ Abb. 50 Bienen auf Langeneß um 1900

Abb. 51 Königinnen-Belegstation auf Ockenswarf/
Hooge der Bienenzuchtrichtung Carnika 65. 1964

Abb. 52 Frauen gehen mit Netz und Korb zum
„Porrenstrieken", d. h. zum Krabbenfischen

Abb. 53 Hamburger Hallig, Aalreusen. 1934

Abb. 54 Vor dem neuen Uferdeckwerk spült die
tägliche Flut bald alle verbliebenen Landreste fort. Die Sturmflutschichten werden deutlich sichtbar

Abb. 55 Bau des Steindeckwerks auf Nordstrandischmoor 1931, links Baugrubenaushub aus schwarzem Moorboden

Abb. 56 Nordstrandisch-
moor. Versuchsstrecke
für ein Uferschutzwerk mit
Bauelementen aus Beton.
1924

Abb. 57 Ein Uferdeck-
werk wird um die Hinter-
pflasterung erweitert.
1930

Abb. 58 Granitsteindecke
zum Schutze der Hallig
Habel mit Fußsicherung
durch Schüttsteine und
Hinterpflasterung mit ei-
nem Rauhstreifen. Im Hin-
tergrund Warf mit Haus

Abb. 59 Tief abgespültes Watt im Westen der Hamburger Hallig. Schüttsteinbuhnen weisen die Längsströmung vom Fuß des Deckwerks ab. Hinter dem Kamm (Krete) des Deckwerks Verbreiterung der Pflasterung durch Asphalteingußdecke und Rauhstreifen aus Betonsteinen

Abb. 62 Uferdeckwerk vor Habel. Im Vordergrund durch Rost zerstörte Stahlspundwandbuhne

◁ Abb. 60 Hooge. Deich mit Uferdeckwerk aus Basaltsteinen an der NO-Seite, 17. 7. 1974 bei Tidehochwasser

Abb. 61 Basaltsteindeckwerk am Nordufer von Hooge mit Schüttsteinbewurf zur Fußsicherung bei Niedrigwasser. Der dunkle Streifen kennzeichnet die Spritzwasserzone bei Tidehochwasser

Abb. 63 Sandwall an der Ostseite von Südfall. Blick nach Westen. 8. August 1975

Abb. 64 Gepflasterter Deich auf Langeneß 1937 ▷

Abb. 65 Nach der Sturmflut steht das Meerwasser noch längere Zeit auf Hallig Langeneß. Im Vordergrund der Sommerdeich 1975

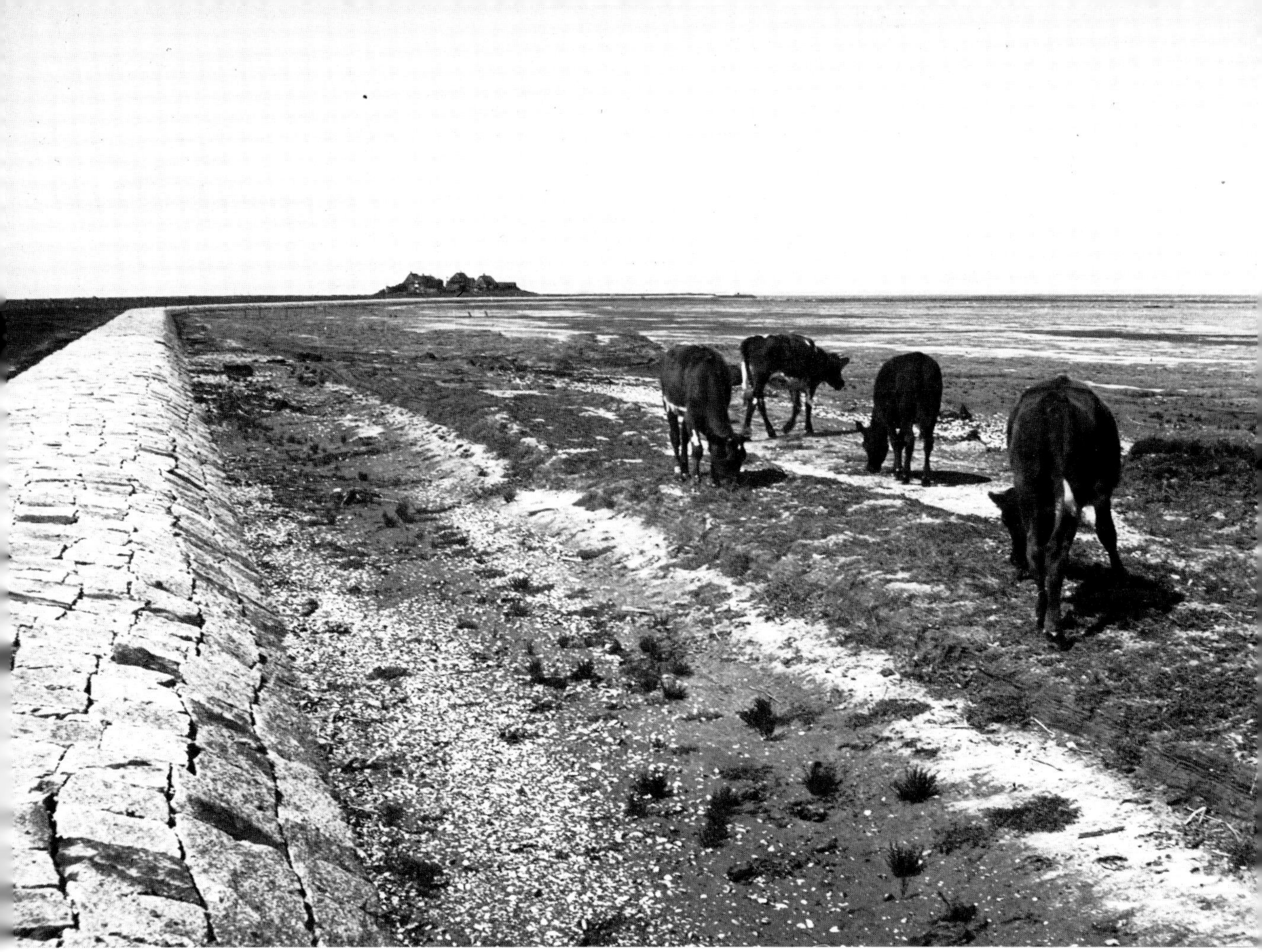

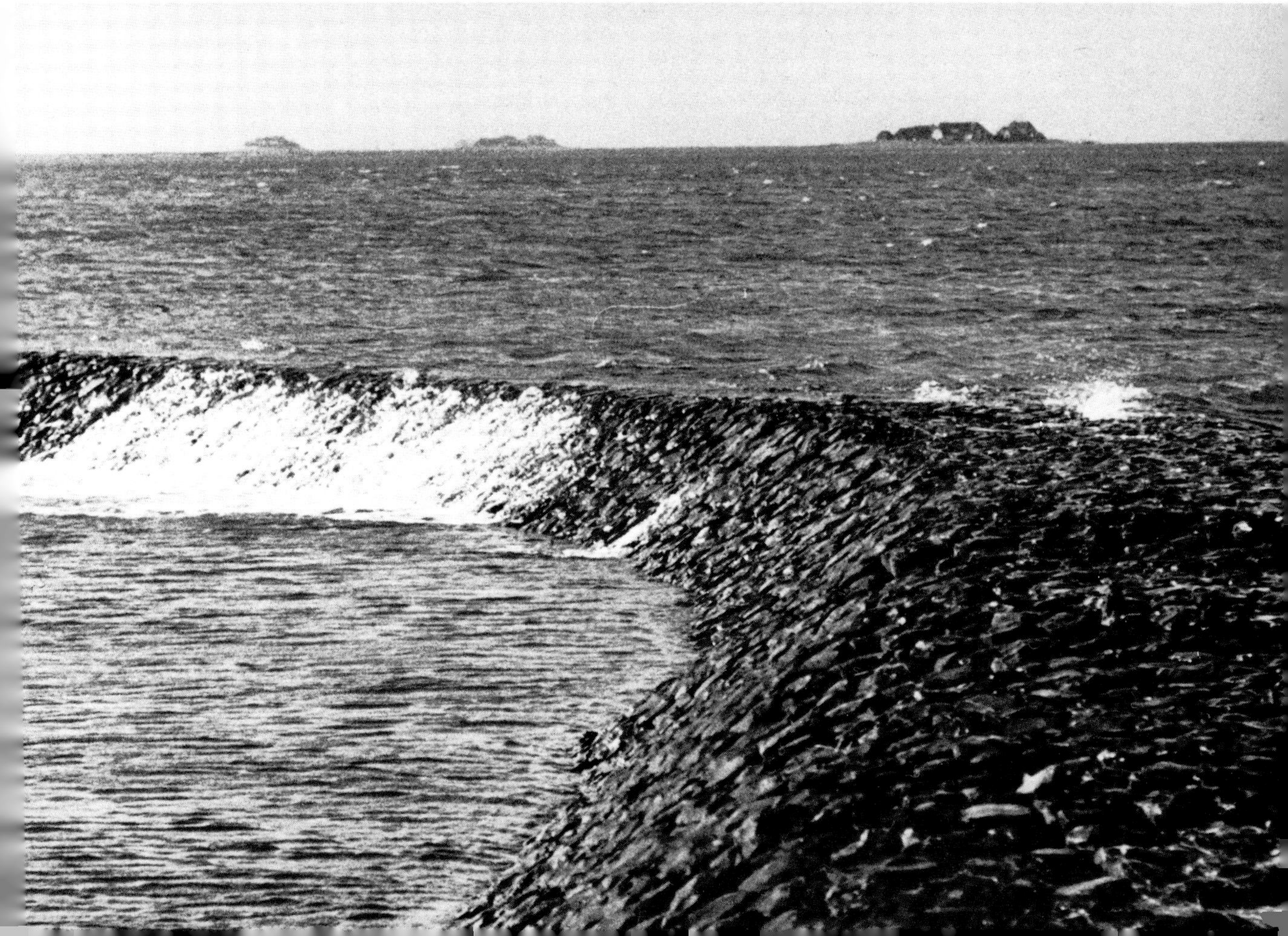

Abb. 68  Abbruchkante, Uferdeckwerk, Sommerdeich, Ridd-Siel/Nordmarsch. 1930

◁  Abb. 66  Ostersiel auf Hooge, links Baujahr 1913, rechts 1940

Abb. 67  Das erweiterte Binnensiel auf Hooge

Abb. 69 Siel Osterwehl
auf Langeneß

Abb. 70 Sielbau auf
Gröde 1951

Abb. 71 Oland. Boot-
Sloot-Siel und Schreib-
pegel

Abb. 72 Das Entwässerungssiel auf [
Gröde mit Sielhafen und Postbootanleger

Abb. 73 Stöpensiel im Sommerdeich auf Gröde

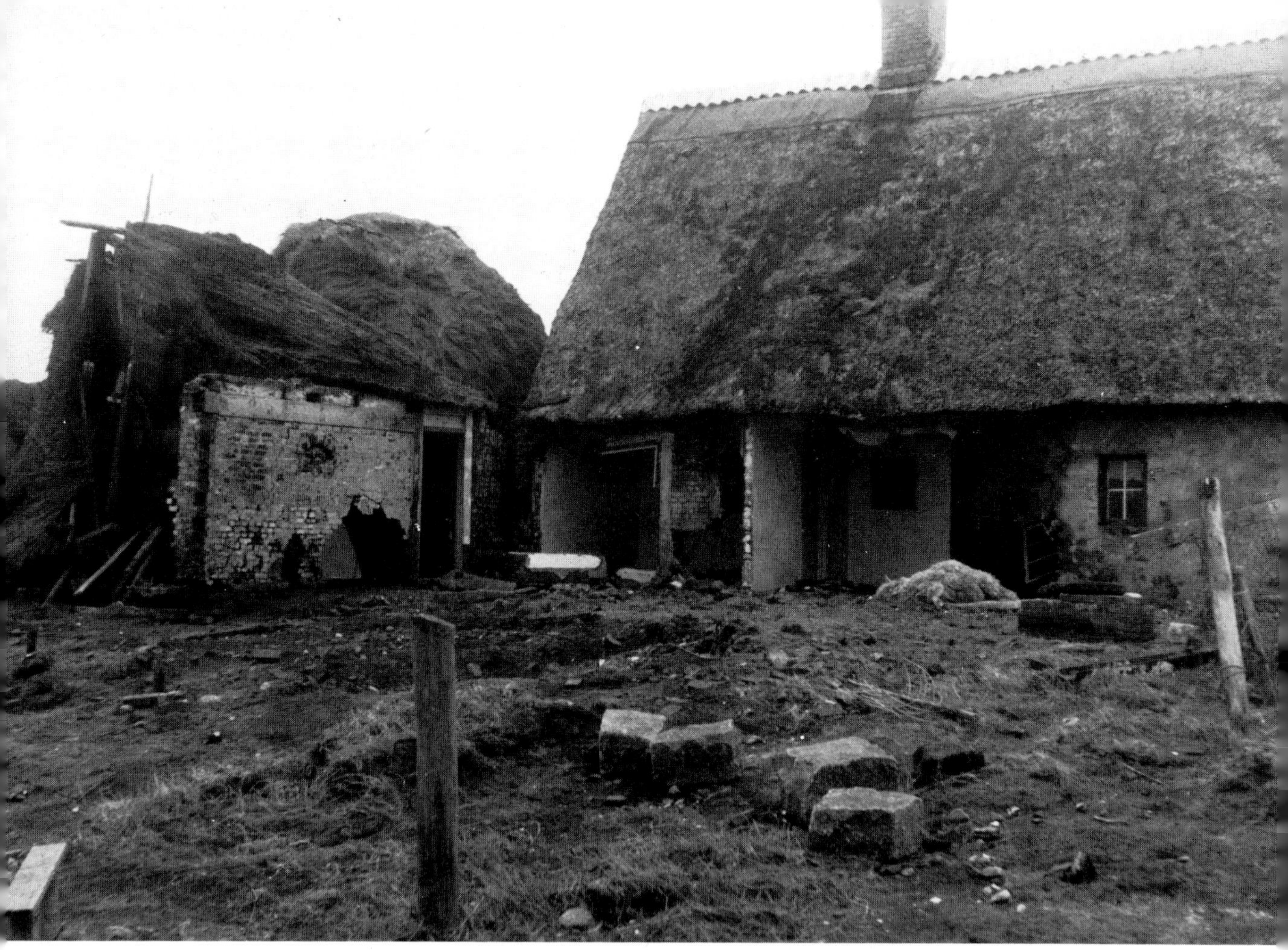
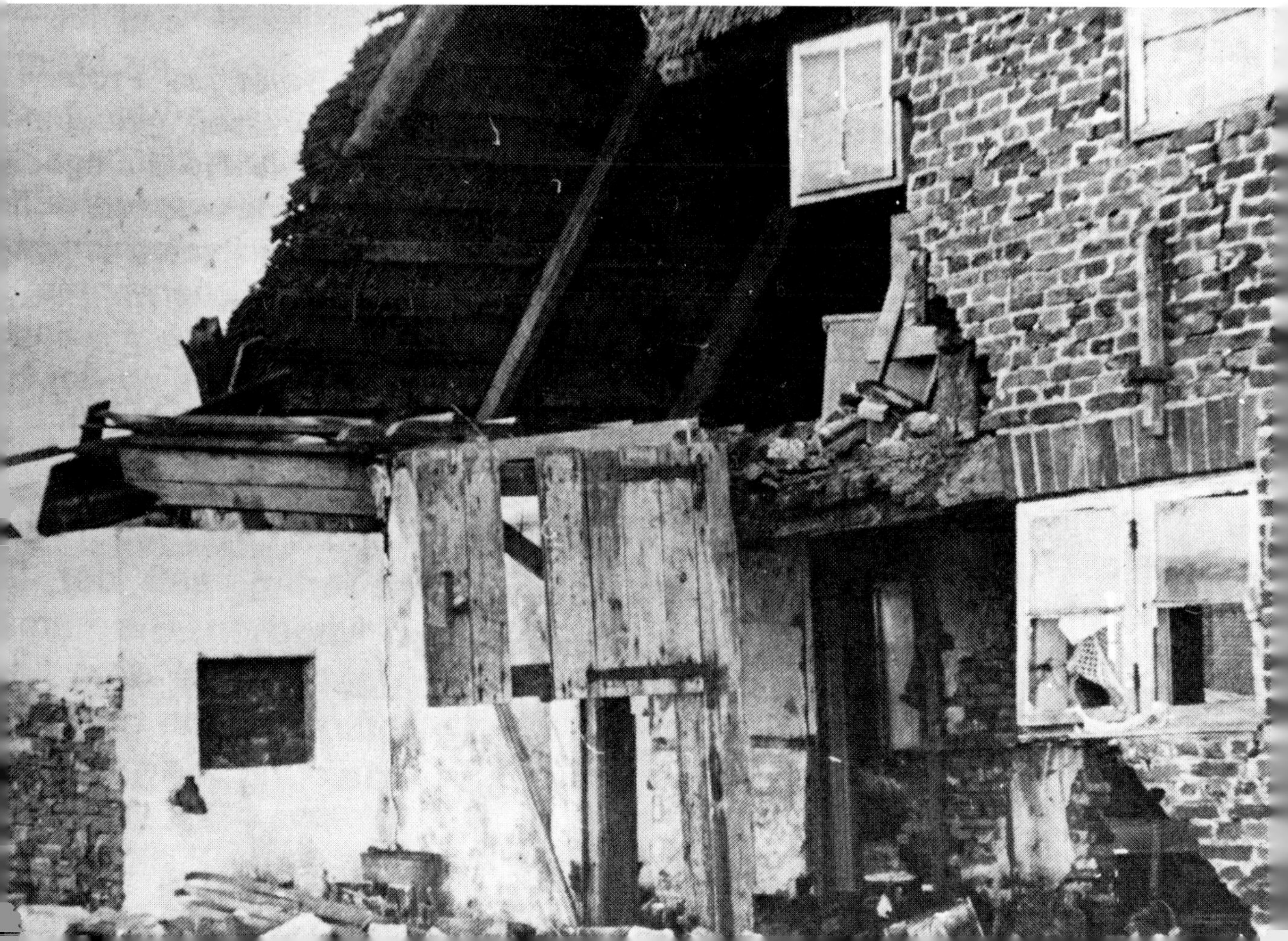

Abb. 76 Sturmflut am 3. 1. 1976. Wellen schwappen über den Fethingwall auf Hilligenley/Langeneß

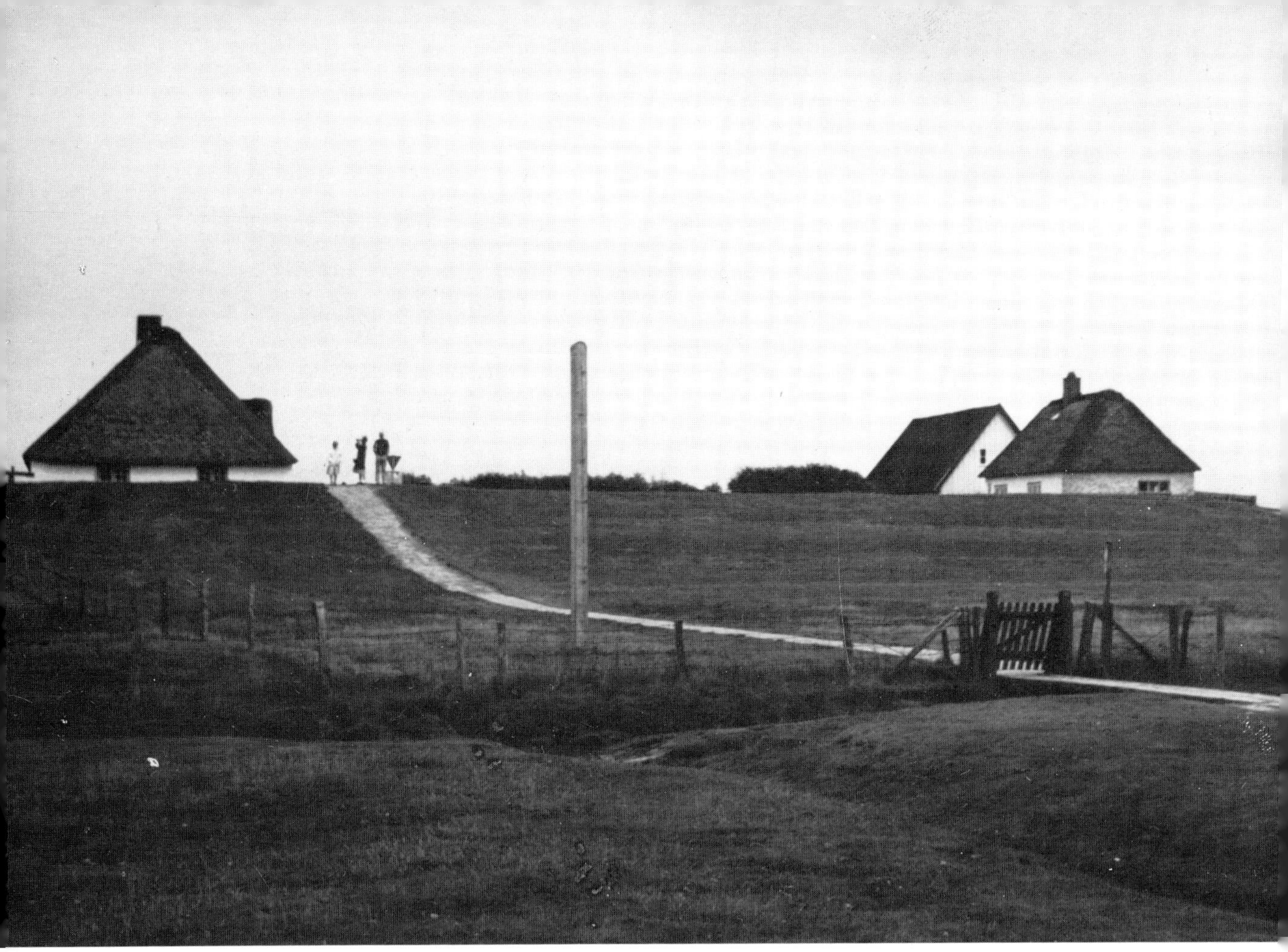

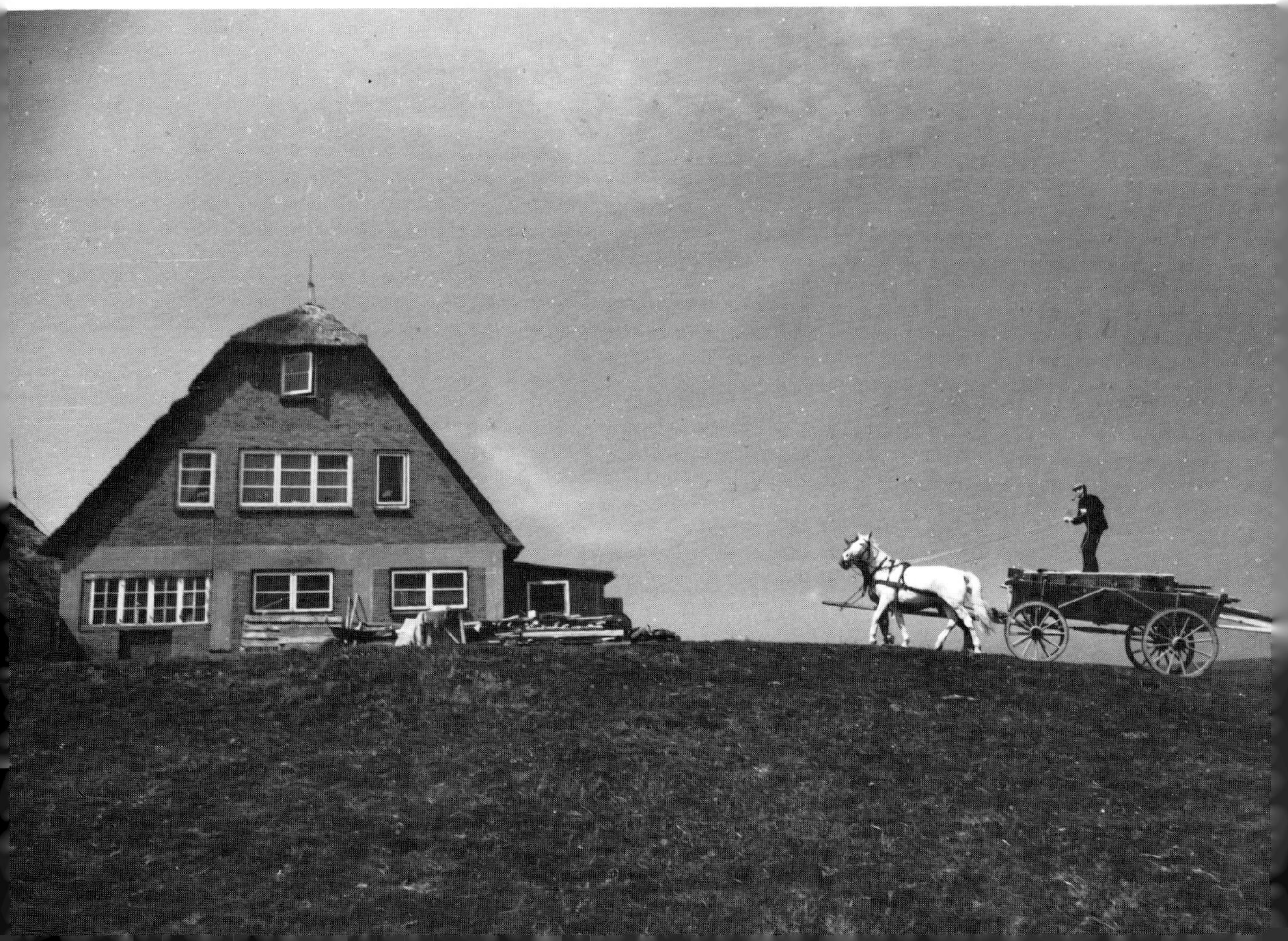

Abb. 79 Schutzraum: Stahlbetonrahmen auf Bohrpfählen
während der Bauausführung

Abb. 80 Der fertiggestellte
Schutzraum befindet sich im
neuen Hallighaus auf der
Warf Süderhörn-Langeneß.
Der First des Nachbarhauses
(oben rechts) hat noch nicht
die neue Höhe

◁  Abb. 77 Hamburger Hallig. Blick von Westen gegen den Schirmdeich. Davor Pfahl mit Sturmflut-
marken. 1979
Abb. 78 Mit dem Pferdegespann wird Strandgut auf die Warf von Süderoog gebracht. Ostansicht des
„Neuen Hauses". Der Schutzraum wurde über dem Querbalken des unteren Geschosses eingebaut. 1971

Abb. 81 Der Altfelder Priel drängte gegen die Friedrichskoogspitze. Buhnen halten den Vorgang auf. Der Priel wird tiefer

Abb. 82 Der Verbindungsdamm Oland-Langeneß 1914 ohne Gleis ▷

Abb. 83 Nach Verstärkung des Dammes mit Transportgleis. 1930

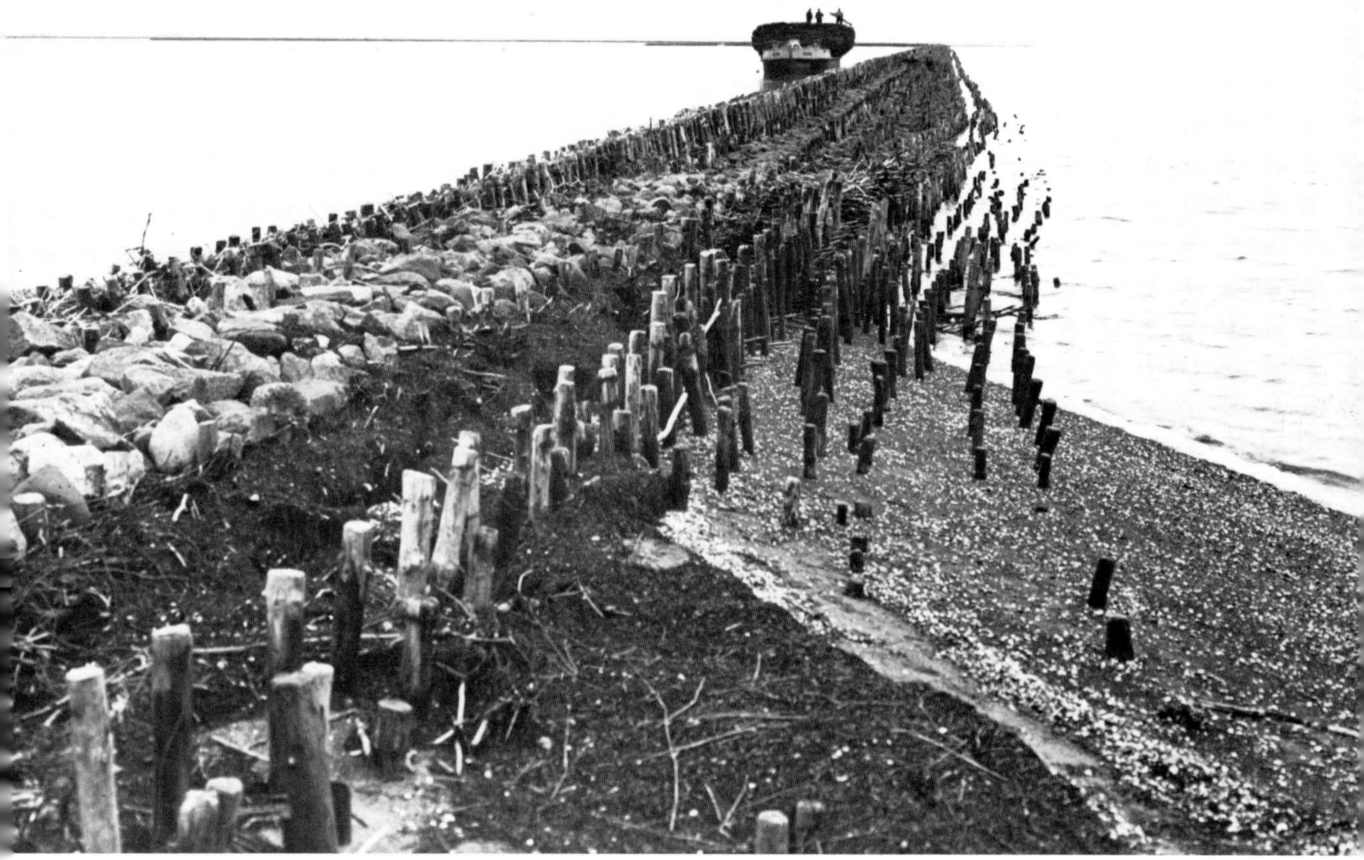

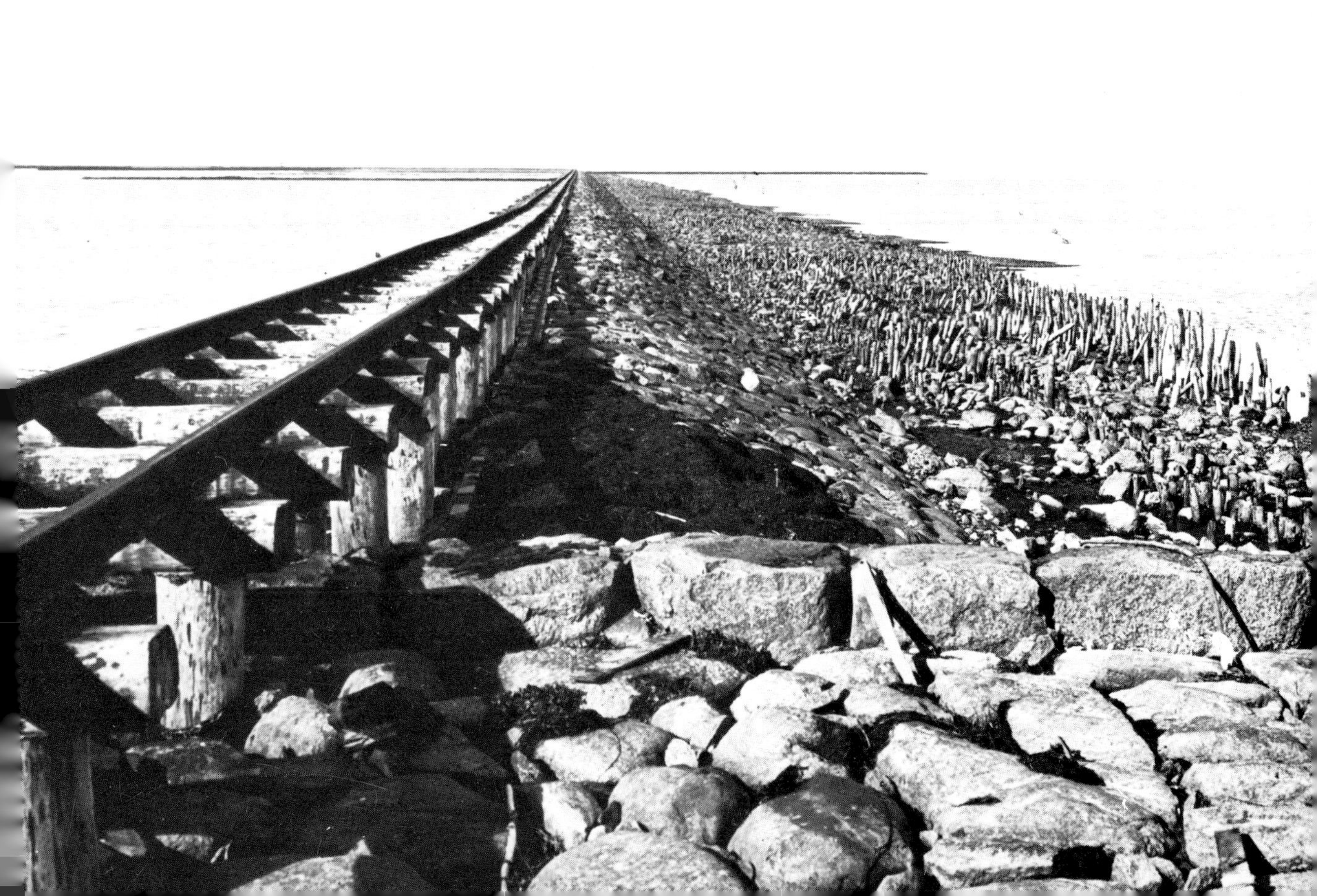

Abb. 84 Baustelle Helmsander Damm. Auf einer Förderbrücke werden die Baustoffe mit der Feldbahn herantransportiert, hier Kleisoden. Der Boden für den Erdkern wird mit der Schiebkarre aus dem Watt geholt und in den Damm geschüttet

Abb. 85 Der Damm Festland-Nordstrandischmoor ist durch Granitschüttsteinbewurf eissicher hergestellt worden. 1977

Abb. 86 Der durch die Eisflut vom 1. März 1956 zerstörte Damm Festland-Hallig Nordstrandisch-moor (Bauzeit 1933/34)

Abb. 87 Käpt'n Magda
Matthiessen von Oland
mit ihrer Segellore auf
Fahrt nach Dagebüll

Abb. 88 Landunter für den Lorendamm nach Nordstrandischmoor

Abb. 89  Nordansicht der Neuwarf auf Nordstrandischmoor, 1960

Abb. 90 Die Neuwarf auf Nordstrandischmoor nach der Sanierung, 1962

Abb. 91 Knudtswarf auf Gröde um 1900

Abb. 92  Die Knudtswarf auf Gröde nach der Sanierung

Abb. 93 Die erhöhte Honkenswarf auf Langeneß. Die Warfböschungen wurden abgeflacht, die Wege befestigt, die Gehöfte saniert

Abb. 94 Ein moderner Viehstall mit Futtergang auf der Honkenswarf, Langeneß

Abb. 95 Nach der Sturmflut am 3. 1. 1976 in der Kirche von Gröde

Abb. 96 Sturmflutschäden auf Nordstrandischmoor. 1976

Abb. 97  Fething und Bockmühle, 1906

Abb. 98  Hallighaus auf Südfall mit Fething und blühenden Holundersträuchern. 1914

Abb. 99  Oland. Von den Schäden der Januarüberflutung ist im August 1976 nichts mehr zu sehen. Der Fething prägt das charakteristische Bild der Halligwarf

Abb. 100  Auf der Hamburger Hallig 1956  ▷

Abb. 101  Ein Fething ist mit hellem Wattsand frisch verfüllt worden. Dahinter modernisierte Wohn- und Wirtschaftsgebäude

Abb. 102 Wohn- und Wirtschaftsgebäude mit Windrad im Trischen-Koog

Abb. 103 Einpflügen des 20-kV-Kabels nach Hallig Gröde-Appelland ▷
Abb. 104 Montage der Verbindungsmuffen auf einem hochwassersicheren Gerät

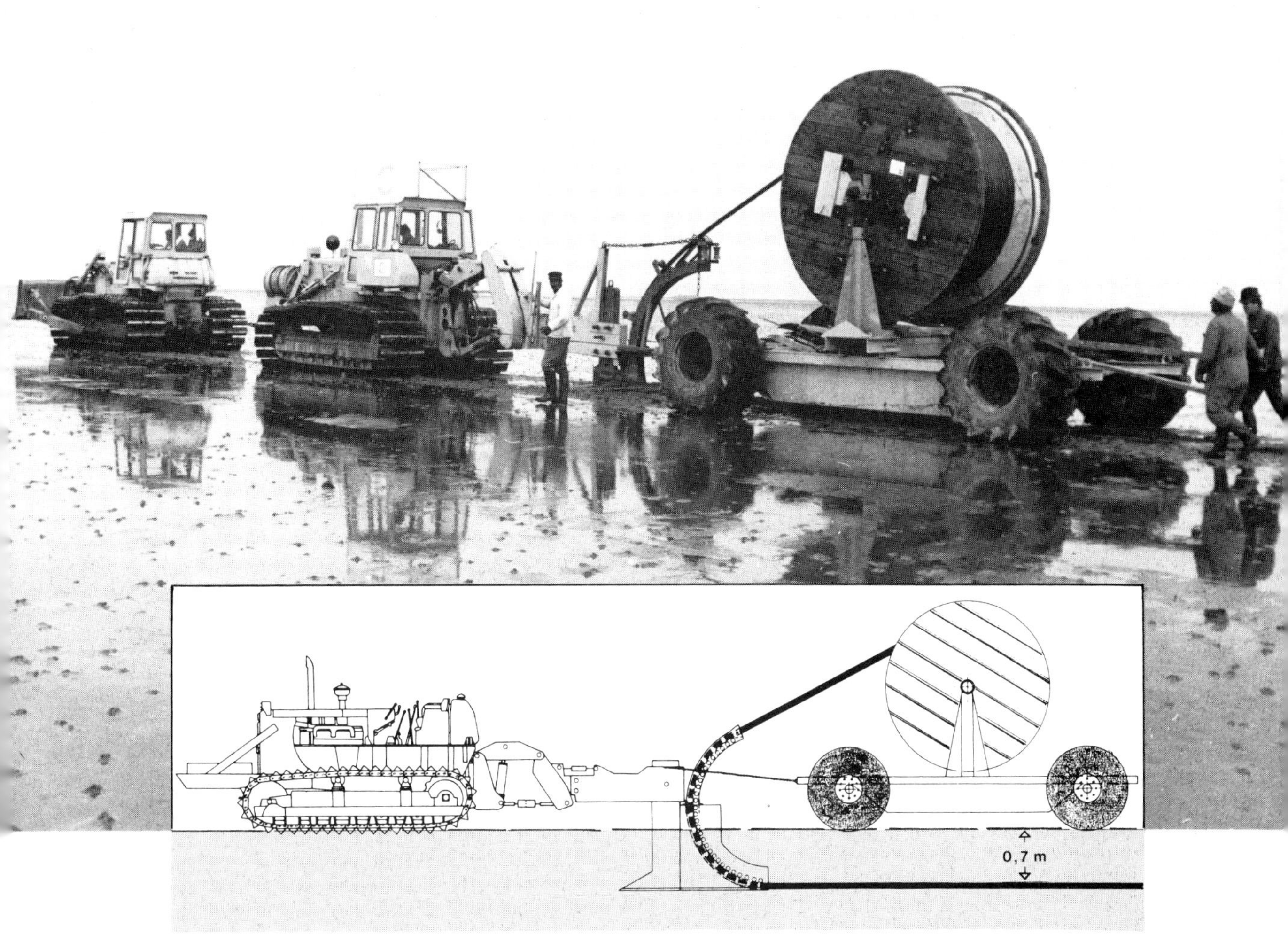

0,7 m

Abb. 105  Nordstrandischmoor im Maßstab ca. 1:35 000. Flughöhe 5280 m. 21. 3. 1969

Abb. 106  Der Priel neben der Norderwarf auf Nordstrandischmoor ist bei Tidehochwasser mit Halligbooten  ▷
zu befahren. 1937

Abb. 107  Knudtswarf auf Gröde. 1930

Abb. 108 Oland. Der Stock (Bohlensteg) kreuzt einen Halligpriel. Das schräggestellte Holz versperrt dem Weidevieh den freien Übergang. 1930

Abb. 109 Knudtswarf auf Gröde nach der Sanierung. Ein Ringdeich umschließt die Häusergruppe – wieder ▷
mit Reetdächern. Die Wege sind befestigt. Ein Feuerlöscher wird geprüft. 1971
Abb. 110 Schmale Holzbrücke über einen Halligpriel

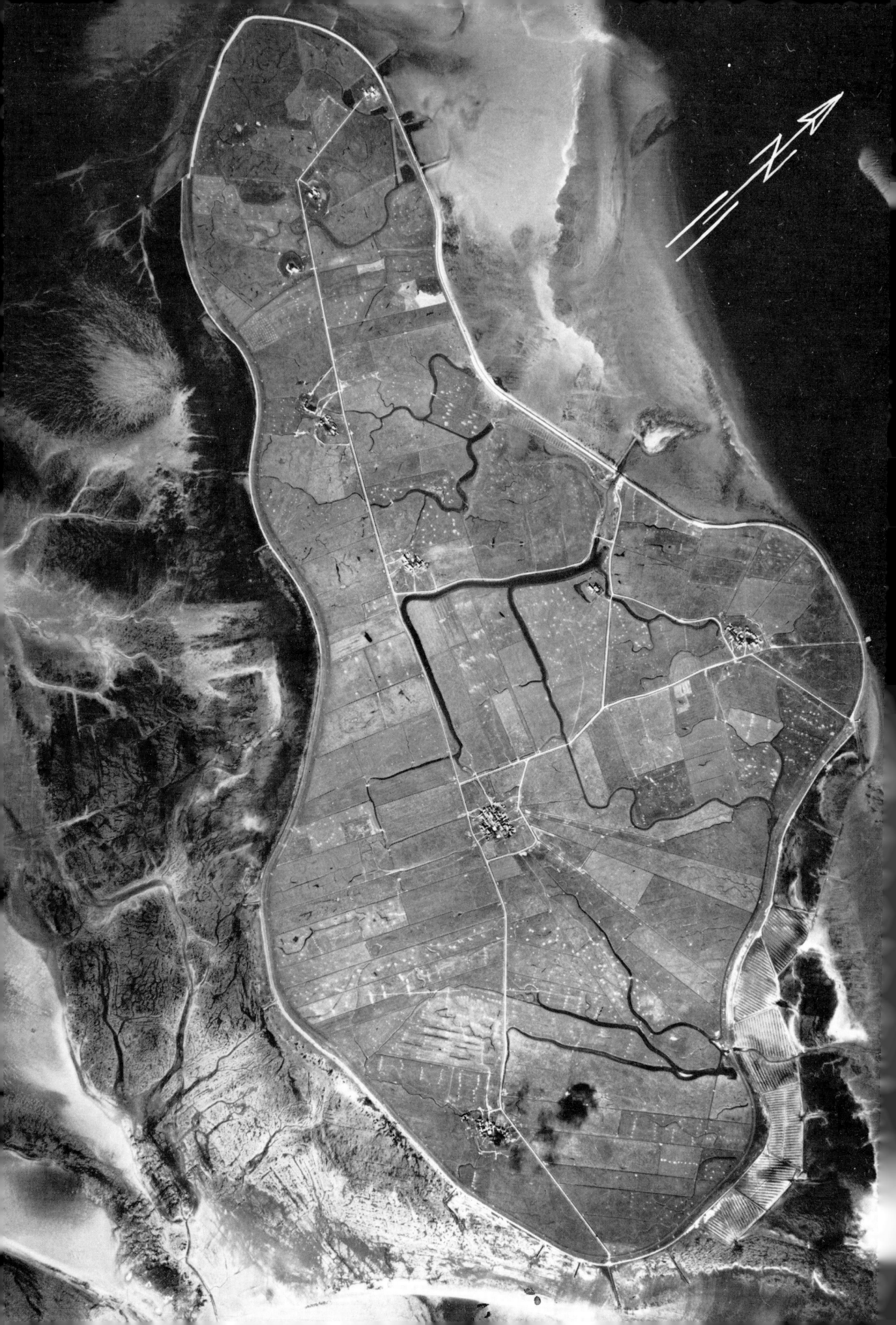

Abb. 112 Ketelswarf auf Langeneß mit betonierten Ringwegen und Rampen, den „Acks", die zu den einzelnen Betrieben auf die Warf führen, wo alte und neue Gebäude nebeneinander stehen. Dazwischen befinden sich 2 Fethinge, Heustapel, Futtersilo, Vorgärten. Das stark zergliederte Prielsystem ist erhalten geblieben. Sommerdeich und Uferdeckwerk links oben

◁  Abb. 111  Hooge aus 4000 m Höhe am 18. 8. 1958

Abb. 113 Sonntagsgäste auf Süderoog. Das befestigte „Ack", die Rampe auf der Warfböschung. 1971

Abb. 114 Warf Süderhörn auf Nordmarsch-Langeneß mit befestigter Rampe. Das Niveau der Neubauten liegt etwa 1 m höher als das des alten Gebäudeteils (vgl. Fenster- u. Firsthöhen). Der Schutzraum befindet sich im Giebel

Abb. 115  Hauptverbindungsweg auf Langeneß mit Stahlbetonbrücke aus Fertigbetonteilen

Abb. 116  Landunter auch auf der Halligstraße von Nordstrandischmoor. Im Hintergrund die Schul-
und Norderwarf

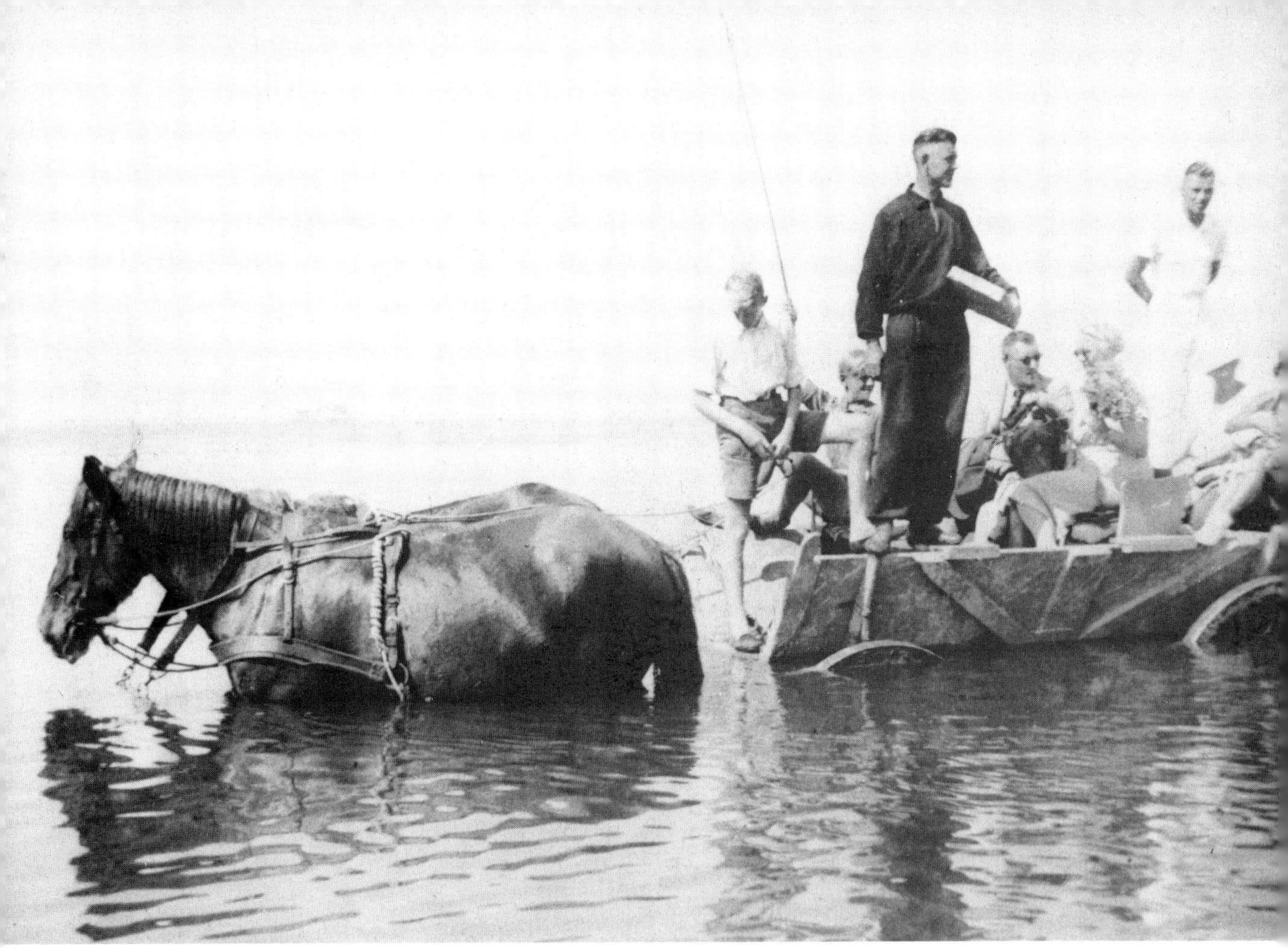

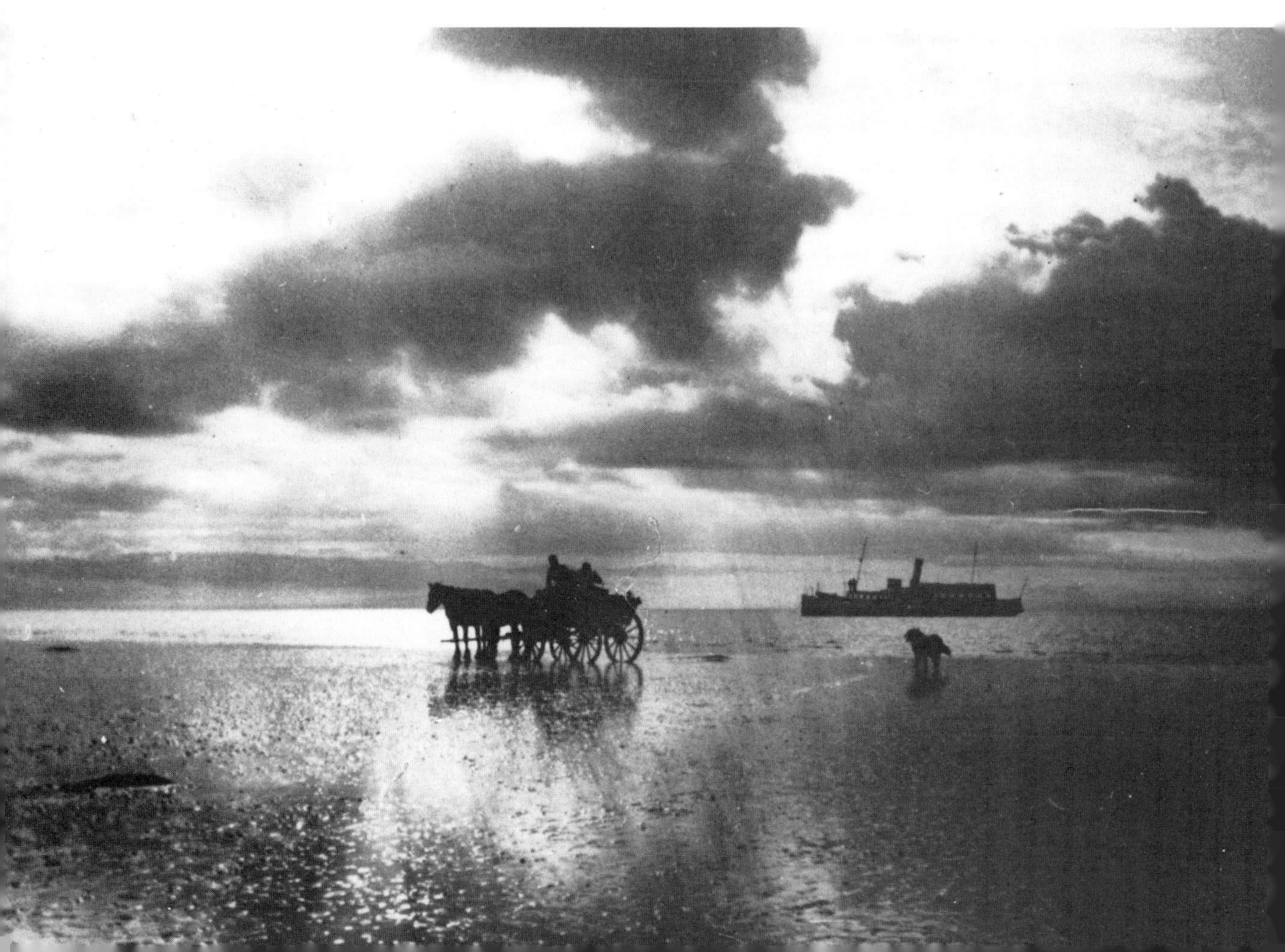

Abb. 119 Wanderung von Hooge über das Watt nach Norderoog

◁  Abb. 117 Auf dem Wattweg zwischen Pellworm und Süderoog. Die Flut kommt schnell. Die Pferde ziehen
den mit Gästen, Post und Waren beladenen Wagen ruhig durch einen bereits ausgeuferten Priel. 1935
Abb. 118  Versorgung der Hallig mit Schiff und Pferdefuhrwerk. 1938

Abb. 120  Übergabe der Halligpost um 1910

Abb. 121  Trotz Nebel und schwerem Eistreiben erreichte das Rettungsboot „Rickmer Bock" der Gesellschaft zur Rettung Schiffbrüchiger die Hallig Hooge im Februar 1954, um Medikamente, Post und Lebensmittel zu bringen und zwei Kranke zu holen. Die Fahrzeit durch das Eis und über See bis nach Nordstrand dauerte 2½ Tage; von Hooge nach Nordstrand fährt das Rettungsboot normal zwei Stunden. Die Hallig war bereits 100 Tage isoliert

Abb. 122 Freudig wird „Rescue" begrüßt; aus Dank für die eingeflogene Post kredenzten Halligbewohner Friesengebäck (Knerken, Fottjes, Smernöt) und „Seehundsmilch", ein Likör, auch
Halligwunder genannt. 1947

Abb. 123 Hooge. Postbote auf einem Dreirad am Fuße der Westerwarf

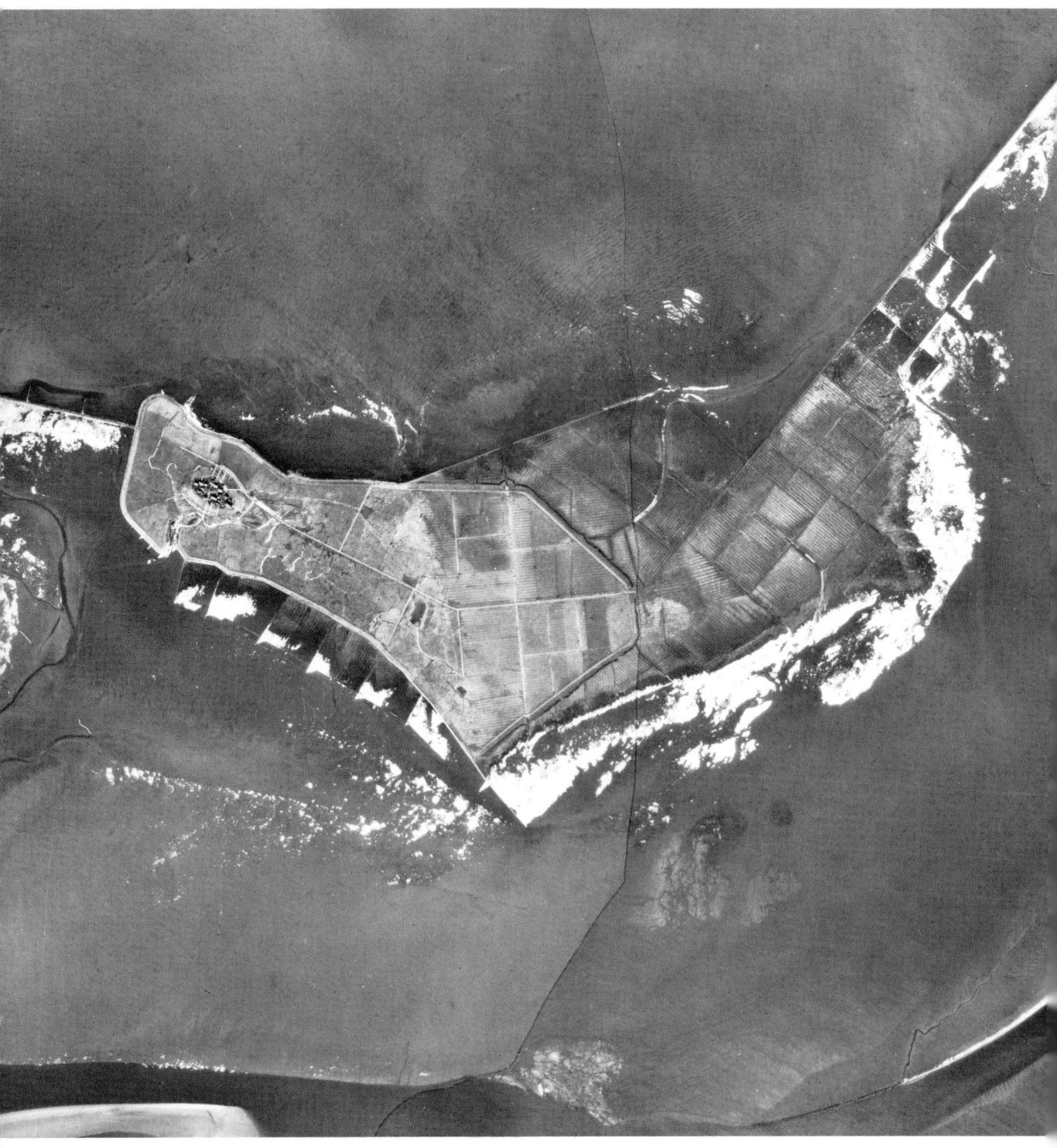

Abb. 124 Oland am 21. 3. 1969 aus 5280 m Höhe gesehen. Die einzige Warf liegt im Westen der Hallig. Deckwerke und stromabweisende Buhnen sichern den Bestand, der Sommerdeich bietet Schutz gegen Überflutungen während der Heuernte. Anwachs im Osten beiderseits des Verbindungsdammes

Abb. 125  Gröde aus 4000 m Höhe am 4. 9. 1958

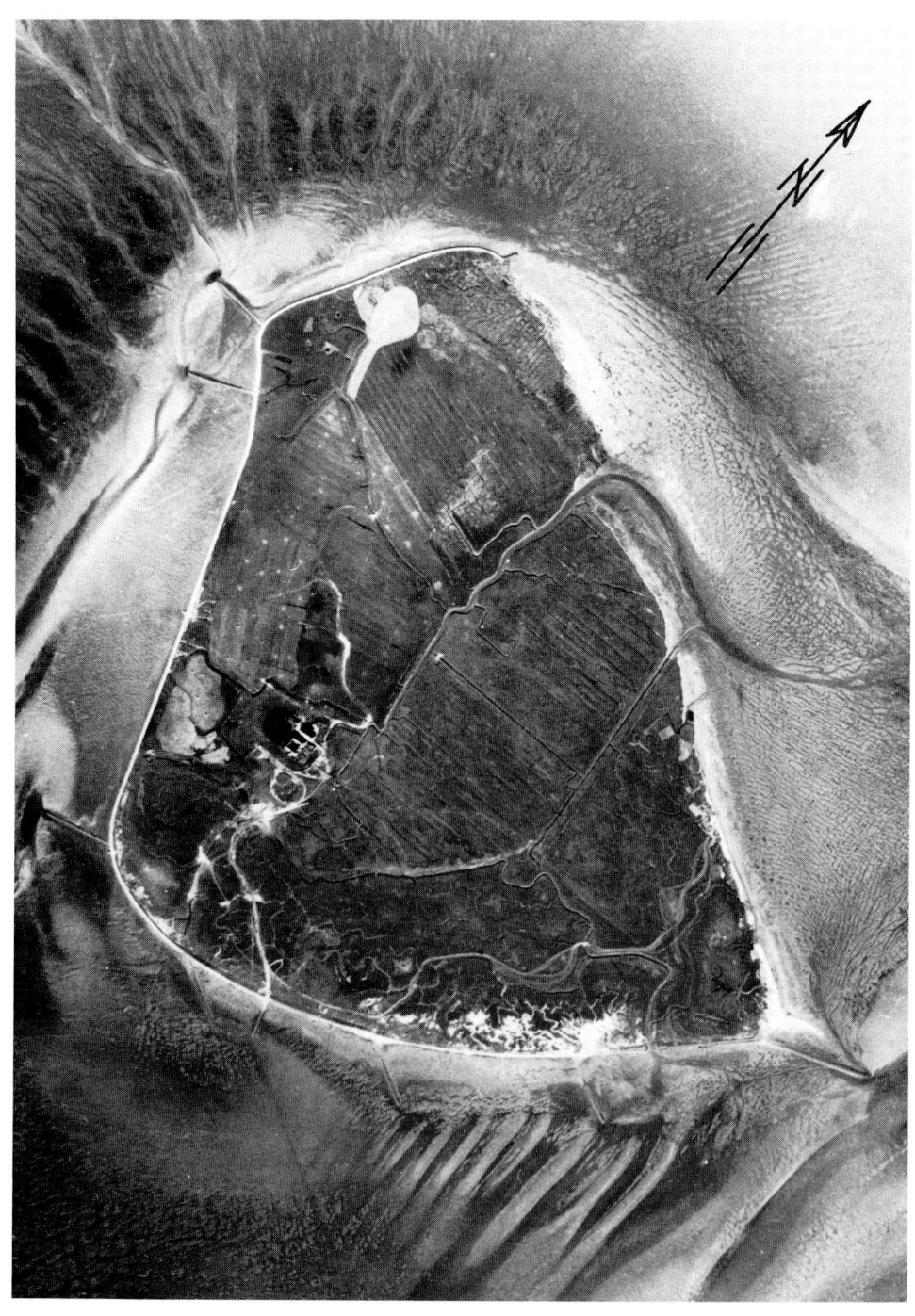

Abb. 126  Süderoog aus 4000 m Höhe am 18. 8. 1958

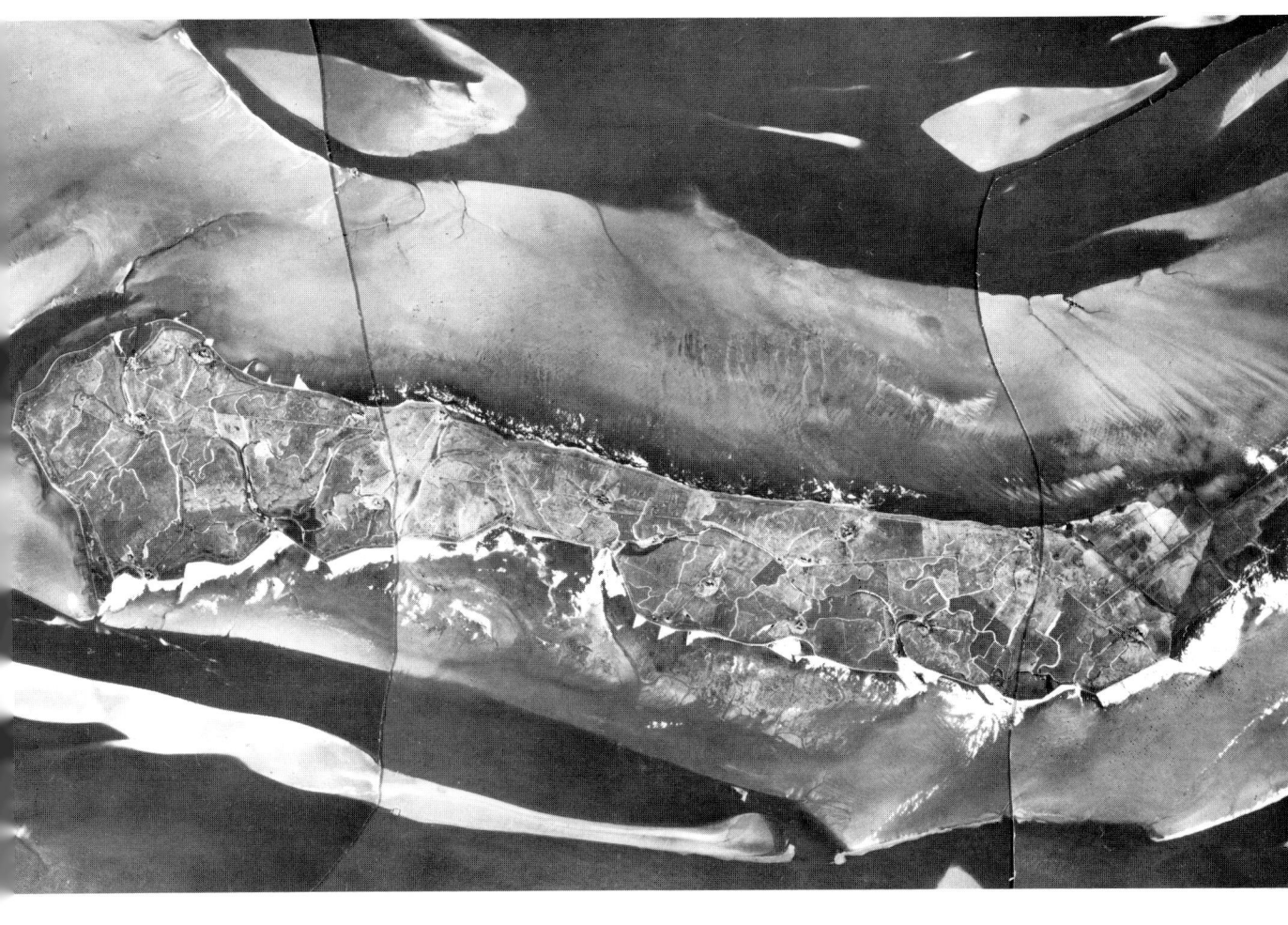

Abb. 127  Langeneß am 21. 3. 1969 aus 5280 m Höhe bei Niedrigwasser. Sandbänke in der Süderau
(unten) und in der Norderau (oben) stellen gefährliche Hindernisse für die Schiffahrt dar

Abb. 128  Heutransport, etwa 1930

Abb. 129  Verladen eines Rindes. Heutransport in Laken am Uferschutzwerk von Langeneß

Abb. 130  Auf Süderoog und Südfall diente das Pferdefuhrwerk lange Zeit als Versorgungsfahrzeug und zum Transport von Strandgut

Abb. 131 Gröde im Hallighorizont unter dem hohen Wolkenhimmel. Die weit gespannte Linie verbindet das flache
Land mit der Unendlichkeit des Meeres

Abb. 132 Buschsand-Bake auf Trischen seit 1951 mit
Zufluchtsraum für Schiffbrüchige

Abb. 133 Nordmarsch-Leuchtturm auf Langeneß 1979

Glückliche Milc
von glücklichen Kühe

Abb. 135 Dammarbeiten auf Westerheversand

◁ Abb. 134 Leuchtturm auf Oland. 1979

Abb. 136 Warf auf Südfall nach der Sanierung mit der Seenotbeobachter-Station

Abb. 137 Nordstrandischmoor 1931. Steintransport zur Löschbrücke

Abb. 138  Baustofftransport in einer Spezialschute von Husum nach Langeneß für die Herstellung eines Deckwerkes

Abb. 139  Fähranleger auf Hooge mit verstellbarer Verladerampe

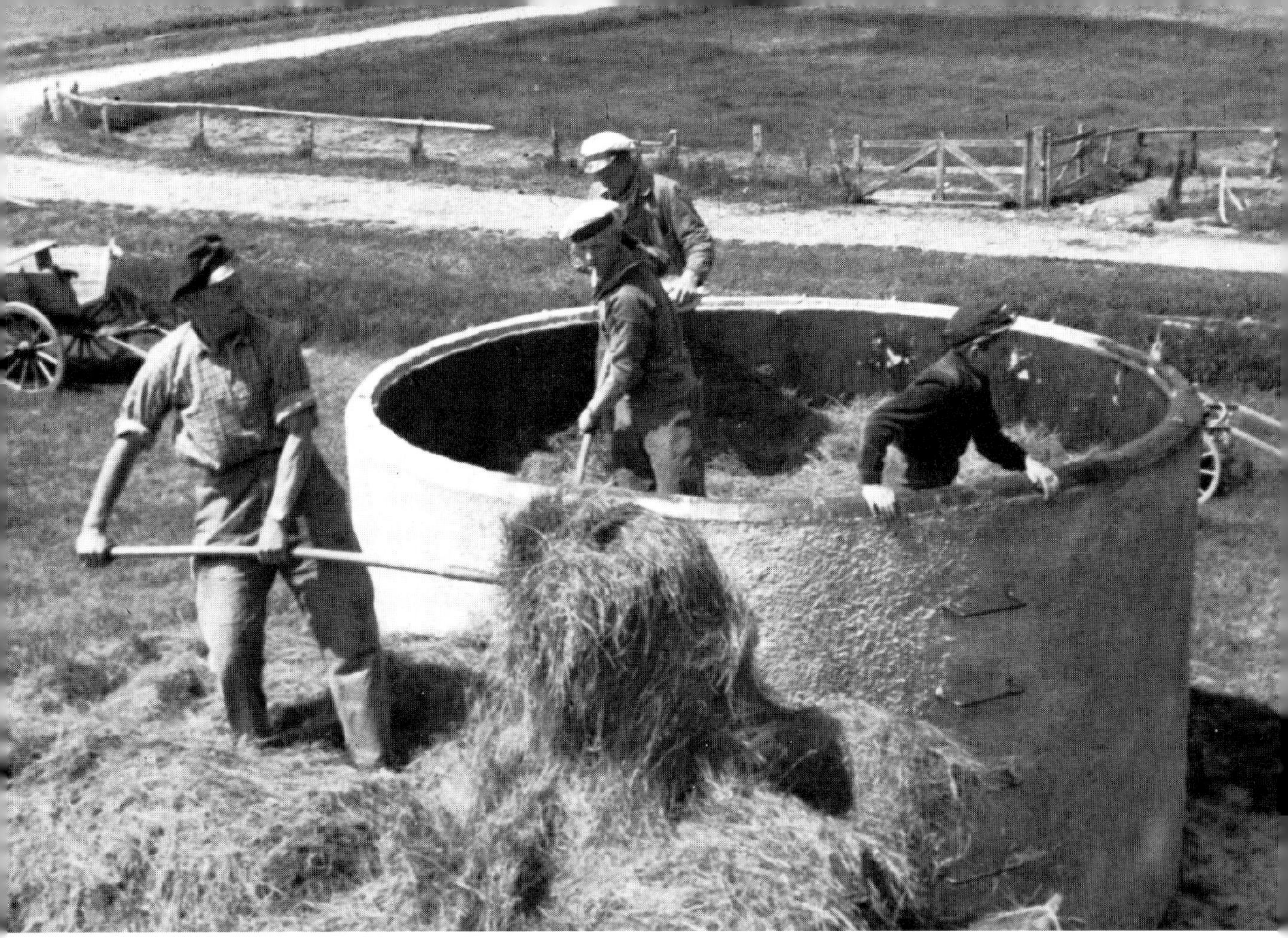

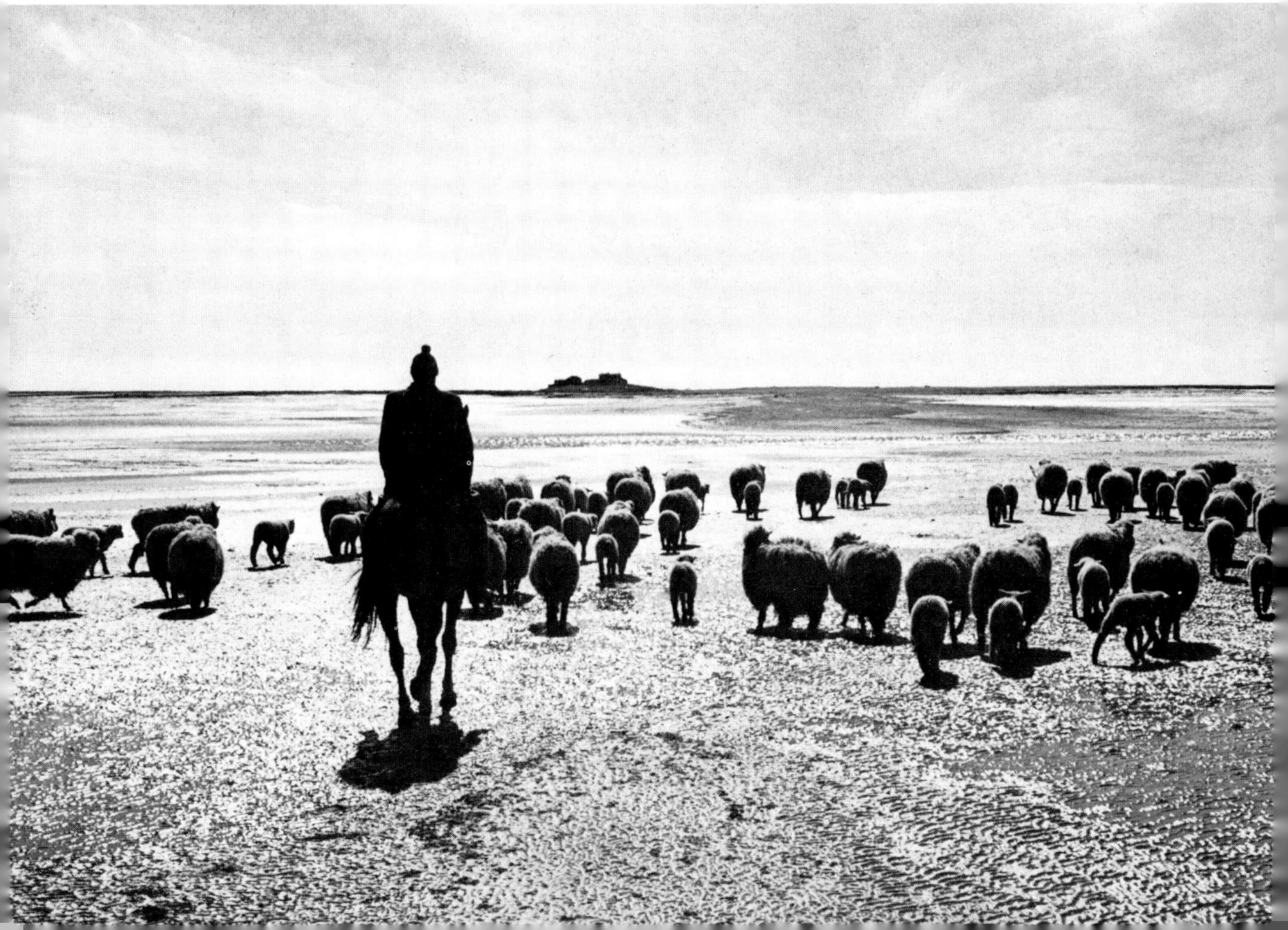

Abb. 142 Auf der Hallig ist es oft schwierig, die störrischen Rinder einzufangen

◁ Abb. 140 Ein Gärfuttersilo wird mit frischem Halliggras gefüllt
Abb. 141 Eine Schafherde auf dem Wattwege zur Sommerweide nach Südfall

Hallig „Südfall"

Eine Wagenpartie durch die Watten

Abb. 145  Abschied der Halliggäste. 1971

Abb. 146  Wolken über Süderoog, Hallig der Jungs. 1971

Abb. 147  Hallig Habel. Über dem tief herabgezogenen Horizont braut sich die Dynamik der Wolken  ▷
zusammen

Abb. 148  Norderoog am 24. 2. 1965. Im Hintergrund Norderoogsand

Abb. 149  Buschlahnungen am Ostufer von Norderoog, am Horizont Warfen von Hooge 17. 7. 1979

Abb. 150 Küstenmotorschiff mit Baustoffen für Norderoog. Diese werden im Gleisbetrieb bis zur Halligkante transportiert

Abb. 151 Pfahlbauten auf Norderoog 1971

Abb. 152 Die neue Schule auf Hooge und ein landwirtschaftlicher Betrieb auf der verstärkten und abgeflachten Ockelützwarf

Abb. 153 Langeneß. Kirche und Schule. Dahinter Hunkenswarf. Befestigter Weg rechts im Bild. 1961 ▷
Abb. 154 Das neue Schulgebäude im Osten der Kirchwarf auf Langeneß

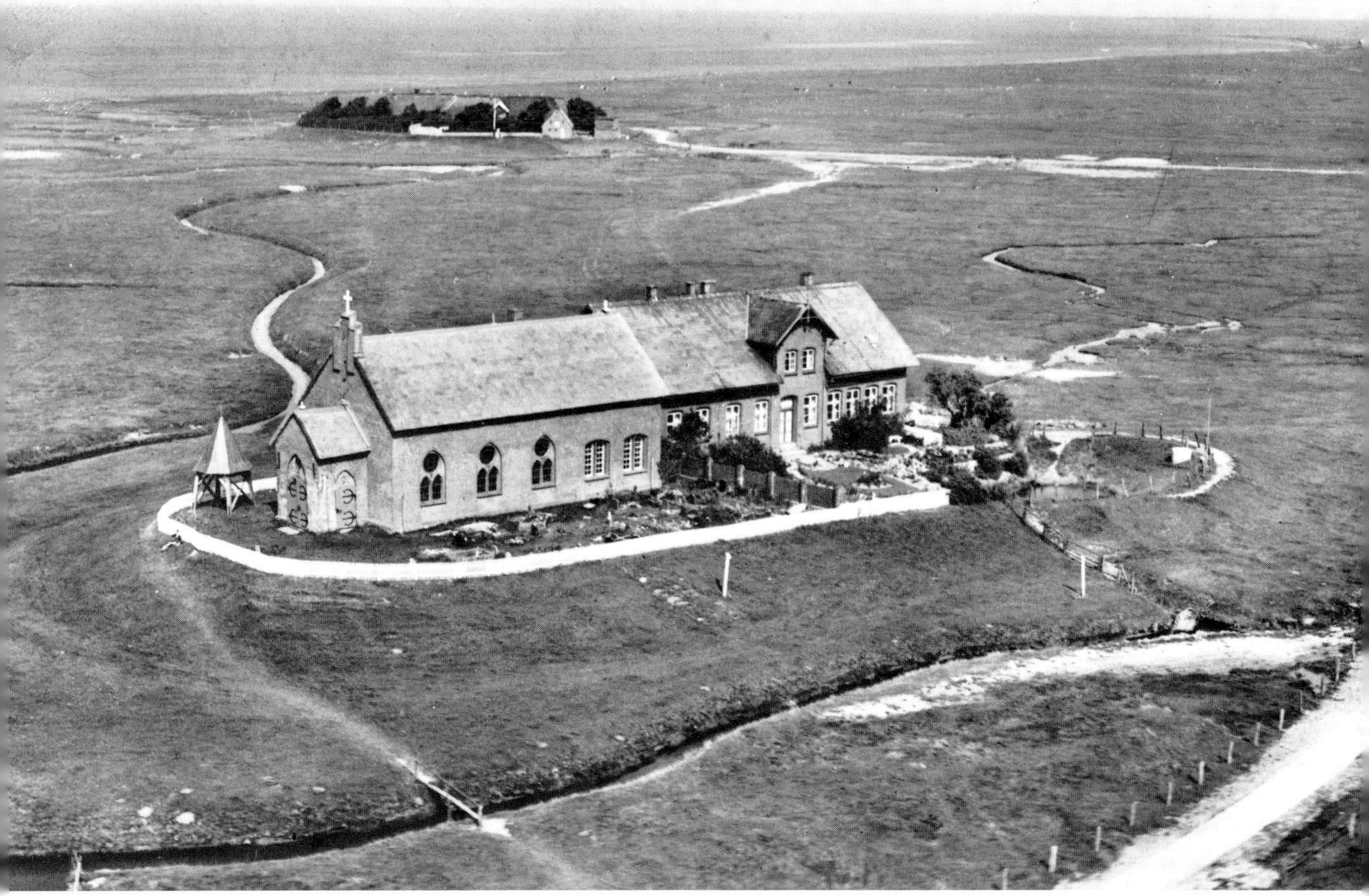

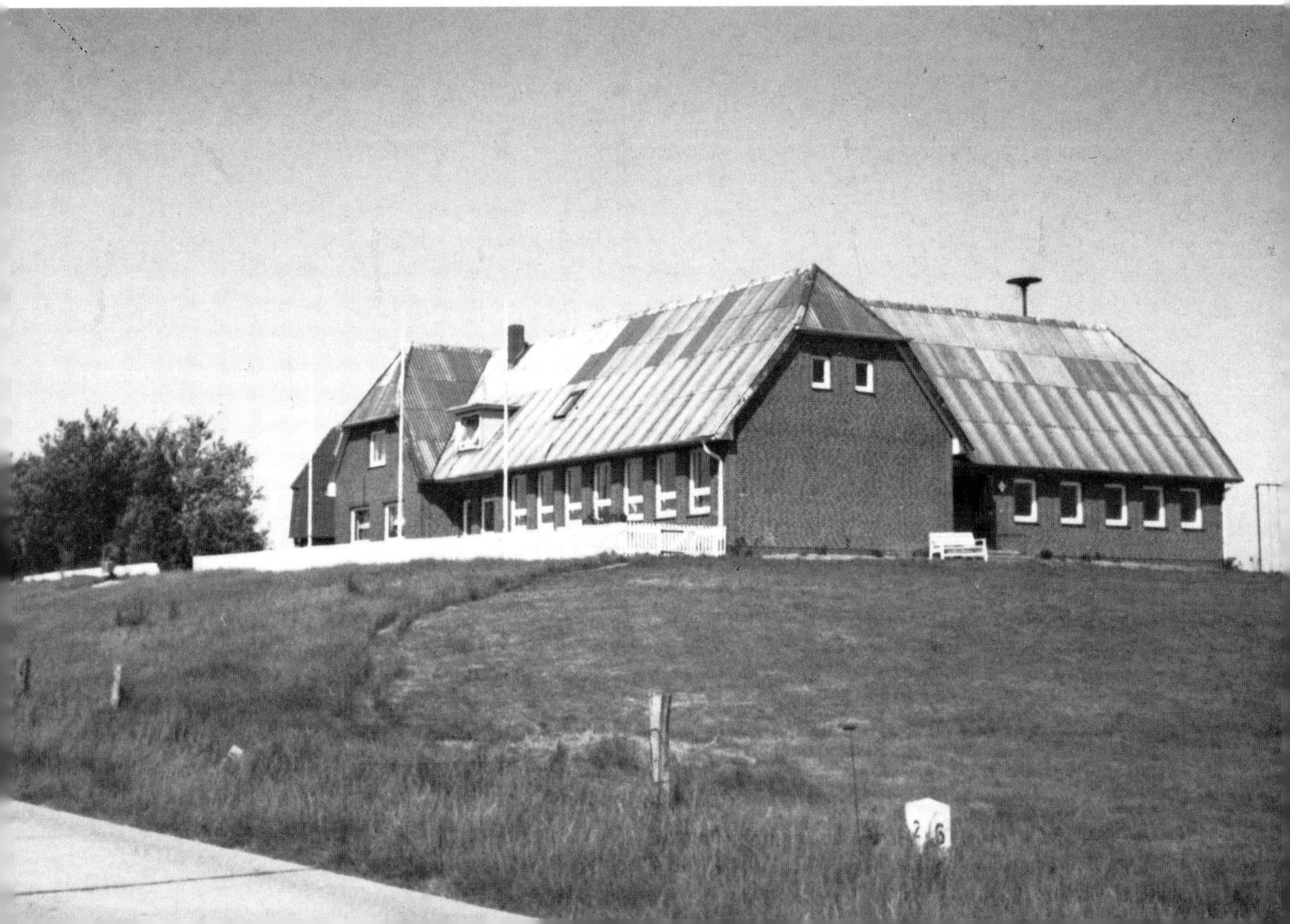
26

Abb. 155  Die Gräber der Unbekannten auf Trischen

Abb. 156  Friedhof auf Hallig Nordstrandischmoor

Abb. 157  Tagestouristen vor der Abreise von Hooge